Terrorismusbekämpfung und Extremismusprävention

Stefan Goertz · Nicolas Stockhammer

Terrorismusbekämpfung und Extremismusprävention

Eine Einführung

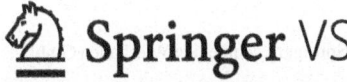

Stefan Goertz
Hochschule des Bundes, Fachbereich Bundespolizei
Lübeck, Deutschland

Nicolas Stockhammer
Universität für Weiterbildung Krems
Krems, Österreich

Dank der freundlichen Unterstützung des Europäischen Instituts für Terrorismusbekämpfung und Konfliktprävention (EICTP) ist die diesem Band zugrundeliegende Forschung ermöglicht worden. Das in Wien ansässige Institut hat zudem bei der konkreten Ideenfindung zu diesem Lehrbuch einen wesentlichen Beitrag geleistet, der hier entsprechend gewürdigt werden soll.

ISBN 978-3-658-41953-0   ISBN 978-3-658-41954-7 (eBook)
https://doi.org/10.1007/978-3-658-41954-7

Die Deutsche Nationalbibliothek verzeichnet diese Publikation in der Deutschen Nationalbibliografie; detaillierte bibliografische Daten sind im Internet über http://dnb.d-nb.de abrufbar.

© Der/die Herausgeber bzw. der/die Autor(en), exklusiv lizenziert an Springer Fachmedien Wiesbaden GmbH, ein Teil von Springer Nature 2023

Das Werk einschließlich aller seiner Teile ist urheberrechtlich geschützt. Jede Verwertung, die nicht ausdrücklich vom Urheberrechtsgesetz zugelassen ist, bedarf der vorherigen Zustimmung des Verlags. Das gilt insbesondere für Vervielfältigungen, Bearbeitungen, Übersetzungen, Mikroverfilmungen und die Einspeicherung und Verarbeitung in elektronischen Systemen.
Die Wiedergabe von allgemein beschreibenden Bezeichnungen, Marken, Unternehmensnamen etc. in diesem Werk bedeutet nicht, dass diese frei durch jedermann benutzt werden dürfen. Die Berechtigung zur Benutzung unterliegt, auch ohne gesonderten Hinweis hierzu, den Regeln des Markenrechts. Die Rechte des jeweiligen Zeicheninhabers sind zu beachten.
Der Verlag, die Autoren und die Herausgeber gehen davon aus, dass die Angaben und Informationen in diesem Werk zum Zeitpunkt der Veröffentlichung vollständig und korrekt sind. Weder der Verlag noch die Autoren oder die Herausgeber übernehmen, ausdrücklich oder implizit, Gewähr für den Inhalt des Werkes, etwaige Fehler oder Äußerungen. Der Verlag bleibt im Hinblick auf geografische Zuordnungen und Gebietsbezeichnungen in veröffentlichten Karten und Institutionsadressen neutral.

Planung/Lektorat: Jan Treibel
Springer VS ist ein Imprint der eingetragenen Gesellschaft Springer Fachmedien Wiesbaden GmbH und ist ein Teil von Springer Nature.
Die Anschrift der Gesellschaft ist: Abraham-Lincoln-Str. 46, 65189 Wiesbaden, Germany

Eingedenk der zahlreichen Toten und Verletzten extremistischer Gewalt und terroristischer Anschläge.
Gewidmet deren Angehörigen und all jenen Menschen, die Tag für Tag für unsere Sicherheit einstehen und sich mit ihrem Leben dafür einsetzen.

Geleitwort von Herfried Münkler

Im Allgemeinen scheuen politische Akteure und gesellschaftliche Organisationen vor dem Zeichnen von Worst Case-Szenarien zurück: Man weiß zwar, dass der schlimmste Fall eintreten kann, möchte aber nicht als notorischer Schwarzmaler dastehen, der ständig vor etwas warnt, was dann aber doch nicht eintritt – oder erst mit so großem zeitlichen Abstand, dass es für die gegenwärtige Lage und die nähere Zukunft keine unmittelbaren Auswirkungen hat. Wer mit Worst Case-Szenarien argumentiert, kann hinterher, wenn die Katastrophe eingetreten ist, zwar geltend machen, er habe es doch „schon immer gesagt", aber in der aktuellen Beurteilung seiner politischen Performanz durch die Wähler hat er davon so gut wie keine Vorteile. So jedenfalls lautete über Jahrzehnte eine für liberaldemokratisch verfasste Rechtsstaaten gültige Regel. Diese Regel aus den „goldenen Jahrzehnten" Westeuropas hat inzwischen jedoch ihre Gültigkeit verloren: Der Worst Case ist im Verlauf der letzten Jahre aus einer randständigen Position ins Zentrum der Politik gerückt, und zwar in doppelter Hinsicht; einerseits, weil sich tatsächlich die katastrophalen Ereignisse gehäuft haben, zu denen, das hier bearbeitete Thema betreffend, auch Terrorattacken gehören, von den Angriffen großen Stils, die eine strategische Dimension haben, bis hin zu den Messerattacken von Einzelpersonen, bei denen nicht immer eindeutig ist, ob sie auf eine dschihadistische Grundeinstellung, rechtsradikale Ideen oder psychische Traumata zurückzuführen sind; und andererseits, weil das Ausmalen von Worst Case-Szenarien inzwischen einen nicht unerheblichen politischen Mehrwert gewonnen hat, den die Populisten gleich welcher Couleur einstreichen wollen oder mit dem radikale Klimaaktivisten ihre blockierenden Eingriffe in den alltäglichen Betrieb zu legitimieren versuchen.

Die kleine wie große Welt, in der wir leben, ist seit geraumer Zeit unter sozio-politischen Stress geraten, und es ist vorerst nicht absehbar, dass sie diesen Stress wieder loswird. Wir werden uns darauf einstellen und an diesen Stress gewöhnen müssen, wie wir das ja auch bei den nach wie vor lästigen Sicherheitskontrollen an Flughäfen getan haben. Sie sind ein Instrument zur Verhinderung des Worst Case und haben dabei den prinzipiell nicht auszuschließenden Ausnahmefall einer präventiven Regelung zugeführt, die offensichtlich geeignet ist, Abstürze infolge der Explosion von an Bord geschmuggeltem Sprengstoff oder Flugzeugentführungen zu verhindern. Solche Prävention hat indes Kosten, von den Aufwendungen für das Sicherheitspersonal an den Flughäfen bis zum zusätzlichen Zeitaufwand der Fluggäste. Derlei gilt nicht nur für die Terrorismusabwehr, sondern ist ein generelles Problem: Politisches Denken und Handeln gemäß Worst Case-Szenarien ist teuer, und eine Gesellschaft, die sich die Vermeidung sämtlicher vorstellbarer Worst Cases zum Ziel gesetzt hätte, würde sich durch die Hypertrophie der Sicherheitsmaßnahmen wirtschaftlich ruinieren. Das leitet den Blick noch einmal zurück auf die „goldenen Jahrzehnte" der westlichen Demokratien, als es üblich war, generell von Best Case-Entwicklungen auszugehen: Es waren dies nicht nur sorglose, sondern auch kostengünstige Konstellationen. Es war dies indes eine Zeit der ständig wachsenden Zahlen von Toten und Schwerverletzten bei Verkehrsunfällen, was aber in der gesamtgesellschaftlichen und politischen Wahrnehmung weitgehend ignoriert wurde – auch eine Form des Umgangs mit Worst Cases.

Die Politik muss also in struktureller Hinsicht einen Mittelweg suchen, und diese Suchbewegung beruht auf einer von Experten ausgearbeiteten und anschließend von der Gesellschaft in ihrer überwiegenden Mehrheit nicht nur akzeptierten, sondern auch unterstützten Vorsorge, die der Vermeidung bzw. Verhinderung katastrophaler Ereignisse oder verheerender Entwicklungen dient, die aber gleichzeitig derart angelegt ist, dass sie das wirtschaftliche und soziale Leben sicherstellt und nicht erstickt. Dieser Mittelweg ist nicht immer leicht zu finden, zumal dann nicht, wenn keine einhelligen Vorstellungen von den Risiken bestehen, die mit Nicht-Handeln verbunden sind und die durch präventive Maßnahmen verhindert werden könnten. Das hat sich zuletzt in der Covid 19-Pandemie und den staatlicherseits zu ihrer Eindämmung getroffenen Maßnahmen gezeigt. Ein erhebliches Maß an gesellschaftlicher Indifferenz – etwa gegenüber den Verkehrstoten – hat in der Vergangenheit so etwas wie den politischen Kreditrahmen für administrative Maßnahmen zur Gefahrenabwehr dargestellt. Dieser politische Kreditrahmen ist in jüngster Zeit deutlich kleiner geworden, weil die artikulationsfähigen (und auch artikulierten) Beurteilungen der staatlichen Eindämmungs- und Abwehrmaßnahmen durch Teile der Gesellschaft sehr viel stärker auseinanderklaffen. Mit anderen Worten: das Misstrauen gegenüber dem Staat ist größer und das Vertrauen in die Demokratie als Kontroll- und Korrekturmechanismus staatlichen Handelns ist kleiner geworden. Über kurz oder lang wird diese Entwicklung auch für die Terrorabwehr und Terrorismusbekämpfung relevant werden, und es ist klug, wenn die damit Befassten sich heute schon darauf einstellen. Nicht alles, was praktisch möglich ist, ist darum auch politisch sinnvoll oder machbar, und bei der Suche nach dem Mittelweg der präventiven Maßnahmen ist darauf zu achten, das keine Maßnahmen getroffen werden, in deren Folge eine weitere Spaltung der Gesellschaft zu erwarten ist.

In der Vergangenheit ist die Reaktion auf Terroranschläge häufig kommunikativ wie operativ nach dem war paradigm organisiert worden; die Rede vom Krieg gegen den Terror bzw. den Terrorismus griff um sich, womit sich die Regierung zeitlich unter Druck setzte, was dazu führte, dass die Bevölkerung eine schnelle und vollständige Beseitigung des Problems erwartete. Beides war eher ungeschickt, weil die so geweckten Erwartungen nicht zu erfüllen waren und bei dem Versuch, ihnen doch nachzukommen, zahllose unüberlegte und falsche Entscheidungen getroffen wurden. Die Dramatisierung der Terrorattacke schlug politisch auf die Angegriffenen zurück und kam strukturell den Angreifern zugute. Dagegen verschafft das crime paradigm, die Behandlung von Terrorangriffen als kriminelle Handlungen, der angegriffenen Seite Zeit, die sie operativ nutzen kann, und läuft auf eine kommunikative Entdramatisierung der Lage hinaus. Wenn dies dann noch durch eine „mürrische Indifferenz" der Gesellschaft im Umgang mit terroristischen Bedrohungen flankiert wird, lassen sich die Folgen eines Terrorangriffs recht gut begrenzen. Das enthebt indes nicht der Herausforderung, dass im Fall großer Angriffe von strategischer Qualität, wie etwa denen vom 11. September 2001 oder denen auf den Pariser Musikclub Bataclan und weitere stark frequentierte Orte der französischen Hauptstadt, es immer wieder eine Herausforderung der Urteilskraft ist, ob die Politik nach dem Kriegs- oder dem Kriminalitätsparadigma reagiert, wobei sehr genau zwischen einem kommunikativen und einem operativen Reagieren zu unterscheiden ist.

Die strukturelle Eindämmung des Risikos terroristischer Anschläge verhält sich komplementär zur operativen Terrorabwehr. Bei ihr geht es nicht zuletzt darum, Entwicklungen zu antizipieren, aus denen eine „Versuchung" zu Terrorattacken erwachsen könnte, eine Gewaltbereitschaft größerer gesellschaftlicher Gruppen und, daran anschließend und daraus erwachsend, die Formierung kleinerer Gruppen von „Vorkämpfern", die über demonstrative Gewaltbereitschaft hinaus Terroranschläge verüben, um einerseits Angst und Schrecken zum Zwecke politischer Einschüchterung zu verbreiten und andererseits damit ein Signal zum Aufstand oder zum Beginn eines Bürgerkriegs zu geben. In diesem Fall ist eine besondere Sensibilität der Reaktion vonnöten, die alles vermeiden muss, was auf irgendeine Weise als Bestätigung der Legitimationsbehauptungen aus dem Umfeld der potentiellen Terroristen verstanden werden könnte. Begreift man Terrorismus als eine Strategie, mit der die Attackierten zu Gegenmaßnahmen provoziert werden sollen, die dann einen allgemeinen innergesellschaftlichen Gewaltkonflikt in Gang setzen, so ist neben der unmittelbaren Abwehr bzw. Verhinderung von Anschlägen die Konterkarierung dieses strategischen Ziels terroristischer Aktionen die Hauptaufgabe der Terrorbekämpfung.

Der Umgang mit dieser Aufgabe ist durch die Ablösung von Ideologien durch Narrative als Humusboden des Terrorismus erheblich schwieriger geworden. Ideologien sind mit den Mitteln der Theorie ausgestaltete Weltsichten, die nicht nur Beschreibungen des Verhassten und qua Gewalt Abzuschaffenden enthalten, sondern auch sozio-politische Gegenentwürfe umfassen, in denen das zu erreichende Ziel ausgemalt wird. Diese Komplexität macht Ideologien freilich argumentativ verwundbar und – widerlegbar. Außerdem brauchen sie längere Zeit, um sich in einer Gesellschaft auszubreiten und Anhänger zu finden. In dieser Zeit können sie von den einschlägigen Institutionen des Staates beobachtet werden, und daraus erwächst die Chance zu antizipieren, wann bzw. unter welchen Umständen die Ideologien „zur Tat drängen", also wenn mit Gewalt und schließlich auch Terrorattacken zu rechnen ist. Die Worst Cases, von denen die Terrorismusbekämpfer ausgehen, haben insofern eine leidlich gesicherte Grundlage. Narrative sind dagegen sehr viel einfacher gestrickt, drehen sich eher um die Erzeugung von Misstrauen und Ablehnung, als dass sie eigene Gesellschaftsentwürfe präsentieren, und sie verbreiten sich in einem entsprechenden Umfeld auch sehr viel schneller als Ideologien. Sie triggern Gewaltbereitschaft, während Ideologien in eine Phase der perspektivischen Desillusionierung von gesellschaftlichen Aufbruchsstimmungen und den ihnen verbundenen politischen Bewegungen hineingeraten müssen, wie das in den frühen 1970er-Jahren in einigen westeuropäischen Ländern der Fall war, um zum Humusboden von Gewaltbereitschaft und Terroranschlägen zu werden. Narrative haben obendrein eine Anlasserfunktion bei psychisch Traumatisierten oder Kranken, was bei Ideologien offensichtlich weniger der Fall ist. Das macht die Vorhersehbarkeit von Angriffen sehr viel schwieriger und das Feld, wo mit Gewaltbereitschaft zu rechnen ist, deutlich diffuser. Dementsprechend komplex ist das Studium des Terrorismus und der Terrorbekämpfung inzwischen geworden. Dem sucht das vorliegende Lehr- und Studienbuch Rechnung zu tragen.

Berlin
Mai 2023

Danksagung

Ein Buchprojekt beruht auf zahlreichen Ideen, Hinweisen und Unterstützungsleistungen. Es lebt von Kritik und Diskussion. So haben wir stets versucht, offen für Einwände, Ergänzungsvorschläge und Korrekturhinweise zu sein und diese in das Manuskript zu integrieren. Mögliche Unschärfen oder Irrtümer gehen freilich vollständig zu unseren Lasten. An dieser Stelle möchten wir essenziellen Beiträgern und Unterstützern Danke sagen.

Die Autoren möchten allen voran dem Europäischen Institut für Terrorismusbekämpfung und Konfliktprävention (EICTP), besonders dessen Präsidenten Herbert Scheibner und Generalsekretär Bgdr i. R. Mag. Gustav Gustenau herzlichen Dank für die wertvolle Unterstützung und wohlwollende Begleitung dieses Großprojektes, aussprechen. Sie haben von der Entwicklung der ersten Idee für dieses Lehrbuch bis hin zur tatsächlichen Ausführung immer wieder wichtige Hinweise gegeben und den Entstehungsprozess in jeglicher Hinsicht konstruktiv begleitet.

Schließlich danken wir Prof. em. Dr. Herfried Münkler, dem Doyen der deutschen Politikwissenschaft, herzlich dafür, dass er sich freundlicherweise bereit erklärt hat, ein Geleitwort zu verfassen, das die vorliegende Publikation enorm bereichert und zugleich adelt.

Nicht minder gilt unser Dank Dr. Jan Treibel sowie Daniel Hawig von Springer VS, die das Buch verlagsseitig seit der Genese der Idee bis zur finalen Umsetzung enorm professionell editorisch betreut haben und uns immer wieder den entscheidenden Anstoß in die richtige Richtung gegeben haben.

Hervorzuheben ist zudem der wesentliche Beitrag des Forscher-Teams vom Research Cluster „Counter-Terrorism, Countering Violent Extremism (CVE) and Intelligence" an der Donau-Universität Krems, namentlich die wissenschaftlichen

Mitarbeiter Barbara Gruber, PhD und MMag. Florian Liepold, die das Manuskript in jeder Phase kritisch gelesen haben und uns immer wieder notwendige Korrekturen und Adaptierungen nahegelegt haben. Beiden sei unser Dank gewiss!

Lübeck/Wien, im Mai 2023

Stefan Goertz
Nicolas Stockhammer

Inhaltsverzeichnis

1 Einleitung 1
  1.1 Multiple Krisen als disruptive Bedrohungslage. Pandemie, Ukrainekrieg, wirtschaftliche Herausforderungen als Nährboden für Extremismus und Terrorismus 1
  1.2 Aufbau und Zielgruppe dieses Lehrbuches 6
  Literatur 9

2 Strukturelle Extremismusprävention (P/CVE) 11
  2.1 Was ist Extremismusprävention? Was kann P/CVE leisten? 12
  2.2 Prävention als P/CVE 16
  2.3 Radikalisierung und Tertiäre Prävention: Deradikalisierung 21
  2.4 Internationale Zugänge der Extremismusprävention 26
  2.5 Zusammenfassung 32
  Literatur 36

3 Begriffe und Theorien der Terrorismusbekämpfung 41
  3.1 Was ist Terrorismusbekämpfung (TB)? 41
  3.2 Ebenen der TB 45
    3.2.1 Operative Ebene 46
    3.2.2 Strukturelle TB 50
    3.2.3 Hybride TB-Maßnahmen (operativ/strukturell) 52
  3.3 Theoretische Zugänge 53
    3.3.1 Präventive Theorieansätze 54
    3.3.2 Managementorientierte Theorieansätze 57
    3.3.3 Reaktionsspezifische Theorieansätze 59
  3.4 Theoretische Modelle 60
    3.4.1 Das strafrechtliche Modell der Terrorismusbekämpfung 60

	3.4.2	Das Kriegsmodell der Terrorismusbekämpfung („war on terror") 62
	3.4.3	Das nachrichtendienstliche Modell der Terrorismusbekämpfung 67
	3.4.4	Das Kommunikationsmodell der Terrorismusbekämpfung 69
	3.4.5	Das Präventionsmodell der Terrorismusbekämpfung 73
	3.4.6	Langfristmodelle der Terrorismusbekämpfung 74
3.5	Rechtliche Grundlagen 78	
Referenzen 84		

4 Mittel der Terrorismusbekämpfung 91
   4.1 Polizeiliche Mittel 92
   4.2 Nachrichtendienstliche Mittel 96
   4.3 Technische Mittel 100
      4.3.1 Videoüberwachung des öffentlichen Raumes 100
      4.3.2 Betonpoller, Sandsäcke und Stahlseile, Wassertanks und Metallstelen zum Schutz öffentlicher Räume. 104
   4.4 Sonstige technische Mittel 107
      4.4.1 Baulicher Schutz 107
      4.4.2 Verstärkte Cockpit-Türen 108
   Literatur 109

5 Aktuelle Bedrohungsanalyse – Akteure und Trends des Extremismus und Terrorismus 113
   5.1 Islamismus, Salafismus und islamistischer Terrorismus 113
      5.1.1 Der Phänomenbereich, Definitionen, Analysemerkmale 113
      5.1.2 Aktuelle Akteure 120
          5.1.2.1 Legalistische Islamisten 121
          5.1.2.2 Muslimbruderschaft 121
          5.1.2.3 Milli Görüs 124
          5.1.2.4 Furkan-Gemeinschaft 125
          5.1.2.5 Tablighi Jama'at 126
          5.1.2.6 Salafisten 127
          5.1.2.7 Islamistische Terroristen 130
              5.1.2.7.1 HAMAS 130
              5.1.2.7.2 „Hizb Allah" 131
              5.1.2.7.3 „Islamischer Staat" 133
              5.1.2.7.4 Al-Qaida 138

	5.1.3	Aktuelle Trends		142
		5.1.3.1	Online-Radikalisierung	142
		5.1.3.2	Entwicklungstendenzen im islamistischen Terrorismus	145
5.2	Rechtsextremismus und Rechtsterrorismus			147
	5.2.1	Der Phänomenbereich, Definitionen, Analysemerkmale		147
	5.2.2	Aktuelle Akteure		151
		5.2.2.1	Rechtsextremistische Organisationen	153
			5.2.2.1.1 Neonazis	153
			5.2.2.1.2 „Subkulturell geprägte Rechtsextremisten"	154
			5.2.2.1.3 Die „Neue Rechte"	155
			5.2.2.1.4 Rechtsextremistisch-rechtsterroristische Organisationen	158
			5.2.2.1.5 Rechtsterroristische Einzeltäter	164
	5.2.3	Aktuelle Trends		170
		5.2.3.1	Aktuelle Trends der Radikalisierung zu (terroristischer) Gewalt	170
		5.2.3.2	Rechtsterroristische Einzeltäter als Herausforderung und Problem für die Sicherheitsbehörden	172
		5.2.3.3	Anti Asyl, Fremdenfeindlichkeit, Rassismus, Islam- und Muslimfeindlichkeit	173
		5.2.3.4	Aktuelle Narrative und Verschwörungserzählungen	175
5.3	„Reichsbürger" und „Selbstverwalter"			180
	5.3.1	Der Phänomenbereich, Definitionen, Analysemerkmale		180
	5.3.2	Aktuelle Akteure		183
	5.3.3	Aktuelle Trends		185
		5.3.3.1	„Reichsbürger" und „Selbstverwalter" und Corona-Hygienemaßnahmen	185
		5.3.3.2	Das Gefahrenpotenzial militanter „Reichsbürger" und Selbstverwalter"	186
		5.3.3.3	Zugriffe auf gewaltbereite „Reichsbürger" am 07.12.2022	188

5.4	Verfassungsschutzrelevante Delegitimierung des Staates – Delegitimierer		190
	5.4.1	Der Phänomenbereich, Definitionen, Analysemerkmale	190
	5.4.2	Aktuelle Akteure	193
	5.4.3	Aktuelle Trends	195
		5.4.3.1 Verschwörungserzählungen und Narrative sowie Gewaltpotenzial	195
5.5	Linksextremismus		199
	5.5.1	Der Phänomenbereich, Definitionen	199
	5.5.2	Aktuelle Akteure	201
		5.5.2.1 Autonome	201
		5.5.2.2 Anarchisten	202
		5.5.2.3 Dogmatische Linksextremisten	203
		5.5.2.4 „Rote Hilfe e. V."	204
		5.5.2.5 de.indymedia.org	204
	5.5.3	Aktuelle Trends	206
		5.5.3.1 Radikalisierungsverläufe hin zu linksterroristischer Gewalt?	206
		5.5.3.2 Militanter Klimaaktivismus	207
5.6	Auslandsbezogener Extremismus		213
	5.6.1	Der Phänomenbereich, Definitionen, Analysemerkmale	213
	5.6.2	Aktuelle Akteure	215
		5.6.2.1 Die PKK	215
		5.6.2.2 Türkische linksextremistische Organisationen	216
		5.6.2.3 Türkischer Rechtsextremismus	217
		5.6.2.4 Separatistische Organisationen	218
	5.6.3	Aktuelle Trends	219
5.7	Stochastische Gewalt/stochastischer Terrorismus		219
	5.7.1	Das Phänomen	219
Literatur			223
6	**Terroristische Anschlagsszenarien, Modi Operandi, Wirkmittel sowie Akteure**		**233**
6.1	Anschlagsszenarien		234
	6.1.1	Zielauswahl	234
	6.1.2	Anschlagsziele	237

6.1.2.1 Ausländerinnen und Ausländer, Flüchtlinge sowie Menschen mit Migrationshintergrund, Kontext „Anti-Asyl" 237
6.1.2.2 Bahnhöfe, Züge und öffentliche Verkehrsmittel 238
6.1.2.3 Botschaften und Konsulate, Behörden, öffentliche Einrichtungen und Wirtschaftszentren 239
6.1.2.4 Flughäfen und Flugzeuge 240
6.1.2.5 Einkaufszentren 240
6.1.2.6 Events, Großveranstaltungen, Menschenmassen, Innenstädte 241
6.1.2.7 Geiselszenarien und/oder terroristische Massaker 242
6.1.2.8 Hotels und Touristen 243
6.1.2.9 „Islamkritiker" und der Kontext von Mohammed-Karikaturen 244
6.1.2.10 Kinder und Jugendliche 245
6.1.2.11 Kritische Infrastruktur (KRITIS) und Krankenhäuser 246
6.1.2.12 Lüftungen und Klimaanlagen in großen Gebäuden 246
6.1.2.13 Politikerinnen und Politiker bzw. politische Gegner 247
6.1.2.14 Polizeibeamte sowie Soldatinnen und Soldaten 247
6.1.2.15 Religiöse Orte 248
6.1.2.16 Schiffe, Fähren, Tanker 250
6.1.3 Modi Operandi 251
6.1.3.1 Second-/Third-Hit 252
6.1.3.2 Selbstmordattentat 252
6.2 Wirkmittel 255
6.2.1 CBRN-Mittel 255
6.2.2 Drohnen 256
6.2.3 Fahrzeuge 258
6.2.4 Messer, Hieb- und Stichwaffen, Äxte, Macheten und ähnliche Waffen 259
6.2.5 Schusswaffen 260

	6.2.6	Sprengstoff/USBV	261
	6.2.7	Steine, schwere Gegenstände aus Gebäuden, von Brücken etc.	262
6.3	Akteure		263
	6.3.1	Hit-Teams	263
	6.3.2	Einzeltäter	263
	6.3.3	Jihad-Rückkehrer	266
Literaturverzeichnis			268

7 Operative Terrorismusbekämpfung- (Inter-)nationale Zugänge 273
   7.1 Internationale Zugänge 273
      7.1.1 Die Vereinten Nationen (UN) 274
      7.1.2 Die Europäische Union (EU) 276
   7.2 Nationalstaatliche Zugänge in Europa 282
      7.2.1 Die Terrorismusbekämpfung Deutschlands 282
          7.2.1.1 Das Trennungsgebot 282
          7.2.1.2 Gemeinsames Extremismus und Terrorismusbekämpfungzentrum (GETZ) 284
          7.2.1.3 Gemeinsames Internetzentrum (GIZ) 286
          7.2.1.4 Gemeinsames Terrorismusbekämpfungszentrum (GTAZ) 286
          7.2.1.5 Polizeiliche Spezialkräfte 287
          7.2.1.6 Die Rolle der Bundeswehr in der Terrorismusbekämpfung Deutschlands 290
          7.2.1.7 Militärische Spezialkräfte – Das Kommando Spezialkräfte (KSK) 292
      7.2.2 Die Terrorismusbekämpfung Österreichs 293
      7.2.3 Die Terrorismusbekämpfung Frankreichs 296
      7.2.4 Die Terrorismusbekämpfung Großbritanniens 299
   7.3 Außereuropäische Zugänge 304
      7.3.1 Die Terrorismusbekämpfung Israels 304
      7.3.2 Die US-amerikanische Terrorismusbekämpfung 311
   Literaturverzeichnis 317

8 Fazit 325

Literaturverzeichnis 337

Einleitung 1

1.1 Multiple Krisen als disruptive Bedrohungslage. Pandemie, Ukrainekrieg, wirtschaftliche Herausforderungen als Nährboden für Extremismus und Terrorismus

Sicherheitspolitisch relevante Krisen haben immerzu gleichzeitig eine real wirksame und eine perzipierte Dimension (vgl. Gigliotti 2020, 558). Besonders drastisch machen sich problematische Gesamtentwicklungen dann bemerkbar, wenn sie gleichzeitig auftreten und eine disruptive Wirkung bzw. bereits ein solches Potenzial haben (Bremmer 2022). Disruption bedeutet einen unerwarteten massiven Trendbruch, die abrupte Veränderung oder Abweichung von einer linearen, als wahrscheinlich prätendierten Entwicklung und nicht zuletzt möglicherweise auch einen Paradigmenwandel. Das Unerwartete ist dabei symptomatisch vom Unerwartbaren zu unterscheiden, vor allem was die Erwartungshaltung und den Glauben an die Bewältigung von krisenhaften Ausnahmesituationen betrifft. Ein Blackout ist zwar unerwartet, aber nicht unerwartbar. Das gleichzeitige Auftreten von mehreren Megakrisen ist demgegenüber eher dem Unerwartbaren anheimzustellen. Gerade diese Simultanität verheißt doch eine gewisse Kontingenz. Treten folgenreiche Ereignisse und schadhafte Entwicklungen ein, die zwar zu erwarten waren, doch als extrem unwahrscheinlich eingestuft wurden, schafft dies ein Kima der Ungewissheit verbunden mit Zukunftsängsten. Das aleatorische, also glückspielerische, Moment der Zufälligkeit versinnbildlicht durch das plötzliche Auftreten von sog. „Schwarzen Schwänen" ist symptomatisch für eine Unsicherheit hinsichtlich des Zukünftigen. Es steht metaphorisch für die prognostisch nicht für möglich gehaltene Konstellation eines Krisenphänomens. Denn,

© Der/die Autor(en), exklusiv lizenziert an Springer Fachmedien Wiesbaden GmbH, ein Teil von Springer Nature 2023
S. Goertz und N. Stockhammer, *Terrorismusbekämpfung und Extremismusprävention*, https://doi.org/10.1007/978-3-658-41954-7_1

so Nassim Nicholas Taleb, gilt ein „Schwarzer Schwan" erstens als ein statistischer *„Ausreißer"* der außerhalb des vorgezirkelten *„Bereichs der regulären Erwartungen"* liege, zumal *„nichts in der Vergangenheit überzeugend auf seine Möglichkeit verweisen kann"* (Taleb 2007, 2). Sein Auftreten hat ihm zufolge zweitens „enorme Auswirkungen" und drittens liege es in der menschlichen Natur trotz eines grundsätzlichen Bewusstseins über die unwahrscheinliche Ausnahmeerscheinung, *„im Nachhinein Erklärungen für* [...deren, Anm.] *Eintreten zu konstruieren"*, um das Ereignis *„erklärbar und vorhersagbar"* zu machen (Taleb 2007, 2). Mit Blick auf die COVID-19 Pandemie war das besonders plastisch zu sehen. Hinzu kommt bei veritablen Krisen das Element der kontinuierlichen Beschleunigung (vgl. Reckwitz und Rosa 2021, 206–212), welches während und insbesondere im Nachklang von Krisen zum Vorschein kommt. Eine Konsequenz dieses Schnellerwerdens von diversen Prozessen ist sicherlich, dass damit in spezifischen Segmenten der Gesellschaft das Gefühl einer Entfremdung und eines Nicht-Mehr-Mithalten-Könnens einhergeht. Entfesselte Finanzmärkte (siehe Kraemer und Nessel 2012), eine spürbare Teuerung von Grundnahrungsmitteln und hochtrabende Energiekosten (Tölgyes 2022), eine unkontrollierbare Revolution der Künstlichen Intelligenz mit ungekannten Auswirkungen (vgl. Lee 2021), das Damoklesschwert eines transformativen Klimawandels (vgl. Weingart et al. 2007), ein verbreitetes Gefühl, dass die Politik nur mehr mit Symptombekämpfung beschäftigt sei, all dies beschleunigt zusehends auch die Unsicherheit in einer breiten Gesellschaftsschicht. Für Fareed Zakaria ist eine wachsende Ungleichheit ebenfalls ein Momentum der Krise in einer post-pandemischen Welt (Zakaria 2020, 147–167). Beschleunigung wird dort als Bedrohung empfunden, als Angriff auf die Stabilität und den Wohlstand. Und Krisen sind die Katalysatoren dieser Beschleunigung, die unweigerlich zu einer Überhitzung, für einige Kommentatoren sogar zum katastrophenbedingten Kollaps oder Untergang führen könnte (vgl. Ferguson 2021). Für viele ist eine Hinwendung zu extremistischen Ideen, gleich welcher Ideologie, vor diesem Hintergrund die logische Konsequenz der Unsicherheit, weil zugleich Ausdruck ihres Begehrens nach Eindeutigkeit, Berechenbarkeit und Stabilität in bewährten Gewissheiten (vgl. Botzenhardt 2021). Daher ist für diese Personen die Dichotomie eines binären Weltbildes ohne Grauschattierungen verlockend – eine simple Reduktion auf „gut und böse". Diese manichäische Einteilung schafft zumindest oberflächlich Klarheit in einer zunehmend unübersichtlichen Welt.

Rezente unerwartete Krisen, vielleicht jede für sich graduell erwartbar, aber sicherlich nicht in der kumulativen Dimension, haben jedenfalls ihre Spuren bei den Menschen hinterlassen. Eine sich weitgehend verstetigende Pandemie, der grassierende Ukrainekrieg und damit verbundene Konsequenzen wie etwa eine globale wirtschaftliche Rezession, materialisieren sich zunehmend in der alltäglichen Perzeption von Unsicherheit und Instabilität. Die in unseren Breitengraden mittelfristig zumindest niederschwellig anhaltende COVID-19-Pandemie, kann aufgrund von negativen Kollateraleffekten nachhaltig zu wirtschaftlichen Notständen infolge einer inflationsbedingten Rezession führen. Eine solche Wirtschaftskrise könnte sich dann wiederum in einer massiven Geldentwertung und einem damit verbundenen Kaufkraftverlust manifestieren. Hiermit verbunden ist im schlechtesten Falle eine schlagartige Zunahme von Arbeitslosigkeit und eine Armutsgefährdung weiter Teile der Gesellschaft, die bis tief in die Mittelschicht reichen kann. Neben den ökonomischen Auswirkungen sind es ebenso nachhaltige innergesellschaftliche Verwerfungen unter anderem entstanden aufgrund der einschränkenden und gesundheitspolitischen Anti-COVID-Maßnahmen, die Sorge bereiten. Kaum jemals in den letzten Jahrzehnten waren Gesellschaften in Europa dermaßen gespalten und uneins, was die Politik und vor allem die Maßnahmen zur Pandemiebekämpfung betrifft. Die Effekte letzterer werden jedenfalls noch länger zu spüren sein und weiterhin zu manch hitziger Debatte führen.

Eine unmittelbare, bereits sichtbare Auswirkung des Ukrainekrieges ist, dass es bereits eine massive Vertreibung und Fluchtbewegung von Menschen gegeben hat, die konsequent eine innereuropäische Migration ausgelöst hat. Nebeneffekt der vielschichtigen europäischen Krisendynamik ist neben dem immensen menschlichen Leid, das der Krieg ausgelöst hat, ein gravierender Schaden für die meisten europäischen Volkswirtschaften, der ebenfalls eine galoppierende Inflation mit sich bringt. Das militärische Kriegsgeschehen, aber auch gerade die negativen Auswirkungen der russischen Invasion bedingen eine zunehmende Polarisierung, die mancherorts in Europa in offenen Hass und Gewalt gegen bestimmte ethnische oder religiöse Gruppen umschlägt. Derartige Entwicklungen wiederum bewirken eine zunehmende Anfälligkeit für extremistische Ideologien und terroristische Gruppen in Teilen der Bevölkerung. All dies verleiht im Zusammenspiel extremistischen Gruppen vermehrt die Möglichkeit, ihre (Hass-)Botschaft zielorientiert zu verbreiten und beim adressierten Publikum Gehör zu erhalten.

Ursprüngliche Gewissheiten, generationenübergreifende Prosperitätsversprechen und nachhaltige sozioökonomische Planungssicherheit sind mit einem Schlag ins Wanken geraten. Nicht zuletzt bedingt durch zusehends nachteilig erscheinende wirtschaftliche Lebensbedingungen für weite Teile der Bevölkerung. Damit verbunden ist ein gravierender Vertrauensverlust in demokratische und ökonomische Systeme und nicht zuletzt ein hohes Ausmaß an Politikverdrossenheit (vgl. Edelman Trust Barometer 2021).

Neben unmittelbaren, teilweise einschneidenden Auswirkungen auf die Lebensführung, den Wohlstand und die Zukunft sind massive krisenbedingte Einbrüche das Resultat der angesprochenen Dynamiken. Negative Interventionen im Sinne von Schuldzuweisungen und konstruierten, stereotypischen Feindbildern, die mit dem Aufkommen illiberaler Ideologien und extremistischer Narrative Hand in Hand gehen, führen zu sozialen Verwerfungen und einer Zunahme von Populismus.

Hiermit korrespondiert die Emergenz neuer Akteure und Strukturen aus dem Sog der Pandemie, die diese negativen Entwicklungen populistisch ausschlachten und sogar extremistisch ausbeuten. Peter Neumann zufolge, habe sich in diesem Zeitraum *„eine diffuse Mischung aus verschiedenen Akteuren gebildet, die gegen den Staat und seine Institutionen gerichtet ist und zunehmend sogenannte Widerstandsnarrative propagiert"* (Neumann 2023, 233).

Ein Klima, das von existenzieller Unsicherheit und einer selektiven Informationsabschottung gewisser Gruppen und Einzelpersonen geprägt ist, hat gleichzeitig in diversen Milieus die Ansprechbarkeit für extremistische Narrative und Abwertungsideologien potenziell erleichtert. Dieses Phänomen betrifft gleichermaßen sämtliche Ideologiespektren und Formen bzw. Ausprägungen von Extremismen. Staatsleugner, radikale Corona-Maßnahmengegner mit agendaspezifischem, neuerdings vorwiegend prorussischem Aktionismus, ebenso wie Verschwörungsmythiker (Ebner 2023, S. 195 ff.), militante Klimaaktivisten, sowie Rechts- und Linksextremisten aber auch Islamisten (von Legalisten bis zu Jihadisten). Sie alle springen, zwar mit unterschiedlichen Ideologien, angepassten Argumenten und variierenden Ambitionen, jedoch prinzipiell ähnlichen Intentionen auf diesen Zug der Verfassungsfeindlichkeit auf, der direkt auf eine Aushöhlung, manchmal Unterwanderung, immer aber eine Bekämpfung der fundamentalen Grundwerte des demokratischen Rechtsstaates hinausläuft.

Denn deren kleinster gemeinsamer Nenner ist die Ablehnung des Staates als „Monopol legitimer Gewaltsamkeit" und dessen Organen, die als die „einzig Schuldigen" an mitunter jedoch auch objektiv bestehenden Missständen begriffen werden (Weber 1919, 4). Mittels einschlägig konstruierten, extremistisch grundierten Narrativen werden der Staat und dessen verfassungsmäßigen Institutionen gezielt delegitimiert und die Demokratie als solche unterminiert. In diesem Kontext erleben Verschwörungs-, Ausbeutungs- und Unterdrückungserzählungen und andere Kommunikationsausdrucksformen, die darauf angelegt sind, das System zu diskreditieren, gerade in Krisen- und Ausnahmezeiten eine Hochkonjunktur (siehe u. a. Fuchs 2022).

Deren digitale Vehikel sind alternative und soziale Medien, Filterblasen, „Trolle" und *„Fake News"*. Für den renommierten US-Zukunftstrendanalyse-Experten

1.1 Multiple Krisen als disruptive Bedrohungslage. Pandemie …

Ian Bremmer werden die kommenden Jahre ein „*Wendepunkt für die Rolle der disruptiven Technologie in der Gesellschaft*" sein (Bremmer 2022, 9). Eine neue Form der Künstlichen Intelligenz (KI), die sogenannte generative KI, werde es Nutzern ermöglichen, „*mit nur wenigen Sätzen Anleitung realistische Bilder, Videos und Texte zu erstellen*" (ibid., 9). Damit unerlässlich verbunden seien „*Fortschritte bei Deepfakes, Gesichtserkennung und Sprachsynthese-Software* […welche, Anm.]*, die Kontrolle über das eigene Abbild zu einem Relikt der Vergangenheit machen*" könnten (ibid., 9). Extremistisch motivierte Akteure könnten fortan technologische Fortschritte im KI-Bereich in den Echokammern der sozialen Medien vermehrt nutzen, um „*kostengünstige Armeen von menschenähnlichen Bots zu schaffen, die die Aufgabe haben, Randkandidaten zu fördern, Verschwörungstheorien und „Fake News" zu verbreiten, die Polarisierung zu schüren und Extremismus und sogar Gewalt zu verstärken*" (ibid., 10). Die angesprochenen virtuellen Plattformen und digitalen Manipulationsmethoden sind die Katalysatoren „alternativer", meist konspirativer Wahrheiten, die im Kern darauf angelegt sind, zur jeweiligen weltanschaulich konvergenten Erzählung passende Unwahrheiten zu propagieren, die Verfassung und ihre immanenten Werte auszuhöhlen, um schließlich unverhohlen extremistische Positionen voranzutreiben.

Als erstes ist dieser Prozess der weltanschaulichen Polarisierung und einer möglichen extremistischen Zuspitzung im kommunalen Umfeld zu bemerken, in welchem diese antidemokratischen Reflexe gemäß den jeweiligen ideologischen Ausprägungen unmittelbar wirksam werden können. Die fortschreitende gesellschaftliche Polarisierung als Ausdruck einer sukzessiven Zuspitzung an den politischen Rändern bewegt sich also graduell in die Mitte der Gesellschaft, wo sich dieser Reflex im Worst-Case-Szenario in Form einer schrittweisen Erosion des gemeinschaftlichen Zusammenhalts, also der gesellschaftlichen Kohäsion im weitesten Sinne manifestieren könnte. In Ansätzen ist diese Dynamik in den USA bereits jetzt sichtbar, wo spätestens seit dem gewaltsamen Sturm auf das Kapitol vom 6. Januar 2021, als Reaktion auf die Abwahl Donald Trumps, ein tiefer Riss durch weite Teile der Gesellschaft gegangen ist.[1]

Mögliche Gewinner von Krisen sind Radikalisierung und Extremismus sowie nicht zuletzt der Terrorismus. Als Ausfluss der Pandemie und einer „*collective madness*" würden Brian Michael Jenkins zufolge „*neue Beweggründe für zukünftige terroristische Kampagnen entstehen*" (Jenkins 2022, 138).[2] Zudem würden bestehende Extremisten und neue Extremisten „beflügelt" *(energized)* (Jenkins

---

[1] Besonders aufschlussreich hierzu der offizielle Bericht des US House of Representatives (Blake 2022).
[2] Übers. d. Verf.

2022, 138, 156). Die Pandemie habe *„neue Motive für Wut und potenzielle terroristische Gewalt"* hinzugefügt - *„persönliche Verzweiflung, den Wunsch jemandem die Schuld zuzuschieben – was häufig tiefsitzende Vorurteile reflektiert und neue Verschwörungserzählungen inspiriert"*, wie Jenkins (2022, 156) erläutert.

Insgesamt ist die Bedrohungslage in Hinblick auf Extremismus und Terrorismus im Nachklang der Pandemie als angespannt zu bewerten. Multiple Krisen haben multiple Extremismen und multiple Akteure auf den Plan gerufen. Der Schoß ist für die klassische Trias des Extremismus im 21. Jahrhundert, den Rechts- und Linksextremismus sowie den Jihadismus, aber ebenso für neuere Phänomene mit jeweils unterschiedlicher Gewaltaffinität, wie Verschwörungserzählungen, Staatsleugnertum und einen radikalen Klimaaktivismus mehr als fruchtbar. Im Jahr 2021 haben die Vereinten Nationen (UN) im Rahmen ihrer Institution vermittelt durch das UN Counter Terrorism Committee Executive Directorate (CTED) eine repräsentative Umfrage mit globaler Reichweite angestellt, wonach 53 % der Befragten befanden, dass pandemiebezogene, sozioökonomische und politische Einflüsse die Bedrohung durch gewaltsamen Extremismus und Terrorismus verstärken würden und sogar 72 % waren der Meinung, dass als Resultat der Pandemie effektive Gegenmaßnahmen noch herausfordernder würden (zit. nach Jenkins 2022, 153).[3] Weitere 44 % der Befragten sahen indes eine pandemiebedingte, wachsende Bedrohung durch Terrorismus in ihrer jeweiligen Region (vgl. ibid. 153).

Die fortschreitende Polarisierung, eine nachteilige gesamtwirtschaftliche Entwicklung und regionale Konflikte von globaler Bedeutung mit vielschichtigen Auswirkungen wie der Ukrainekrieg tragen zu einer unübersichtlichen Krisengemengelage bei, die einen fruchtbaren Nährboden für Extremismus jedweder Ausprägung darstellt.

1.2 Aufbau und Zielgruppe dieses Lehrbuches

Dieses Lehrbuch bietet einen umfassenden Überblick über den Stand der Forschung in den Bereichen Terrorismusbekämpfung und Extremismusprävention in einer klaren Sprache (*„aus der Praxis für die Praxis"*). In jedem Kapitel wird mit wiederholenden bzw. vertiefenden Fragen gearbeitet und das Literaturverzeichnis wird um kommentierte Literaturempfehlungen ergänzt.

---

[3] Der angesprochene UN CTED-Report ist unter https://www.un.org/securitycouncil/ctc/sites/www.un.org.securitycouncil.ctc/files/files/documents/2021/Jun/cted_covid_paper_15june2021_1.pdf [28.01.2023] zu finden.

1.2 Aufbau und Zielgruppe dieses Lehrbuches 7

Das Kap. 2, *„Begriffe und Theorien der Terrorismusbekämpfung"*, definiert einführend Terrorismus und Terrorismusbekämpfung, zeigt dabei unterschiedliche Facetten in englisch- und deutschsprachiger Fachliteratur auf. Wichtig ist die sich daran anschließende Unterscheidung in operative und strukturelle Terrorismusbekämpfung. Die unterschiedlichen theoretischen Zugänge – von den defensiven, im Kern präventiven *("preventive")* über die (krisen-) managementorientierten *("managerial responses")* zu den reaktionsspezifischen *("responseoriented")* Theorieansätzen– liefern das Fundament dieses Kapitels. Darüber hinaus werden prototypische Modelle der Terrorismusbekämpfung, wie etwa das „strafrechtliche Modell", das „Kriegsmodell", das nachrichtendienstliche Modell, sowie das „Kommunikationsmodell" und das „Präventionsmodell" einer näheren Betrachtung unterzogen.

Kap. 3, *„Strukturelle Extremismusprävention (P/CVE)"* klärt einführend, was Extremismusprävention ist und was P/CVE leisten kann. Das Unterkapitel 3.2, Prävention als P/CVE, unterscheidet in primäre Intervention, sekundäre (oder selektive) Prävention sowie tertiäre (indizierte) Prävention. Unterkapitel 3.3 beleuchtet Radikalisierung und Tertiäre Prävention: Deradikalisierung, gefolgt von internationalen Zugängen der Extremismusprävention.

Die *„Mittel der Terrorismusbekämpfung"* werden in Kap. 4 dargestellt, dabei einführend polizeiliche und nachrichtendienstliche Mittel. Bei den technischen Mitteln werden die Videoüberwachung des öffentlichen Raumes, Betonpoller, Sandsäcke und Stahlseile, Wassertanks und Metallstelen zum Schutz öffentlicher Räume sowie sonstige technische Mittel beleuchtet.

Kap. 5, *„Aktuelle Bedrohungsanalyse – Akteure und Trends des Extremismus und Terrorismus"*, stellt die aktuellen Akteure aller Extremismusphänomenbereiche dar, sowie das Bedrohungspotenzial, das von diesen Extremismusphänomenen ausgeht. Einführend werden die einzelnen Phänomenbereiche kurz definiert und erklärt, dazu werden kurze Analysemerkmale genutzt. Daran schließt sich in jedem Bereich jeweils eine Darstellung der aktuellen Akteure an, sowie eine Analyse aktueller Trends. Dabei wird sowohl auf der Analyseebene Extremismus als auch auf der Ebene Terrorismus gearbeitet. Verwiesen wird auf die mitunter fließenden Übergänge vom Islamismus und Salafismus zum islamistischen Terrorismus einerseits sowie vom Rechtsextremismus zum Rechtsterrorismus andererseits. Sowohl im Jihadismus als auch im Rechtsterrorismus ist der aktuelle Trend zu beobachten, dass die Attentäter vermehrt Einzeltäter sind.

Das Kap. 6, *„Terroristische Anschlagsszenarien, Modi Operandi, Wirkmittel sowie Akteure"*, analysiert auf der Basis verübter sowie geplanter, aber von den Sicherheitsbehörden verhinderter terroristischer Anschläge Anschlagsszenarien,

Modi Operandi und Wirkmittel. Die terroristische Auswahl von Anschlagszielen, Anschlagsszenarien und Wirkmittel steht hierbei im Mittelpunkt der Betrachtung.

In Kap. 7, *„Operative Terrorismusbekämpfung"*, werden die Strategien und Akteure der Terrorismusbekämpfung der Vereinten Nationen, der EU, Deutschlands, Österreichs, Frankreichs, Großbritanniens sowie Israels und der USA besprochen.

> **Übersicht**
>
> Die unterschiedlichen Phänomenbereiche von Extremismus, Extremismusprävention und Terrorismusbekämpfung sind (nicht ausschließlich) für folgende Bereiche von Wissenschaft und Praxis von besonderer Bedeutung:
>
> - Regierungen und nachgeordnete Strukturen
> - Ministerien
> - Politische Institutionen
> - Regierungspräsidien
> - Landes-/Bezirksregierungen
> - Zivile Hochschulen und Fachhochschulen
> - Hochschulen und Akademien der Polizeien/der Streitkräfte
> - Hochschulen und Akademien der Verfassungsschutzbehörden
> - Polizei (Bundespolizei, Landespolizeien, Bundeskriminalamt, Landeskriminalämter, Staatsschutzabteilungen, Spezialeinsatzkommandos, Mobile Einsatzkommandos)
> - Verfassungsschutzbehörden (Verfassungsschutz auf der Ebene Bund und Länder)
> - Zivile und militärische Nachrichtendienste
> - Militär
> - Justiz/Justizvollzugsanstalten
> - Staatliche und nichtstaatliche Akteure im Bereich von Prävention
> - Politische Bildung, Bundeszentrale und Landeszentralen
> - Bildung und Kultus (auf den Ebenen Bund und Länder, vor allem die Kultusministerien der Bundesländer)
> - Schulen
> - u. v. a.

Übersicht
Die Extremismusphänomenbereiche, Extremismusprävention und Terrorismusbekämpfung sind wissenschaftlich-analytisch verbunden mit folgenden Fächern und Fakultäten:

- Sozialwissenschaften
- Politikwissenschaft
- Security Studies
- Intelligence Studies
- Rechtswissenschaft
- Psychologie
- Soziologie
- Friedens- und Konfliktforschung
- Sozialpädagogik
- Soziale Arbeit
- Geschichtswissenschaft
- Informatik
- u. v. a.

Literatur

Blake, Aaron (2022), Read the Jan. 6 committee final report. *The Washington Post*, 22. Dezember. https://www.washingtonpost.com/national-security/2022/12/22/jan-6-committee-report-full-text/ (zugegriffen: 23. Februar 2023).

Botzenhardt, Ulrike (2021), Die Folgen der Pandemie: Experte spricht von ‚toxischer Mischung'. Die Folgen der Pandemie drohen zur Zerreißprobe für unsere Gesellschaft zu werden. Wo stehen wir? Experte Nicolas Stockhammer im Interview. *Kurier*, 1. Februar. https://kurier.at/chronik/oesterreich/die-folgen-der-pandemie-experte-spricht-von-toxischer-mischung/401174563 (zugegriffen: 23. Februar 2023).

Bremmer, Ian (2022), *The Power of Crisis. How three Threats and our Response will Change the World*. New York: Simon&Schuster.

Ebner, Julia (2023), *Massenradikalisierung. Wie die Mitte Extremisten zum Opfer fällt*, Berlin: Suhrkamp.

Fareed, Zakaria, (2020). *Ten Lessons for a Post-Pandemic World*. New York: W.W.Norton.

Ferguson, Niall (2021), *Doom. Die großen Katastrophen der Vergangenheit und einige Lehren für die Zukunft,* München: DVA.

Fuchs, Christian (2022), *Verschwörungstheorien in der Pandemie. Wie über Covid-19 im Internet kommuniziert wurde*. München: UKV (UTB).

Gigliotti, Ralph A. (2020), The perception of crisis, the existence of crisis: navigating the social construction of crisis. *Journal of Applied Communication Research* 48, Nr. 5 (2. September): 558–576. https://doi.org/10.1080/00909882.2020.1820553.

Jenkins, Brian Michael, (2022), *Plagues and their Aftermath. How Societies Recover from Pandemics*. Brooklyn, London: Melville House.

Kraemer, Klaus und Sebastian Nessel (2012), *Entfesselte Finanzmärkte: Soziologische Analysen des modernen Kapitalismus*. Frankfurt am Main: Campus Verlag.

Lee, Kai-FuChen, Qifan (2021), *AI 2041. Ten Visons for our Future*. New York: Penguin Random House.

Neumann, Peter (2023), Terrorismus: Risiken und Bedrohungen für Österreich. In: *Risikobild 2023. Krieg um Europa*, hg. von Bundesministerium für Landesverteidigung.

Edelman Trust Barometer (2021), Global Report. https://www.edelman.com/sites/g/files/aatuss191/files/2021-03/2021%20Edelman%20Trust%20Barometer.pdf (zugegriffen: 23. Februar 2023).

Reckwitz, Andreas und Rosa Hartmut (2021), *Spätmoderne in der Krise: Was leistet die Gesellschaftstheorie*. Berlin: Suhrkamp.

Taleb, Nassim Nicholas (2007), *Der Schwarze Schwan. Die Macht höchst unwahrscheinlicher Ereignisse*. München: Hanser.

Tölgyes, Joël (2022), Hausgemachte Teuerung durch Gewinn-Inflation. *Momentum Institut*. https://www.momentum-institut.at/news/gewinn-inflation (zugegriffen: 23. Februar 2023).

Weber, Max (1919), *Politik als Beruf*. München & Leipzig: Duncker & Humblot.

Weingart, Peter, Anita Engels und Petra Pansengrau. 2007, *Von der Hypothese zur Katastrophe: Der anthropogene Klimawandel im Diskurs*. Opladen: Barbara Budrich Verlag.

Strukturelle Extremismusprävention (P/CVE)

2

Im folgenden Kapitel werden einige der multiplen Zugänge einer strukturellen Extremismusprävention erläutert. Sie ist als eine, konventionelle Ansätze der operativen Terrorismusbekämpfung ergänzende, Strategie zur antizipativen Bekämpfung des Extremismus begreifen. Um Radikalisierung und eine nachhaltige Hinwendung zum Extremismus bereits präventiv zu unterbinden ein hält die Extremismusprävention ein entsprechendes Maßnahmenportfolio vor. Im Anschluss an eine Begriffsklärung (Extremismus, PVE, CVE, P/CVE, De-/Radikalisierung) werden rezente Ansätze der Extremismusprävention präsentiert und ebenso drei Präventionsebenen wie gleichermaßen Deradikalisierung als bekannte Maßnahme der tertiären Prävention einer näheren Betrachtung unterzogen. Schließlich werden internationale Ansätze, lokale Zugänge und Best-Practice Beispiele im Bereich P/CVE vorgestellt und vergleichend analysiert. Den Abschluss bildet eine kritische Bestandsaufnahme, die Defizite und Problemlagen der strukturellen Extremismusprävention gesamtheitlich in den Blick nimmt.

2.1 Was ist Extremismusprävention? Was kann P/CVE leisten?

Einleitend ist der Begriff des Extremismus näher zu erläutern. Konzeptionell umfasst Extremismus „(...) *politisch und religiös grundierte, manifeste oder latente Positionen, denen unterstellt werden kann, dass sie sich programmatisch wie auch rhetorisch gegen den ‚demokratischen Verfassungsstaat' 'richten"* (Jesse 2000).[1]

Im „Lexikon der Politik" wird das Phänomen als *„im allg. am äußersten Rand eines kontextbezogenen Spektrums von Einstellungen und Ansichten angesiedelte, nach Zielen und Mitteln zum Äußersten neigende Ideologien, soziale Bewegungen oder Personengruppen"* beschrieben (Bendel 1998, S. 172).

Im Visier extremistischer Rhetorik und letztlich auch deren manifester Gewalt stehen nach Uwe Backes (Backes 2010) die „drei Säulen", *„[...] die das Gebäude demokratischer Verfassungsstaaten tragen: Gewaltenkontrolle, Pluralismus und Menschenrechte"* (Backes 2010, S. 22). Hiermit korrespondiert eine stufenweise Ablehnung des staatlichen Monopols legitimer Gewaltsamkeit (Max Weber) und der verfassungsmäßigen Grund- und Werteordnung des demokratischen Rechtsstaats insgesamt durch extremistische Akteure.

Der Prozess einer solchen ideologischen Abwendung vom konstitutionell gefassten Normbereich („Verfassungsbogen") der politischen Teilhabe vollzieht sich horizontal an den äußeren Rändern des politischen Spektrums, d. h. sowohl ganz links als auch ganz rechts, hinzu kommen noch der Islamismus und der auslandsbezogene Extremismus.

Gleichermaßen ist dieser Reflex auf einer spektralen Vertikale *„in fundamentalistisch orientierten, religiösen Milieus zu registrieren, die eine umfassende Geltung der eigenen normativen Auslegung von Glaubenssätzen auf sämtliche Lebensbereiche reklamieren und eine religiös-legalistisch verbrämte, handlungsorientierte Zuspitzung vom stillen Widerstand bis zur effektiven Gewalt(-bereitschaft) gegen den Staat und dessen Organe befürworten"* (Stockhammer 2022, S. 225).

Treibende Kraft dieser vielfältigen anti-gouvernementalen Bestrebungen und Ambitionen ist die ideologische „Kampftrias" derer sich Extremisten bedienen: *„Autokratie, Antipluralismus, Antidemokratismus"* (Backes 2010, S. 24).

Nach J. M. Berger bezieht sich

---

[1] *„Der politische Extremismus (...) zeichnet sich dadurch aus, dass er den demokratischen Verfassungsstaat ablehnt und beseitigen will".*

2.1 Was ist Extremismusprävention? Was kann P/CVE leisten?

> *„Extremismus* [...] *auf die Überzeugung,* [dass] *der Erfolg oder das Überleben einer eigenen Bezugsgruppe niemals von der Notwendigkeit feindlicher Handlungen gegen eine Außengruppe getrennt werden kann* [...] *Feindselige Handlungen können von verbalen Angriffen und Herabsetzungen bis hin zu diskriminierendem Verhalten, Gewalt und sogar Völkermord reichen.* [...] *Extremismus kann von staatlichen oder nichtstaatlichen Akteuren ausgehen.* [...] *Gewaltsamer Extremismus ist die Überzeugung, dass der Erfolg oder das Überleben einer eigenen Bezugsgruppe niemals von der Notwendigkeit gewaltsamer Handlungen gegen eine Außengruppe getrennt werden kann (im Gegensatz zu weniger schädlichen Handlungen wie Diskriminierung oder Meidung). Eine gewalttätige extremistische Ideologie kann ihre Gewalt als defensiv, offensiv oder präventiv charakterisieren"* (Berger, S. 44 ff. Übers. d. Verf.).

Extremismusprävention stellt im Gegensatz zur prinzipiell „harten", im Jargon „operativen" (meist nachrichtendienstlichen oder verfassungsschutzspezifischen) Terrorismusbekämpfung grundsätzlich **auf „weiche" also „strukturelle" (antizipativ-präventive) Maßnahmen und deren Effekte ab.**

> Die **strukturelle Extremismusprävention** konzentriert sich im Kern auf die „Entstehungs- bzw. Existenzbedingungen", die „zugrunde liegenden Ursachen" und das „begünstigende Umfeld" der ideologisch, d. h. politisch- und religiös motivierten Gewalt (Schneckener 2007, S. 9).

Unter dem als Synonym zum deutschen Begriff Extremismusprävention verwendeten und im akademischen Gebrauch immer populärer werdenden Schlagwort

> *„Preventing Violent Extremism"* (kurz PVE) versteht man übergreifende, in der Regel primärpräventive Maßnahmen, die die strukturellen Ursachen von gewalttätigem Extremismus in den Blick nehmen und nachhaltig bekämpfen sollen, *„darunter Intoleranz, Regierungsversagen und politische, wirtschaftliche und soziale Marginalisierung"* (Fraser und Nünlist 2015).

Meist wird PVE im Einklang mit bzw. komplementär zu CVE (für *Countering Violent Extremism*), also der klassischen Terrorismusprävention (US- National

Counterterrorism Center 2017), genannt, oder überhaupt als **P/CVE** zusammengefasst, was einem umfassenden Verständnis von Extremismusprävention entspricht. CVE ist zwar eindeutig auf der Präventionsseite aber dabei dennoch graduell zwischen PVE und der responsiven, operativen Terrorismusbekämpfung (TB) angesiedelt. *Countering Violent Extremism* bezieht sich darauf, **existierende Bedrohungen abzuwehren**. Im Gegensatz dazu konzentriert sich *Prevention of Violent Extremism* darauf eine mögliche Materialisierung von Bedrohungen zu verhindern. Bei näherer Betrachtung können durchaus Unterschiede bezüglich a) der Entstehung dieser Konzepte und b) der Maßnahmen, die sich daraus ergeben festgestellt werden.

> Die **„Schlüsselelemente"** des im sekundären Präventionsbereich angesiedelten und vergleichsweise „härteren" **CVE-Zuganges** umfassen in der Regel den *„Einsatz von Mitteln ohne Zwang, um Einzelpersonen oder Gruppen davon abzuhalten, sich für Gewalt zu mobilisieren, und um die Rekrutierung, Unterstützung, Erleichterung oder Beteiligung an ideologisch motiviertem Terrorismus durch nichtstaatliche Akteure zur Förderung politischer Ziele zu verringern"* (Khan 2015 Übers. d. Verf.).

Initiativen zur Bekämpfung von gewalttätigem Extremismus (CVE) adressieren letztlich jene *„Bedingungen, die eine Radikalisierung zum gewalttätigen Extremismus begünstigen, mit dem Ziel, terroristischen Gruppen neue Unterstützer und Rekruten zu verwehren"* (Global Counterterrorism Forum). Gemäß dem norwegischen Extremismusforscher Torje **Bjørgo** sind es **„neun Mechanismen zur Verhinderung von Terrorismus"** (Bjorgo zit. nach Schmid 2021, S. 23 Übers. d. Verf.), die das Spektrum von konventionellen CVE-Ambitionen zum Ausdruck bringen:

1. *„die Etablierung und Aufrechterhaltung von Normen zur Delegitimierung von Terrorismus und Gewaltanwendung*;
2. *die Verringerung der gewalttätigen Radikalisierung und des Aufkommens von Terrorismus*;
3. *die Abschreckung von der Beteiligung am Terrorismus durch Androhung von Vergeltung oder Bestrafung*;
4. *die präventive Verhinderung geplanter terroristischer Anschläge*;
5. *die Bekämpfung der Durchschlagskraft (potenzieller) Terroristen durch Beseitigung ihrer Fähigkeiten zur Durchführung von gewalttätigen Aktionen*;
6. *der Schutz gefährdeter Ziele durch Erhöhung der Schwierigkeiten, Kosten und Risiken für (potenzielle) Terroristen*;

2.1 Was ist Extremismusprävention? Was kann P/CVE leisten?

7. *die Verringerung der schädlichen Folgen von Terroranschlägen;*
8. *die Verringerung der Belohnungen für die Durchführung von Terroranschlägen;*
9. *der Rückzug aus dem Terrorismus, indem Einzelpersonen und Gruppen dazu gebracht werden, sich nicht mehr am Terrorismus zu beteiligen".*

Der Fokus der Präemptionsmechanismen nach Bjørgo legt insgesamt dennoch eine stärkere Orientierung von CVE an den Grundsätzen operativer Terrorismusbekämpfung nahe. Gerade Bezüge wie Abschreckung, Verhinderung von Terroranschlägen oder Minimierung von taktisch-operativen Fähigkeiten bei terroristischen Gefährdern, wie nicht minder die eigens artikulierte Schutzkomponente suggerieren, dass Prävention (Vorbeugung) in diesen Zusammenhängen eher als Präemption (Verhinderung) gedacht wird.

Die diversen **international** von Regierungen und zivilgesellschaftlichen Organisationen eingesetzten **CVE-Strategien und -Instrumente** variieren natürlich und **spiegeln** dabei **unterschiedliche, auch regionalspezifische Rahmenbedingungen wider.**

Peter Neumann hat folgerichtig festgestellt, dass der Umfang von CVE und der damit verbundenen Aktivitäten *„potenziell unbegrenzt"* ist (Neumann 2015, S. 18). Konkret beinhalten CVE-Initiativen ein weitreichendes Engagement von relevanten öffentlichen wie privaten Stellen zur Verhinderung von Radikalisierung. Im Allgemeinen inkludieren diese **Aktivitäten** die **Vermittlung von extremismushemmenden Botschaften** (Narrativdimension) über verschiedene konventionelle und soziale Medienkanäle, die **Einbindung der Gemeinschaft** und die **Kontaktaufnahme** (Ansprache) mit allen zur Verfügung stehenden Mitteln, den **Aufbau von Kapazitäten,** insbesondere bei Jugendlichen, zusammen mit anderen **Maßnahmen zur Gemeinschaftsförderung,** zur **Erhöhung der Sicherheit,** sowie hinsichtlich der **Aus- und Fortbildung** eines breiten Spektrums von Akteuren, einschließlich **führender Persönlichkeiten (Stakeholdern) der Gemeinschaft** aber auch von **Strafverfolgungsbeamten** (ibid. S. 18).

Auch das *Global Counterterrorism Forum* (GCTF) hat unter der Maßgabe einer notwendigen weiterführenden wissenschaftlichen Analyse und Evaluierung derselben, einige mögliche CVE-Strategien, Zugänge und Praktiken vorgestellt, darunter:

1. *Strafvollzug:* die **Konzentration auf den Strafvollzug** und die **Beschreibung bewährter Praktiken für die Rehabilitierung und Wiedereingliederung von gewalttätigen Extremisten,** die sich von der extremistischen Ideologie und/oder Bezugsgruppe losgelöst haben;

2. *Fokus auf Opfer des Terrorismus:* die **Aufzählung bewährter Praktiken für die Arbeit mit Terrorismusopfern** unmittelbar nach einem Terroranschlag;
3. *Umfassende Kooperation:* die Untersuchung der **Bedeutung sektorübergreifender CVE-Zugänge** (d. h. Regierungsinstitutionen, Behörden, der Privatsektor und die Zivilgesellschaft);
4. *Präventionskommunikation:* die Untersuchung der **Methoden der CVE-Kommunikation,** die bei den wichtigsten Zielgruppen am besten ankommen; und
5. *Wirksamkeitsanalyse:* die Messung **der Effektivität von CVE-Programmen** (Global Counterterrorism Forum, 1 Übers. d. Verf.).

2.2 Prävention als P/CVE

Das umfassende Extremismuspräventionskonzept der **P/CVE** der hat seine **Wurzeln in den Vereinigten Staaten in den frühen 2000-er Jahren,** unmittelbar nach den Terroranschlägen vom 11. September 2001 und dem anschließenden weltweiten „*War on Terrorism*". Im Nachklang an militärische Interventionen in Staaten, die verdächtigt wurden, den internationalen islamistischen Terrorismus zu fördern (Afghanistan und Irak) und drastische Gesetzesverschärfungen vor allem in den USA (Patriot Act), setzte sich zunehmend die **Erkenntnis** durch, **dass traditionelle militärische Terrorismusabwehr, operative nachrichtendienstliche und verfassungsschutzdominierte Terrorismusbekämpfungs- und justizielle Strafverfolgungsansätze** *per se* **nicht mehr ausreichend** waren, um der komplexen und vielschichtigen Bedrohung durch den transnationalen Terrorismus effektiv zu begegnen.

Denn solcherlei auf **harten, operativen Maßnahmen** basierenden Ansätze zur Verhinderung und Bekämpfung von gewalttätigem Extremismus und Radikalisierung haben sich meist auf die **Identifizierung von gewaltsam-extremistischen Einzelpersonen und terroristischen Gruppierungen, die Verhinderung einer illegalen Grenzmigration solcher Akteure, die Eindämmung von Terrorfinanzierungsströmen und die Unterminierung von terroristischer Planung** bzw. davon abgeleiteten Aktivitäten beschränkt.

Oftmals ist dieser Zugang jedoch eher als eine elementare Notmaßnahme bei „Gefahr in Verzug" und in Anbetracht der Kurzfristigkeit mehr als **Symptombekämpfung** zu qualifizieren.

Dieser Umstand führte sukzessive zur **Entwicklung ursachenorientierter Präventionsstrategien,** die sich auf die zugrunde liegenden **exogen bedingten**

2.2 Prävention als P/CVE

Triebkräfte *(„root causes")* des Extremismus wie **sozioökonomische Faktoren,** die **Auswirkungen politischer Instabilität** oder **misslingender Integration,** ebenso wie auf **Defizite im Bildungsbereich** und die gesellschaftliche Entwicklung im Sinne von **sozialen Aufstiegschancen** konzentrieren.

Im Laufe der letzten beiden Jahrzehnte haben sich vor allem die **P/CVE-Bemühungen** dementsprechend weiterentwickelt und sind **nuancierter und zielorientierter** geworden, da Praktiker und politische Entscheidungsträger in Europa den berechtigten Anspruch hegten, die konditionalen Faktoren, die zur Radikalisierung beitragen, und die wirksamsten Methoden zu deren Bekämpfung besser zu verstehen. P/CVE-Programme betonen in diesem Lichte häufig die Bedeutung der **Einbeziehung lokaler Gemeinschaften** und zivilgesellschaftlicher Organisationen in die Bemühungen zur **Förderung von Toleranz und Gewaltprävention.**

Aus einer eindimensionalen, präemptiven Terrorismusbekämpfung wird sukzessive eine umfassende Extremismusprävention im Sinne von P/CVE. Der sog. *„präventiven Wende"* (Lehne und Schleppe 2007) im Bereich der Extremismusbekämpfung Rechnung tragend, gilt Prävention vor allem in europäischen Zusammenhängen immer mehr als die *via regia* bei strukturellen Maßnahmen. **Gewaltsam-extremistischen Gruppierungen und Netzwerken soll** etwa durch Gegennarrative oder alternative Erzählungen **der ideologische „Nähr- und Resonanzboden" entzogen werden,** um dadurch deren Attraktivität bzw. die ihrer Propaganda bei potenziellen Adressaten zu unterminieren. Konsequent wird hierbei das **extremistische Rekrutieren** ins Visier genommen und gleichzeitig soll dadurch die Zahl der aktivistischen Unterstützer und passiven Sympathisanten drastisch reduziert werden (Schneckener 2007, S. 9).

Im Kern bleibt **Extremismusprävention personenbezogen** d. h. immanent **einzelfallorientiert** und **generalpräventive Angebote** kämpfen **oftmals** mit **mangelnder Zielgruppen-Adäquanz** (Schuhmacher 2022, S. 572). Gleich vorab festzuhalten ist, dass in der Praxis im Regelfall, abhängig vom individuellen Fortschrittsgrad der Radikalisierung (gemäß diversen Stufenmodellen), sowohl **operative wie auch strukturelle Maßnahmen** heranzuziehen und **ggfs. zu kombinieren** sind. Davon unbenommen bleibt **Prävention der erste und zugleich der effektivste wie gleichermaßen effizienteste Zugang einer umfassenden Terrorismusbekämpfung.**

Bei **PVE** handelt es sich in der Regel um eine **entgegenkommende Kommunikations- und Unterstützungsstrategie des Dialogs,** des wechselseitigen Verständnisses und Respekts. Bei für Extremismus ansprechbaren Einzelpersonen und Gemeinschaften soll mit gezielten Maßnahmen die Förderung eines Gefühls der integrativen Zugehörigkeit und der Selbstbestimmung bezweckt werden. Die Zielsetzung entsprechender Initiativen besteht darin, als sinnvoll wahrgenommene **Alternativen zur Gewalt** zu schaffen und den radikalisierungsbedrohten Menschen die erforderlichen **Werkzeuge und Ressourcen an die Hand zu geben,** die sie benötigen, **um sich von extremistischen Ideologien und Verhaltensweisen nicht vereinnahmen zu lassen** bzw. sich diesen zu widersetzen. PVE ist ein komplexes und vielschichtiges Unterfangen, das die **engagierte Beteiligung einer Vielzahl von Akteuren** erfordert, darunter **Regierungen, zivilgesellschaftliche Organisationen und engagierte Führungspersönlichkeiten von Gemeinschaften** oder **soziale Gruppi**erungen. Wesentlich erscheint gerade in diesem Kontext der Multidimensionalität an Zugängen und Akteuren, dass Extremismuspräventionsmaßnahmen maßgeschneidert- jeweils zeitlich zutreffend und für den relevanten Adressatenkreis- gesetzt werden.

Die Extremismusforschung differenziert klassisch zwischen **drei Ebenen der Extremismus-und/oder Radikalisierungsprävention:** der *primären, sekundären* und *tertiären* Prävention (El-Mafaalani et al. 2016).

- Die *primäre Prävention* (auch „Universalprophylaxe" genannt) fokussiert auf die **Stärkung der Resilienz von Radikalisierungsempfänglichen.** Primärpräventive Maßnahmen sind dahingehend angelegt, ggfs. lineare **Radikalisierungsprozesse bereits antizipativ zu unterminieren** (vgl. el Ditraoui 2021, S. 203). Eine schrittweise Reduktion der psychosozial bedingten Anfälligkeit für extremistische Botschaften und Narrative steht daher im Vordergrund der primären Prävention. Prinzipiell beinhaltet Primärprävention **Aufklärungs-/Sensibilisierungskampagnen, soziales bzw. integrationsförderndes Engagement in der Gemeinde** und **Programme,** die grundlegende **sozioökonomische Probleme wie Armut und Diskriminierung** in Angriff nehmen. Fördernde Maßnahmen wie **Persönlichkeitsbildung, Wissensvermittlung** und **Kompetenzsteigerung** sind für einschlägige Initiativen und Projekte zentral. Das können etwa **Gegennarrativ-Kampagnen** sein, die darauf abzielen, extremistische Ideologien zu kontextualisieren, zu hinterfragen und zu falsifizieren. **Radikalisierungsempfängliche Risiko-Personen** sollen gegen extremistische Botschaften **immun** oder besser **„imprägniert"** werden. Einen wesentlichen Beitrag zur Resilienzförderung leisten sog. **„alternative Narrative",** die gleichermaßen **Anreize zur Integration,** die **Vorteile einer Abkehr von Radikalisierung** und insbesondere **Perspektiven für eine prosperierende Zukunft** vermitteln. Gleichermaßen haben sich Programme zum **Engagement in der Gemeinschaft,** die den sozialen Zusammenhalt und die Eingliederung fördern, um die Wahrscheinlichkeit zu verringern, dass sich Menschen radikalisieren, als probate Methode der Extremismusprävention erwiesen. Im

2.2 Prävention als P/CVE

Rahmen derartiger und anderer Vermittlungsformate soll bezüglich der Gefahren sowie Auswirkungen von Radikalisierung und Extremismus sensibilisiert werden. Dies wird über eine **gezielte Vermittlung von Verfassungswerten und Kompetenzen im Bereich von Menschenrechten** aber auch die **Schaffung eines Klimas sozialer Sicherheit** bewerkstelligt (vgl. Bundesweites Netzwerk Extremismus-Prävention und Deradikalisierung 2017, S. 22). **Workshops für Jugendliche, Aufklärungsinitiativen** und **interkulturelle Projekte zur Demokratieförderung** können einen entsprechenden Rahmen hierfür bilden (Goertz 2019, S. 181). Bei der primären Radikalisierungsprävention geht es darum, *"möglichst viele gesellschaftliche Gruppen zu erreichen"* (Bundesweites Netzwerk Extremismus-Prävention und Deradikalisierung 2017, S. 22). Die adressierten Zielgruppen sollen auf die Gefahren von Radikalisierung generell sensibilisiert werden. Die primäre Prävention wendet sich an keine spezifische Zielgruppe.

- Basierend auf einem möglichst **frühen, niederschwelligen Interventionszugang**, greift die *sekundäre (oder selektive) Prävention* (auch spezifische Prophylaxe), wenn es bereits zu **ersten Anzeichen einer Radikalisierung bzw. Ansätzen von devianten/delinquenten Verhaltensmustern** kommt. Die sekundäre Extremismusprävention bezieht sich in erster Linie auf präventive Maßnahmen, die darauf abzielen, einen möglichen fortschreitenden Radikalisierungsprozess bei Personen, die als präradikalisiert eingestuft werden, zu unterbinden. Konkret handelt es sich in der Regel um strafrechtlich (noch?) nicht relevante Personen, die *"im Umfeld von Personen stehen, die bereits erste Anzeichen für eine individuelle Entwicklung hin zu einer Radikalisierung zeigen"* (ibid. S. 22). Grundlage für das Wirksamwerden von sekundärpräventiven Maßnahmen ist die **antizipative Identifikation von** derlei **"Risikogruppen"**, also Personen(-gruppen), die bereits „bestimmte Risikofaktoren einer Radikalisierung aufweisen" (Goertz 2019, S. 181). Symptomatisch für diese Gestaltungsebene ist ein steigendes Interesse affiner Personen an einschlägigen extremistischen Inhalten, Stakeholdern und nicht zuletzt Einstellungen. Gleichermaßen relevant sind korrespondierende Werthaltungen, die sich in Form von **Entfremdungs-, Exklusions- und Abkapselungstendenzen** von der Gesellschaft manifestieren. Währenddessen **bei direkten Interventionsmaßnahmen die unmittelbare Kooperation mit real oder potenziell Betroffenen im Mittelpunkt** steht, sind **bei der indirekten, präventiven Intervention integrative Maßnahmen um das persönliche Umfeld von Radikalisierungsgefährdeten** zentriert, d. h. mögliche **Multiplikatoren/-innen** (Verwandte, Lehrer, Trainer, Sozialarbeiter etc.), welche dann die Präventionsarbeit mit den Klientinnen und Klienten leisten bzw. dabei unterstützen (vgl.

ibid. S. 181). Relevante Aktivitäten können **Beratungs- und Mentoringprogramme** sowie **Interventionen durch Familien- und Gemeindemitglieder** umfassen. *„Diskriminierungskritische Bildungsangebote an die identifizierten Personengruppen"* sind ebenso Bestandteil einer Sekundärprävention (Bundesweites Netzwerk Extremismus-Prävention und Deradikalisierung 2017, S. 22).

- Die *tertiäre (indizierte) Prävention* (auch Eskalations- oder Rückfallprophylaxe), orientiert sich an konkreten Fallkonstellationen von Radikalisierung. Meist handelt es sich dabei um Personen, die *„strafrechtlich relevante Handlung gesetzt haben und bei denen ein Rückfall in extremistische Handlungsmuster verhindert werden soll"* (ibid. S. 22). Im Brennpunkt steht der Aspekt **Ausstiegswillige aus einem extremistischen Milieu zu extrahieren** und sie bei der **ideologischen Distanzarbeit** zu unterstützen. Die tertiäre Prävention ist an der Grenze zur Deradikalisierung angesiedelt, wobei die Übergänge durchaus fließend sind. **Prävention wird sukzessive zur Distanzierung** *(disengagement)* von extremistischem Gedankengut, **ideologischer Demobilisierung** und letztlich auch zur **Deradikalisierung** (El-Mafaalani et al. 2016, S. 4). Dies umfasst in erster Instanz eine direkte Ansprache der betroffenen Personen, häufig mit sicherheitsbehördlicher Begleitung. Deeskalative Maßnahmen werden zudem von einer breit angelegten Unterstützung beim **Ausstieg aus extremistischen Szenen** (Wohnortwechsel, Vermittlung von Ausbildungsmöglichkeiten oder Arbeitsplätzen, Assistenz beim Umgang mit Behörden u.v.m.) begleitet. Ziel der tertiären Prävention ist die *„gesellschaftliche Reintegration und Resozialisation durch soziale, rechtliche und sozialpsychologische Betreuungsangebote einerseits und ideologiekritische Arbeit und Auseinandersetzung mit gewaltbereit-extremistischen Weltbildern andererseits"*.

Die „dänische **Extremismuspräventionspyramide**" (Hemmingsen 2015, S. 23–25) beispielsweise (siehe Abb. 2.1), gliedert fast analog zum eben skizzierten **3-Ebenenansatz** vorbeugende Maßnahmen in drei zeitliche Phasen:

1. **Frühpräventive Maßnahmen** (für alle): Der erste Abschnitt der Pyramide – die frühzeitige Präventionsstufe – umfasst Initiativen, die sich an die gesamte Gesellschaft richten, konzentriert sich aber vor allem auf junge Menschen. Die Mission solcher Initiativen besteht auf dieser Ebene darin, relativ adressatenunspezifisch gemeinschaftliche Wohlfahrt und aktive bürgerschaftliche Partizipation zu fördern, d. h. letztlich dadurch die Herausbildung von problematischem Verhalten zu verhindern. Ziel ist es, u. a. durch Bildungsinitiativen und Informationskampagnen die demokratischen, kritischen und

sozialen Fähigkeiten von Jugendlichen zu stärken und deren Widerstandsfähigkeit (Resilienz) gegenüber extremistischen Ideen und Narrativen, aber nicht zuletzt auch die soziale Kohäsion zu fördern, ohne sich explizit mit den Herausforderungen von Extremismus und Radikalisierung zu befassen.

2. **Antizipative Maßnahmen** (für Personen, die für Radikalisierung anfällig sind): Die sekundäre „antizipative" Ebene – der mittlere Teil der Pyramide – umfasst Initiativen, die sich an Personen richten, die bereits Anzeichen für eine Radikalisierung aufweisen, aber (noch?) gewaltavers sind. Auf diesem Level werden bereits Ausstiegs- und Interventionsmaßnahmen durchgeführt. Das niederschwellige „Erschließen" des unmittelbaren sozialen Umfelds relevanter Akteure ist Bestandteil dieser Intervention, ohne dass jedoch konkrete Hinweise zum betroffenen Individuum bzw. (dem Grad) der jeweiligen Radikalisierung erfolgen. Der Schwerpunkt liegt auf dem „Aufbau von Kapazitäten" *(capacity-building)* für die betroffene Person und ihr unmittelbares Umfeld sowie auf der Verhinderung von einer Verschlechterung- d. h. der allfälligen Vertiefung von extremistischen Anschauungen und einer steigenden Gewaltaffinität. Intervenierende Präventionsmaßnahmen überschneiden sich hier weitgehend mit den Maßnahmen der Kriminalprävention.

3. **Direkte Interventionsmaßnahmen** (Personen im extremistischen Umfeld): Die tertiäre Ebene umfasst direkte Interventionen, die sich an Personen richten, die Teil eines extremen Umfelds sind und bereits Straftaten begangen haben oder die Gefahr laufen, dies zu tun. Ziel ist es, (weitere) Straftaten zu verhindern und den Ausstieg aus dem extremistischen Milieu zu unterstützen. Der Schwerpunkt liegt dementsprechend auf dem Aufbau von Kapazitäten und die Verhinderung bestimmter krimineller Handlungen. Auf dieser Ebene geht es in erster Linie um Intervention, Disengagement und Ausstieg, aber falls sinnvoll, können Versuche unternommen werden, die Angehörigen der Betroffenen einzubeziehen, um ihren jeweiligen Zugang und Einfluss zur Unterstützung der inkriminierten Person zu unterstützen.

2.3 Radikalisierung und Tertiäre Prävention: Deradikalisierung

Bevor näher auf das Phänomen der Deradikalisierung eingegangen werden kann, soll in diesem Abschnitt kursorisch die zugrunde liegende **Begrifflichkeit von Radikalisierung und Deradikalisierung** erörtert werden. In diesem Zusammenhang ist vorausschickend eine **Diskrepanz zwischen wissenschaftlicher Theorie**

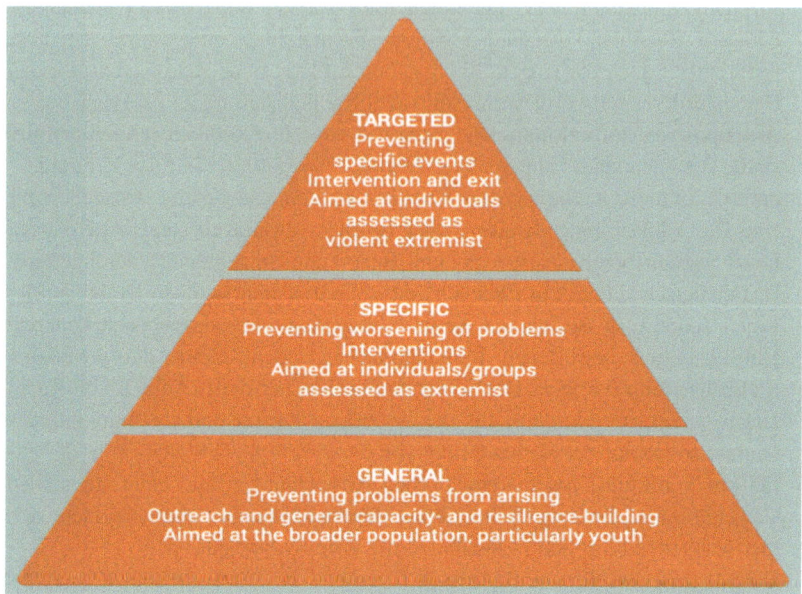

Abb. 2.1 Dänische Extremismuspräventionspyramide. (Quelle: Hemmingsen 2015)

und Praxis (dem Phänomen selbst) festzustellen, da Radikalisierungsverläufe in der Regel sehr einzelfallorientiert sind, aber sozialwissenschaftliche Theorien methodisch einen Verallgemeinerungsanspruch reklamieren. Daher erscheint bloß eine explorative, graduell rudimentäre Annäherung an Begriff und Konzeption möglich. Die in der einschlägigen Forschung gängigen Definitionen und arrivierten Analysemodelle (Silber und Bhatt 2007; della Porta 2013; Sageman 2008; Moghaddam 2005; Baran 2005; Borum 2011; McCauley und Moskalenko 2008), perzipieren **Radikalisierung** vorwiegend als einen **(linearen) Verlauf** in dessen Zentrum eine **kontinuierliche Hinwendung zum Extremismus** und nicht zuletzt auch zur Gewalt steht.

> **Radikalisierung** entspricht demnach im weitesten Sinne jenem **Prozess,** wenn ein *„Individuum oder ein Kollektiv zur Durchsetzung seiner politischen Ziele und Ideen seine Mittel ausweitet und nicht mehr nur gewaltfrei agiert, sondern auch Gewalt anwendet. Radikalisierung wird somit als ein*

2.3 Radikalisierung und Tertiäre Prävention: Deradikalisierung

> *Prozess hin zur Gewaltanwendung oder sogar hin zum Terrorismus verstanden. Sie erfolgt dabei sowohl auf der **Handlungsebene** als auch auf der **Einstellungsebene**"* (Daase et al. 2018, S. 8).

Der Soziologe Farhad Khosrokhavar begreift **Radikalisierung** als einen *„Prozess, bei dem eine Einzelperson oder eine Gruppe eine gewalttätige Handlungsweise annimmt, die unmittelbar mit einer extremistischen Ideologie mit sozialem oder religiösem politischen Inhalt verbunden ist, die die bestehende politische, soziale oder kulturelle Ordnung untergräbt"* (Khosrokhavar 2017, S. 1 Übers. d. Verf.).

Deradikalisierung ist demgegenüber eine **direkte Interventionsmaßnahme** auf Ebene der **tertiären Prävention**. Das hinter Deradikalisierung stehende **Interventionsprinzip** wurde in öffentlichen vorwiegend westlichen Diskursen vor allem seit der Jahrtausendwende mantra-artig quasi als ein „Allheilmittel" oder „Last Resort" der Extremismusbekämpfung gepriesen, genauso wie der Begriff selbst „inflationär" gebraucht wird. Letztlich bleiben sowohl die **Terminologie als auch die Konzeption der Deradikalisierung unklar und umstritten** (El-Mafaalani et al. 2016, S. 249). Deradikalisierung sei sogar ein **„Modewort"** (Horgan 2009, S. 3), für viele ein Begriff ohne Klarheit, Aussagekraft und Substanz. Prägnant gefasst ist

> **Deradikalisierung** mit Sold (Sold 2019) der *„verhaltensbezogene und identitäre Prozess der Abkehr von extremistischen Handlungen und Weltbildern"* (Sold 2019).

Das deutsche Bundesministerium des Innern und für Heimat definiert Deradikalisierung aus gutem Grund als einen *„sehr individueller Prozess"*, der *„stark von persönlichen Umständen abhängig"* ist.[2] Im Rahmen eines Deradikalisierungsprozesses *„[...] gibt die radikalisierte Person nicht nur ihr Bekenntnis zu und ihr Engagement für extremistische Positionen auf, sondern oft auch das bisherige soziale Umfeld innerhalb der extremistischen Szene"*.[3] Also ist **Deradikalisierung** im weiteren Sinne **Disengagement und Distanzierungsarbeit**. Im Kern beschreibt Deradikalisierung den *„individuellen und kollektiven kognitiven (oder:*

---

[2] https://www.bmi.bund.de/DE/themen/sicherheit/extremismus/deradikalisierung/deradikalisierung-node.html [Zugriff: 12.1.2023].

[3] Ibid.

ideologischen) Wandel von einer kriminellen, ideologisch-radikalen oder extremistischen zu einer nicht kriminellen und moderaten Identität und/oder Persönlichkeit" (Köhler 2015, S. 427). Darüber hinaus kommt den Faktoren **Resozialisierung und Reintegration** teleologisch eine wichtige Funktion im Deradikalisierungsprozess zu, oftmals bewerkstelligt durch Exit-, Mentoring und Coaching-Programme.

Konventionell verläuft **Deradikalisierung** auf **drei aufbauenden Stufen:** Am Beginn steht der *„Gewaltverzicht",* dann erfolgt das *„Unterlassen von Unterstützungshandlungen für extremistische Bestrebungen"* und schließlich die *„Akzeptanz der herrschenden Rechtsnormen"* (Sold 2019, S. 2).

Wie werden Deradikalisierungsmaßnahmen in der Praxis umgesetzt? Zuerst muss die emotionale Verbindung zur extremistischen Gruppe „gekappt" werden (Rabasa et al. 2010, S. 16). In weiterer Folge ist die intrinsische Motivation, häufig sozialpsychologische, sozioökonomische oder psychopathologische Antriebsmomente, die den Ausstieg oder das Verweilen in der Gruppe bedingen, zu adressieren. Zudem besonders relevant, sind die ideologischen Beweggründe für Radikalisierung in den Blick zu nehmen und zu thematisieren. Hierdurch soll das potenzielle Risiko politisch und/oder religiös motivierter Gewalt für die Gesellschaft verringert werden, denn die motivationale Ebene bleibt letztendlich die entscheidende, auch für jegliche Deradikalisierungsambitionen.

Nach Fraser und Nünlist (2015) sind wiederum drei Ebenen für Radikalisierungsprozesse relevant- eine personenzentrierte, individuelle Mikro-Ebene, eine referenzpersonen- oder gruppenzentrierte Meso-Ebene und schließlich eine Makro-Ebene, die den größeren geo- und soziopolitischen Kontext inkludiert (Fraser und Nünlist 2015, S. 2). Demnach sind die individuell fundierten Ursachen von Radikalisierung primär auf der Mikro-Ebene sozialer Interaktion zu finden: *„Individuen in Risikogruppen sollen durch Familienangehörige, religiöse Führungspersonen, Sozialarbeiter oder Sportclub-Trainer identifiziert werden"* (ibid. S. 2). Was die Meso-Ebene betrifft, so widmet sich diese schwerpunktmäßig dem *„radikalen Milieu im Umfeld eines gewalttätigen Extremisten, gehört unter anderem die Entgegnung auf Narrative und Ideen von gewalttätigen Extremisten durch positive Gegenstimmen"* (ibid. S. 2). In Hinsicht der Makroebene spielen *„Handlungen der Regierung im eigenen Land und im Ausland eine Rolle. Zu solchen strukturellen Treibern von gewalttätigem Extremismus zählen chronisch ungelöste politische Konflikte; ‚Kollateralschäden' militärischer Terrorismusbekämpfung; Verletzungen von Menschenrechten; ethnische, nationale und religiöse Diskriminierung; politische Exklusion von Volks-oder Religionsgruppen; sozioökonomische Marginalisierung, Mangel an guter Regierungsführung sowie mangelnde Integration von Diasporagemeinschaften von Einwanderern, die sich zwischen zwei Kulturen bewegen"* (ibid. S. 2). Wenig überraschend ist beispielsweise gerade die

„Salienz internationaler Konflikte" (was unter dem Schlagwort „*Conflict-Terror-Nexus*" rubriziert wird) ist ein relevanter Pull-Faktor für islamistische Radikalisierung. Nicht zuletzt können innenpolitische Debatten rund um Integration, Religion. die ethnisch-religiöse Peergruppe als diskriminierend und polarisierend empfunden werden und damit massiv radikalisierungsbeschleunigend wirken.

Zudem sind die Übergänge zwischen Prävention und Deradikalisierung fließend, was sich anhand des skizzierten dreipoligen Präventionsmodells *(primär-sekundär-tertiär)* ablesen lässt, wobei die tertiäre Prävention häufig mit Deradikalisierung gleichgesetzt wird.

Eine grassierende Skepsis hat sich gegenüber dem Konzept der Deradikalisierung (häufig auch „Disengagement") in der rezenten Radikalisierungsforschung, vor allem in Hinblick auf deren Methoden und Erfolge ausgebreitet, was mit mangelnder Transparenz bzw. intersubjektiver Nachvollziehbarkeit argumentiert wird und nicht zuletzt an spärlicher Evidenz liegen könnte. Bemängelt wird zudem ein äußerst restriktiver Zugang zu nationalen Deradikalisierungsprogrammen bzw. deren Resultaten für die einschlägige Forschung (Moskalenko und McCauley 2020, S. 143). Darüber hinaus besteht Uneinigkeit über die Quantifizierbarkeit von Erfolg und Misserfolg und die Festlegung von Parametern bzw. Bemessungskriterien.

Gelingende Deradikalisierung, soviel steht selbst bei kritischer Betrachtung außer Zweifel, beruht jedenfalls auf einem vielschichtigen Methodenrepertoire, das mit der Zielsetzung zur Anwendung gebracht wird, einen fortgeschrittenen individuellen Radikalisierungsprozess zu bremsen oder sogar rückgängig zu machen. Deradikalisierungsarbeit rekurriert daher auf ein mehrdimensionales, individuell anzupassendes Bündel an Maßnahmen. Es bedarf ob der prinzipiellen Einzelfallzentriertheit intensiver Betreuung und treffsicherer Sozialarbeit, damit das jeweilige Maßnahmenset seine Effektivität entfalten kann. Zu berücksichtigen ist freilich, dass mit Ahmad Mansour (De-)Radikalisierung üblicherweise auf drei Einflussebenen: „*ideologisch, affektiv und pragmatisch*" verläuft (Mansour 2014). Das theoretische Fundament und argumentative Rechtfertigung für extremistisches Verhalten sowie die dahinterliegenden Narrative sollen auf **weltanschaulicher Ebene** ideenkritisch entkräftet werden. Betreuung auf der **Gefühlsebene der Affekte,** ein Bereich der wenig akzessibel für rationale Argumente bleibt, basiert auf einer emotionalen Unterstützung der radikalisierten Person. Hierbei kann sozialpsychologisch die Schaffung einer alternativen Bezugsgruppe ein probates Mittel sein, um eine nachhaltige Distanzierung von extremistischen Ideen und Akteuren zu bewirken. Im Spektrum eines **pragmatischen Ansatzes** nimmt die Repression extremistischer Handlungsweisen und Gewaltaffinität eine prominente Rolle ein. Notwendige Voraussetzung hierfür ist allerdings eine zuvor bewerkstelligte erfolgreiche Überwindung der extremistischen Ideologie und Narrative durch die Risikoperson.

In Summe ist der Erfolg von Deradikalisierungsangeboten in hohem Maße davon abhängig, dass sie ebenenadäquat und zugeschnitten auf die Individuen (inklusive deren psychosoziale Verfasstheit und äußeres Umfeld) implementiert werden.

2.4 Internationale Zugänge der Extremismusprävention

P/CVE-Initiativen und -Strukturen wurden und werden in einer Vielzahl von Ländern und Regionen auf der ganzen Welt umgesetzt und nicht selten als Reaktion auf bestimmte Entwicklungen oder konkrete Vorfälle von gewalttätigem Extremismus bzw. die daraus resultierende Bedrohung entwickelt. Hierunter sollen exemplarisch einige internationale P/CVE-Zugänge, Strategien und Erfahrungen kursorisch dargestellt werden.

Während sich fast durchgängig in europäischen Staaten seit 9/11 eine Hinwendung zu sogenannten weichen, also weniger repressiven, Maßnahmen zur Terrorismusbekämpfung vollzogen hat, dauerte es in den USA noch mindestens bis 2015, als sich tatsächlich ein **Strategiewandel in der Extremismusprävention** bemerkbar machte (Harris-Hogan et al. 2016, S. 2).

In den **USA** hat sich die Hinwendung zu sanfteren Maßnahmen vor allem der Integration des militärischen **Counter-Insurgency** Ansatzes *„winning the hearts and minds"* im Ausland bemerkbar gemacht (Jacobs 2017, S. 184). Das amerikanische Programm zur Bekämpfung von gewalttätigem Extremismus wurde vom **Heimatschutzministerium** (Department of Homeland Security, DHS) als Reaktion auf die wachsende Bedrohung durch gewalttätigen Extremismus entwickelt und zielt darauf ab, Einzelpersonen davon abzuhalten, sich an extremistischen Aktivitäten zu beteiligen, indem es mit Gemeinden und anderen Akteuren zusammenarbeitet, um die Ursachen der Radikalisierung zu ermitteln und anzugehen. Das US-**CVE-Programm** umfasst eine **Reihe von Initiativen und Programmen, darunter die Einbindung von Gemeinden und die Öffentlichkeitsarbeit, Bildung und Ausbildung sowie Nachrichten- und Kommunikationskampagnen.** Im Inland der Vereinigten Staaten hat die Hinwendung zur Abwehr von gewalttätigem Extremismus vermehrt zu sogenanntem *„pre-crime"-policing-* Maßnahmen geführt, durch welche individuelle Radikalisierung frühzeitig von der Polizei und weiteren Sicherheitsakteuren erkannt werden kann (vgl. das NYPD-Modell von Silber und Bhatt 2007). Dabei geht es darum, existierende Bedrohungen bereits

2.4 Internationale Zugänge der Extremismusprävention

im *status nascendi* abzuwehren. Diese Art der **Vorverlagerung der Strafbarkeit in der Terrorismusabwehr** nennen Frank/Freuding in der deutschsprachigen Debatte „*Prävention durch das Strafrecht*" (Frank und Freuding 2020, S. 675). Erst 2015, angestoßen durch den ehemaligen Präsidenten Obama, hat sich die USA der von den UN präferierten Terminologie und den Maßnahmen von „PVE", die in Europa entwickelt wurden, angeschlossen. Während die Maßnahmen der Prävention sich tatsächlich eher dem europäischen Modell angeglichen haben, präferieren die USA dennoch den Begriff „CVE" um keine konkurrierenden Ansätze zur Terrorismusbekämpfung zu schaffen. Demnach, so die Argumentationslogik, bleibt durch die Beibehaltung des Begriffes „*countering*" eine Anbindung zum Counter-Terrorism, also der klassischen Terrorismusabwehr, erhalten (Neumann 2017).

Im Gegensatz zu den Entwicklungen in den USA hat sich in **Europa** am Beginn der 2000er Jahre ein holistischer Ansatz zur Terrorismusbekämpfung herausgebildet. Während sich auch in europäischen Ländern eine Prävention durch das Strafrecht entwickelt hat, wird diese auch als gesellschaftliche Aufgabe wahrgenommen, die sich nicht nur durch Strafverfolgung und die Vorverlegung von Strafbarkeit auszeichnet. Spezifisch haben die regelmäßigen islamistisch motivierten Terroranschläge in Europa insb. im Zeitraum von 2015–2018, eine enorme Anzahl an jugendlichen Jihad-Reisenden aus Europa in die Kampfgebiete (das sog. „Kalifat") des IS, ein **Umdenken** hinsichtlich einer **wachsenden Notwendigkeit für präventive Lösungsansätze** befördert.

Speziell **Großbritannien** und die **Niederlande** gelten als **Vorreiter dieser holistischen Perspektive,** die sich in deren Terrorismusbekämpfungsstrategien niederschlägt. Bereits im Jahr 2004, hat **Großbritannien** seine **Terrorismusbekämpfungs-Strategie** an den vier Säulen *Prevent (Vorbeugen)*, *Pursue (Verfolgen)*, *Protect (Schützen)*, *and Prepare (Vorbereiten)* ausgerichtet. Dabei wird **Prävention** an den **Beginn der Maßnahmenkette** gestellt und baut auf der **Prämisse eines strukturellen, prophylaktischen Ansatzes** auf (HM Government 2011). Wie es sich in aktuellen Praxiszusammenhängen der Extremismus-Prävention darstellt, so hat sich der strukturelle Ansatz als vergleichsweise nachhaltig erfolgreich erwiesen, obwohl eine komparative Quantifizierbarkeit nicht gegeben ist. Immer häufiger wird deswegen von operativen, robusten Methoden des Einschreitens Abstand genommen, wenn die Präventionsziele gleichermaßen mit den gelinderen Mitteln des strukturellen Zugangs erreicht werden können. Schon seit jeher war **Prävention** *„eine Funktion und ein Strukturelement des Strafrechts, der Gesundheitsfürsorge, der Sozialen Arbeit, in Teilen auch der polizeilichen Kriminalitätsbekämpfung"* (Schuhmacher

2022, S. 565). Die moderne Extremismusprävention nimmt, was deren Konzepte der Kooperation- respektive Umsetzung- betrifft, ganz klar Anleihen bei den Vorläufern in den vorgenannten Bereichen. Das enge Zusammenwirken von Stakeholdern aus unterschiedlichsten Bereichen trägt zum Gelingen von Extremismusprävention bei: *„Polizei, Nachrichtendiensten, Justiz, Zoll, Ausländer-, Einbürgerungs-,Sozial- und anderen Behörden, Schulen sowie weiterer Institutionen wie Einrichtungen der Wirtschaft, Verbänden und Vereinen"* (Goertz 2017, S. 143) arbeiten Hand in Hand zusammen und stimmen sich im Idealfall gerade in konkreten Konstellationen ab. All dies kann jedoch ohne die Unterstützung einer *„interessierten und informierten Zivilgesellschaft"* (ibid. 2017, S. 143) nur bedingt Früchte tragen.

PVE befindet sich naturgemäß in der Säule Prävention, während sich Elemente von CVE auch in den anderen Säulen finden lassen. **Prävention bezieht sich** im gängigen Verständnis nicht auf eine vorgelagerte Strafbarkeit, sondern darauf die **Treiber oder Push Faktoren** zu adressieren die Individuen zu **politisch oder ideologisch motivierter Gewaltausübung** bewegen (Fraser und Nünlist 2015, S. 2). Eng mit diesem Verständnis verknüpft ist die Frage um die Ursachen für individuelle Radikalisierungsprozesse und Programmen um Radikalisierung vorzubeugen. Die aktuellen Ziele der seit 2004 bestehenden britischen **Prevent-Strategie** lauten: **„die Ursachen der Radikalisierung zu bekämpfen", „die am stärksten von Radikalisierung bedrohten Personen zu schützen und zu unterstützen"** und **„denen, die bereits in terroristische Aktivitäten verstrickt waren, den Rückzug und die Rehabilitierung zu ermöglichen"** (HM Government 2011, S. 31). Demensprechend bezieht sich diese Strategie sowohl darauf existierende Bedrohungen abzuwehren, als auch darauf eine mögliche Materialisierung von Bedrohungen zu verhindern.

Konzeptuell gesehen folgt Prävention in diesem Verständnis einem **Public Health Modell** und einer **sozialen Kriminalprävention** (Hardy 2022). Das bedeutet man orientiert sich in den Maßnahmen auf **erzieherische, soziale, gesundheitliche oder psychologische Interventionen,** die anhand von Zielgruppe und Zeitpunkt unterschieden werden. Verfolgt wird mit diesen Maßnahmen klar ein weicher, sprich nicht repressiver, Ansatz um vorbeugend auf Individuen, Gruppen und teilweise die Gesellschaft als Ganzes einzuwirken bevor sich eine mögliche Bedrohung materialisieren kann. Solcherart **sozialpolitische Ansätze** mit jenen der Terrorismusbekämpfung zu verknüpfen ist nicht unumstritten, da es einerseits zu der Herausbildung von sogenannten *„suspect communities"* geführt hat, weil **vermehrt muslimische Bevölkerungsgruppen adressiert** wurden, und andererseits da ein **Spannungsfeld zwischen Sozial- und Sicherheitsfragen** geschaffen wurde (Shanaah und Heath-Kelly 2022). Nichtsdestotrotz hat sich

2.4 Internationale Zugänge der Extremismusprävention

in den meisten europäischen Ländern dieser präventive Ansatz, spezifisch aus Großbritannien und den Niederlanden stammend, durchgesetzt.

Im Sinne von europäischen Best-Practice-Beispielen wird in der Forschungsliteratur immer wieder **Dänemark** lobend erwähnt. Das sog. **„Aarhus-Modell"** der dänischen Polizei gilt als Referenz für eine gelingende Präventionsarbeit. Dieses Programm wurde in der dänischen Stadt Aarhus als unmittelbare **Reaktion auf die lokale überproportionale Produktion von Jihad-Reisenden** und die damit korrespondierende wachsende Bedrohung durch Radikalisierung unter jungen Menschen in der Stadt entwickelt. Es umfasst eine **Reihe von Initiativen und Programmen,** darunter die **Einbindung in die Gemeinschaft und die Öffentlichkeitsarbeit, Bildung und Ausbildung** sowie **Beratung und Unterstützung** für Personen, die von Radikalisierung bedroht sind. Das Programm genießt für seinen nachweislichen Erfolg bei der **Verhinderung von Radikalisierung und** der **Rehabilitierung** von Personen, die in extremistische Aktivitäten verwickelt waren, weithin Anerkennung.

Deutschland hat aufgrund seiner singulären Historie einige Spezifika in Bezug auf P/CVE aufzuweisen. So verfügt die Bundesrepublik beispielsweise über **keine eigene ausgewiesene Terrorismusbekämpfungsstrategie,** sondern versteht Terrorismusbekämpfung als einen Aspekt der „wehrhaften Demokratie" und somit als Bestandteil der deutschen Verfassung (Engelmann 2012). Damit einhergeht, dass **Terrorismus und Extremismus** nicht in erster Linie als Sicherheitsbedrohung wahrgenommen werden, sondern vielmehr als **Bedrohung für die demokratische Verfasstheit des Staates** (ibid. 2012) und nicht zuletzt die rechtsstaatlich fundierte Grundordnung. Nichtsdestotrotz hat die BRD Programme für Extremismus Prävention schon in den 1990ern unter der Ägide der damaligen Jugendministerin Angela Merkel eingeführt. Auch hat es in den frühen 2000ern eine entsprechende Nivellierung des Strafrechtes gegeben, womit gleichermaßen auch eine **„Prävention durch das Strafrecht"** eingeführt wurde (Frank und Freuding 2020). **Bis 2016** waren die Felder **CVE und PVE in Deutschland** allerdings **funktional getrennt** (Gruber 2023). Das bedeutet der Verfassungs- und Staatsschutz waren per Kompetenzausstattung formal und praktisch dafür zuständig, existierende extremistische Bedrohungen abzuwenden, während vor allem zivilgesellschaftliche Organisationen mit der Aufgabe betraut waren, eine mögliche Materialisierung von extremistischen Bedrohungen von zu verhindern. Die **starke zivilgesellschaftliche Beteiligung** in der deutschen Extremismusprävention ist wiederum ein **nationales Spezifikum** (Schwarzenbach 2020). Dies ist zuvorderst dem Faktum geschuldet, dass der deutsche Staat, aufgrund seiner Historie, nicht in Arbeit involviert sein wollte, die als Restriktion von freier Meinungsäußerung gedeutet werden könnte (Baaken et al. 2020). Durch die im Jahr 2016 vom bundesdeutschen BMI und dem BMSFSJ gemeinsam erstellte „*Strategie der Bundesregierung zur Extremismusprävention und Demokratieförderung*" wurden die Felder PVE und CVE aber stärker miteinander verknüpft, und es besteht eine engere Kooperation in diesen Bereichen (Gruber 2023). Deutschland hat sich damit der europäischen Linie weiter angenähert.

Die föderale Organisation Deutschlands führt indes zu einer **heterogenen Präventionslandschaft**. Eingangs ist festzustellen, dass die Präventionsstrategie staatliche und nicht-staatliche Akteure durch zwei Säulen in die Prävention einbindet (Die Bundesregierung 2016, 14). Die erste Säule bezieht sich auf die **Ebene der Bundesländer durch die Etablierung von „Demokratiezentren", die unter anderem mobile Beratungsteam**s fördert, Opferverbände und Exit-Organisationen. Die zweite Säule bezieht sich auf die **Ebene von lokalen Strukturen** (Gemeinden/Kommunen) die über sogenannte „**Partnerschaften für Demokratie**" in die Strategie miteingebunden werden. Die dritte Säule schließlich bezieht sich auf **Modellprojekte,** also zivilgesellschaftliche Organisationen. Extremismusprävention in Deutschland ist somit tatsächlich holistisch gedacht, weil sie darauf abzielt eine mögliche Materialisierung von Bedrohungen durch gezielte Demokratieförderung zu verhindern. In diesem Zusammenhang geht es nicht nur darum **extremismus-resiliente Individuen,** sondern überhaupt eine **Widerstandsfähigkeit gegenüber abwertenden Ideologien und extremistischen Narrativen** in weiten Teilen der Gesellschaft zu schaffen (Gruber 2023).

In Hinblick auf die heterogene Organisationsweise der deutschen zivilgesellschaftlichen Prävention sind folgende Modelle und Kooperationen hervorzuheben: Das „**Violence Prevention Network**" ist die größte zivilgesellschaftliche Organisation in Deutschland, die mit Primär-, Sekundär-, und Tertiärer Prävention in Baden-Württemberg, Bayern, Berlin, Brandenburg, Hessen, Niedersachsen, Sachsen und Thüringen betraut ist. Die **mobilen Beratungsteams** gegen Rechtsextremismus, die in betroffene Kommunen kommen und kommunale Strategien zum Umgang mit den betroffenen von Extremismus erarbeiten, sind landesweit tätig. In Nordrhein-Westfalen gibt es etwa das **Projekt Wegweiser,** von seiner Ausrichtung her angesiedelt zwischen Primär- und Sekundärprävention, das unmittelbar an den Verfassungsschutz angebunden ist (Ceylan und Kiefer 2018).

2.4 Internationale Zugänge der Extremismusprävention

Die Extremismusprävention der **Schweiz** gründet seit 2017 auf einem Nationalen Aktionsplan zur Verhinderung und Bekämpfung von Radikalisierung und gewalttätigem Extremismus der sich an **vier** definierten **Säulen, „Prävention", „Repression", „Schutz" und „Krisenvorsorge"**, orientiert. Durch diesen Aktionsplan wurde auch eine **Nationale Koordinationsstelle** geschaffen, die relevante Akteure vernetzen soll, um einen Wissenstransfer zu gewährleisten (Ecoplan 2021). Auch für die Schweiz ist anhand dieser Entwicklung festzustellen, dass sowohl CVE und PVE zentrale Themen in der Terrorismusbekämpfung sind. Der Aktionsplan wurde evaluiert und es wurde in folgenden Ausbaupotenzial gesehen „Stand der Vernetzung" bezogen auf unterschiedliche Behörden, „regionale Unterschiede reduzieren", und der „Konzentration auf islamisch-motivierten Extremismus" (2021, S. 4–5). Der gegenwärtige Aktionsplan 2023–2027 baut auf den Erkenntnissen der Evaluation auf und hat sich speziell zum Ziel gesetzt eine wirksamere Prävention zu schaffen. Der Fokus hat sich dabei von islamistisch-motivierten Extremismus zu **Rechtsextremismus, Linksextremismus, monothematischen Extremismus und ethno-nationalistischem Extremismus** verlagert bzw. erweitert. Für eine wirksamere Umsetzung wird speziell die Zusammenarbeit zwischen lokalen und nationalen staatlichen Behörden und der Zivilgesellschaft genannt (Sicherheitsverbund Schweiz 2023). In **vier Wirkungsfeldern** („**Sensibilisierung und Erhöhung des Wissenstandes**", „**Vernetzung und Informationsmanagement**", „**Interventionen bei gefährdeten und radikalisierten Personen**" und „**Verminderung von Radikalisierungsursachen**") werden im **Nationalen Aktionsplan** nicht nur Maßnahmen beschrieben, sondern es werden auch die jeweiligen „politischen" und „operativen" **verantwortlichen Institutionen und Akteure aufgelistet**, was den Schweizer Plan besonders praxisrelevant macht (ibid. 2023).

Österreich verfügt seit 2017 über eine eigene P/CVE-Strategie, die unterschiedliche Handlungsfelder umfasst und **Prävention** als „**Mittel zur Bedrohungsminimierung**" auffasst (Bundesweites Netzwerk Extremismus-Prävention und Deradikalisierung 2017, S. 25).

Diese wird von einer breit angelegten **interorganisationellen Kooperation** (Bundesministerien, zivile Organisationen und die Bundesländer) namens „**Bundesweites Netzwerk Extremismusprävention und Deradikalisierung" (BNED)** erstellt wurde. Österreich hat sich dabei an EU-Empfehlungen gehalten und sich an der UN- und EU-Strategie orientiert, welche eine **starke Präventionskomponente** aufweisen. Insofern hat Österreich ebenfalls eine **holistische Strategie zur Extremismusprävention** die beide Felder, sowohl PVE als auch CVE, miteinbezieht und stark an Demokratieförderung ausgerichtet ist. In der österreichischen Präventionslandschaft ist zudem das „**Wiener Netzwerk Demokratiekultur und**

Prävention" (WNED) hervorzuheben, welches im internationalen Vergleich als eine der **profiliertesten EP-Strukturen mit kommunalem Fokus** angesehen werden kann (Stockhammer 2021, S. 47). Dies ergibt sich unter anderem daraus, dass sich das WNED am **3-B-Schema** orientiert, und damit sowohl **Betreuung, Beratung** als auch **Bildung** aufgreift (ibid. 2021, S. 47).

2.5 Zusammenfassung

Prävention als **Werkzeug zur vorbeugenden Verhinderung extremistischer Gewalt** hat in den letzten beiden Jahrzehnten massiv an Bedeutung gewonnen. **P/CVE** *(Prevention/Countering Violent Extremism)* ist ein Akronym, das eine **Reihe von Programmen und Initiativen** beschreibt, die darauf angelegt sind zu verhindern, dass prinzipiell radikalisierungsanfällige Einzelpersonen in gewalttätige extremistische Gruppen oder Ideologien verwickelt werden oder diese unterstützen. Einschlägige Bemühungen beinhalten häufig die **Zusammenarbeit mit Gemeinden, Regierungen und anderen Akteuren,** um die unmittelbaren aber auch mittelbaren, endogenen wie exogenen **Ursachen der Radikalisierung zu ermitteln und zu bekämpfen,** sowie die **Bereitstellung von Unterstützung und Ressourcen** für Personen, die von Radikalisierung bedroht sein könnten.

P/CVE-Programme und -Initiativen können auf **lokaler, nationaler, internationaler, ja sogar supranationaler Ebene** durchgeführt werden und eine Vielzahl unterschiedlicher **Strategien und Ansätze** umfassen, darunter:

1. **Engagement in der Gemeinschaft und Öffentlichkeitsarbeit:** Dazu gehört die **Zusammenarbeit mit lokalen Führungspersönlichkeiten (Stakeholdern) und Organisationen,** um Probleme, die zur Radikalisierung beitragen können, wie z. B. soziale Isolation, Armut oder fehlende Bildungs- und Beschäftigungsmöglichkeiten, zu erkennen und anzugehen. Dies kann die Bereitstellung von Unterstützung und Ressourcen beinhalten, um Einzelpersonen und Gemeinschaften dabei zu helfen, Widerstandsfähigkeit aufzubauen und positive Alternativen zu extremistischen Ideologien zu entwickeln.
2. **Programme zur Deradikalisierung und Rehabilitation:** Diese **Programme** sollen **Personen,** die bereits in gewalttätigen Extremismus verwickelt sind, **helfen, sich von extremistischen Gruppen und Ideologien zu lösen** und sich wieder in die Gesellschaft zu integrieren. Diese Programme können **Beratung, Bildung** und andere Formen der **Unterstützung** beinhalten, um den

2.5 Zusammenfassung

Personen zu helfen, die sozialen, psychologischen und ideologischen Faktoren zu überwinden, die sie dazu gebracht haben, sich dem Extremismus zuzuwenden.
3. **Botschaften und Kommunikationskampagnen:** Diese **Kampagnen** sind darauf ausgerichtet, **extremistischer Propaganda entgegenzuwirken** und **alternative Erzählungen und Botschaften** zu vermitteln, die extremistische Ideologien und Überzeugungen infrage stellen. Diese Kampagnen können sowohl **soziale Medien** und andere Formen der **Online-Reichweite** als auch **traditionellere Medien** wie Fernsehen, Radio und Printmedien umfassen.
4. **Rechtliche und politische Rahmenbedingungen:** P/CVE-Bemühungen können auch die **Entwicklung und Umsetzung rechtlicher und politischer Rahmenbedingungen** umfassen, die die **Arbeit von P/CVE-Praktikern unterstützen** und ermöglichen, z. B. Gesetze und Vorschriften, die bestimmte Formen extremistischer Aktivitäten unter Strafe stellen, oder Maßnahmen, die Unterstützung und Ressourcen für Personen und Gemeinschaften bereitstellen, die von Radikalisierung bedroht sind.

Trotz der unbestrittenen Erfolge diverser P/CVE-Initiativen gibt es auch eine Reihe von Herausforderungen und Kritikpunkten, die im Zusammenhang mit dem Ansatz und davon abgeleiteten Programmen geäußert wurden. Zu den wichtigsten Kritikpunkten gehören:

1. **Mangelnder Konsens:** Unter **Experten/-innen und politischen Entscheidungsträgern/-innen** herrscht oft kein Konsens über die besten Strategien und Ansätze für P/CVE, was die strukturelle Entwicklung wirksamer und koordinierter Antworten nachhaltig erschweren kann.
2. **Begrenztes Verständnis von Radikalisierung:** Trotz umfangreicher Forschungsarbeiten ist das **Verständnis der Faktoren, die zu Radikalisierung und Extremismus beitragen, immer noch begrenzt,** was die Entwicklung gezielter und wirksamer Maßnahmen erschweren kann.
3. **Komplexe und dynamische Natur des Extremismus:** P/CVE-Strategien und -Ansätze müssen in der Lage sein, sich **an die sich verändernden Umstände und den sich weiterentwickelnden Charakter des Extremismus anzupassen,** was eine Herausforderung darstellen kann.
4. **Schädliche oder unwirksame Strategien:** Einige **P/CVE-Strategien,** insbesondere solche, die sich auf **Repression und Überwachung** konzentrieren, **können schädlich und kontraproduktiv sein** und sogar zu einer weiteren Radikalisierung führen.

5. **Datenschutzbedenken:** P/CVE-Strategien, die das **Sammeln und Analysieren großer Mengen personenbezogener Daten** beinhalten, können Bedenken hinsichtlich des **Schutzes der Privatsphäre** und der bürgerlichen Freiheiten aufwerfen.
6. **Fragen der Finanzierung:** P/CVE-Programme erfordern oft **erhebliche finanzielle Mittel**, und es kann sein, dass nur begrenzte Ressourcen zur Verfügung stehen, um sie zu unterstützen.
7. **Kulturelle und sprachliche Barrieren:** P/CVE-Programme können Schwierigkeiten haben, mit marginalisierten Gemeinschaften in Kontakt zu treten, die möglicherweise **nicht dieselbe Sprache** sprechen oder **nicht denselben kulturellen Hintergrund** haben wie die Programmmitarbeiter.
8. **Fehlende Evaluierung und Monitoring:** Zahlreichen P/CVE-Programmen **mangelt** es **an** wirksamen **Bewertungs- und Monitoring-Mechanismen,** was es schwierig macht, ihre Wirksamkeit zu bewerten und Verbesserungen vorzunehmen.

Konklusiv lässt sich feststellen, dass die Felder **CVE und PVE**, folgt man Erkenntnissen der rezenten Forschung, nicht nur dem Kürzel **P/CVE** entsprechend **zunehmend verschmolzen** sind, sondern auch in der Praxis zusehends in Einklang stehen. Dies bedeutet allerdings nicht, dass die Konzepte nicht voneinander unterschieden werden können, sondern dass **Prävention und Gegenmaßnahmen/Abwehr** vermehrt als **zusammengehöriges Praxisfeld** verstanden werden, welches einer **Koordination** verschiedener Akteure auf unterschiedlichen Ebenen bedarf. Während ihrer durchaus wechselvollen Entstehungsgeschichte zufolge in den 2000er Jahren noch die Abwehr im Vordergrund der Bemühungen stand, lässt sich mit Fug und Recht schlussfolgern, dass sich auf Basis von Erfahrungswerten mit radikalisierten Milieus und extremistischen Akteuren sukzessive in den 2010er Jahren herauskristallisiert hat und **Prävention langfristig** gedacht als **die effektivere Maßnahme** erscheint.

Im Gegensatz zu den häufig brachialen und auf schnellen Erfolg angelegten Methoden der operativen Extremismusbekämpfung sind die **strukturellen Zugänge eher mittel- bis langfristig orientiert** und beruhen traditionell auf den **Soft-Power-Mitteln der Diplomatie,** aber auch insbesondere der **Sicherheits-, Entwicklungs-, Wirtschafts- und Kulturpolitik.** Dieser gesamtgesellschaftliche Ansatz ist geprägt von einem holistischen Ansatz, der sowohl eine **Pluralität an Stakeholdern** als auch ein **diversifiziertes Maßnahmenportfolio** inkorporiert.

Prävention, so viel steht unumwunden fest, bleibt **auf Sicht die effizienteste Strategie,** um Radikalisierung und Extremismus adäquat, nämlich weil

2.5 Zusammenfassung

bereits im Vorfeld zu begegnen. Die **Ursachen einer Hinwendung zum Extremismus sind multifaktoriell begründet** – von der **psychischen** über die **soziale**, die **sozioökonomische und die kulturelle Ebene**. Nur ein **gesamtheitlicher Ansatz**, der diese **Multidimensionalität** und den jeweiligen Entstehungs-und Entfaltungskontext ausreichend berücksichtigt **wird** dementsprechend **nachhaltig erfolgreich sein.**

Kontrollfragen

1. Was ist Extremismusprävention? Unterscheiden Sie CVE von PVE. Beschrieben Sie die drei Ebenen *(primär, sekundär, tertiär)* der Prävention.
2. Welche Maßnahmen kann P/CVE beinhalten, wen adressieren diese? Worin liegt der Mehrwert von P/CVE-Ansätzen für die Sicherheit? Wo erkennen Sie Defizite? Nennen Sie drei Kritikpunkte.
3. Was ist Deradikalisierung? Auf welchen drei Einflussebenen nach Mansour verläuft diese? Was wissen Sie über die „Dänische Extremismuspräventionspyramide"? Erläutern Sie dieses Modell.
4. Vergleichen Sie drei internationale Präventionsansätze Ihrer Wahl.

Weiterführende Literatur

- Schmid, Alex P. (Hrsg): *Handbook of Terrorism Prevention and Preparedness*, The Hague: ICCT Press, 2021. *Interdisziplinär angelegter Sammelband bis dato die umfassendste Bestandsaufnahme- auf 1277 Seiten*
- Schuhmacher, Nils (2022): *Terrorismus und Prävention: Ein Überblick*, in: Rothenberger, Liane/Krause, Joachim/Jost, Jannis/Frankenthal, Kia (Hrsg.): *Terrorismusforschung. Interdisziplinäres Handbuch für Wissenschaft und Praxis*. Baden-Baden: Nomos. S. 565–579. *Guter Überblick über die deutschsprachige Präventionslandschaft, auch die Folgekapiteln liefern wertvolle Informationen und Erkenntnisse.*
- Slama, Brahim Ben/Kemmesies, Uwe (Hrsg.): *Handbuch Extremismusprävention. Gesamtgesellschaftlich. Phänomenübergreifend.* Bundeskriminalamt, Wiesbaden 2020. *Wie der Name verheißt- ein Kompendium zur Extremismusprävention inkl. Einblicke in die behördliche Umsetzung.*

- Stockhammer, Nicolas (2021): *Prävention findet Stadt. Extremismus-Prävention und strukturelle Antizipations- bzw. Gegenmaßnahmen im Rahmen urbaner Verhältnisse und Gestaltungsmöglichkeiten*, Evaluative Forschungsstudie im Auftrag der Stadt Wien; URL: https://kja.at/wp-content/uploads/sites/38/2021/11/Prävention-findet-Stadt_Studie_final.pdf [Zugriff: 12.1.2023] *Die Stadt Wien als Beispiel für eine gelungene kommunale Umsetzung einer umfassenden Extremismusprävention.*
- Ceylan, Rauf/Michael Kiefer (2018): *Radikalisierungsprävention in der Praxis.* Wiesbaden: Springer. *Lesenswerte Darstellung gängiger Methoden der Radikalisierungsprävention.*

Literatur

Baaken, T., Judy Korn, M. Ruf und Dennis Walkenhorst. 2020. Dissecting deradicalization: Challenges for theory and practice in Germany. *International Journal of Conflict and Violence* 14, Nr. 2: 1–18.

Backes, Uwe. 2010. Extremismus: Konzeptionen, Definitionsprobleme und Kritik. In: *Jahrbuch Extremismus & Demokratie*, hg. von Alexander Gallus und Jesse Eckhard, 13–31. 22. Aufl. Baden-Baden: Nomos.

Baran, Zeyno. 2005. Fighting the War of Ideas. *Foreign Affairs* 84, Nr. 6: 68. https://doi.org/10.2307/20031777.

Bendel, Petra. 1998. Extremismus. In: *Lexikon der Politik*, hg. von Dieter Nohlen, Rainer-Olaf Schultze, und Suzanne S. Schüttenmeyer, Band 7: Politische Begriffe. München: C.H. Beck.

Berger, J.M. *Extremism.* Cambridge, Mass.: MIT Press.

Borum, Randy. 2011. Radicalization into Violent Extremism II: A Review of Conceptual Models and Empirical Research. *Journal of Strategic Security* 4, Nr. 4 (Dezember): 37–62. https://doi.org/10.5038/1944-0472.4.4.2.

Bundesweites Netzwerk Extremismus-Prävention und Deradikalisierung. 2017. Österreichische Strategie Extremismus-Prävention und Deradikalisierung. https://bmi.gv.at/bmi_documents/2236.pdf (zugegriffen: 10. Februar 2023).

Ceylan, Rauf und Michael Kiefer. 2018. *Radikalisierungsprävention in der Praxis.* Wiesbaden: Springer.

Daase, Christopher, Nicole Deitelhoff und Julian Junk. 2018. Was ist Radikalisierung? Präzisierungen eines umstrittenen Begriffs. Frankfurt am Main. https://www.hsfk.de/fileadmin/HSFK/hsfk_publikationen/prif0518.pdf (zugegriffen: 10. Februar 2023).

Die Bundesregierung. 2016. *Strategie der Bundesregierung zur Extremismusprävention und Demokratieförderung.* https://www.bmfsfj.de/resource/blob/109002/5278d578ff8c59a19d4bef9fe4c034d8/strategie-der-bundesregierung-zur-extremismuspraevention-und-demokratiefoerderung-data.pdf (zugegriffen: 10. Februar 2023).

el Difraoui, Asiem. 2021. *Die Hydra des Dschihadismus. Entstehung, Ausbreitung und Abwehr einer globalen Gefahr*. Berlin: Suhrkamp.

Ecoplan. 2021. Kurzfassung zur Evaluation des Nationalen Aktionsplans zur Verhinderung und Bekämpfung von Radikalisierung und gewalttätigem Extremismus. Bern.

El-Mafaalani, Aladin, Alma Fathi, Ahmad Mansour, Jochen Müller, Götz Nordbruch und Julian Waleciak. 2016. Ansätze und Erfahrungen der Präventions- und Deradikalisierungsarbeit. In: *HSFK-Reportreihe „Salafismus in Deutschland"*, hg. von Christopher Daase, Svenja Gertheiss, Julian Junk, und Harald Müller, 6.

Engelmann, Sabrina. 2012. Barking Up the Wrong Tree: Why Counterterrorism Cannot Be a Defense of Democracy. *Democracy and Security* 8, Nr. 2 (April): 164–174. https://doi.org/10.1080/17419166.2012.681240.

Frank, Peter und Stefan Freuding. 2020. Prävention durch Strafrecht. In: *Handbuch Extremismusprävention. Gesamtgesellschaftlich. Phänomenübergreifend. Bundeskriminalamt*, hg. von Brahim ben Slama und Uwe Kemmesies. Wiesbaden: Springer VS Verlag.

Fraser, Owen und Christian Nünlist. 2015. Countering Violent Extremism in der Terrorismusbekämpfung. CSS Analysen zur Sicherheitspolitik.

Global Counterterrorism Forum. Good Practices on Community Engagement and Community-Oriented Policing as Tools to Counter Violent Extremism . https://www.dhs.gov/sites/default/files/publications/GCTF%20CVE%20Good%20Practices_1.

Goertz, Stefan. 2017. *Islamistischer Terrorismus. Analyse – Definitionen – Taktik, Heidelberg: C.F. Müller Kriminalistik*. C.F.: Müller Kriminalistik Verlag.

Goertz, Stefan. 2019. *Terrorismusabwehr. Zur aktuellen Bedrohung durch den islamistischen Terrorismus in Deutschland und Europa*. Wiesbaden: Springer VS Verlag.

Gruber, Barbara. 2023. *Resilience in Radicalization Prevention. A study about resilience as a norm in primary and secondary prevention in Germany and the Netherlands*. PhD Thesis : University of Groningen.

Hardy, Keiran. 2022. A Crime Prevention Framework for CVE. *Terrorism and Political Violence* 34, Nr. 3 (3. April): S. 633–659. https://doi.org/10.1080/09546553.2020.1727450.

Harris-Hogan, Shandon, Kate Barrelle und Andrew Zammit. 2016. What is countering violent extremism? Exploring CVE policy and practice in Australia. *Behavioral Sciences of Terrorism and Political Aggression* 8, Nr. 1 (2 January): S. 6–24. https://doi.org/10.1080/19434472.2015.1104710.

Hemmingsen, Ann-Sophie. 2015. An Introduction to The Danish Approach to Countering and Preventing Extremism and Radicalization.

HM Government. 2011. *CONTEST: The United Kingdom's Strategy for Countering Terrorism*. https://assets.publishing.service.gov.uk/government/uploads/system/uploads/attachment_data/file/97994/contest-summary.pdf (zugegriffen: 10. Februar 2023).

Horgan, John. 2009. Deradicalization or disengagement? A process in need of clarity and a counterterrorism initiative in need of evaluation. *Revista de Psicología Social* 24, Nr. 2 (23. Januar): 291–298. https://doi.org/10.1174/021347409788041408.

Jacobs, Matthew. 2017. A 'Paradigm of Prevention:' United States Counterterrorism Strategies in a Transnational World. In: *The Palgrave Handbook of Global Counterterrorism Policy*, hg. von N. Scott, Francis Grice, Daniela Irrera, und Stewart Webb. London: Palgrave Macmillan.

Jesse, Eckhard. 2000. Extremismus. In: *Handwörterbuch des politischen Systems der Bundesrepublik Deutschland*, hg. von Andersen U. und Woyke W., 167–170. Wiesbaden: VS Verlag für Sozialwissenschaften. https://doi.org/10.1007/978-3-322-93232-7_40.

Khan, Humera. 2015. Why countering extremism fails. *Foreign Affairs*, 18. Februar.

Khosrokhavar, Farhad. 2017. *Radicalization. Why Some People Choose the Path of Violence*. London, New York: The New Press.

Köhler, Daniel. 2015. Deradikalisierung als Methode: Theorie und Praxis im nationalen und internationalen Vergleich. Trends, Herausforderungen und Fortschritte. In: *Rechtsextremismus und „Nationalsozialistischer Untergrund" – Interdisziplinäre Debatten, Befunde und Bilanzen*, hg. von Wolfgang Frindte, Daniel Geschke, Nocle Haußecker, und Franziska Schmidtke. Wiesbaden: Springer VS Verlag.

Lehne, Werner und Christina Schleppe. 2007. Die „präventive Wende" in Deutschland. Auf dem Weg zum rationalen Sicherheitsmanagement'. *Kriminologisches Journal* 39, Nr. 9: 109–136.

Mansour, Ahmad. 2014. Salafistische Radikalisierung – und was man dagegen tun kann, BPB Dossier Islamismus. https://www.bpb.de/politik/extremismus/islamismus/193521/salafistische-radikalisierungund-was-man-dagegen-tun-kann (zugegriffen: 10. Februar 2023).

McCauley, Clark und Sophia Moskalenko. 2008. Mechanisms of political radicalization: Pathways toward terrorism. *Terrorism and Political Violence* 20, Nr. 3 (Juli): 415–433. https://doi.org/10.1080/09546550802073367.

Moghaddam, Fathali M. 2005. The Staircase to Terrorism: A Psychological Exploration. *American Psychologist* 60, Nr. 2: 161–169. https://doi.org/10.1037/0003-066X.60.2.161.

Moskalenko, Sophie und Clark McCauley. 2020. *Radicalization to Terrorism : What Everyone Needs to Know/Sophia Moskalenko*. Oxford: Oxford University Press.

Neumann, Peter. 2017. Countering Violent Extremism and Radicalisation that Lead to Terrorism: Ideas, Recommendations, and Good Practices from the OSCE Region. .

Neumann, Peter R. 2015. *Radicalization, Major Works Collection*. Models and Theories. Bd. 1. London, New York: Routledge.

della Porta, Donatella. 2013. *Clandestine Political Violence*. Cambridge University Press. https://doi.org/10.1017/CBO9781139043144.

Rabasa, Angel, Stacie L. Pettyjohn, Jeremy J. Ghez und Christopher Boucek. 2010. Deradicalizing Islamist Extremists. https://www.rand.org/content/dam/rand/pubs/monographs/2010/RAND_MG1053.pdf (zugegriffen: 10. Februar 2023).

Sageman, Marc. 2008. *Leaderless Jihad: Terror Networks in the Twenty-First Century*. Philadelphia : University of Pennsylvania Press.

Schmid, Alex. 2021. Terrorism Prevention: Conceptual Issues (Definitions, Typologies and Theories). In: *Handbook of Terrorism Prevention and Preparedness*. The Hague: ICCT Press.

Schneckener, Ulrich. 2007. Internationale Terrorismusbekämpfung- im Spannungsfeld zwischen USA und Vereinten Nationen. In: *Chancen und Grenzen multilateraler Terrorismusbekämpfung*, hg. von Ulrich Schneckener, 7–13. Berlin : SWP.

Schuhmacher, Nils. 2022. Terrorismus und Prävention: Ein Überblick. In: *Terrorismusforschung. Interdisziplinäres Handbuch für Wissenschaft und Praxis*, hg. von Liane Rothenberger, Joachim Krause, Jannis Jost, und Kia Frankenthal. Baden-Baden: Nomos.

Schwarzenbach, Anina. 2020. Counter-Radicalisation Strategies: An Analysis of German and French Approaches and Implementations. In: *Investigating Radicalization Trends. Security Informatics and Law Enforcement*, hg. von B Akhgar, D. Wells, und J. Balnco, 101–122. Wiesbaden: Springer. https://doi.org/10.1007/978-3-030-25436-0_7.

Shanaah, Sadi und Charlotte Heath-Kelly. 2022. What Drives Counter-Extremism? The Extent of P/CVE Policies in the West and Their Structural Correlates. *Terrorism and Political Violence* (30. Juni): 1–29. https://doi.org/10.1080/09546553.2022.2080063.

Sicherheitsverbund Schweiz. 2023. *Nationaler Aktionsplan zur Verhinderung und Bekämpfung von Radikalisierung und gewalttätigem Extremismus 2023–2027*. https://www.svs.admin.ch/de/themen-/praevention-radikalisierung/praevention-nap.html (zugegriffen: 10. Februar 2023).

Silber, Mitchell D. und Arvin Bhatt. 2007. Radicalization in the West. The Homegrown Threat. New York.

Sold, Manjana. 2019. Radikalisierung und Deradikalisierung. https://www.bpb.de/lernen/digitale-bildung/bewegtbild-und-politischebildung/reflect-your-past/313952/radikalisierung-und-deradikalisierung (zugegriffen: 10. Februar 2023).

Stockhammer, Nicolas. 2021. Prävention findet Stadt. Extremismus-Prävention und strukturelle Antizipations- bzw. Gegenmaßnahmen im Rahmen urbaner Verhältnisse und Gestaltungsmöglichkeiten. Evaluative Forschungsstudie im Auftrag der Stadt Wien. Wien. https://kja.at/wp-content/uploads/sites/38/2021/11/Prävention-findet-Stadt_Studie_final.pdf (zugegriffen: 10. Februar 2023).

Stockhammer, Nicolas. 2022. Strukturelle Ursachen für Extremismus, Radikalisierung und Terrorismus. Eine multifaktorielle Ätiologie. In: *Europäische Werte. Ihre Bedeutung für Freiheit, Sicherheit und Integration*, hg. von Wilhelm Sandrisser und Stefan Karner. Wien, Graz: Leykam Wissenschaft.

US- National Counterterrorism Center. 2017. First Responder's Toolbox. Washington D.C.

Begriffe und Theorien der Terrorismusbekämpfung

3.1 Was ist Terrorismusbekämpfung (TB)?

Der Kampf gegen den Terrorismus ähnelt *„einer Serie von Zeitrafferaufnahmen"* (Hoffman 2019, S. 493 f.). Das heute erstellte Bild ist mit dem morgen aufgenommenen häufig nicht mehr kongruent oder hat überhaupt nur mehr wenig damit gemein. Clausewitz hatte den Krieg treffend als ein *„wahres Chamäleon"* (Clausewitz, Vom Kriege, S. 212) bezeichnet, ein vom Menschen erzeugtes, schwierig zu erfassendes Geschöpf, das sein Antlitz permanent verändert. Selbiges gilt in Analogie für den Terrorismus, der zwar, um bei Clausewitz zu beliieben, seinen „Charakter" verändert, aber nicht seine „Natur" (Münkler 2007). So erscheint es relativ einfach, in terminologischen Abgrenzungsversuchen die unveränderliche Natur des Phänomen Terrorismus mit seinen zentralen Elementen (extremistisch motivierte Gewalt gegen unschuldige Zivilisten/Non-Kombattanten, Bestreben Aufmerksamkeit und Angst erzeugen, politische Zweckorientierung etc.) zu beschreiben, aber im selben Atemzug ungleich schwieriger, die Dynamik der permanenten Veränderung seiner unzähligen Ausprägungen und Erscheinungsformen.

Angesichts der erfolglosen Versuche der Wissenschaft und der politischen Praxis, das Phänomen des Terrorismus definitorisch allgemein anerkannt einzufangen, besteht für ein einschlägig befasstes Lehrbuch die Notwendigkeit, den inflationär verwendeten Begriff zumindest auf einen kleinsten gemeinsamen Nenner herunterzubrechen.

> **Übersicht**
>
> Daher soll hier die weithin akzeptierte (Ganor 2015; Schmid 2013; English 2010, S. 4).
> Differenzierung von Bruce Hoffman (Hoffman 2019, S. 81) dem Zweck genügen: „*Wir können* […] *Terrorismus* […] *als bewusste Erzeugung und Ausbeutung von Angst durch Gewalt oder die Drohung mit Gewalt zum Zweck der Erreichung politischer Veränderung definieren.* […] *Der Terrorismus ist spezifisch darauf ausgerichtet, über die unmittelbaren Opfer oder Ziele des terroristischen Angriffs hinaus weitreichende psychologische Effekte zu erzielen. Er will innerhalb eines breiteren ‚Zielpublikums' Furcht erregen und dieses dadurch einschüchtern* […]". Ergänzend hierzu vielleicht noch die ebenfalls gelungene Abgrenzung von Boaz Ganor, der unter Terrorismus „[…] *die vorsätzliche Anwendung oder Androhung von Gewalt gegen Zivilisten oder gegen zivile Ziele, um politische Anliegen zu erreichen*" versteht (Ganor 2015, S. 8.).

Nachdem nun der Rahmen für die Terminologie des Terrorismus rudimentär abgesteckt ist, soll in diesem Kapitel zuerst der Begriff der Terrorismusbekämpfung (TB) einer näheren Inspektion unterzogen werden, um in weiterer Folge die theoretischen Grundlagen der TB zu erörtern. Aus dem Clausewitz'schen Dilemma des ambivalenten Terrorismusbegriffs (Natur vs. Charakter) ergibt sich zwangsläufig ein ähnliches Problem in der Beschreibung dessen, was bzw. wie und womit man es bekämpft.

> **Terrorismusbekämpfung** (englisch „*counter-terrorism*", kurz CT) bezieht sich auf ein **Bündel von Maßnahmen** und Bemühungen von Regierungen, Strafverfolgungsbehörden und anderen einschlägig befassten Organisationen, **um terroristische Bedrohungen und Angriffe zu verhindern, zu bekämpfen und aufzulösen** (Bakker und de Roy van Zuijdewijn 2022, S. 145 f.). Dies kann durch eine **Kombination aus politischen, diplomatischen, militärischen, rechtlichen, wirtschaftlichen und sozialen Mitteln** erreicht werden (u. a. Byman in Chenoweth et al. 2019, S. 623–635).

Die Frage nach einer einhelligen Definition der Terrorismusbekämpfung ist nach wie vor abschlägig zu beurteilen, was eben durchaus mit der eingangs beschriebenen Problematik einer bislang fehlenden, weithin allgemein anerkannten Terrorismusdefinition zusammenhängen mag (Schmid 2004; Ganor 2002). Diesem Umstand zum Trotz werden hier dennoch exemplarisch **fünf ausgewählte Abgrenzungsversuche** der Terrorismusforschung vorgestellt, die versuchen, relevante Aspekte des Phänomens, wie Zweck, Zuständigkeiten, Methoden, Instrumente sowie Zielorientierung prägnant zu umreißen:

Übersicht

1. Terrorismusbekämpfung wird entsprechend der Klassifikation von Johannes Urban (2006) als „politisches oder politisch mandatiertes Handeln, das darauf zielt, terroristische Aktivitäten zu unterbinden oder zu erschweren, ihre Folgen zu begrenzen und zu bewältigen, terroristische Akteure für Straftaten zur Verantwortung zu ziehen, terroristische Organisationen und ihre Netzwerke aufzulösen sowie die Entstehung neuer terroristischer Akteure zu verhindern oder zu erschweren" definiert (Urban 2006, S. 18, FN 6).
2. Terrorismusbekämpfung umfasst **Alex P. Schmid** (2011) zufolge *„Maßnahmen, die darauf abzielen, den Terrorismus zu verhindern, zu bekämpfen und seine Auswirkungen zu begrenzen, indem politische, rechtliche, militärische, wirtschaftliche und soziale Mittel eingesetzt werden"* (Schmid 2011, S. 4).
3. Terrorismusbekämpfung beinhaltet für Alex P. Schmid und **Berto Jongmann** (2005) eine *„Kombination von Maßnahmen, die auf die Verhinderung von terroristischen Angriffen und die Reaktion auf solche Angriffe abzielen. Dazu gehören Präventionsmaßnahmen, Strafverfolgung, Verhinderung von Finanzierung und Unterstützung, sowie Maßnahmen zur Bekämpfung der Propaganda und Ideologie des Terrorismus"* (Schmid und Jongman 2005, S. 103).
4. Terrorismusbekämpfung bezieht sich gemäß **Ben Anderson** (2006) auf eine *„breite Palette von Maßnahmen und Strategien, die verfolgt werden, um den Einsatz von Gewalt durch Terroristen zu verhindern und den Schutz von Menschenleben und Eigentum zu gewährleisten"* (Anderson 2006, S. 163 f.).

5. Terrorismusbekämpfung kann mit **Walter Laqueur** (2004) schließlich definiert werden als *„die Maßnahmen, die ergriffen werden, um terroristische Handlungen zu verhindern oder auf sie zu reagieren, um Personen, Eigentum und demokratische Werte zu schützen, um die durch terroristische Aktivitäten verursachten sozialen und wirtschaftlichen Störungen zu begrenzen und um die Möglichkeiten für Terroristen zu verringern, ihre Pläne auszuführen"* (Laqueur 2004, S. 19). Demgemäß integriert sie *„eine Reihe von Maßnahmen, die ergriffen werden, um terroristische Anschläge durch nachrichtendienstliche Aufklärung, Infiltration oder direkte Aktionen gegen Terroristen und ihre Infrastrukturen zu verhindern oder zu minimieren."* (Laqueur 2004, S. 201). Außerdem ist TB der *„Versuch, terroristische Anschläge oder deren Bedrohung zu verhindern, ihnen zuvorzukommen oder auf sie zu reagieren"* (Laqueur 2004, S. 111). Eine *„komplexe Aufgabe, die sowohl politische als auch militärische Maßnahmen umfasst, um den Einsatz von Gewalt durch Terroristen zu verhindern und ihre Aktivitäten zu unterbinden. Es erfordert eine enge Zusammenarbeit zwischen verschiedenen Regierungsbehörden und internationalen Organisationen"* (Laqueur 2004, S. 4). Abschließend hebt Walter Laqueur (2004) den multidisziplinären Ansatz hervor, der konstitutiv für Terrorismusbekämpfung ist: demnach ist sie *„ein sich ständig weiterentwickelnder Bereich, der einen multidisziplinären Ansatz erfordert, der Fachwissen aus den Bereichen Strafverfolgung, Militär, Nachrichtendienste und Diplomatie einbezieht"* (Laqueur 2004, S. 7).

Gleichfalls umstritten wie der Terrorismusbegriff ist in der Disziplin die möglicherweise obsolete begriffliche **Unterscheidung zwischen „Terrorismusbekämpfung" und „Terror(ismus)abwehr"**, zumal die Übergänge mehr und mehr fließend werden. Terrorismusabwehr, auch „Anti-Terrorismus", umfasst, einer strikten Klassifikation folgend, vorwiegend *„defensive Maßnahmen, um die Verwundbarkeit vor Terrorakten zu reduzieren"* (Daase 2002, S. 384). In dieser Hinsicht setzt Terrorismusabwehr (TA) den Fokus eher auf **Resilienzstärkung** und vorsorgliche „Imprägnierung" im Sinne einer Reduktion von Verwundbarkeiten. Hiervon unbenommen kann Terrorismusbekämpfung diese eher dem „Safety"-Bereich der physischen Sicherheit zugehörigen Maßnahmen (häufig baulicher Natur) naturgemäß ebenfalls inkorporieren. **Währenddessen TB den Fokus auf proaktive Gegenmaßnahmen setzt, konzentriert sich TA tendenziell auf**

3.2 Ebenen der TB

taktische Abwehrmaßnahmen. So erscheint es wenig überraschend, dass mancherorts, etwa in den USA oder Frankreich TB als Angelegenheit der „Inneren Sicherheit" (also der Exekutivbehörden und internen Nachrichtendienste im weitesten Sinne) angesehen wird, währenddessen Aufgaben einer konzertierten TA gemäß einer solchen Perzeption zuerst in die Zuständigkeit des Militärs fallen.

3.2 Ebenen der TB

> **Operative Terrorismusbekämpfung** bezieht sich auf **direkte Maßnahmen,** die unmittelbar auf die Bekämpfung *„manifester, bestehender"* terroristischer Aktivitäten und Strukturen abzielen (Stockhammer 2014, S. 522 f.; Schneckener 2007, S. 9). Hiervon umfasst sind **anlassbezogene Handlungen wie die Festnahme von Verdächtigen,** die **Überwachung von verdächtigen Personen** oder die **Zerstörung von terroristischen Infrastrukturen.** Ausführende Akteure der operativen Maßnahmen sind *„Polizei und Geheimdienste, spezielle Anti-Terror- Einheiten, das Militär, Strafverfolgungsbehörden und Gerichte, Zivil- und Katastrophenschutz, Zoll und Grenzschutz sowie Finanz- und Wirtschaftsbehörden"* (Schneckener 2007, S. 9).

Hiervon zu kontrastieren, sowohl was die Ausrichtung als auch die Zielorientierung betrifft ist die ist die sogenannte „strukturelle" Terrorismusbekämpfung.

> Strukturelle Terrorismusbekämpfung hingegen bezieht sich auf indirekte *„diplomatische, sicherheits-, entwicklungs-, wirtschafts- und finanz- sowie kulturpolitische"* Maßnahmen, welche die Entstehungs- und Existenzbedingungen des Terrorismus und dessen begünstigendes Umfeld bekämpfen. Hiervon umfasst sind Maßnahmen zur Verbesserung der sozioökonomischen Bedingungen oder Stärkung der Demokratie und des Rechtsstaats (Stockhammer 2014, S. 522 f.; Schneckener 2007, S. 9). Terroristischen Gruppierungen und Netzwerken, aber auch Einzelakteuren soll dadurch der *„soziale und ideologische Nähr- und Resonanzboden"* entzogen werden (Schneckener 2007, S. 9).

3.2.1 Operative Ebene

Im **operativen Bereich** haben sich vor allem polizeilich-kriminaljustizielle, nachrichtendienstliche sowie mitunter auch militärische Maßnahmen in unterschiedlichen Konstellationen jeweils mehr oder weniger bewährt, die sich allesamt „*direkt gegen terroristische Akteure bzw. ihre Unterstützer richten*" (Hegemann und Kahl 2018, S. 113). Ergänzend sind „*technische Sicherungsmaßnahmen*" wie z. B. die „*Verriegelung von Cockpittüren, Absperrung öffentlicher Plätze* (etwa durch Poller, Anm.)" ergriffen worden, und ebenso prophylaktisch-reaktive Interventionen, welche die „*Folgen von Anschlägen verringern*" sollen (ibid, S. 113). Ein wesentlicher Zugang moderner Terrorismusbekämpfung ist jener der Vorbeugung als einer „*Terrorismusprävention*" (Schuhmacher 2022, S. 565). Hierunter fallen vorbeugende Maßnahmen wie die Überwachung und Überprüfung von Personen und Gruppen, die als potenzielle Bedrohung für die öffentliche Sicherheit eingestuft werden, sowie die Stärkung der Resilienz gegenüber terroristischen Angriffen. Weiters zählen hierzu auch Schulungen und Übungen für die Bevölkerung und die Bereitstellung von Informations- und Unterstützungsressourcen für potenzielle Ziele.

> Nachrichtendienstliche bzw. verfassungsschutzbezogene, entweder präemptive oder präventive, Maßnahmen zur Terrorismusbekämpfung umfassen das Sammeln, Analysieren und Verbreiten von Informationen, die zur Verhinderung, Unterminierung oder Reaktion auf terroristische Bedrohungen genutzt werden können.

Für Phythian und Gill (2006) ist dieser meist im geheimen Bereich operierende Zugang zentral für erfolgversprechende Terrorismusbekämpfungsbemühungen. Zu den proaktiven nachrichtendienstlichen Maßnahmen gehören die Aufklärung von Personen, Telekommunikationssignalen sowie offener Quellen, die zur Identifizierung und Verfolgung terroristischer Netzwerke oder Einzelakteure, zur Überwachung ihrer Aktivitäten und letztlich zur Verhinderung von Terroranschlägen eingesetzt werden können. Ein Beispiel für eine nachrichtendienstliche Maßnahme zur Terrorismusbekämpfung ist der Einsatz von spezifischen Überwachungs- und Kontrollmaßnahmen, um die Aktivitäten terroristischer Gruppen zu verfolgen. Dabei kann es sich um eine elektronische Überwachung handeln, etwa unbestimmte Abhörmaßnahmen und proaktive Lauschangriffe, oder um eine physische Überwachung durch menschliche Quellen, d. h. den

3.2 Ebenen der TB

Einsatz von Informanten und verdeckten Ermittlern. Die aufgrund der Überwachung generierten Informationen können sowohl dazu verwendet werden, wichtige Mitglieder terroristischer Netzwerke zu identifizieren, ihre Bewegungen und Kommunikation nachzuvollziehen als auch um Beweise zur Unterstützung der Strafverfolgung zu sammeln, oder sie gegebenenfalls direkt zu verhaften.

Der Austausch von Informationen und die (häufig) agendaspezifische Zusammenarbeit zwischen Regierungen ist symptomatisch für eine nachrichtendienstliche Maßnahme zur Terrorismusbekämpfung. Dies kann den Austausch von Informationen und nachrichtendienstlichen Erkenntnissen über terroristische Akteursstrukturen, ihre einschlägigen Aktivitäten und Pläne sowie die Koordinierung von (kooperativen?) Reaktionsmaßnahmen beinhalten. Die Kommunikation hinsichtlich der Erkenntnisse kann bilateral oder multilateral erfolgen und sowohl staatliche als auch nichtstaatliche Akteure inkludieren.

> Nicht bloß für Magnus Ranstorp (2017) sind nachrichtendienstliche Maßnahmen *(intelligence)* im Kampf gegen den Terrorismus von entscheidender Bedeutung, zumal sie wichtige Informationen über laufende Aktivitäten und Pläne von Terrgruppen oder terroristischen Einzeltätern liefern. Nachrichtendienstliche Maßnahmen können auch dazu beitragen, potenzielle terroristische Bedrohungen in einem frühen Stadium zu erkennen und Anschläge zu vereiteln, bevor sie stattfinden. Darüber hinaus können der Austausch nachrichtendienstlicher Informationen und die Zusammenarbeit dazu beitragen, internationale Koalitionen zur Bekämpfung der weltweiten Bedrohung durch den Terrorismus aufzubauen und aufrechtzuerhalten.

In ähnlicher Weise argumentieren Rassler und Stenersen (2014), dass nachrichtendienstliche Maßnahmen eine entscheidende Komponente von Strategien zur Terrorismusbekämpfung sind. Sie stellen fest, dass nachrichtendienstliche Maßnahmen dazu beitragen können, die Organisationsstruktur von Terrorgruppen, ihre Taktiken und Techniken sowie ihre Pläne und Absichten proaktiv zu ermitteln. Karmon (2002) ergänzt, dass nachrichtendienstliche Erkenntnisse für die Bekämpfung des Terrorismus von wesentlichem Wert seien, vor allem in Hinblick auf die Verringerung von dessen taktischen Auswirkungen und seiner strategischen Bedeutung (Karmon 2002, S. 119 ff.).

Nachrichtendienstliche Maßnahmen („*defending*"/"*preventing*"/ „*countering*", Smelser 2007, S. 161) spielen also eine entscheidende Rolle bei der Terrorismusbekämpfung. Überwachung und Beobachtung, internationale Kooperation, der Austausch nachrichtendienstlicher Erkenntnisse sowie andere nachrichtendienstliche Maßnahmen können wichtige Informationen über die Aktivitäten und Pläne terroristischer Gruppen liefern und dazu beitragen, Anschläge zu verhindern und Terroristen vor Gericht zu stellen.

Die übergreifende Zusammenarbeit der verschiedenen Behörden und Organisationen, die an der Verhinderung terroristischer Vorgänge und Aktionen beteiligt sind, ist ein integraler Bestandteil einer effektiven Terrorismusbekämpfung. Hierbei erscheint grundlegend, dass zur Verfügung stehende Informationen und Daten schnell und strukturiert gesammelt, geteilt und genutzt werden, um mögliche akute oder zukünftige Bedrohungen schnell erkennen und adäquat gegenhandeln zu können (Ronczkowski 2018, S. 131 ff.). Zwingend erforderlich ist hierbei jedoch eine entsprechende Verarbeitung der meist personenbezogenen Daten und eine kritische Einordnung der gewonnen Erkenntnisse. Hierbei ist und bleibt der Faktor Mensch essenziell. Denn technische Möglichkeiten, der Einsatz von Künstlicher Intelligenz und komplexen Risikobewertungstools sind eine wesentliche Unterstützung, aber stets nur exakt so viel wert, wie die Expertise derjenigen, die sich ihrer bedienen (Ganor 2019, S. 4 ff.). Auch die nahtlose, idealerweise möglichst unbürokratische Zusammenarbeit der Behörden untereinander, mit internationalen Organisationen und anderen Staaten, ist gleichermaßen immens wichtig, um ein gemeinsames Verständnis und eine koordinierte Herangehensweise, was den präferierten Terrorismusbekämpfungsansatz betrifft, zu entwickeln.

> Kooperation ist ebenfalls im Bereich der Strafverfolgung unerlässlich, die ein wesentlicher Aspekt der Terrorismusbekämpfung ist. Im Fokus der Strafverfolgungsbehörden steht die Ergreifung und Verurteilung von Terrorverdächtigen und -tätern. Wesentliche Bausteine für das Gelingen der übergreifenden Zusammenarbeit sind einheitliche gesetzliche Grundlagen und eine wechselseitige grenzüberschreitende Unterstützung zwischen Strafverfolgungsbehörden. Zu den wichtigsten Maßnahmen gehören beispielsweise die Implementierung spezieller Antiterrorismus-Einheiten, die Schaffung eigener Strafgesetze gegen Terrorismus und, ganz besonders, der verstärkte Austausch zwischen den Strafverfolgungsbehörden- national wie international (Rosand 2013, S. 1–22).

3.2 Ebenen der TB

Voraussetzung für eine erfolgreiche internationale Terrorismusbekämpfung ist ein modernes, den Erfordernissen der TB angepasstes Grenzmanagement, im Falle der EU vor allem die Kontrolle der Schengen-Außengrenzen. Hierbei geht es in erster Linie darum, illegale extremistische, potenziell terroristische Einwanderung, kriminelle und/oder extremistische Grenzmigration und den Schmuggel von Waffen oder anderen relevanten Gegenständen zu verhindern (Carafano 2013, S. 1–18).

Die militärische Operation als unmittelbare Gegenmaßnahme (*„war on terrorism"/„defending"*, Smelser 2007, S. 162) kann ebenfalls ein Bestandteil von staatlichen Terrorismusbekämpfungsstrategien sein. Ein solcher Zugang setzt entsprechende Fähigkeiten der Streitkräfte und die Bereitschaft voraus, diese gegen einen deklarierten Feind einzusetzen. Mögliche exemplarische Anwendungsbereiche dieses Zugangs sind:

1. Gezielte Militäroperationen, um terroristische Gruppen und ihre Führungskräfte anzugreifen und auszuschalten. Dabei können unterschiedliche taktische Methoden angewendet werden, wie zum Beispiel Luftangriffe, Drohnenangriffe, gezielte Schläge und Spezialeinheiten.
2. Militärische Geheimdienste sind ein wichtiger Bestandteil der Terrorismusbekämpfung. Sie sammeln Informationen über terroristische Aktivitäten und Pläne und nutzen diese, um terroristische Zellen aufzudecken und zu infiltrieren.
3. Die militärische Ausbildung kann für Sicherheitskräfte in Ländern mit hohem Terrorrisiko nützlich sein. Die Ausbildung sollte auf die Bedürfnisse und Bedrohungen des jeweiligen Landes zugeschnitten sein und den Sicherheitskräften Fähigkeiten vermitteln, um terroristische Aktivitäten zu erkennen, darauf zu reagieren und vorbeugende Maßnahmen zu ergreifen.
4. Die internationale militärische Zusammenarbeit kann sich auf den Austausch von Informationen, die gemeinsame Ausbildung von Sicherheitskräften, die Koordination von Operationen oder die Bereitstellung von Unterstützung und Ressourcen konzentrieren.
5. In die Zuständigkeit von Streitkräften kann weiters die Gewährleistung von Grenzsicherheit fallen. Dadurch können terroristische Kämpfer daran gehindert werden, in ein Land zu gelangen oder es zu verlassen und es kann auch unterbunden werden, dass Waffen, Sprengstoffe oder Kriegsmaterial i. w. S. ins Land geschmuggelt werden.

> Die Durchführung von Militäroperationen gegen Terrorgruppen und ihre Einrichtungen hat sich punktuell und kurzfristig als wirksame Methode erwiesen. Hierbei erscheint es jedoch wichtig zu betonen, dass sämtliche militärischen Maßnahmen im Einklang mit dem internationalen Recht durchgeführt werden und dass es zu einer angemessenen Abwägung zwischen militärischen Zielen und möglichen humanitären Folgen kommt.

3.2.2 Strukturelle TB

Auf **struktureller Ebene** wurden seit den 9/11-Anschlägen von westlichen (zuvorderst europäischen) Staaten und internationalen Organisationen vermehrt die sog. *„root causes"* (Bjørgo 2005) adressiert, also die *„komplexen gesellschaftlichen, politischen und ökonomischen Bedingungen terroristischer Gewalt"* (Hegemann und Kahl 2018, S. 113). Wie unter anderem Abu-Er-Rub (2016) argumentiert, ist es grundlegend erforderlich, die immanenten Wurzeln des Terrorismus zu verstehen, um effektive Maßnahmen zu seiner Bekämpfung zu entwickeln (Abu-Er-Rub 2016, S. 1–20). Dies bedingt eine sorgfältige Analyse der zugrunde liegenden, tieferen (strukturellen und ggfs. systemischen) Ursachen von Terrorismus, einschließlich politischer Unterdrückung, sozialer Ungleichheit und wirtschaftlicher Instabilität. Um diese nachhaltig zu bekämpfen ist es notwendig, mittels gezielter Initiativen die Förderung von sozialer Gerechtigkeit, die Stärkung von Institutionen und die Verbesserung des Zugangs zu Bildung und Beschäftigung voranzutreiben (Abu-Er-Rub 2016).

> Solcherart präventive Gegenmaßnahmen (*„preventing"*, Smelser 2007, S. 161) sind primär, aber nicht ausschließlich den Handlungsfeldern Bildungs-, Sozial-, oder Entwicklungspolitik zuzurechnen. Strukturelle Maßnahmen zur Terrorismusbekämpfung in den Bereichen Bildung, Sozial- und Entwicklungspolitik können beispielsweise die Förderung von Bildungseinrichtungen beinhalten, um radikalisierungsgefährdete Menschen zu ermutigen, eine formelle Aus- oder Weiterbildung anzustreben, was dazu beitragen kann, das Risiko von Radikalisierung und Extremismus nachweislich zu verringern.

3.2 Ebenen der TB

Bereits im Rahmen des „*Aktionsplans zur Terrorismusbekämpfung*" vom Jahr 2005 der Europäischen Kommission wurden derartige Initiativen benannt und diesen zugleich politische Unterstützung seitens der Europäischen Union angeboten bzw. gewährt (EU-Kommission 2005). Auch die Investition in soziale Programme, die benachteiligte Gemeinschaften und ethnische Gruppen unterstützen, kann eine wirksame Maßnahme sein, um die Auswirkungen von Extremismus respektive Einflussnahme von extremistischen Akteuren zu reduzieren. Dies wurde unter anderem in der Studie „*The Impact of Social Programs on Terrorism*" von Chai und Rauhut (2007) untersucht. Darüber hinaus können regionale Entwicklungshilfeprogramme dazu beitragen, die sozioökonomischen Lebensbedingungen in den betroffenen Gebieten zu verbessern, indem sie Menschen bessere Chancen und Lebensperspektiven anbieten (ibid, S. 36 ff.).

> Diplomatie bleibt in diesem Zusammenhang ein wichtiges präventives Instrument der Terrorismusbekämpfung mithilfe dessen Regierungen und Organisationen kooperieren, um Terrorismus effizient zu bekämpfen und seine inhärenten Ursachen nachhaltig zu adressieren. Hierbei kann es um koordinierende Bemühungen gehen, die internationale Zusammenarbeit und jene zwischen Regierungen und Zivilgesellschaft sowie den Dialog und den politischen Prozess zu fördern, um politische oder militärische Konflikte, die als konstitutiv für Terrorismus angesehen werden, zu lösen.

Diplomatische Strategien zielen in ihrer Gesamtheit daher darauf ab, die Zusammenarbeit und Koordinierung zwischen den Staaten zu fördern, um den Terrorismus zu bekämpfen und zugrunde liegende Probleme und Herausforderungen anzugehen, die zu ihm beitragen. Der Einsatz diplomatischer Mittel kann bilaterale und multilaterale Abkommen, den Austausch von Informationen und den Dialog zwischen Regierungen und nichtstaatlichen Akteuren umfassen. Für Stephen Krasner (Krasner 2014. S 25 ff.) sind diplomatische Bemühungen im Kampf gegen den Terrorismus von entscheidender Bedeutung, da sie dazu beitragen, internationale Koalitionen zur Bekämpfung der globalen Bedrohung aufzubauen und zu erhalten. Diplomatische Strategien können auch dazu beitragen, die Unterstützungsbasis terroristischer Gruppen zu isolieren und zu untergraben, indem sie die Missstände ansprechen, die zur Radikalisierung führen, und indem sie eine friedliche Konfliktlösung fördern. Ähnlich argumentieren Biersteker und Eckert (2012), dass diplomatische Mittel im Kampf gegen den Terrorismus von entscheidender Bedeutung sind, da sie dazu beitragen, Vertrauen zwischen den Staaten aufzubauen und den Austausch von Informationen und Erkenntnissen zu erleichtern. Diplomatische Strategien können auch dazu beitragen, die politischen, sozialen und wirtschaftlichen Bedingungen anzugehen, die zum Terrorismus beitragen, indem sie gute Regierungsführung, Menschenrechte und wirtschaftliche Entwicklung fördern. Zusammenfassend lässt sich sagen, dass diplomatische Mittel ein wesentlicher Bestandteil von Strategien zur Terrorismusbekämpfung sind, indem sie das Vertrauen zwischen den Staaten zu stärken, den Austausch von Informationen und nachrichtendienstlichen Erkenntnissen erleichtern und eine friedliche Konfliktlösung fördern.

3.2.3 Hybride TB-Maßnahmen (operativ/strukturell)

> Eine Art Querschnittsmaterie zwischen operativer und struktureller TB ist die Reaktion auf einen Terroranschlag, die Facetten von beiden Bereichen aufweisen kann. Reaktive Maßnahmen zur Terrorismusbekämpfung sind Aktionen, die von Regierungen und Sicherheitskräften als Reaktion auf terroristische Anschläge ergriffen werden. Diese Maßnahmen zielen in erster Linie darauf ab, weitere Anschläge zu verhindern, den erlittenen Schaden zu minimieren und die Attentäter zu fassen. Zum breiten Portfolio reaktiver Terrorismusbekämpfung gehören erhöhte Sicherheitsmaßnahmen, Notfallpläne ebenso wie Vorkehrungen zur Evakuierung, medizinische Versorgung und Strafverfolgungsmaßnahmen.

Wesentlich geht es darum, schnell und effektiv auf einen Angriff zu reagieren, um Schäden und Verluste möglichst gering zu halten. Auch die psychologische Betreuung der Opfer und Zeugen sowie die Wiederherstellung des öffentlichen Vertrauens sind keinesfalls zu unterschätzende Aspekte. Erhöhte Sicherheitsmaßnahmen werden ergriffen, um weitere Anschläge abzuschrecken (vgl. *„deterrence"*, Smelser 2007, S. 161) und zu verhindern. Dazu können verstärkte Polizeipräsenz, Überwachung und der Einsatz von Sicherheitskontrollpunkten gehören. Nach den Terroranschlägen vom 11. September 2001 haben die Vereinigten Staaten beispielsweise mehrere primäre physische, aber auch institutionelle Sicherheitsmaßnahmen ergriffen, darunter strengere Flughafensicherheit, verstärkte Überwachung und die Einrichtung des Ministeriums für Heimatschutz.

Die Regierungen können Notfallpläne entwickeln, um im Falle eines Terroranschlags Schäden und Opfer zu minimieren. Diese Pläne können Evakuierungsverfahren, medizinische Einsatzteams und die Mobilisierung von Strafverfolgungs- und Militärpersonal umfassen. Nach den Anschlägen in Mumbai im Jahr 2008, die eklatante Sicherheitsmängel und gravierende Fehlleistungen der TB-Behörden offenbart hatten, hat Indien beispielsweise einen nationalen Katastrophenschutzplan entwickelt, um auf künftige Terroranschläge besser und effizienter reagieren zu können. Strafverfolgungsmaßnahmen können verstärkt werden, um die Urheber von Terroranschlägen zu fassen. Diese Maßnahmen können Ermittlungen, Verhaftungen und Strafverfolgungen umfassen. Nach den Bombenanschlägen in London 2005 führte die britische Polizei beispielsweise umfangreiche Ermittlungen durch, um die für die Anschläge verantwortlichen Personen zu ermitteln und festzunehmen.

Nach Cooley und Ron (2002, S.12 f.) sind reaktive Maßnahmen zur Terrorismusbekämpfung zuvorderst deshalb notwendig, um weitere Anschläge zu verhindern und die Bürger zu schützen. Sie können jedoch auch negative Folgen haben, wie die Verletzung der bürgerlichen Freiheiten und die Verschärfung sozialer Spannungen aufgrund als ungerechtfertigt wahrgenommener Interventionen. Daher müssen die Regierungen ein Gleichgewicht zwischen dem Sicherheitsbedürfnis und dem Schutz der bürgerlichen Freiheiten und der Menschenrechte herstellen.

3.3 Theoretische Zugänge

Im folgenden Abschnitt werden die bereits oben rudimentär umrissenen, operativen bzw. strukturellen, Zugänge der Terrorismusbekämpfung nochmals modellhaft ausgebreitet und diskutiert. Zuvor jedoch eine kursorische Analyse gängiger theoretischer Ansätze, die sich als geeignete Grundlage für einige der weiter unten ausgeführten TB-Modelle bewährt haben.

> Alex P. Schmid (2013) vollzieht eine wesentliche Kategorisierung hinsichtlich der Theorien der Terrorismusbekämpfung. So differenziert er zwischen defensiven, im Kern präventiven (*„preventive"*), (krisen-) managementorientierten (*„managerial responses"*) und reaktionsspezifischen (*„response-oriented"*) Theorieansätzen (Schmid 2013, S. 255–271).

Die defensive Terrorismusbekämpfung geht davon aus, dass Terroranschläge grundsätzlich unvermeidlich sind und orientiert sich an der Abwehrbereitschaft bzw. Resilienz. In dieser Hinsicht wird der Versuch unternommen, die bestimmenden Variablen zu beeinflussen, die die Art des Anschlags und die Identität des Ziels festlegen. Daraus ergeben sich zwei grundlegende defensive Ansätze:

die Verhinderung von Anschlägen und die Abmilderung der Konsequenzen von Anschlägen. Die Prävention zielt darauf ab, das Risiko eines terroristischen Anschlags an bestimmten Orten und zu bestimmten Zeiten zu minimieren. Der zweite, sog. „managementorientierte" Ansatz besteht darin, die Auswirkungen erfolgreicher Anschläge zu minimieren.

3.3.1 Präventive Theorieansätze

> „Die präventive Terrorismusbekämpfung konzentriert sich darauf, Hindernisse (‚obstacles', Anm.) zwischen den Terroristen und ihren Zielen aufzubauen. Diese Hindernisse können in Form von Verteidigungsmaßnahmen, Strafverfolgungskapazitäten, Rechtsreformen usw. auftreten" (Schmid 2013, S. 255 f.).

Prävention ist gleichsam die Via Regia der Terrorismusbekämpfung. Sie gehorcht den Gesetzmäßigkeiten der Rationalität und beruht auf der berechtigten Annahme, dass sämtliche Akteure sowohl die taktisch im Vorteil liegenden Angreifenden, als auch die Abwehrenden, nach Grundsätzen von Logik und Optimierung handeln würden.

> Das wahrscheinlich bekannteste Theoriemodell in diesem Spektrum ist sicherlich das sog. *„instrumentelle Modell"* von Martha Crenshaw (1987, S. 13–31). Wenn man gemäß Crenshaw davon ausgeht, dass Terrorismus eine *„rationale Strategie"* sei (ibid), die darauf abziele, den *„erwarteten Nutzen eines Akteurs zu maximieren"* (Schmid 2013, S. 256) kann man zugleich folgern, dass Terrorismus nur *„einer von mehreren möglichen Wegen der politischen Agitation"* (ibid) ist. Eine Substitution durch andere weniger zerstörerische bzw. auf Gewalt abzielende Agitationsmittel, so Crenshaws Rational-Choice-Kalkül, findet dann statt, *„wenn entweder die Wahrscheinlichkeit, einen terroristischen Akt erfolgreich durchzuführen, im Vergleich zu anderen politischen Handlungen extrem niedrig ist oder die Kosten des Terrorismus im Vergleich zu anderen politischen Strategien relativ hoch sind"* (Schmid 2013, S. 256 bzw. Crenshaw 1987).

Die beiden wesentlichen Formen des instrumentellen Präventivansatzes, die auf Verhinderung der Fähigkeiten von Terroristen abzielen sind *„defence"* und

3.3 Theoretische Zugänge

„deterrence". Beide TB-Strategien sind speziell darauf ausgerichtet, die Wahrscheinlichkeit eines erfolgreichen Terroranschlags mit unterschiedlichen Methodenzugängen zu verringern. „Defence" bedeutet nach Crenshaw, *„einen Feind wirksam („forcefully",* Anm.) *daran zu hindern, physische Ziele zu erreichen"* (Crenshaw 1987, S. 16). Defensive Maßnahmen können Schmid zufolge entweder aktiv oder passiv sein (Schmid 2013, S. 256). Aktive Maßnahmen umfassen indes sowohl präemptive oder präventive Gewaltanwendung. Eine präemptive Maßnahme ist ein *„Vorgehen gegen eine Organisation, von der man annimmt, dass sie sich in der Endphase der Planung eines Anschlags befindet"* (ibid, S. 256). Präventive Maßnahmen richten sich gegen *„Organisationen, von denen man annimmt, dass sie zu einem noch nicht absehbaren Zeitpunkt in der Zukunft eine Bedrohung darstellen"* (ibid, S. 256). Zu den passiven Maßnahmen gehört nicht die offene Anwendung von Gewalt, sondern vielmehr *„Maßnahmen, die die Wahrscheinlichkeit verringern, dass eine terroristische Aktion erfolgreich sein wird"* (ibid, S. 256). Zu diesen Maßnahmen zählen die *„Abhärtung von Zielen, die Einführung von Grenzkontrollen usw."*. Die Strategie der Abschreckung *(deterrence)* zielt darauf ab, die *„Kosten des Terrorismus zu erhöhen, um die Substitution durch weniger kostspielige Formen des politischen Protests zu fördern"*. Die beiden gängigsten Strategien der Abschreckung sind Verweigerung *(denial)* und symmetrische oder asymmetrische Vergeltung *(retaliation)*. Dadurch können Terrororganisationen jedoch auch in die Enge getrieben werden, was eine potenzielle Gewalteskalation nicht ausschließen lässt. Eine Art Sackgasse der Substitution oder neudeutsch: eine Resultante der Alternativlosigkeit. Relevant ist zudem die Problematik der Verlagerung *(transference)*. Zu einer Verlagerung kommt es, wenn ein Terrorist oder eine dahinterstehende Organisation seine/ihre Taktik und nicht seine/ihre Strategie ändert und sich eher für weichere Ziele als für alternative politische Aktivitäten entscheidet (Sandler et al. 2008, S. 26). Neben der *„taktischen Verlagerung kann es sich auch um eine zeitliche (die Organisation hält sich bedeckt, bis der Terrorismus kosteneffizienter ist) oder geografische Verlagerung handeln (Verlagerung an Orte, an denen der Terrorismus kosteneffizienter ist)"* (Schmid 2013, S. 256).

> Boaz Ganor (2015) rekurriert in seiner weithin anerkannten Terrorismusbekämpfungsgleichung ebenfalls auf die innewohnende Instrumentalität des Terrorismus. Die Formel: *„Motivation x operative Fähigkeit(en)"* bringt die Wahrscheinlichkeitsgrundlage für die Umsetzung eines Terroranschlags zum Ausdruck. Danach muss logisch davon ausgegangen werden, dass,

wenn einer dieser beiden Faktoren neutralisiert wird, d. h. wenn die operative (planerische bzw. logistische) Fähigkeit von terroristischen Akteuren beeinträchtigt wird oder wenn deren intrinsische Motivation nachlässt, es praktisch mit an Sicherheit grenzender Wahrscheinlichkeit nicht (mehr) zu einer Terrorattacke kommt (Ganor 2015, S. 94 f.).

Ein weiterer möglicher TB-Ansatz bezieht sich auf die Organisationsprozesstheorie (maßgeblich Crenshaw 1985/1987; della Porta 2013) und konzentriert sich auf die Verwundbarkeiten von klandestinen terroristischen Organisationen. Gemäß Crenshaw ist eine dieser Vulnerabilitäten, auf die sich TB-Initiativen konzentrieren müssen, die zunehmende Unfähigkeit gewalttätiger Organisationsstrukturen im extremistischen Wettbewerb, neue Mitglieder zu attrahieren oder zu rekrutieren (Crenshaw 1985, S. 482). Die Ausbeutung dieser strukturellen Unzulänglichkeit kann von staatlicher Seite u. a. entweder durch eine gezielte, von außen induzierte, Spaltung innerhalb der Organisationen, ein Trockenlegen der Rekrutierungsquellen sowie gezielte Amnestieprogramme für erfolgen.

Terrorismus ist in den meisten phänomenologischen Konstellationen jenseits des losgelösten Einzeltäters das Resultat spezifischer Entscheidungen von Gruppen (Schmid 2013, S. 256). Das soziopolitische Umfeld, in dem die Gruppe jeweils agiert, ist wiederum konstitutiv für die spezifische Dynamik, die den subjektiven Entscheidungsfindungsprozess hin zur terroristischen Gewalt prägt (Ross und Gurr 1989, S. 405–426). Terroristische Gruppen hören auf zu existieren, wenn ihre Fähigkeiten durch entsprechende Interventionen untergraben werden. Dies kann entweder durch staatliche TB-Maßnahmen oder durch die destruktive Interaktion verschiedener gruppeninterner Fraktionen erfolgen. Die drei Hauptursachen für den Niedergang von Terrororganisationen sind laut Ross & Gurr „*Präemption, Abschreckung und Burnout*" (ibid, S. 407 ff.). Burnout steht für eine Agglomeration unterschiedlicher Ursachen wie beispielsweise einen *„Ausstieg, der durch Fraktionsbildung, eine wachsende Risikoaversion in der Organisation, eine Verlagerung der Organisationsziele von politischer Aktion zu räuberischem Gewinnstreben („predation") sowie eine Gegenreaktion („backlash") auf unproduktive Angriffe"* (ibid, S. 407). Auch in diesem Fall spielt eine nüchterne rationale Kosten-Nutzen-Kalkulation die wesentliche Rolle bei der Entscheidungsfindung einer Terrgruppe als einer im Kern gesinnungsorientierten Gemeinschaft von Extremisten. Generell ist dieses Kalkül der Kostenabwägung ein wesentlicher Grundpfeiler jedweder Terrorismusbekämpfung. Denn jede Organisation orientiert sich *sui generis* an ihrem maximalen Nutzen und wird prinzipiell danach trachten, möglichst wenig äußeren und intra-organisationellen Widerständen ausgesetzt zu sein.

3.3.2 Managementorientierte Theorieansätze

> Managementorientierte Theorieansätze (MOT) fokussieren auf die krisenmanagementtypische Reaktion auf terroristische Anschläge. Terrororganisationen sind in ein spezifisches Umfeld eingebettet, das sowohl einschränkend als auch ermöglichend für politisch motivierte Gewalt sein kann.

Strukturelle Zugänge der MOT referenzieren auf eine umfassende, multilaterale und langfristig orientierte Adressierung des Umfelds von terroristischen Akteuren (Bremer 1993; von Hippel 2007). Einen anderen Zugang vertreten Gompert und Gordon (2008), die effektive Terrorismusbekämpfung in Analogie zu Counter-Insurgency fassen. Sie schlagen eine dreistufige Strategie vor, erstens einen „Zuckerbrot und Peitsche"-Ansatz, wonach lokale Behörden und die Bevölkerung allgemein für Kooperation belohnt und im Falle der Defektion bestraft werden (Gompert und Gordon 2008, S. xxxix). Zweitens, eine *„winning hearts and minds"*- Kampagne in extremismusgefährdeten, graduell hostilen Umgebungen, die auf einem großzügigen zur Verfügung-Stellen und Teilen von Gemeingütern beruht (ibid). Drittens, gouvernementale Transformation, d. h. die Unterstützung von instabilen Regimen im Umfeld von fragiler Staatlichkeit beim Aufbau stabiler Governance-Strukturen (ibid). Ronald Crelinstens (Crelinsten 2002) kommunikationsbasierte Theorie der TB *„unterteilt die Formen des politischen Aktivismus entlang einer Achse in Abweichung, Dissens, Verbrechen und Revolution und ordnet jeder dieser Aktivitäten eine entsprechende Form der politischen Kontrolle zu"* (Schmid 2013, S. 258). Zumal Regierungen ihre Reaktion standardisiert auf derselben Achse „*von sozialer Kontrolle über Regierung und Strafjustiz bis hin zum internen Krieg"* ablaufen lassen (ibid, S. 258), nimmt die parallele Kommunikation auf sämtlichen Ebenen sowohl *bottom-up* als auch *top-down,* sowie ebenso diagonal (Sicherheitsbehörden und Radikale/Extremisten) bzw. horizontal (Radikale/Extremisten untereinander) eine besondere, weil potenziell „extremismushemmende" Rolle ein. Dieser Zugang hat indes grundsätzliche Limitierungen, da er auf eine bestehende Gesprächsbereitschaft setzt und die konfliktmoderierende (Mediations-)Funktion der Kommunikation mitunter überbewertet. Worauf es im Sinne einer erfolgreichen TB-Kommunikationsstrategie ankommt, beschreibt Ron Crelinsten (2014, S. 6) recht plastisch: *„Alle Antwortmöglichkeiten übermitteln in irgendeiner Form Informationen an unterschiedliche Zielgruppen; sie sind sowohl ausdrucksstark und symbolisch als auch instrumentell. Die einzelnen Botschaften, die von einem bestimmten Publikum tatsächlich empfangen werden, entsprechen möglicherweise nicht der Absicht des Absenders. Dies verleiht der Terrorismusbekämpfung eine inhärente Komplexität und kann zu unbeabsichtigten Folgen führen. Es ist daher wichtig, die verschiedenen Arten von Botschaften, Zielgruppen und Kommunikationswegen zu verstehen, die im komplexen Geflecht der Interaktion zwischen Terroristen und Terrorismusbekämpfern eine Rolle spielen".*

Die Mehrzahl der konventionellen MOT befassen sich indes zumeist mit den praktischen Aspekten des Katastrophenmanagements *(disaster relief)* der öffentlichen Politik, d. h. mit der Wiederherstellung kritischer Infrastrukturen nach einem Anschlag, der Behandlung von Opfern, Krisenkommunikation etc. Relevanter für eine *„dyadische Bewertung der Interaktionen zwischen Terroristen und Terrorismusbekämpfern"* sind die jene *„Theorien, die sich mit politischen Reaktionen auf den Terrorismus befassen"* (Schmid 2013, S. 257).

Das „Managerial Response Model" (MRM) ist ein theoretischer Rahmen für mögliche Reaktionsweisen auf terroristische Gewalt. Entsprechend dessen Vorgaben wird vorgeschlagen, dass (Krisen-)Manager bei der Bewältigung der terroristischen Bedrohung einen ganzheitlichen Ansatz *(comprehensive approach)* verfolgen sollten, der sowohl das interne als auch das externe Umfeld der Organisation berücksichtigt. In Hinblick auf das MRM können vier Schlüsselbereiche der Reaktion: *Prävention, Schutz, Reaktion und Wiederherstellung* identifiziert werden, auf die auch in den strategischen Leitlinien des US *Department of Homeland Security* (DHS 2019, S. 3) referenziert wird.

Das Ziel des präventiven Zugangs besteht darin, die Wahrscheinlichkeit eines Terroranschlags zu verringern, indem proaktiv Präventivmaßnahmen wie Überwachung und Sicherheitsprotokolle eingeführt werden. Die schützende Reaktion konzentriert sich auf die Verringerung der Auswirkungen eines Anschlags durch die Umsetzung von Gegenmaßnahmen wie physischen Barrieren und Notfallplänen. Der reaktive Zugang zielt darauf ab, den durch einen Anschlag verursachten Schaden zu minimieren, indem schnelle Reaktionsmaßnahmen ergriffen werden und den Betroffenen medizinische und psychologische Hilfe geleistet wird. Die Wiederherstellungsreaktion schließlich konzentriert sich auf die Re-Implementierung des Zustands, den die Organisation vor dem Angriff hatte, indem notwendige Ressourcen für die Wiederherstellung respektive den Wiederaufbau bereitgestellt werden.

3.3.3 Reaktionsspezifische Theorieansätze

Die spezifische Reaktion der USA auf die Terroranschläge von 9/11 wurde bereits ausgeführt und wird weiter unten nochmals thematisiert. Herausragende Forscher wie Brian Jenkins (2006) argumentieren, dass, wenn der Staat nicht versteht, wie die Aufständischen *(insurgents)* den Konflikt perzipieren, die staatliche Reaktion den Terroristen sogar in die Hände spielen könne (Jenkins 2006, S. 53 f.). Zumal der „bewährte" US-Ansatz zur Terrorismusbekämpfung, die terroristischen Akteure nach ihren Handlungen, nicht nach ihren Motiven definieren würde, ergeben sich nach Jenkins zahlreiche Missverständnisse und Fehlperzeptionen bzw. -konzeptionen (ibid), die allesamt negative Auswirkungen auf das Gelingen von Terrorismusbekämpfungsambitionen hätten. Zudem sei die Asynchronität von TB-Bemühungen gegenüber den strategischen Ausrichtungsprämissen von Terrororganisationen, die ideologisch getaktet sind und ihren Systemkampf langfristig anlegen, ein Problem (ibid). Symptomatisch hierfür das den Taliban zugeschriebene Diktum: „*Ihr habt die Uhren, aber wir haben die Zeit*". Der Faktor der unterschiedlichen Zeitökonomie macht sich ebenfalls bei Ermittlungen und der Strafverfolgung im Anschluss an Terroranschläge bemerkbar, wo die Organe des Staates einem enormen Handlungs- und Erfolgsdruck unterliegen, währenddessen die verantwortlichen Terrororganisationen, anders als die unmittelbar verfolgten Attentäter, jedoch in einer beobachtenden Haltung des Abwartens verharren können.

> Martha Crenshaw betont mit Blick auf das staatliche Reaktionsportfolio auf Terroranschläge, dass Staaten grundsätzlich drei Möglichkeiten haben, gefangene Terroristen zu behandeln: „*als politische Kriminelle, als gewöhnliche Kriminelle oder als Kriegsgefangene*" (Crenshaw 2006, S. 254.). Je nach Sichtweise, so die entsprechende Logik, ziehe dies angepasste Strategien der Terrorismusbekämpfung nach sich, die von politischer Repression über die Strafverfolgung bis hin zu paramilitärischen Reaktionen reichen können (ibid, S. 254).

Darüber hinaus differenziert Crenshaw drei Determinanten (Schmid 2013, S. 259), die staatliches Gegenhandeln als Reaktion auf Terrorattacken prägen:

1. Die spezifischen institutionellen Gegebenheiten, da die internen Entscheidungsfindungsmechanismen des Systems einen großen Einfluss auf die Wahl der Vergeltungsmaßnahmen durch den Staat haben.
2. Die Berücksichtigung der internationalen Werthaltung und Meinung, da diese das Potenzial hat, eine politische und materielle Unterstützungsbasis für Terroristen zu schaffen.
3. Die Konstitution und Fähigkeiten des militärischen Apparats (Crenshaw 2006, S. 256).

Abschließend ist gesondert zu betonen, dass staatliches Gegenhandeln als Reaktion auf Terrorismus stets dem Anspruch genügen sollte, sachorientiert und unaufgeregt- d. h. nicht übereilt, adäquat, d. h. zielgerichtet vor allem aber verhältnismäßig, d. h. dem Anlass angepasst zu sein. Von selbst versteht sich, dass eine staatliche Reaktion sowohl legal als auch legitim fundiert sein muss. Die Legitimität lässt sich anhand der Adäquanz und teleologischen Verhältnismäßigkeit bemessen.

3.4 Theoretische Modelle

3.4.1 Das strafrechtliche Modell der Terrorismusbekämpfung

Das strafrechtliche Modell der Terrorismusbekämpfung bezieht sich auf ein Setting von Gesetzen, Strategien und Praktiken zur Verhinderung von und Reaktion auf terroristische Handlungen. Dieses Modell bewegt sich im Rahmen der traditionellen Strafrechtssysteme und stützt sich auf den Einsatz von Strafverfolgungsbehörden, des Justizsystems und von Gefängnissen zur Abschreckung, Verhinderung und Bestrafung von Terroranschlägen.

Das strafrechtliche Modell der Terrorismusbekämpfung basiert auf der Prämisse, dass Terrorismus eine kriminelle Handlung ist und als solche wie jedes andere Verbrechen behandelt werden sollte. Im Mittelpunkt dieses Modells stehen der Schutz der Bürger und die Aufrechterhaltung der öffentlichen Ordnung und Sicherheit durch den Einsatz rechtsstaatlicher Mittel, d. h. in erster Instanz der bestehenden Strafrechtsorgane.

3.4 Theoretische Modelle

Die Ermittlung und strafrechtliche Verfolgung von Personen, die sich an terroristischen Handlungen beteiligen, wird durch entsprechend autorisierte Strafverfolgungsbehörden umgesetzt. Diesen obliegt die Durchführung von kriminalpolizeilichen Investigationen und das Sammeln von Beweisen, um Anklagen gegen Personen zu stützen, die des Terrorismus verdächtigt werden. Dazu gehört die Zusammenarbeit mit Nachrichtendiensten und anderen Strafverfolgungsbehörden, um terroristische Netzwerke und Aktivitäten zu identifizieren und zu zerschlagen.

Das strafrechtliche Modell der Terrorismusbekämpfung stützt sich auf die Anwendung bestehender strafrechtlicher Normen, z. B. in Bezug auf Verschwörung, Mord und Entführung, um Personen wegen terroristischer Handlungen zu verfolgen. Das Modell beruht auf dem Grundsatz, dass alle Personen unabhängig von ihren Motiven für ihre Handlungen zur Rechenschaft gezogen werden sollten.

Der Einsatz der Gerichte als Instrument zur Verfolgung und Bestrafung von Personen, die sich an terroristischen Handlungen beteiligen, hat sich in diesem TB-Referenzmodell bewährt. Das Justizsystem ist für die faire und unparteiische Anwendung des Strafrechts im Rahmen der Terrorismusbekämpfung verantwortlich. Hierunter fallen die Vorlage von Beweisen, die Vernehmung von Zeugen und die Feststellung von Schuld oder Unschuld. Das Justizsystem legt auch das angemessene Strafmaß für Personen fest, die wegen Straftaten im Zusammenhang mit dem Terrorismus verurteilt werden, was Freiheitsstrafen, Geldstrafen und andere gerichtlich verordnete Sanktionen umfassen kann. Die Inhaftierung von Personen, die an terroristischen Handlungen beteiligt sind, bleibt ein Fundament dieses Ansatzes. Das strafrechtliche Modell der Terrorismusbekämpfung stützt sich auch auf den Einsatz von Strafvollzugsanstalten zur Inhaftierung von Delinquenten, die wegen terrorismusbezogener Straftaten rechtskräftig verurteilt wurden. Ziel dieses Modells ist es, Personen, die eine Gefahr für die öffentliche Sicherheit darstellen, aus der Gemeinschaft zu entfernen und ihnen die Möglichkeit zu geben, ihr Verhalten zu ändern.

Das kriminal-justizielle Modell der Terrorismusbekämpfung hat sich in vielen Ländern bewährt, unter anderem ebenso in den Vereinigten Staaten (im Anschluss an den War on Terror bzw. parallel als flankierende Maßnahme), im Vereinigten Königreich, in Australien, aber insbesondere auch in Europa. Das europäische Modell der TB ist auch historisch stark von der Rechtsprechung, den Höchstgerichten, EMRK, EGMR geprägt (Verbot gezielter Tötungen, Verbot Todesstrafe, Verbot Folter etc. Grund- und menschenrechtliche Grundsätze auch für Terroristen). In diesen Ländern ist es den Strafverfolgungsbehörden gelungen, zahlreiche terroristische Zellen zu zerschlagen bzw. aufzulösen und das rechtsstaatlich legitimierte Justizsystem wurde genutzt, um Terrorverdächtige vor Gericht zu stellen.

Das strafrechtlich orientierte System ist jedoch nicht ohne Einschränkungen funktional. Kritiker (etwa Crelinsten 2014, S. 3; Lum et al. 2006) bemängeln, dass es langsam und schwerfällig sei und möglicherweise nicht schnell genug auf neue Bedrohungen reagieren könne. Darüber hinaus wird das Modell als ungerecht empfunden, da es dem Schutz der Mehrzahl der Bürger und Bürgerinnen Vorrang vor den Rechten und Freiheiten des Einzelnen einräumt.

> Zusammenfassend lässt sich festhalten, dass sich das strafrechtliche Modell der Terrorismusbekämpfung als wirksamer Handlungsrahmen für die Verhinderung von und die Reaktion auf terroristische Handlungen bewährt hat. Das Modell funktioniert innerhalb der Grenzen der traditionellen Strafrechtssysteme und stützt sich auf den Einsatz von Strafverfolgungsbehörden, des Justizsystems und von Gefängnissen, um Terrorakte abzuschrecken, zu vereiteln und zu bestrafen. Das Modell der Strafjustiz hat zwar seine Grenzen, ist aber nach wie vor ein wichtiger Bestandteil der weltweiten Bemühungen zur Bekämpfung des Terrorismus und zum Schutz der Bürger und Bürgerinnen.

3.4.2 Das Kriegsmodell der Terrorismusbekämpfung ("war on terror")

> Das Kriegsmodell der Terrorismusbekämpfung ist eine an harten Machtmitteln orientierte Strategie, die den Terrorismus als einen kriegerischen Akt betrachtet und daher eine militärische Reaktion einfordert. Es basiert auf der Prämisse, dass der Terrorismus eine Form des subversiven, asymmetrischen Konflikts sei, die den Einsatz militärischer Gewalt als adäquates Mittel erscheinen lässt, um ihn zu besiegen. Dieses Modell ist durch den Einsatz offensiver militärischer Operationen gekennzeichnet, die darauf abzielen, die Fähigkeit des Gegners zur Durchführung terroristischer Handlungen zu zerstören.

Das „*War Model*" wird in der jüngeren Forschungsliteratur (stellvertretend Jones und Libicki 2008; McIntosh 2015; Crelinsten 2019), zumeist mit der Reaktion der Vereinigten Staaten auf die Terroranschläge vom 11. September 2001 assoziiert. Die US-Regierung betrachtete die 9/11-Attacken als einen kriegerischen Akt und reagierte darauf mit einer militärischen Antwort, indem sie 2001 den Krieg in Afghanistan und im Jahr 2003 die Invasion im Irak startete. Der *War on Terror* zeichnet sich durch den Einsatz von Streitkräften und den Zwecken der operativen Kriegsführung untergeordneten Geheimdiensten aus, um mutmaßliche Terroristen gefangen zu nehmen oder zu töten und ihre terroristischen Aktivitäten zu verhindern. Mit militärischen Mitteln soll dieser Strategie zufolge auch die Fähigkeit des organisatorisch tendenziell amorphen Feindes beeinträchtigt werden, neue Mitglieder zu rekrutieren und seine Operationen zu finanzieren.

Das Kriegsmodell der Terrorismusbekämpfung wird in einer etwas schiefen Analogie häufig mit dem Strafverfolgungsmodell verglichen, welches den Terrorismus als ein Verbrechen betrachtet, das mit den Mitteln des Rechtssystems bekämpft werden sollte. Dieses konzeptionell eher in Europa präferierte Modell, das dem Kriminalitätsparadigma folgt, basiert auf der Nutzung des Strafrechtssystems und der Nachrichtendienste (primär Verfassungsschutzstrukturen), mit dem Ziel Terroristen zu verfolgen und vor Gericht zu bringen. Das Strafverfolgungsmodell geht von der Prämisse aus, dass Terrorismus ein Verbrechen ist und als solches gemäß dem Strafrecht behandelt werden sollte.

Einer der Hauptvorteile des Kriegsmodells besteht demgegenüber darin, dass es eine schnelle und entschlossene, d. h. „harte" Reaktion auf terroristische Handlungen ermöglichen soll. Durch den Einsatz militärischer Gewalt ist die Regierung in der Lage, dem Feind eine deutliche Botschaft zu übermitteln, dass terroristische Handlungen nicht toleriert werden. Die militärischen Operationen können dazu genutzt werden, die Operationen des Feindes zu stören und wichtige Anführer von Terrororganisationen gefangen zu nehmen oder zu töten. Mit Blick auf die Zerstörung der Kalifatsutopie der Terrormiliz des IS in Syrien und im Irak und das militärische Engagement einer internationalen Koalition gegen den Terror hat sich diese Strategie als effizient erwiesen, aber für Bakker & de Roy van Zuijdewijn ist das bloß die „*Ausnahme von der Regel*" (Bakker und de Roy van Zuijdewijn 2022, S. 182). Hoyt (2004) beurteilt die Erfolge eines militärischen TB-Ansatzes generell als bescheiden und als „spektakulär ineffizient" (Hoyt 2004, S. 162 ff.). Anders beurteilt das Barry Posen (2001), der „*offensives Handeln und offensive militärische Fähigkeiten [… als…] notwendige Bestandteile einer erfolgreichen Anti-Terror-Strategie*" betrachtet (Posen 2001, S. 47).

Eine militärische TB-Vorgehensweise kann sicherlich kurzfristig graduell dazu beitragen, die vom Terrorismus ausgehende Bedrohung zu minimieren und der Öffentlichkeit ein Gefühl der Sicherheit zu vermitteln. Im Fall der Anschläge vom 11. September 2001 war die US-Regierung in der Lage, innerhalb weniger

Tage nach dem Anschlag mit militärischer Gewalt zu reagieren. Diese schnelle Reaktion wurde seitens der damaligen US-Administration als notwendig und probates Mittel erachtet, mit dem Argument, dadurch würden weitere Anschläge durch al-Qaida verhindert und dem Feind die unmissverständliche Botschaft zu übermittelt, dass terroristische Handlungen gegen die USA nicht toleriert würden.

Die US-Militärinterventionen in Afghanistan und im Irak im Rahmen des *„War on Terror"* und insbesondere die Implementierung einer extraterritorialen Hafteinrichtung (Camp Delta) auf Guantánamo Bay mit menschenunwürdigen Verhör- und Haftbedingungen (Johns 2005, S. 613–635), der Missbrauchsskandal im irakischen Gefängnis Abu Ghraib (Hersh 2004) und gewalttätige humanitäre Exzesse bzw. Kollateralschäden im Rahmen von militärischen Operationen (Byron 2011) haben die Grenzen dieses streitkräftebasierten Terrorismusbekämpfungsansatzes klar aufgezeigt. Selbst der Strategiewechsel im War on Terror und bewusste Übergang zu drohnen- und lenkwaffengestützen *„targeted killing/ leadership decapitation"* Manövern bzw. Einsätzen der Obama Administration hat nur begrenzte Erfolge, wie etwa die gezielte Eliminierung Osama bin Ladens, dem Kopf von al-Qaida, mit sich gebracht (Greiner 2021, S. 201 ff.; Johnston 2012; Price 2012). Kritiker monieren, die USA hätten im Nachklang an die jeweiligen Kriege im Irak und in Afghanistan instabile Regime und fragile Staatlichkeit hinterlassen, als *„hearts and minds"* gewonnen (Bolger 2014). Ohne Zweifel haben in jeder Hinsicht die tatsächlichen Kosten, gleichermaßen immateriell, die erhofften Erträge übertroffen (Davidson 2021). Die politische Bilanz des amerikanischen Krieges gegen den Terror ist mit Blick auf die beiden Interventionen und die dahinterstehenden TB-Ambitionen jedenfalls ernüchternd: Im Irak konnte im Vakuum der Post-Saddam-Hussein-Ära der sog. Islamische Staat (IS) entstehen, in Afghanistan hat die radikale Islamistenmiliz der Taliban flächendeckend die Herrschaft übernommen. Der österreichische Journalist und langjährige ORF-Auslandskorrespondent Friedrich Orter umreißt dies lapidar: *„Heute, zwanzig Jahre später, wissen wir: Was 2001 als militärische Strafexpedition und Befreiung von al-Qaida-Terror und Taliban-Diktatur geplant war, wurde zu einem sieglosen zwanzigjährigen Krieg – dem längsten Krieg der Amerikaner"* (Orter 2021).

Das Kriegsmodell der Terrorismusbekämpfung bringt wesentliche Nachteile mit sich. Einer der Hauptnachteile ist, dass es zu mehr Gewalt und Instabilität in den angegriffenen Staaten führen kann. Der Einsatz von konventioneller militärischer Gewalt ist häufig breit angelegt und weniger daraufhin ausgerichtet, kleine terroristische Zellenstrukturen nachhaltig zu bekämpfen (Bakker und de Roy van Zuijdewijn 2022, S. 182). Militärkampagnen können kollateral zum Tod unschuldiger Zivilisten führen und weitreichende Schäden an der Infrastruktur verursachen. Ronald Crelinsten (2019) beschreibt dies als *„hohes Risiko nicht* *intendierter Konsequenzen"* (Crelinsten 2019, S. 365). Eine kriegerische Intervention kann einen Kreislauf der Gewalt in Gang setzen und eine ganze Region nachhaltig destabilisieren.

Der Einsatz militärischer Gewalt kann in der Öffentlichkeit, insbesondere im Zielland von entsprechenden Operationen, Angst und Unsicherheit hervorrufen. Zudem kann dies einen Affekt der Solidarisierung mit den Terroristen bedingen, wenn die Treffsicherheit und Verhältnismäßigkeit von kriegerischen Interventionen kritisch hinterfragt wird bzw. auf dem Prüfstand steht. Nicht zuletzt wurde in Afghanistan und im Irak, aber auch in weiten Teilen der Weltöffentlichkeit die Legitimität eines „gerechten" Kriegsgrundes (im völkerrechtlichen Jargon die *Causa iusta*) infrage gestellt. Resultat waren verstärkte anti-amerikanischen Ressentiments, die es der US-Regierung nachhaltig erschwert hatten, ihre langfristigen Ziele im *War on Terror* zu erreichen.

Das Kriegsmodell der Terrorismusbekämpfung wird in der Forschung wegen seiner hohen Kosten kritisiert. Das *Costs of War* Projekt der Brown University berechnete die akkumulierten Kosten der US-Militärinterventionen im Rahmen des *War on Terror*- mit einem ernüchternden Ergebnis: Mehr als 8000 (!) Milliarden USD seien als direkte oder indirekte Investitionen in dieses, die Ziel-Mittel-Dimension betreffend, fragwürdige Vorhaben geflossen, darüber hinaus würden zumindest 900.000 Todesopfer mit dem Krieg gegen den Terror in Verbindung gebracht (Crawford 2021). Der Einsatz militärischer Gewalt erweist sich also im Vergleich zu anderen Methoden der Terrorismusbekämpfung in der Regel überdimensional als kostspielig und kann dazu führen, dass kompensatorisch Ressourcen aus anderen Budgetbereichen beansprucht werden müssen, was nachhaltig zu fiskalischen Zwängen führen kann.

> Zusammenfassend lässt sich feststellen, dass das Kriegsmodell der Terrorismusbekämpfung eine Strategie ist, die den Terrorismus als einen kriegerischen Akt definiert und eine militärische Antwort als geeignet betrachtet. Es zeichnet sich durch den Einsatz aggressiver militärischer Operationen aus, die darauf abzielen, die Fähigkeit des Gegners zur Durchführung terroristischer Handlungen zu zerstören. Das Kriegsmodell wird häufig dem Strafverfolgungsmodell gegenübergestellt, das Terrorismus als ein Verbrechen betrachtet, das mit den Mitteln des Rechtssystems bekämpft werden sollte. Das Kriegsmodell hat indes mehrere unmittelbare Vorteile, darunter die schnelle und entschlossene Reaktion auf terroristische Handlungen,

> was den Handlungsdruck auf Regierungen von angegriffenen Staaten reduzieren kann. Die Zunahme von Gewalt und Instabilität in der Region, eine geringe Nachhaltigkeit und enorme Kosten sind demgegenüber nur einige nennenswerte Nachteile eines War on Terrors.

Für den israelischen Militärhistoriker und profilierten Autor Yuval Noah Harari ist der „Terrorismus [...] eine sehr unattraktive militärische Strategie, weil er alle wichtigen Entscheidungen in den Händen des Gegners belässt. Da Letzterem alle Optionen, die er vor einem Terroranschlag hatte, auch danach zur Verfügung stehen, hat er alle Freiheit, sich eine Option auszusuchen. Armeen versuchen eine solche Situation normalerweise um jeden Preis zu verhindern" (Harari 2018, S. 177). Brian Jenkins hatte Terrorismus treffend als „Theater" bezeichnet (Cowen 2006, S. 233). Harari nimmt dieses Bild auf und vergleicht Terroristen mit „Theaterregisseuren" (Harari 2018, S. 178), denen primär an der Inszenierung des Terrors gelegen ist. Bereits eine Handvoll an Todesopfern bei Terroranschlägen, vermag bei Millionen Menschen Angst und Schrecken zu erzeugen. Spieltheoretisch kann das Militär dieser strategischen Logik nur wenig entgegensetzen.

Gleichermaßen sollten Harari zufolge daher auch „diejenigen, die den Terror bekämpfen, eher wie Theaterregisseure und weniger wie Generäle denken. Wenn wir Terror wirksam bekämpfen wollen, müssen wir zuallererst begreifen, dass nichts von dem, was Terroristen tun, uns besiegen kann" (Harari 2018, S. 179). Das Kriegsparadigma des War on Terror und dessen inhärentes militärisches Strategiedenken in Kategorien von Sieg und Niederlage, möchte unsmit Yuval Harari erörtern, ist vollkommen inkompatibel mit der Logik des Terrorismus ist, wo die es primär um eine Aufmerksamkeitsökonomie geht. Terroristen siegen, wenn sie, um bei Hararis Analogie zu bleiben, wie Theaterregisseure möglichst lange ein gleißendes Schlaglicht auf ihr Anliegen und ihre Organisation projizieren können. Militärische Interventionen tragen nur sehr wenig dazu bei, diesem einfachen Publizitätskalkül von Terroristen etwas Geeignetes entgegenzusetzen, zumal in den meisten Fällen, auch der unmittelbare Kontext Terroranschlag vs. Militäroperation nicht nachvollziehbar erscheint. Denkmögliche Ausnahmen sind eventuell „leadership decapitation" Operationen, wo die Unmittelbarkeit der Intervention ggfs. als Schwächung der Terroristen bzw. der zugehörigen Organisation perzipiert wird (Bakker und de Roy van Zuijdewijn 2022, S. 167 f.).

3.4.3 Das nachrichtendienstliche Modell der Terrorismusbekämpfung

Der nachrichtendienstliche Ansatz zur Terrorismusbekämpfung umfasst das Sammeln und Analysieren von Informationen über terroristische Gruppen und Aktivitäten, um potenzielle Bedrohungen zu erkennen, die Motivationen und Fähigkeiten terroristischer Gruppen zu verstehen und Strategien zur Störung *(disrupt)* und Verhinderung *(prevent)* von Terroranschlägen zu entwickeln. Dieser Zugang erfordert den Einsatz mehrerer Informationsquellen, darunter *Human Intelligence* (HUMINT), *Signals Intelligence* (SIGINT), *Imagery Intelligence* (IMINT), *Open Source Intelligence* (OSINT) sowie *Measurement and Signature Intelligence* (MASINT), um ein umfassendes Verständnis der Bedrohungslage zu generieren.

Ein solches multidimensionales Informationsbeschaffungs- und Verwertungsverfahren beruht auf der Anwendung progressiver Analyse- und Modellierungsverfahren zur Ermittlung von Mustern und Verbindungen zwischen verschiedenen nachrichtendienstlichen Quellen sowie auf der Entwicklung maßgeschneiderter Produkte, die letztlich Entscheidungsträgern grundlegende Informationen liefern, die sie für ihr Handeln benötigen. Entsprechend einem *„proaktiven Ansatz"* (Crelinsten 2014, S. 5) werden nachrichtendienstliche Mittel und Methoden zum zentralen Element einer gelingenden TB. Im Rahmen einer proaktiven polizeilichen und sicherheitspolitischen Aufklärung werden *„Informationen nicht zu Beweiszwecken, sondern zu Aufklärungszwecken gesammelt"* (ibid, S.5). Das Endziel dieser Verfahrensweise liegt nicht immer unbedingt die Strafverfolgung, sondern vielmehr darin, mehr Erkenntnisse darüber zu generieren, was die verdächtigen Terroristen vorhaben. Die *„Anforderungen der Informationsbeschaffung können daher mit denen der strafrechtlichen Ermittlungen und des ordentlichen Verfahrens in Konflikt geraten"*, wie Crelinsten richtig argumentiert (ibid, S.5). Proaktive Terrorismusbekämpfung sei daher ein zweischneidiges Schwert, sie könne *„eine aufkeimende Bedrohung im Keim ersticken oder ein terroristisches Netzwerk so weit destabilisieren, dass seine Agenten nicht mehr aus dem Planungsstadium herauskommen und operativ tätig werden können"* (ibid, S. 5). Andererseits könne die *„Festnahme eines Terroristen die Möglichkeiten verringern, mehr über seine Verbindungen zu anderen terroristischen oder kriminellen Netzwerken zu erfahren"* (ibid, S.5). Abgesehen von diesen Einschränkungen wird nachrichtendienstlich fundierte TB international als eine sehr effiziente Zugangsweise betrachtet.

Eine strukturelle Stärke des nachrichtendienstlichen (Intelligence-) Modells der Terrorismusbekämpfung liegt einerseits in dessen flexibler Anpassungsfähigkeit, aber auch in der Multidimensionalität seiner Zugänge und Mittel. Ein nationaler TB-Intelligence-Zugang variiert natürlich sehr stark hinsichtlich der jeweiligen politischen, rechtlichen und sicherheitskulturellen Voraussetzungen und davon abgeleiteten Strategien.

Kenneth Duncan (2012, S. 620–652), ehemaliger Vorsitzender des behördenübergreifenden Geheimdienstausschusses für Terrorismus des Direktors der Central Intelligence Agency (CIA), etwa, beleuchtet die Rolle von Intelligence in der TB primär aus einer US-Perspektive. Bei nachrichtendienstlicher Tätigkeit geht es um Wahrscheinlichkeitsmanagement und weniger um harte belastbare Fakten: „*Intelligence and warning are not about objective truth at all. Instead, they are about probability*" (Duncan 2012, S. 621).

Duncan versteht Intelligence allgemein als einen Prozess der Verarbeitung von Rohinformationen über (terroristische) Bedrohungspotenziale und deren Wahrscheinlichkeitsgrundlage in verifizierte und bewertete Informationen für Entscheidungsträger zum Schutz von Staat und Gesellschaft. Intelligence erfüllt damit eine „Frühwarnfunktion" im Bereich der TB. Terrorismus wird als dynamisches Phänomen verstanden, das sich konstant weiterentwickelt und sich an Gegenstrategien, technologischen, politischen oder sozialen Veränderungen anpasst. Intelligence hat die Aufgabe „*tactics and targets*" einzuschätzen bzw. zu identifizieren. Dan Byman betrachtet *domestic intelligence,* also nachrichtendienstliche Aufklärung im innerstaatlichen Bereich als eine der „*effizientesten Formen der Verteidigung*" im Sinne eines defensiven TB-Zugangs (Byman 2019, S. 630). Resultierende Risikobewertungen als Produkt der Intelligence Analyse fließen in TB-Strategien ein, um Prioritäten für Schutzmaßnahmen zu setzen und um Ressourcen dementsprechend zu verteilen. Die Frühwarnfunktion über bestehende, neue oder künftige Bedrohungen erfordert ein Teilen bzw. den Austausch von Informationen bzw. Intelligence-Erkenntnissen. Fehler aus der Vergangenheit zeigen auch, dass die einschlägige nachrichtendienstliche Zusammenarbeit zwischen Staaten verbessert werden muss, bspw. im gemeinsamen Beobachten von Phänomenen, Gruppen oder Individuen.

3.4 Theoretische Modelle

Einen anderen Standpunkt der Betrachtung nimmt Thomas Grumke (2022) ein. So beleuchtet er die Rolle der Nachrichtendienste primär aus deutscher Perspektive und betont darüber hinaus wahrscheinlich zu Recht die noch geringe wissenschaftliche Erforschung der Thematik. Aus zahlreichen Fehlleistungen und Pannen (u. a. 9/11, NSU-Morde, Fall Amri) entstand eine Debatte über grassierende Defizite der Nachrichtendienste in der Zusammenarbeit und der Analysefähigkeit.

Moderne Bedrohungen sind transnationaler Natur und zwingen daher zu einer Zusammenarbeit auf sowohl nationaler wie internationaler Ebene. Grumke unterscheidet zwischen Terrorismusabwehr (passiver Ansatz) und Terrorismusbekämpfung (aktiver, offensiver Ansatz), nähere Details zu dieser Differenzierung vgl. weiter oben. Deutschland tendiere ihm zufolge zum passiven Ansatz, dessen föderale Ausgestaltung und Trennungsgebote von Polizei und Nachrichtendiensten zu wenig Effizienz und fehlendem Datenaustausch führe. So seien die Verfassungsschutzbehörden lediglich Beobachter, z. B. der extremistischen Szenen. Der Autor plädiert für eine nachhaltige Reform der Dienste, die die prognostischen Analysefähigkeiten des dynamischen Phänomens Terrorismus verbessert, bereits präventiv im Vorfeld abwehrend (d. h. präemptiv) agiert und sich gegenüber Forschung, Wissenschaft und insbesondere KI-basierten Trend- oder Risikoanalysezugängen gegenüber öffnet. Auf Kooperation sei vor allem Deutschland besonders angewiesen, so seien sämtliche relevanten Hinweise auf gefährliche Gruppen oder geplante Anschläge bislang in der Regel von ausländischen Partnerdiensten gekommen.

3.4.4 Das Kommunikationsmodell der Terrorismusbekämpfung

> Das Kommunikationsmodell der Terrorismusbekämpfung beschreibt die verschiedenen Ebenen und Kanäle der Kommunikation, die von Regierungsbehörden, Sicherheitskräften und anderen Akteuren genutzt werden, um Informationen auszutauschen, öffentliches Bewusstsein zu schaffen und Maßnahmen gegen Terrorismus zu koordinieren.

Im Allgemeinen umfasst das Kommunikationsmodell der Terrorismusbekämpfung folgende Elemente, die bei der Strategiebildung und Umsetzung von großer Relevanz sind:

1. *Sender:* Der Sender ist die Person oder Organisation, die die Nachricht sendet. In der Terrorismusbekämpfung kann der Sender eine Regierungsbehörde, eine Sicherheitskraft oder ein Expertenteam sein.
2. *Botschaft:* Die Botschaft ist der Inhalt der Nachricht, die der Sender übermittelt. In der Terrorismusbekämpfung kann die Botschaft Informationen über Bedrohungen, Angriffe, verdächtige Aktivitäten oder Präventionsmaßnahmen enthalten.
3. *Medium:* Das Medium ist der Kanal, über den die Nachricht gesendet wird. In der Terrorismusbekämpfung können verschiedene Medien eingesetzt werden, wie zum Beispiel Pressekonferenzen, Websites, soziale Medien, E-Mails oder Rundfunk.
4. *Empfänger:* Der Empfänger (Adressat) ist die Person oder Gruppe, die die Nachricht empfängt. In der Terrorismusbekämpfung können Empfänger Sicherheitskräfte, andere Regierungsbehörden, die Medien oder die Öffentlichkeit sein.
5. *Feedback:* Feedback ist die Rückmeldung, die der Sender vom Empfänger erhält. In der Terrorismusbekämpfung kann das Feedback helfen, die Wirksamkeit der Botschaft zu bewerten und die Kommunikationsstrategie zu verbessern.
6. *Kontext:* Der Kontext umfasst den politischen, sozialen und kulturellen Hintergrund, in dem die Kommunikation stattfindet. In der Terrorismusbekämpfung ist der Kontext oft geprägt von Angst, Unsicherheit und politischen Spannungen, die die Kommunikationsstrategie beeinflussen können.

Jeder Form der Terrorismusbekämpfung sei das Kommunikative bereits *per se* inhärent, wie Crelinsten (2014, S. 6) seiner Analyse des einschlägigen Modells voranstellt. Begreift man wie Peter Waldmann, den Terrorismus als *„Kommunikationsstrategie"* der Gewalt (Waldmann 2005, S. 19), so erscheint es plausibel, eine Gegenstrategie auf derselben Ebene, nämlich jener der suggestiven Kommunikation, zu konstruieren, wie dies Crelinsten vorschlägt. Crelinsten rechnet das Kommunikationsmodell der „persuasiven" Terrorismusbekämpfung zu, also einer auf der „Überzeugung" eines zu beeinflussenden Gegenübers aufbauenden Strategie. Dabei werden Informationen an verschiedene Zielgruppen und Adressaten/-innen gesendet, die sowohl *„expressiv"* und *„symbolisch"* als auch *„instrumentell"* sein können (Crelinsten 2014, S. 6). Wesentlich erscheint in diesem Zusammenhang die „Sender-Empfänger"-Problematik, zumal Nachrichten/Botschaften adressatenadäquat formuliert und zugestellt werden müssen. In diesem Kontext ist auch auf die Wahl des passenden Mediums der Übertragung relevant- *„the medium is the message"*, wie Marshall McLuhan (1964,

3.4 Theoretische Modelle

S. 26) formuliert hatte. In all diesen Aspekten besteht die Komplexität des Unterfangens darin, das individuelle Setting von Botschaften, Zielgruppen und Kommunikationswegen im Blick zu halten, das kommunikative Terrorismusbekämpfung *in nuce* ausmacht. Bei der Ansprache der terroristischen „Klientel" kann eine „persuasive" Terrorismusbekämpfung versuchen, bei den einzelnen Mitgliedern terroristischer Organisationen, ihren Sympathisanten und ihren ausländischen Unterstützern *„die gewünschte Wahrnehmung zu fördern, z. B. dass die Botschaft, dass Terrorismus kontraproduktiv ist und dass andere Mittel zur Erreichung ihrer Ziele nützlicher sind"* (Crelinsten 2014, S. 6). Gegenerzählungen *(counter-narratives)*, die das extremistische Rationale konterkarieren, aber vor allem alternative Narrative, die das interkulturelle und interethnische Verständnis fördern, können gerade *„diejenigen Aspekte der terroristischen Propaganda und Ideologie untergraben"*, die darauf angelegt sind, *„Hass zu verbreiten und bestimmte Gruppen von ‚Feinden' zu dämonisieren"* (ibid, S. 6). Dabei werden insbesondere zwei der *„tiefsten Überzeugungen, die einzelne Mitglieder an eine terroristische Gruppe binden"*, sind *„die Vorstellung, dass man, wenn man einmal Gewalt ausgeübt hat, nicht mehr zurückkann"*, und *„die Vorstellung, dass die Gruppe der einzige Ort ist, an dem man ein Gefühl von Identität, Zugehörigkeit, Bedeutung oder existenzieller Bedeutung erlangen kann"* explizit angesprochen und widerlegt (ibid, S. 6).

Eine erfolgreiche Umsetzung der *Counter-Terrorism-Communication* beruht auf zahlreichen Vorbedingungen insbesondere der Berücksichtigung der Imperative narrativgestützter (Gegen-)-Kommunikation: *Know your client!/Know your message and its context!/Prepare your narrative!/The messenger conveys the message!* (Stockhammer 2021, S. 27 ff.).

Die antizipativ zu erbringenden Tätigkeiten und Maßnahmen für den Kommunikationsansatz der TB umfassen daher (nicht exklusiv):

1. *Zielgruppenanalyse:* Eine erfolgreiche Kommunikation im Rahmen der Terrorismusbekämpfung erfordert eine genaue Analyse der Zielgruppen, die angesprochen werden sollen. Hierbei ist ohne ideologische Vorbehalte oder identitätspolitische Scheuklappen zu berücksichtigen, welche Bevölkerungsgruppen aufgrund unterschiedlicher Faktoren (sozioökonomische Aspekte, Herkunft, Religion u. v. m.) besonders gefährdet sein könnten, sich radikalen Ideologien zuzuwenden, sowie welche Gruppen sich als wichtige Multiplikatoren eignen.

2. *Botschaftsentwicklung:* Es ist bedeutsam, klare und verständliche Botschaften zu entwickeln, die auf die Bedürfnisse und Erwartungen der Zielgruppen abgestimmt sind. Dabei sollten auch kulturelle Unterschiede berücksichtigt werden, um die Wirksamkeit der Kommunikation zu erhöhen.
3. *Kanalauswahl:* Die Auswahl des richtigen Kommunikationskanals ist entscheidend für die erfolgreiche Verbreitung (Dispersion) von Botschaften (v. a. Gegennarrative oder alternative Narrative). Hierbei können sowohl klassische Medien wie Zeitungen und Fernsehen als auch digitale Kanäle wie soziale Medien und Online-Plattformen genutzt werden.
4. *Timing:* Der richtige Zeitpunkt für die Kommunikation ist ebenfalls von großer Bedeutung. Insbesondere im Falle von Krisensituationen oder Terroranschlägen ist es wichtig, schnell und effektiv zu kommunizieren, um die Bevölkerung zu informieren und zu beruhigen.
5. *Monitoring und Evaluierung:* Ein kontinuierliches Monitoring und Evaluierung der Kommunikationsmaßnahmen sind notwendig, um deren Effektivität regelmäßig zu überprüfen und gegebenenfalls Anpassungen vorzunehmen. Hierbei können sowohl quantitative als auch qualitative Methoden eingesetzt werden.
6. *Zusammenarbeit:* Effektive Terrorismusbekämpfung erfordert eine enge Zusammenarbeit zwischen verschiedenen Akteuren wie Regierungs- bzw. Strafverfolgungsbehörden, Medien und zivilgesellschaftlichen Organisationen. Eine effektive Kommunikation ist hierbei von großer Bedeutung, um eine koordinierte Vorgehensweise zu ermöglichen und die Zusammenarbeit zu erleichtern.

> Zusammenfassend ist das Kommunikationsmodell der Terrorismusbekämpfung ein wichtiges- zugleich nützliches und vergleichsweise kostengünstiges- Werkzeug, um effektive Kommunikationsstrategien zu entwickeln sowie um Informationen auszutauschen, um terroristische Bedrohungen zu identifizieren, zu verhindern und zu bekämpfen. Zweifelsohne sind diesem Modell jedoch Grenzen gesetzt, etwa was die Akzessibilität der Adressaten und die Glaubwürdigkeit der Sender/Übermittler der Botschaft betrifft. Zumeist wird es daher in Kombination mit anderen Ansätzen zur Anwendung gebracht.

3.4.5 Das Präventionsmodell der Terrorismusbekämpfung

Das präventive Modell der Terrorismusbekämpfung sieht grundsätzlich drei Mittel der (schutzbezogenen) Vorbeugung vor: *„Absicherung möglicher Ziele (antizipative Schutzmaßnahmen), den Schutz kritischer Infrastrukturen und die Überwachung und Regulierung des Personen-, Geld-, Waren- und Dienstleistungsverkehrs"* (Crelinsten 2014, S. 7).

Die physische Abhärtung von potenziellen Zielen (indirekt auch Menschen) zielt darauf ab, diese für Terroristen weniger attraktiv oder schwieriger angreifbar zu machen. Im Fokus der Präventionsschutzmaßnahmen stehen traditionell besonders schützenswerte Personen (z. B. VIPs, Regierungsvertreter) und strategisch wichtige Orte (z. B. Regierungsgebäude, Militärstützpunkte), insbesondere zu bestimmten (Ausnahme-) Zeiten (etwa große Sportereignisse, internationale Gipfeltreffen, besondere Jahrestage). Das strategische Kalkül dahinter: Wenn bevorzugte Ziele weniger angreifbar sind, sind *„Terroristen gezwungen, innovativ zu sein und Alternativen zu finden, was Ressourcen und Planung bindet"* (Crelinsten 2014, S. 7). Dies führt häufig zu einer kurzfristigen Substitution von Zielen oder zu einer Verlagerung auf einfachere, weil „weichere" Ziele. Dadurch sollen entsprechend der oben vorgestellten, instrumentellen Logik (Crenshaw 1987, S. 13–31) im Sinne einer terroristischen Kosten-Nutzen-Analyse potenzielle Terroristen weniger schädlichen oder weniger kostspieligen Anschlagsformen oder überhaupt einer Distanzierung von terroristischer Gewalt gebracht werden.

Das Mitigationsmodell *(natural disaster model)*, das ebenfalls zu den defensiven Modellen der TB gehört, beruht weitgehend auf Katastrophenmanagementmaßnahmen. Denn Terroranschläge weisen wie Crelinsten (2014, S. 8) richtig zusammenfasst *„viele der gleichen Elemente auf wie Naturkatastrophen: Tote und Verwundete, beschädigte oder zerstörte Infrastruktur, Ungewissheit darüber, was als Nächstes passieren könnte, Menschen, die in Panik fliehen oder zum Ort des Geschehens eilen Menschen, die in Panik fliehen oder zum Ort des Geschehens eilen, um zu helfen; ein dringender Bedarf an Rettungskräften, Krankenwagen und Transportwegen zu Krankenhäusern; und eine intensive Medienberichterstattung, die die Rettungsmaßnahmen beeinträchtigen oder Druck auf Krisenmanager und andere Behörden ausüben kann"*. Eine funktionierende Notfallplanung, etablierte Befehlsketten und Kommunikationsnetze, Vorräte an Notvorräten, entsprechende Schulungen für Ersthelfer und probate Strategien für den Umgang mit Opfern, ihren Familien und den Medien erweisen sich in diesen Krisensituationen als essenziell und: sie können im Voraus festgelegt werden. Als kollateral zu diesem Modell ist das „Public Health" Modell anzusehen, bei dem die Resilienz des staatlichen Gesundheitssystems v. a. bei größeren Szenarien (etwa im nuklearen, biologischen oder chemischen Bereich) im Vordergrund steht. Als Resultat der 9/11 Erfahrungen und der Anthrax- (Milzbranderreger) Vorfälle unmittelbar danach hat man vor allem in den USA damit begonnen, diesen Ansatz gezielt zu verfolgen. Infolgedessen wurden die *„Bereiche öffentliche Gesundheit, Umweltsicherheit und lokale Notfallvorsorge in die defensive Terrorismusbekämpfung einbezogen"* (Crelinsten 2014, S. 8). Die Stärkung der öffentlichen Gesundheitssysteme solle nachhaltig eine Infrastruktur schaffen, die effizient und effektiv auf eine ganze Reihe von terroristischen Bedrohungen reagieren kann. In Europa ist dieser Ansatz streckenweise ebenfalls- jedoch mit unterschiedlicher Ernsthaftigkeit, Intensität und Qualität verfolgt worden. Der Zwilling dieser Mitigationsstrategien ist das psychosoziale Modell der TB. Der ebenfalls stark resilienzbasierte Zugang konzentriert sich darauf, die *„sozialen und psychologischen Abwehrmechanismen und [...] Entwicklung der Widerstandsfähigkeit der Bürger gegenüber terroristischen Bedrohungen"* (ibid, S. 8) herauszubilden bzw. unterstützen und zu stärken.

3.4.6 Langfristmodelle der Terrorismusbekämpfung

Langfristig orientierte Terrorismusbekämpfung bezieht sich auf strukturelle Initiativen, die keine schnellen Lösungen versprechen, sondern sich langfristig auswirken. Dies umfasst den Bereich der tieferen Ursachen, also der *„root causes"* und der *„strukturellen Faktoren, die ein geeignetes Klima für die Förderung und den Einsatz des Terrorismus schaffen können"* (Crelinsten 2014, S. 9).

3.4 Theoretische Modelle

Häufig als ursächliche Beweggründe oder Auslöser angenommen werden konstitutive Faktoren wie z. B. *„Armut, Entfremdung, Persönlichkeit, Diskriminierung, Ideologie"* (ibid, S. 9). Dabei handelt es sich entweder um *„begünstigende Faktoren, die in der Regel strukturell sind, oder* (um, Anm.) *auslösende Faktoren, die in der Regel ideeller Natur sind"*, da sie auf den *„Interpretationen eines Ereignisses, einer Situation oder eines Konflikts"* beruhen (ibid, S. 9). Diese auf polarisierender Überspitzung und ideologischer Falschauslegung beruhenden Interpretationen werden von Extremisten gezielt genutzt, um anfällige Menschen für terroristische Gewalt zu mobilisieren und zu rekrutieren. Radikalisierungs-, Mobilisierungs- und Rekrutierungsprozesse sind von zentraler Bedeutung, um zu verstehen, wie die jeweils ideologisch passende terroristische Handlungsoption als geeignetes Mittel zur Erreichung bestimmter Ziele definiert und eingefordert wird.

> Das sog. „Entwicklungsmodell" der TB stellt auf langfristig orientierte Interventionen und Strukturmaßnahmen ab, die zumeist an der sozioökonomischen Entwicklung orientiert sind.

Extremistische Gewalt und Terrorismus entstehen unter strukturellen Bedingungen von Instabilität und Ineffizienz. Bilateraler Handel, Auslandshilfe und Entwicklungsprojekte können den *„ideologischen Treibstoff"* (Crelinsten 2014, S. 9) untergraben, der die Radikalisierung und Rekrutierung von Terroristen in einer kapitalistischen Welt der *„Besitzenden und der Habenichtse"* (Crelinsten 2019, S. 369) vorantreibt. Agenden wie *„Landverteilung und -reform, Umweltmanagement, Marktregulierung und Rohstoffmärkte sollten die eher territorial orientierten Fragen der Grenzkontrolle, des Zolls und der Einwanderung sowie der Flüchtlings- und Migrationsströme ergänzen"* (Crelinsten 2014, S. 9), die sonst traditionell im Diskurs und in der Praxis der Terrorismusbekämpfung behandelt werden. Nachhaltige Kapazitätenbildung *(capacity-buidling)* in fragilen, von (meist innerstaatlichen) Konflikten geprägten Staaten, einschließlich der *„Ausbildung von Polizei und Militär, der Justizreform und der Stärkung der demokratischen Regierungsführung"* (ibid, S. 9), ist ein wesentlicher *„Aspekt des Entwicklungsmodells"*, bei dem die ausländische Entwicklungshilfe und die Unterstützung in Governancefragen in eine langfristige Strategie zur Terrorismusbekämpfung integriert werden (Wright 2006, S. 281 ff.).

> Das Konzept der menschlichen Sicherheit bzw. „Menschenrechtsmodell" der TB ist ein umfassender, multilateraler Ansatz (Schneckener 2007),

> der die im Kern idealistische Auffassung widerspiegelt, dass internationale Sicherheit nur dann erreicht werden kann, wenn *„die Völker der Welt frei von gewaltsamen Bedrohungen ihres Lebens, ihrer Sicherheit oder ihrer Rechte sind"* (Crelinsten 2019, S. 369). Im Mittelpunkt dieses globalistischen Sicherheitsdenkens steht das Individuum, nicht der Staat.

Aus dieser Perspektive sind es wahrgenommene oder reale Unfreiheit und Ungleichheit, das Gefühl der Benachteiligung, die eine Affinität zur terroristischen Gewalt bedingen. Die *„Förderung sozialer und wirtschaftlicher Rechte kann die Ungleichheiten verringern, die die Radikalisierung fördern und die Rekrutierung von Terroristen erleichtern"* (Crelinsten 2019, S. 370). Vor allem die Einhaltung von Menschenrechten wird, wie das in zahlreichen Formaten sämtlicher internationaler Organisationen (UN, EU, OSCE, OECD u. v. a.) gefordert und gefördert wird (Nowak 2005; Bowring 2017), als Grundbedingung einer langfristig orientierten Prävention erachtet. Aber auch die TB für sich muss sich an diese unverbrüchlichen Standards halten. Das Menschenrechtsmodell der Terrorismusbekämpfung gibt ebenfalls wiederum für diese selbst einen glaubwürdigen rechtsethischen Rahmen vor, der dem Schutz der Menschenrechte bei der Terrorismusbekämpfung Vorrang einräumt. Denn dieses Modell betont zugleich, dass TB-Maßnahmen nicht gegen fundamentale Menschenrechte und bürgerliche Freiheiten verstoßen dürfen (Ramanathan und Singh 2019). Das Menschenrechtsmodell der Terrorismusbekämpfung fordert einen ausgewogenen Zugang, der sowohl die Sicherheit als auch die Achtung der Menschenrechte berücksichtigt.

Dies führt direkt in die Fragestellung der rechtlichen Grundlagen der Terrorismusbekämpfung, die genauso wie die oben beschriebenen Modelle sowie die nationalen und internationalen Zugänge unterschiedlicher nicht sein können. Exemplarisch und in der gebotenen Kürze seien hierunter einige dieser normativen Voraussetzungen geklärt (Abb. 3.1).

3.4 Theoretische Modelle

	Strafrechtliches Modell	Kriegsmodell	Nachrichtendienstliches Modell	Kommunikationsmodell	Präventionsmodell	Langfristmodell(e) (reconciliatory model)
Bedrohung	Terrorismus (T) als Verbrechen	Terrorismus als kriegerischer Akt	Terrorismus als gewaltsamer Akt mittels Subversion & Infiltration	Terrorismus als kommunikativer Gewaltakt	Terrorismus als Angriff auf schützenswerte Ziele	Terrorismus als politisches Problem und Produkt der Radikalisierung
Ziele und Methoden	Bekämpfung des T mit kriminalpolizeilichen und rechtsstaatlich-justiziellen Mitteln	Eliminieren des T mit militärischen Mitteln	Bekämpfung des T mit nachrichtendienstlichen Mitteln. Entwicklung und Anwendung von Strategien zur Störung (disrupt) und antizipativen Verhinderung (prevent) terroristischer Gewalt. Mittel: *Human Intelligence, Signals Intelligence, Imagery Intelligence, Open-Source Intelligence, Measurement and Signature Intelligence*	Bekämpfung des T mit den Mitteln suggestiver Gegenkommunikation. Gegennarrative und alternative Erzählungen. Adressierung demokratiefeindlicher Extremismen im Rahmen primärpräventiver Maßnahmen. Stärkung der kommunikativen Resilienz	Vorbeugung bzw. Mitigation der Folgen terroristischer Gewalt. Stärkung psychosozialer Kompetenzen, Resilienzförderung. Antizipative Schutzmaßnahmen, Antifragilitätskonzepte. *Disaster-Relief*-Maßnahmen	Bekämpfung der tieferen Ursachen (*root causes*) bzw. Fokus auf Radikalisierungsprävention. Multilateralismus, Beförderung der Menschenrechte. Diplomatie / Entwicklungshilfe / Unterstützung bei Governancemaßnahmen
Rechtliche Aspekte	Strafrecht und Justiz bestimmen behördliche Interventionen	Kriegsrecht. Zivile Rechtsnormen im Ausnahmezustand sekundär	Rechtlicher Rahmen für nachrichtendienstliche Aktivitäten relevant. Im Einzelfall Erweiterung möglich	Bestehender Rechtsrahmen i.d.R. ausreichend	Bestehender Rechtsrahmen i.d.R. ausreichend	Bestehende (Straf-)Rechtsnormen ausreichend
Akteure	Polizeiliche und kriminal-justizielle Akteure, Politik	Streitkräfte, Nachrichtendienste, Politik	Nachrichtendienste, Streitkräfte, zivile Staatsschutzbehörden, Politik	Politik, zivilgesellschaftliche Akteure (NGOs, Wissenschaft)	Politik, zivilgesellschaftliche Akteure (NGOs, Wissenschaft), ggfs. Streitkräfte (Katastrophenschutz)	Diplomaten, zivilgesellschaftliche Akteure (NGOs, Wissenschaft), Politik

Abb. 3.1 Modelle der Terrorismusbekämpfung

3.5 Rechtliche Grundlagen

Die rechtlichen Grundlagen und Rahmenbedingungen der westlichen Terrorismusbekämpfung sind vielfältig, dynamisch und mehrebenen-spezifisch. Der Bereich des internationalen Rechts im weitesten Sinne ist weitgehend durch völkerrechtliche Organisationen, vor allem die Vereinten Nationen (UNO), supranationale Organisationen wie der EU, regionale Organisationen (Europarat, OECD, OSCE) oder multilaterale Foren (G-20) geprägt (Hecker 2021: S. 155; Lowe 2022, S. 65–71). Hier geht es im Wesentlichen um Aspekte der staatlichen Zusammenarbeit, der Schaffung und Vereinheitlichung von Rechtsnormen, gemeinsamen Maßnahmen, Standards oder Strategien. Aber auch um Rechtshilfe. Im Kern bleibt TB jedoch gerade, was die rechtliche Fundierung von Terrorismusstrafrecht und entsprechenden Tatbeständen als auch abgeleiteten Materien betrifft, in der Regel eine durchaus eng gefasste nationalstaatliche Angelegenheit.

Seit der Vertragsrevision von Lissabon (2007) fällt die Justiz- und Innenpolitik in die geteilte Zuständigkeit der Europäischen Union und der Mitgliedsstaaten. Die EU kann damit in Bereichen der Inneren Sicherheit Rechtsakte setzen, die Aufrechterhaltung der öffentlichen Ordnung und der nationalen Sicherheit verbleibt jedoch gemäß Art 4 (2) EUV und Art 72 AEUV in der alleinigen Verantwortung der Mitgliedsstaaten. Im Kern verbleibt damit auch die TB, d. h. die unmittelbare Prävention, Verhinderung, Bekämpfung, Aufklärung und Verfolgung von terroristischen Straftaten, eine primär nationalstaatliche Angelegenheit (Wessels 2022, S. 610). Die Rolle der EU in der Terrorismusbekämpfung hat bislang nicht die Stufe der Koordination und Kooperation zwischen nationalen Akteuren überschritten. Neben dem strafrechtlichen TB-Ansatz auf nationaler Ebene, eröffnet die gemeinsame Außen- und Sicherheitspolitik der EU zudem Optionen und Handlungsspielräume für einen Einsatz militärischer Interventionsformen in der TB. Die Rolle der EU als Akteur im Bereich *military counter terrorism* ist jedoch äußerst beschränkt und zurückhaltend (Bossong 2019, S. 23/S. 30).

In Deutschland bilden das Strafrecht und das Strafprozessrecht die zentralen Instrumente der rechtsstaatlichen Terrorismusbekämpfung, die durch weitere Rechtsbereiche (Recht der Nachrichtendienste, Polizeirecht etc.) flankiert werden. Die Entwicklung des deutschen Anti-Terrorismus-Rechts ist sowohl von einer Ausweitung durch sukzessive Verschärfung und den Ausbau der gesetzlichen Grundlagen geprägt als auch von einer Europäisierung und Internationalisierung. (Petzsche et al. 2022, S. 462). Für die strafrechtliche Bekämpfung des

3.5 Rechtliche Grundlagen

Terrorismus ist zunächst von Bedeutung, dass im deutschen Strafgesetzbuch kein zentraler Terrorismusstrafbestand existiert. Vielmehr existieren verschiedene Delikte, die unterschiedliche terroristische Handlungen erfassen und in ihrer Gesamtheit als Terrorismusstrafrecht bezeichnet werden. (ibid, S. 463). Die Terrorismusabwehr wird seit den Anschlägen vom 11. September zunehmend als globale Herausforderung angesehen, die nicht nur das nationale, sondern auch das Völker- und Europarecht fordert. (ibid, S. 463). Die Anschläge der letzten Jahre haben wiederholt gezeigt, dass terroristische Handlungen häufig von Personen begangen werden, die den Sicherheitsbehörden bekannt waren. Dies offenbart das Dilemma, in dem sich der Staat und seine Sicherheitsbehörden befinden: Aufgrund der erheblichen Konsequenzen terroristischer Handlungen ist ein Abwarten bis zu dem Zeitpunkt, an dem klassischerweise das Strafrecht eingreift, nämlich dann, wenn bereits etwas passiert ist oder jedenfalls kurz bevorsteht, kaum zumutbar. Daher besteht ein gesteigertes Bedürfnis nach rechtlichen Maßnahmen, die früher wirken und die unter Umständen entsetzliche Konsequenzen verhindern. Folglich hat sich auch im deutschen Recht eine Hinwendung zur Prävention vollzogen. Dies ist zum einen durch die allgemeine Ausweitung und Vorverlagerung des Strafrechts geschehen als auch durch die Schaffung begleitender Befugnisse und Maßnahmen (Kontaktverbote, Fußfessel, Präventivgewahrsam), die eine vergleichsweise niederschwelligere Option darstellt (ibid, S. 466 f.). Die Sicherheitsstruktur in Deutschland ist geprägt durch den Föderalismus, sodass die Staatsgewalt auf Länder- und Bundesebene verteilt ist. Nach Art. 30 GG sind grundsätzlich die Länder für die Ausübung der staatlichen Befugnisse zuständig, allerdings existieren im Bereich der Terrorismusabwehr vermehrt Sonderzuständigkeiten auf Bundesebene. In Deutschland fallen die Bereiche der Strafverfolgung und der Gefahrenabwehr rechtlich gesehen in unterschiedliche Rechtsgebiete, was eine Reihe von praktischen Konsequenzen hat. So gehören Maßnahmen zur Gefahrenabwehr in den Aufgabenbereich des Polizeirechts, während die Strafverfolgung dem Strafprozessrecht unter Leitung der Staatsanwaltschaft zugeordnet wird. Allerdings führt der präventive Ansatz bei der Terrorismusabwehr insbesondere im Verhältnis von Polizei- und Straf(prozess)recht zu erheblichen Strukturproblemen. (Petzsche et al. 2022, S. 468).

Wie in Deutschland beinhalten auch in Österreich das Straf- und das Strafprozessrecht die zentralen rechtlichen Instrumente der Terrorismusbekämpfung. Mit Blick auf die österreichische Rechtslage ist vor allem der einschlägige Paragraph 278 lit. b bis g des Strafgesetzbuches zu erwähnen, der den normativen Kern des Terrorismusstrafrechts darstellt. Eine Definition von Terrorismus enthält das Gesetz nicht, sondern nur einen unbestimmten Rechtsbegriff. § 278b StGB

(Plöchl 2018) stellt im Zusammenhang mit einer terroristischen Vereinigung zwei Tathandlungen unter Strafe: das Anführen (Abs 1) sowie die Beteiligung an einer terroristischen Vereinigung als Mitglied (Abs 2). Eine terroristische Vereinigung ist nach Abs 3 ein auf längere Zeit angelegter Zusammenschluss von mehr als zwei Personen, der darauf ausgerichtet ist, dass von einem oder mehreren Mitgliedern dieser Vereinigung eine oder mehrere terroristische Straftaten ausgeführt werden oder Terrorismusfinanzierung betrieben wird. § 278c StGB legt fest, was terroristische Straftaten sind (z. B. Mord, Körperverletzungen oder Entführung) und § 278d StGB widmet sich dem strafrechtlichen Aspekt der Terrorismusfinanzierung. Ergänzt wird dies durch § 278e StGB (Ausbildung für terroristische Zwecke) und § 278 f. StGB (Anleitung zur Begehung einer terroristischen Straftat) sowie § 278 g StGB (Reisen für terroristische Zwecke) – detailliert zu den referenzierten Rechtsnormen und deren Interpretation Stefanie Schön (Schön 2022, S. 197–220). Zahlreiche Novellen u. a. durch das Terrorismuspräventionsgesetz 2010 (BGBl. I Nr. 103/2011), Strafrechtsänderungsgesetz 2018 (BGBl. I Nr. 70/2018), Terror-Bekämpfungs-Gesetz (BGBl. I Nr. 159/2021) oder Maßnahmenvollzugsanpassungsgesetz 2022 (BGBl. I Nr. 223/2022) führten auch in Österreich zu einer deutlichen Ausweitung und Verschärfung des Terrorismusstrafrechts. Die dynamische Gesetzgebungstätigkeit erfolgte nicht nur in der laufenden Umsetzung von EU-Recht, so hat die österreichische Bundesregierung als Reaktion auf den Wiener Terroranschlag vom 2. November 2020 ein umfangreiches Anti-Terror-Gesetzespaket verabschiedet, das verschiedene Maßnahmen zur Stärkung der Sicherheit und Bekämpfung von Terrorismus enthält.

Schlaglichtartig hier die wesentlichen **Eckpunkte des österreichischen Anti-Terror-Gesetzespakets**:

1. *Erhöhung der Strafen für terroristische Straftaten:* Das Gesetzespaket sieht eine Erhöhung der Strafen für terroristische Straftaten vor, einschließlich der Einführung neuer Straftatbestände wie der Drohung mit terroristischen Straftaten.
2. *Ausweitung der Überwachungsbefugnisse:* Die Polizei erhält erweiterte Befugnisse zur Überwachung von verdächtigen Personen, einschließlich der Überwachung von Telekommunikationsdaten und der Online-Aktivitäten von Personen, die als Bedrohung für die nationale Sicherheit eingestuft werden.

3.5 Rechtliche Grundlagen

3. *Schärfung der Grenzkontrollen:* Die Grenzkontrollen werden verstärkt, um die Einreise von Personen zu verhindern, die als terroristische Bedrohung eingestuft werden.
4. *Verbot extremistischer Symbole und Vereinigungen:* Das Gesetzespaket enthält Bestimmungen, die extremistische Symbole und Vereinigungen verbieten.
5. *Erweiterung des Verbots der Finanzierung von Terrorismus:* Es werden neue Maßnahmen zur Verhinderung der Finanzierung von Terrorismus eingeführt, einschließlich der Beschlagnahmung von Vermögenswerten von Personen, die verdächtigt werden, terroristische Aktivitäten zu unterstützen.
6. *Schutz von Opfern terroristischer Straftaten:* Es wurde ein Fonds zur Unterstützung von Opfern terroristischer Straftaten eingerichtet.

Rechtspolitisch kontrovers erscheint im Kontext der Terrorismusbekämpfung und Extremismusprävention die Einführung des Straftatbestands der „religiös motivierten extremistischen Verbindung" (§ 247b StGB). Nach Abs 3 wird diese als eine solche definiert, die *„fortgesetzt auf gesetzwidrige Art und Weise die wesentlichen Elemente der demokratischen rechtsstaatlichen Grundordnung der Republik durch eine ausschließlich religiös begründete Gesellschafts- und Staatsordnung zu ersetzen versucht, indem sie die Vollziehung von Gesetzen, Verordnungen oder sonstigen hoheitlichen Entscheidungen zu verhindern oder sich religiös begründete Hoheitsrechte anzumaßen oder solche Rechte durchzusetzen versucht".* Hintergrund der strafrechtlichen Erfassung sind laut den einschlägigen Materialien rechtsstaatlich bedenkliche Entwicklungen des legalistischen Islamismus, besser bekannt unter dem Begriff des „Politischen Islam" in Österreich (Gilhofer und Pillichshammer 2022, S. 13).

Das Staatsschutz- und Nachrichtendienst-Gesetz (SNG), welches im Zuge einer behördlichen Reform am 01. Dezember 2021 in Kraft trat und das Polizeiliche Staatsschutzgesetz (PStSG 2016) ablöste, stellt die juristische Grundlage des Verfassungsschutzes und dessen Kompetenzen dar und regelt neben der Zuständigkeit und Organisation insbesondere die Aufgaben und Befugnisse der Verfassungsschutzbehörden im Inland. Unter dem Terminus „Verfassungsschutz" fasst das Gesetz hierbei die Tätigkeiten des Staatsschutzes und des Nachrichtendienstes zusammen. Nach internationalem, insbesondere deutschem Vorbild, sollen dabei die operativen Säulen „Staatsschutz" und „Nachrichtendienst" voneinander getrennt gehalten werden. In der praktischen Umsetzung erfolgte die in Aussicht gestellte Separierung Kritikern zufolge jedoch nicht dermaßen strikt (Figl und Müller 2022, S. 135), weil beide Bereiche organisatorisch und physisch unter einem Dach geblieben sind und die Funktion des Direktors der Direktion Staatsschutz und Nachrichtendienst (DSN) koordinativ angelegt ist, um die Erkenntnisse aus den jeweiligen Strukturen zusammenzuführen. Da die österreichische Rechtsordnung Terrorismus als Form von Kriminalität versteht, ist die Polizei als Bundesbehörde gem. § 1 Abs 4 SNG für die Abwehr gefährlicher Angriffe, den vorbeugenden Schutz verfassungsgefährdender Angriffe sowie für die Aufklärung begangener Straftaten zuständig. Der Nachrichtendienst umfasst die Gewinnung und Analyse von Informationen u. a. über terroristisch, ideologisch oder religiös motivierte Kriminalität sowie die erweiterte Gefahrenerforschung, d. h. der Beobachtung von Gruppierungen im Vorfeld einer Straftat.

Das angesprochene Anti-Terror-Paket beinhaltet zudem das Terror-Bekämpfungs-Gesetz-TeBG (BGBl. I Nr. 159/2021) samt Änderungen in verschiedenen Materien und konzentriert sich im Bereich der Justiz insbesondere darauf, *„die gerichtliche Überwachung terroristischer StraftäterInnen während des Vollzugs und nach bedingter Entlassung – auch mit elektronischer Überwachung von Weisungen – zu intensivieren und Prävention und Deradikalisierungsmaßnahmen zu verbessern"* (Parlamentskorrespondenz Nr. 852 vom 07.07.2021).

Auf bedingt zu entlassende verurteilte StraftäterInnen wegen staatsfeindlichen oder terroristischen Strafsachen soll künftig mittels Weisungen unter anderem auf eine Distanzierung des Täters von einem extremistischen Umfeld hingewirkt werden können, das zur Radikalisierung beigetragen hat, beispielsweise radikal-salafistische Bewegungen und Bethäuser. Ein wesentliches koordinativ-kooperatives Instrument sind sog. „Fallkonferenzen" Hierbei geht es darum, Einstellungen und Verhalten des verurteilten Delinquenten (evt. Radikalisierungsgrad und Resozialisierungsambitionen) unter gerichtlicher Aufsicht beurteilen zu können und präventive Maßnahmen festzulegen, um die verurteilte Person von der Begehung (allenfalls weiterer) strafbarer Handlungen abzuhalten. Aufgrund der zunehmenden Komplexität der Materie und der Weitläufigkeit der extremistischen Phänomenbereiche wurde der Absicht, einschlägige Expertise innerhalb der Gerichte zu bündeln, Rechnung getragen und dementsprechend kompetente Sonderabteilungen für Verfahren wegen terroristischer Straftaten implementiert („Ant-Terror-Staatsanwaltschaft"). Verurteilte Terrorstraftäter sind hinkünftig gemäß § 23 (1a) StGB vom Gericht in einer Anstalt für gefährliche Rückfallstäter unterzubringen (Sicherheitsverwahrung), wenn konkret zu befürchten ist, dass wegen einer forthin bestehenden Neigung zu extremistischem

3.5 Rechtliche Grundlagen

Gedankengut weiterhin terroristische Handlungen mit schweren Folgen für die Gesellschaft begangen werden könnten.

In rechtsvergleichender Perspektive zeigen sich in Österreich, Deutschland und der Schweiz abschließend parallele Trends und Entwicklungen in der TB. Neben einer aktuellen Diskussion über die Reform und Rolle der Nachrichtendienste, sind die Rechtsgrundlagen in der Terrorismusbekämpfung immer öfter von einer Vorverlagerung der Strafbarkeit im Terrorstrafrecht auf Organisations-, Vorbereitungs- und Vorfelddelikte sowie der Ausweitung eingriffsintensiver Präventionsmaßnahmen im Polizeirecht gekennzeichnet. Mit der Verschiebung auf präventive Maßnahmen sollen frühzeitig Radikalisierungsentwicklungen erkannt und vermieden werden. Insgesamt ist dies als ein moderner Ansatz zu qualifizieren, der im Einklang mit dem globalen Paradigmenwandel – vom vergleichsweise relativ eindimensionalen Konzept des Counter-Terrorism (CT) zu einer umfassenden P/CVE-Strategie – steht und zuletzt in der Schweiz mit der Einführung des Bundesgesetzes über polizeiliche Maßnahmen zur Bekämpfung von Terrorismus (PMT 2021) für intensive Debatten gesorgt hat (Naji und Schildknecht 2021).

Kontrollfragen

1. Was ist Terrorismusbekämpfung (TB)? Welche Arten der TB existieren, wodurch lassen sich diese charakterisieren?
2. Skizzieren Sie klassische Modelle der TB und analysieren Sie deren Vor-und Nachteile.
3. Erläutern Sie das „Instrumentelle Modell" der TB nach Martha Crenshaw. Versuchen Sie dies durch ein Beispiel zu illustrieren.
4. Wie lautet die TB-Gleichung von Boaz Ganor? Referenzieren Sie die Variablen und diskutieren Sie diesen Zugang.
5. Welche rechtlichen Grundlagen der TB können Sie auf nationaler bzw. supranationaler Ebene identifizieren? Gehen Sie näher darauf ein und exemplifizieren Sie dies anhand eines konkreten Beispiels.

Weiterführende Literatur

- Crelinsten, Ronald (2009), Counterterrorism. Cambridge: Polity Press. *Das englischsprachige Standardwerk zu Begriff(en) und Theorien der Terrorismusbekämpfung. Crelinsten skizziert ausführlich wesentliche Modelle und Zugänge.*
- Ganor, Boaz (2015), Global Alert: The Rationality of Modern Islamist Terrorism and the Challenge to the Liberal Democratic World, New York: Columbia University Press. *Profunde Analyse Ganors, nach der Terrorismusbekämpfung als „Kunst" zu begreifen ist. Ganor schildert Facetten, sowohl der operativen als auch der strukturellen TB.*
- Hegemann, Hendrik und Kahl, Martin (2018), Terrorismus und Terrorismusbekämpfung. Eine Einführung, Wiesbaden: Springer VS.
  Gute Einführung, die auch auf einschlägige Begrifflichkeiten referenziert und diese kontextualisiert.
- Urban, Johannes (2006), Die Bekämpfung des Internationalen Islamistischen Terrorismus. Wiesbaden: Springer VS. Nützliche Darstellung, die auf den Phänomenbereich des islamistischen Terrorismus fokussiert, aber durchaus umfassend ist, was Dimensionen, Ziele und Strategien von Terrorismusbekämpfung betrifft.

Referenzen

Abu-Er-Rub, Leila (2016), Countering Terrorism by Addressing its Root Causes, in: *Journal of Politics and Society*, 27(1), S. 1–20.

Anderson, Ben (2006), Defining Terrorism, in: *Studies in Conflict & Terrorism*, 29(2), S. 163–181.

Bakker, Edwin/de Roy van Zuijdewijn (2022), Terrorism and Counterterrorism Studies. Comparing Theory and Practice. 2nd revised edition, Leiden: Leiden University Press.

Biersteker, Thomas J./Eckert, Sue (2012). Countering Global Terrorism: An institutional approach. London: Routledge.

Bjørgo, Tore, (2005), Root Causes of Terrorism. Myths, Reality and Ways Forward. London: Routledge.

Bolger, Daniel P. (2014), Why we lost: A General's Inside Account of the Iraq and Afghanistan Wars. Boston/New York: Houghton Mifflin Harcourt.

Bossong, Raphael (2019), The EU's Fight against Terrorism since the 2015 Paris Attacks: Strategic Trends and Persistent Limitations. – in: Bossong, Raphael (Hrsg.), Terrorismus als Herausforderung für die Europäische Union. Baden-Baden: Nomos Verlag, S. 11–37.

Bowring, Bill (2017), Countering terrorism, maintaining human rights: Challenges for the OSCE in Central Asia. In: *Journal of International Peacekeeping*, 21(3), 139–162.

Referenzen

Byron, Christine (2011), International humanitarian law and bombing campaigns: legitimate military objectives and excessive collateral damage. In: *Yearbook of International Humanitarian Law-* New York: Springer, S. 175–211.

Bremer, L. Paul (1993), 'The West's Counter-terrorism Strategy'. In: Alex P. Schmid and Ronald D. Crelinsten (Hrsg.), Western Responses to Terrorism. London: Frank Cass.

Bützler, Volker (2017), Staatsschutz mittels Vorfeldkriminalisierung. Eine Studie zum Hochverrat, Terrorismus und den schweren staatsgefährdenden Gewalttaten. Nomos Verlagsgesellschaft Baden-Baden (Gießener Schriften zum Strafrecht und zur Kriminologie Bd 49).

Byman, Daniel (2019), Counterterrorism Strategies, in: Chenoweth et al., The Oxford Handbook of Terrorism. Oxford: OUP, S. 623–640.

Carafano, James Jay (2013). Border security: Understanding threats and strengthening protection, in: *Homeland Security Affairs*, 9(1), S. 1–18.

Chai, Nicholas/Rauhut, Christoph (2007), The Impact of Social Programs on Terrorism, in: *Journal of Conflict Resolution*, 51(2), S. 211–237.

Chenoweth, Erica/English, Richard/Gofas, Andreas/Kalyvas, Stathis N. (2019), The Oxford Handbook of Terrorism. Oxford: OUP.

Clausewitz, Carl von (1980[19]), Vom Kriege, hrsg. von Werner Hahlweg, Bonn 1980.

Cooley, John K., & Ron, James (2002), The NGO scramble: Organizational insecurity and the political economy of transnational action. In: *International Security*, 27(1), S. 5–39.

Cowen, Tyler (2006), Terrorism as Theater: Analysis and Policy Implications. In: *Public Choice*, 128(1/2), 233–244. http://www.jstor.org/stable/30026642 [Zugriff: 12.3.2023]

Crawford, Neta C. (2021), The U.S. Budgetary Costs of the Post-9/11 Wars, *Report for the Watson Institute for International and Public Affairs*, Brown University, <https://watson.brown.edu/costsofwar/files/cow/imce/papers/2021/Costs%20of%20War_U.S.%20Budgetary%20Costs%20of%20Post-9%2011%20Wars_9.1.21.pdf>; <https://watson.brown.edu/costsofwar/figures/2021/BudgetaryCosts>[Zugriff: 12.3.2023]

Crenshaw, Martha (1985), An Organizational Approach to the Analysis of Political Terrorism, in: *Orbis*, 29(3), Fall 1985.

Crenshaw, Martha (1987), Theories of terrorism: Instrumental and organizational approaches, *Journal of Strategic Studies*, 10 (4), S. 13–31.

Crenshaw, Martha (2006), The Image of Terrorism and the Government's Response to Terrorism. In: David C. Rapoport (Hrsg.), Terrorism: Critical Concepts in Political Science. London: Routledge.

Crelinsten, Ronald (2002), Analysing Terrorism and Counter-terrorism: A Communication Model, in: *Terrorism and Political Violence*, 14:2, S. 77–122.

Crelinsten, Ronald (2009), Counterterrorism. Cambridge: Polity Press

Crelinsten, Ronald (2014), Perspectives on counterterrorism: From stovepipes to a comprehensive approach. In: *Perspectives on Terrorism*, 8 (1), S. 2–15.

Crelinsten, Ronald (2019), Conceptualising Counterterrorism. In: Andrew Silke (Hrsg.), Routledge Handbook of Terrorism and Counterterrorism. London: Routledge, S. 363–375.

Daase, Christopher (2002), Terrorismus und Krieg: Zukunftsszenarien politischer Gewalt nach dem 11. September 2001. In: Voigt, Rüdiger (Hrsg.): Krieg – Instrument der Politik? Bewaffnete Konflikte im Übergang vom 20. zum 21. Jahrhundert. Baden-Baden: Nomos.

Davidson, Jason W. (2021), The Costs of War to United States Allies Since 9/11. Costs of War Research Series. Providence, Rhode Island: Brown University. <https://watson.brown.edu/costsofwar/node/741>[Zugriff: 12.3.2023]

della Porta, Donatella (2013), Clandestine Political Violence, Cambridge: Cambridge University Press.

Duncan, Kenneth A. (2012): The Role of Intelligence in the Prevention of Terrorism (Early Warning – Early Response). – in: Schmid, Alex P. [ed.] (2021): Handbook of Terrorism Prevention and Preparedness. The Hague (International Center for Counter-Terrorism), S. 620–650. <https://www.icct.nl/sites/default/files/2023-01/Handbook_Schmid_2020.pdf> [Zugriff: 12.3.2023].

Engelhart, Marc/Arslan, Mehmet [Hrsg.] (2021), Verbrechensbekämpfung durch Nachrichtendienste. Freiburg im Breisgau (Max-Planck-Institut zur Erforschung von Kriminalität, Sicherheit und Recht, Beiträge zum Sicherheitsrecht).

English, Richard (2010), Terrorism. How to respond, Oxford: Oxford University Press.

Europäische Kommission (2005), Aktionsplan zur Terrorismusbekämpfung, <http://register.consilium.europa.eu/pdf/en/05/st10/st10694.en05.pdf> [Zugriff: 12.3.2023]

Figl, Alexander/Müller, Markus (2022), Verfassungsschutz neu: Ist der Nachrichtendienst (weiterhin) Kriminalpolizei? In: Journal für Strafrecht. Heft 2, S. 135–144.

Ganor, Boaz (2002), Defining Terrorism: Is One Man's Terrorist Another Man's Freedom Fighter? In: *Police Practice and Research*, Vol. 3, No. 4, S. 287–304.

Ganor, Boaz (2015), Global Alert: The Rationality of Modern Islamist Terrorism and the Challenge to the Liberal Democratic World, New York: Columbia University Press.

Ganor, Boaz (2019), Artificial or Human: A New Era of Counterterrorism Intelligence?, in: *Studies in Conflict & Terrorism*, S. 1–20; https://doi.org/10.1080/1057610X.2019.1568815.

Gilhofer, Daniel/Pillichshammer, Thomas (2022), Die religiös motivierte extremistische Verbindung gem. § 247b StGB – Fahrtrichtung Täterstrafrecht. In: Journal für Strafrecht. Heft 1, S. 12–19.

Gill, Peter and Mark Phythian (2006). Intelligence in an Insecure World. Cambridge: Polity Press.

Gill, Martin (2017), The panoptic gaze of CCTV: Watching and being watched in the war on terror. In: *The Handbook of Criminology and War* (S. 191–204). Basingstoke: Palgrave Macmillan.

Goertz, Stefan (2019), Terrorismusabwehr. Zur aktuellen Bedrohung durch den islamistischen Terrorismus in Deutschland und Europa, Wiesbaden: Springer VS.

Gompert, David/Gordon, John (2008), War by Other Means: Building Complete and Balanced Capabilities for Counterinsurgency. Santa Monica, CA: RAND.

Greiner, Bernd (2021), Was die USA seit 1945 in Welt angerichtet haben. München: C.H. Beck Verlag.

Grumke, Thomas (2022): Die Rolle der Nachrichtendienste in der Terrorismusabwehr. – in: Rothenberger, Liane/Krause, Joachim/Jost, Jannis/Frankenthal [Hrsg.] (2022): *Terrorismusforschung. Interdisziplinäres Handbuch für Wissenschaft und Praxis*. Baden-Baden: Nomos Handbuch (ISPK-Studien zur Terrorismusforschung Bd. 3), S. 695–707.

Harari, Yuval Noah (2018), 21 Lektionen für das 21. Jahrhundert. C. H. Beck: München

Hegemann, Hendrik/Kahl, Martin (2018), Terrorismus und Terrorismusbekämpfung. Eine Einführung, Wiesbaden: Springer VS.

Hegemann, Hendrik (2021), Haben die Terrorist*innen gewonnen? Sicherheit, Freiheit und Demokratie zwanzig Jahre nach 9/11. In: Kärgel, Jana (Hrsg.): *Terrorismus im 21. Jahrhundert. Perspektiven, Kontroversen, blinde Flecken* (Reihe „Zeitbilder"). Bonn: Bundeszentrale für politische Bildung, S. 333–347.

Hecker, Bernd (2021), Europäisches Strafrecht (6. Aufl.). Berlin/Heidelberg: Springer.

Hersh, Seymour (2004), Torture at Abu Ghraib. American soldiers brutalized Iraqis. How far up does the responsibility go? In: *The New Yorker*, 10 May 2004.

Hoffman, Bruce (2019), Terrorismus- der unerklärte Krieg. Neue Gefahren politischer Gewalt, Frankfurt/Main: Fischer.

Hoyt, Timothy D. (2004), "Military Force", in: Kurth-Cronin, Audrey/M. Ludes, James (Hrsg.), Attacking Terrorism: Elements of a Grand Strategy, Washington, D.C.: Georgetown University Press, S. 162–185.

Human Rights Watch (2012), In the Name of Security: Counter- terrorism Laws Worldwide since September 11. <https://www.hrw.org/sites/default/.../global0612ForUpload_1.pdf.> [Zugriff: 12.3.2023]

Jenkins, Brian Michael (2006), Unconquerable Nation: Knowing Our Enemy, Strengthening Ourselves. Santa Monica, CA: RAND Corporation. https://www.rand.org/pubs/monographs/MG454.html.

Johns, Fleur (2005), Guantánamo Bay and the Annihilation of the Exception, in: *European Journal of International Law*, Volume 16, Issue 4, September 2005, S. 613–635.

Johnston, Patrick B. (2012), The Effectiveness of Leadership Decapitation in Combating Insurgencies. In: *Belfer Center Policy Brief* (Juni 2012), <https://www.belfercenter.org/sites/default/files/files/publication/johnston_policybrief-june-2012.pdf> [Zugriff: 12.3.2023]

Jones, Seth G. / Libicki, M. C. (2008), How Terrorist Groups End. In: How Terrorist Groups End: Lessons for Countering al Qa'ida (S. 9–44). RAND Corporation. <http://www.jstor.org/stable/10.7249/mg741rc.11> [Zugriff: 12.3.2023]

Karmon, Ely (2002), The Role of Intelligence in Counter-Terrorism. In: *Korean Journal of Defense Analysis*, 14:1, S. 119–139, https://doi.org/10.1080/10163270209464016.

Krasner, Stephen D. (2014), Souveränität, Global Governance und Terrorismus. In: Counterterrorism, Basingstoke: Palgrave Macmillan, S. 25–37.

Laqueur, Walter (2004), The New Terrorism: Fanaticism and the Arms of Mass Destruction. Oxford: Oxford University Press.

Lowe, David (2022), Terrorism, Law and Policy. A comparative study (2nd edition). London: Routledge.

Lum, Cynthia/Kennedy Leslie W./ Sherley, Allison J. (2006), The effectiveness of counter-terrorism strategies. In: *Campbell Systematic Reviews* 2006:2, https://doi.org/10.4073/csr.2006.2

McIntosh, Christopher (2015), Counterterrorism as War: Identifying the Dangers, Risks, and Opportunity Costs of U.S. Strategy Toward Al Qaeda and Its Affiliates, in: *Studies in Conflict & Terrorism*, 38:1, S. 23–38, https://doi.org/10.1080/1057610X.2014.974408.

McLuhan, Marshall (1964), Understanding Media. The Extensions of Man, New York: McGraw-Hill.

Münkler, Herfried (2007), Clausewitz über den Charakter des Krieges, in: Themenportal Europäische Geschichte, <www.europa.clio-online.de/essay/id/fdae-1346> [Zugriff: 12.3.2023]

Naji, Nora/Schildknecht, Darja (2021), Das PMT im globalen Kontext: Die Risiken präventiver Maßnahmen im Namen der Sicherheit. Zürich: foraus – Forum Aussenpolitik (Diskussionspapier)

Nowak, Manfred (2005), The United Nations' global counter-terrorism strategy and human rights. In: *Human Rights Quarterly*, 27(4), S. 998–1028.

O'Hara, Ryan/Walters, Reece (2015), Community policing and counter-terrorism: A critical analysis of the relationship between community engagement and countering violent extremism. In: *Policing*, 9(3), S. 305–315.

Orter, Friedrich (2021), Unser Verrat am Hindukusch, in: Der Pragmaticus, <https://www.derpragmaticus.com/r/20-jahre-krieg-afghanistan> [Zugriff: 12.3.2023]

Pedahzur, Ami (2019), The Israeli Secret Services and the Struggle Against Terrorism. Basingstoke: Palgrave Macmillan.

Petzsche, Anneke/Coenen, Carolin (2022): Terrorismus und Recht. – in: Rothenberger, Liane/Krause, Joachim/Jost, Jannis/Frankenthal, Kira [Hrsg.]: Terrorismusforschung. Interdisziplinäres Handbuch für Wissenschaft und Praxis. – Nomos Verlagsgesellschaft. Baden-Baden (ISPK-Studien zur Terrorismusforschung Bd. 3), S. 461–472.

Plöchl in *Höpfel/Ratz,* WK^2 StGB § 278b (Stand 1.8.2018, rdb.at)

Posen, Barry R. (2001), The Struggle against Terrorism: Grand Strategy, Strategy and Tactics, in: International Security, 26(3), S. 39–55.

Price, Bryan C. (2012), Targeting Top Terrorists: How Leadership Decapitation Contributes to Counterterrorism, in: *International Security* 36, no. 4 (Spring 2012): S. 9–46.

Puschke, Jens (2018), Das neue Terrorismusstrafrecht im Lichte der Verfassung. In: Kriminalpolitische Zeitschrift, Heft 2, S. 101–108.

Puschke, Jens: (2019), Der Trend zur Vorfeldkriminalisierung im allgemeinen Strafrecht und deren Bedeutung im Jugendstrafrecht. In: Zeitschrift für Jugendkriminalrecht und Jugendhilfe, Heft 2, S. 139–145.

Ramanathan, Uma/Singh, Priyanka (2019), Balancing national security and human rights in counter-terrorism: A global perspective. In: *Journal of Human Rights*, 18(3), S. 261–282.

Ranstorp, Magnus (2017), Mapping terrorism research: State of the art, gaps and future directions. London: Routledge.

Rassler, Don B./Stenersen, Anne (2014), Al-Qaida in Afghanistan. In: The terrorist perspectives project: Strategic and operational views of Al-Qaida and associated movements, Naval Postgraduate School, S. 15–28.

Reindl-Krauskopf, Susanne/Salimi, Farsam (2016), PStSG. Polizeiliches Staatsschutzgesetz. Textausgabe mit Anmerkungen. Verlag Österreich Wien.

Ronczkowski, Michael R. (2018), Terrorism and organized hate crime: intelligence gathering, analysis, and investigations, Boca Raton: CRC Press.

Rosand, Eric (2013), Countering Terrorism through Law Enforcement: An Analysis of the Global Landscape, in: *Terrorism and Political Violence*, 25(1), S. 1–22.

Ross, Jeffrey and Ted Gurr (1989). Why Terrorism Subside: A Comparative Study of Canada and the United States, in: Comparative Politics, 21(4), S. 405–426.

Sandler, Todd/Arce, Daniel/Enders, Walter (2008), 'Transnational Terrorism'. Copenhagen: *Consensus Challenge Paper*, 6 March 2008.

Salimi, Farsam (2013), Terrorbekämpfung durch Straf- und Sicherheitspolizeirecht. Überlegungen zur "erweiterten Gefahrenerforschung", "Online-Durchsuchung" und "Funkzellenabsaugung". – in: *Juristische Blätter* 135, S. 698–707.

Schneckener, Ulrich (Hrsg.) (2007), Chancen und Grenzen multilateraler Terrorismusbekämpfung, SWP-Studie, No. S 14/2007, Stiftung Wissenschaft und Politik (SWP), Berlin.

Schmid, Alex P. (2004), Frameworks for Conceptualising Terrorism, in: *Terrorism and Political Violence*, 16:2, S. 197–221.

Schmid, Alex P., & Jongman, Albert. J. (2005), "Political Terrorism: A New Guide to Actors, Authors, Concepts, Data Bases, Theories, and Literature", New York: Transaction Publishers.

Schmid, Alex P. (2011), "Terrorism and Counter-Terrorism: Threats, Challenges, and Responses", London: Routledge.

Schmid, Alex P. (Hrsg.) (2013), The Routledge Handbook of Terrorism Research, London: Routledge.

Schön, Stefanie (2022), Terrorismusstraftaten im österreichischen Strafrecht. In: Gappmayer, Wolfgang (Hrsg.): Handbuch „Hass, Amok, Terror und die Bekämpfung mit Mitteln des Rechts" Wien: Manz, S. 197–221.

Schuhmacher, Nils (2022). Terrorismus und Prävention: Ein Überblick. In: *Terrorismusforschung. Interdisziplinäres Handbuch für Wissenschaft und Praxis*, hg. von Liane Rothenberger, Joachim Krause, Jannis Jost und Kia Frankenthal. Baden-Baden: Nomos.

Silke, Andrew (2001), Counter-terrorism strategies and tactics. London: Frank Cass Publishers.

Silke, Andrew (2011), The Devil You Know: Continuing problems with research on terrorism. In: *Terrorism and Political Violence*, 23(5), S. 748–767.

Smelser, Neil J. (2007). The Faces of Terrorism: Social and Psychological Dimensions. Princeton: Princeton University Press.

Stockhammer, Nicolas (2014), Der transnationale Terrorismus. Europäische Antworten auf die sicherheitspolitische Gretchenfrage des 21. Jahrhunderts, in: Frank, Johann/Matyas, Walter (Hrsg.), Strategie und Sicherheit, Wien-Köln-Weimar: Böhlau, S. 511–528.

Stockhammer, Nicolas (2021), Prävention findet Stadt. Extremismus-Prävention und strukturelle Antizipations- bzw. Gegenmaßnahmen im Rahmen urbaner Verhältnisse und Gestaltungsmöglichkeiten, Evaluative Forschungsstudie im Auftrag der Stadt Wien; <https://kja.at/wp-content/uploads/sites/38/2021/11/Prävention-findet-Stadt_Studie_final.pdf> [Zugriff: 12.3.2023].

Smelser, Neil J. (2007), The Faces of Terrorism: Social and Psychological Dimensions. Princeton: Princeton University Press.

Urban, Johannes (2006), Die Bekämpfung des Internationalen Islamistischen Terrorismus. Wiesbaden: Springer VS.

US Department of Homeland Security (2019), Framework for Countering Terrorism and Targeted Violence, <https://www.dhs.gov/sites/default/files/publications/19_0920_plcy_strategic-framework-countering-terrorism-targeted-violence.pdf> [Zugriff: 12.3.2023].

Vogl, Mathias (2021), Die Neuorganisation des Verfassungsschutzes in Österreich. In: *Juristische Blätter* 143, S. 754–762.

von Hippel, Karin (2007), Responding to the Roots of Terror. In: Magnus Ranstrop (Hrsg.), Mapping Terrorism Research. London: Routledge, S. 94–105.

Waldmann, Peter (2005), Terrorismus: Provokation der Macht. Hamburg: Murmann Verlag.

Wessels, Wolfgang (2022), Justiz- und Innenpolitik. Regelwerk und Praxis des Raums der Freiheit, der Sicherheit und des Rechts. In: Wessels, Wolfgang (Hrsg.), Das politische System der Europäischen Union (2. Aufl.), Wiesbaden: Springer VS, 599–621.

Wright, Joanne (2006), The Importance of Europe in the Global Campaign Against Terrorism, in: *Terrorism and Political Violence*, 18(2): S. 281–299.

Mittel der Terrorismusbekämpfung 4

Seit dem 11. September 2001 haben zahlreiche, vor allem westliche Staaten wie die USA sowie europäische Staaten eine Vielzahl von Maßnahmen in **unterschiedlichen Politikfeldern** getroffen, **Gesetzesinitiativen** und **Maßnahmenpakete** verabschiedet, neue Institutionen aufgebaut bzw. vorhandene Institutionen adaptiert. Die **Heterogenität** des Terrorismus, sowohl was dessen diverse Erscheinungsformen als auch die Modalität betrifft, spiegelt sich daher auch in der Terrorismusbekämpfung wider. Hegemann und Kahl unterscheiden Maßnahmen und Mittel der Terrorismusbekämpfung u. a. in **kurzfristig vs. langfristig, reaktiv vs. präventiv, operativ vs. strukturell, repressiv vs. kooperativ, defensiv vs. offensiv** sowie **national vs. international** (Hegemann und Kahl 2018, S. 114). Als Megatrends beobachten Kahl und Hegemann seit dem 11. September 2001 die „**Versicherheitlichung**" (Buzan et al. 1998) einer großen Anzahl von Politikfeldern", die „**Ausweitung von Präventionsmaßnahmen**" sowie die „**Internationalisierung** der Antiterrorpolitik" (Hegemann und Kahl 2018, S. 120). Versicherheitlichung bedeutet, dass immer mehr Lebensbereiche und Politikfelder als sicherheitsrelevant gelten. Der Begriff der Sicherheit hat sich seit dem Beginn des 21. Jahrhunderts, vor allem seit dem 11. September 2001, erweitert und Grenzen zwischen **Polizei und Nachrichtendiensten,** zwischen **Innerer** (Polizei und Nachrichtendienste) und **Äußerer Sicherheit** (Militär und Auslandsnachrichtendienste) **aufgeweicht** (Hegemann und Kahl 2018, S. 121).

Im Tätigkeitsfeld der Prävention ist zu beobachten, dass im **Vorfeld** strafbarer Handlungen Maßnahmen ergriffen werden. Hier kann zwischen **operationaler** und **struktureller Prävention** unterschieden werden (Ackermann 2003). **Operationale Prävention** hat das Ziel, verdächtige Personen und Handlungen frühzeitig, im Vorfeld, zu erkennen und gegen sie vorzugehen. Hierunter fällt die polizeiliche und nachrichtendienstliche Ermittlungsarbeit, beispielsweise durch das Einschleusen von Verbindungspersonen in Netzwerke und Gruppierungen sowie durch Signal Intelligence, das Abhören und Mitlesen von Telefonaten, E-Mails und SMS.

Strukturelle Prävention wiederum zielt vornehmlich darauf ab, die Entstehungsbedingungen terroristischer Gewalt früh zu erkennen. Diese Art von Prävention ist oftmals langwierig und aufwendig, beispielsweise in Form von Präventionsprogrammen.

Die **Internationalisierung** der Terrorismusbekämpfung bedeutet, dass die Kooperation der Staaten der westlichen Welt (vor allem zwischen den USA und europäischen Staaten) – vor allem zum Austausch operativer Informationen in Bezug auf Individuen und Gruppen – seit dem 11. September 2001 massiv ausgebaut wurde und dadurch, auch in Deutschland, **zahlreiche Anschläge** verhindert werden konnten. Die Kernzuständigkeit im Bereich der Terrorismusabwehr liegt grundsätzlich bei den Nationalstaaten, aber die **United Nations,** vor allem aber die **Europäische Union** (EU) haben hier auch Gestaltungsanspruch. Allgemein anerkannt ist mittlerweile, dass der internationale Terrorismus nicht durch isolierte nationalstaatliche Maßnahmen allein wirkungsvoll bekämpft werden kann (Hegemann und Kahl 2018, S. 126).

4.1 Polizeiliche Mittel

Aufgabe des **Polizeilichen Staatsschutzes in Deutschland** ist die Bekämpfung der **Politisch motivierten Kriminalität,** des Extremismus, und des Terrorismus. Der Polizeiliche Staatsschutz des Bundeskriminalamtes (BKA) nimmt in Fällen des **internationalen Terrorismus Aufgaben** der **Gefahrenabwehr** wahr, sofern eine länderübergreifende Gefahr vorliegt, die Zuständigkeit einer Landesbehörde nicht erkennbar ist oder eine Landesbehörde das BKA ersucht (BKA 2023).

Im Bereich der **Strafverfolgung** ist die Abteilung Staatsschutz des **BKA** u. a. zuständig in Fällen terroristischer Straftaten gemäß § 129a Abs. 1 Nr. 1 und 2 StGB (Bildung terroristischer Vereinigungen) und § 129b StGB (Kriminelle und terroristische Vereinigung im Ausland) sowie für die Durchführung von Ermittlungsverfahren in Fällen politisch motivierter Straftaten gegen Leib, Leben oder Freiheit eines der Mitglieder der Verfassungsorgane des Bundes und ihrer Gäste. Darüber hinaus führt die Abteilung Staatsschutz **phänomenbezogene Finanzermittlungen** durch (BKA 2023).

Der Staatsschutz und insbesondere die **Terrorismusbekämpfung** sind Aufgaben, die national wie international von verschiedenen **Polizeibehörden** sowie von **Nachrichtendiensten** wahrgenommen werden. Daher ist eine intensive Kooperation auf der Grundlage bestehender Gesetze und Vereinbarungen erforderlich. Dies wird national durch einen verpflichtenden Meldedienst sowie die Zusammenarbeit der Sicherheitsbehörden von Bund und Ländern in gemeinsamen Zentren – dem **Gemeinsamen Terrorismusabwehrzentrum** (GTAZ) und dem **Gemeinsamen Extremismus- und Terrorismusabwehrzentrum** (GETZ) – gewährleistet (siehe Kap. 7). Vorrangiges Ziel ist dabei die Sicherstellung eines **effektiven Informationsaustauschs** zwischen den beteiligten Behörden unter Einhaltung des gesetzlich geforderten **Trennungsgebots** zwischen **Polizei** und **Nachrichtendiensten** (BKA 2023).

Die Abteilung Staatsschutz des BKA vertritt den Polizeilichen Staatsschutz in Deutschland im Rahmen der **internationalen Zusammenarbeit**. Internationale, grenzüberschreitende Phänomene wie die Politisch motivierte Kriminalität und insbesondere der **internationale Terrorismus** erfordern eine enge Kooperation und Koordination von Sicherheits- und Strafverfolgungsbehörden auf internationaler Ebene. Wesentliche Plattformen für die internationale Kooperation sind das Europäische Polizeiamt **Europol**, die **Internationale Kriminalpolizeiliche Organisation** (IKPO-Interpol) und die **Police Working Group on Terrorism** (PWGT). Die **Police Working Group on Terrorism** (PWGT) ist ein informelles Gremium der Staatsschutzbehörden aller EU-Mitgliedsstaaten, der Schweiz, Norwegens und Islands, basierend auf einem „Memorandum of Understanding" zur Förderung und Verbesserung des Informations- und Erkenntnisaustauschs und der operativen Zusammenarbeit zur Verhinderung **terroristischer** und **politisch gewalttätiger Aktivitäten** (BKA 2023).

Um Extremismus und Terrorismus wirksam zu bekämpfen bedarf es gemäß Dienstbühl und Kowitz umfassender Kenntnisse über die **Akteure,** verschiedene Möglichkeiten zur Einschätzung der **Bedrohungspotenziale,** eines Verständnisses über **Radikalisierungsverläufe,** eines Verständnisses der **Logik** hinter extremistischer Gewalt und vor allem terroristischen Anschlägen, unterschiedlicher **Methoden,** um auf unterschiedlichen **Präventionsebenen** einzugreifen sowie umfassender Taktiken (Dienstbühl und Kowitz 2022, S. 682). Der informationelle Austausch der über 40 Sicherheitsbehörden – Polizeibehörden und Nachrichtendienste des Bundes und der Länder – findet in Deutschland einerseits im **Gemeinsamen Terrorismusabwehrzentrum** (GTAZ) (islamistischer Terrorismus) sowie im **Gemeinsamen Extremismus- und Terrorismusabwehrzentrum** (GETZ) (Rechtsterrorismus) statt (siehe Kap. 7).

Rechtlich-organisatorisch obliegen der **Polizei** als staatlicher Exekutive die **Gefahrenabwehr (Prävention)** und die **Strafverfolgung (Repression)**.

Folgende Bereiche von Polizeiarbeit beziehen sich gem. Dienstbühl und Kowitz auf Terrorismusbekämpfung:

> **Übersicht**
>
> - **Staatsschutz,** gezielte Ermittlungsarbeit zu den verschiedenen Extremismusphänomenbereichen und ihren Akteuren;
> - **Streifendienst,** da Terrorismus in der Regel klandestin ist, im Verborgenen stattfindet, kann eine einfache Personenüberprüfung während einer Routinekontrolle dazu führen, dass eine wegen Terrorverdachts geführte Person identifiziert wird;
> - **Kriminaldauerdienst,** auch hier gibt es Berührungspunkte mit Akteuren von Extremismus;
> - **Bereitschaftspolizei,** zuständig zur Abwehr von Gewalt zwischen extremistischen Gruppierungen, häufig Rechts- und Linksextremisten, auch bei Terroranschlägen wird die Bereitschaftspolizei eingesetzt;
> - **Spezialeinheiten,** MEK, SEK, Verhandlungsgruppe, GSG 9, eskalierende Gewalt von Extremisten, die Festnahme von Terrorverdächtigen, terroristische Geiselnahmen machen Einsätze von polizeilichen Spezialkräften notwendig;
> - **Fahndung, Observations- und Festnahmeeinheiten,** sobald Extremisten bzw. Terroristen zur Fahndung ausgeschrieben sind, übernehmen Mobile Einsatzkommandos (MEK), dazu kommt die Observation von Personen aus diesem Bereich (Dienstbühl und Kowitz 2022, S. 684).

Terroristische Gefahren erfolgreich abzuwehren, bedeutet vor allem, (potenzielle) Attentäterinnen und Attentäter zu identifizieren, bevor sie ihre Gewalttat, ihren Anschlag begehen. Dazu kommen aber auch Mitwisser, Planer und Helfer sowie terroristische Finanzierungsstrategien. Zu unterscheiden ist in die **Vortatphase, Tatphase** sowie **Nachtatphase.** In der **Vortatphase** gibt es regelmäßig **Warnverhalten,** hier wird auch von *leakage* gesprochen *("Leck-Effekt")* (Hoffmann 2017, S. 290). Terroristen, in letzter Zeit häufig Rechtsterroristen, **kommunizieren** oftmals im Vorfeld ihrer Taten. In der Vortatphase können auch **Vorbereitungshandlungen** ersichtlich werden, beispielsweise die Beschaffung von Waffen oder Material für den Bau von USBV.

In der **Tatphase** können verschiedene Verhaltensweise Hinweise auf eine extremistische Gewalttat bzw. einen Anschlag geben. In der **Nachtatphase** ist

4.1 Polizeiliche Mittel

wichtig zu bestimmen, ob es sich um terroristische Einzeltäter gehandelt hat oder um eine Zelle oder Organisation. Hierzu kann die Kommunikation des Attentäters bzw. der Terroristen hilfreich sein (Telefonanrufe, SMS, Chats, E-Mails, realweltliche Treffen).

Nach den jihadistischen Anschlägen in Paris 2015 und mehreren Anschlägen in Deutschland wurde für die deutschen Polizeien die Einsatzkonzeption **„Lebensbedrohliche Einsatzlagen"** erarbeitet und alle Polizeibeamtinnen und Polizeibeamte darin **geschult.**

Die Landespolizei Bayern beschreibt **„Lebensbedrohliche Einsatzlagen"** wie folgt:

„Lebensbedrohliche Einsatzlagen (LbEL)" im Sinne dieser Empfehlung sind zunächst nicht eindeutig klassifizierbare **Einsatzlagen** mit hohem **Gefährdungspotenzial** für das Leben von **Opfern, Unbeteiligten und Einsatzkräften,** bei denen ein oder mehrere **Täter** insbesondere mittels Waffen, Sprengmitteln, gefährlichen Werkzeugen/Stoffen oder **außergewöhnlicher Gewaltanwendung** gegen Personen vorgehen, diese verletzt oder getötet haben und möglicherweise weiter auf Personen eingewirkt werden kann. Eine lebensbedrohliche Einsatzlage liegt bereits dann vor, wenn Anhaltspunkte ein solches Täterverhalten unmittelbar erwarten lassen. Das Handeln des Täters/der Täter kann dabei extremistisch ausgerichtet sein und eine politisch/religiöse Tatmotivation **(TE-Lagen)** beinhalten. Die Besonderheit der Anfangsphase von lebensbedrohlichen Einsatzlagen liegt in der durch das Täterhandeln bedingten **akuten Lebensgefahr** für alle im Einwirkungsbereich der Täter befindlichen Personen. Mögliche lebensbedrohliche Einsatzlagen sind nicht abschließend zu erfassen. In erster Linie ist an Amok oder Terrorlagen sowie Sprengstoffattentate, Brandanschläge, Bedrohung durch Waffen oder Lastkraftwagen, aber auch durch Anschläge mit CBRN(E) zu denken. Kennzeichen lebensbedrohlicher Einsatzlagen ist neben ihrer außergewöhnlichen Dynamik und Unübersichtlichkeit v. a. eine (tatsächliche oder vermutete) anhaltende Bedrohungslage – auch für die Einsatzkräfte: So etwa durch Bedrohung durch bewaffnete Täter, einen möglichen Zweitanschlag, Sprengfallen, Blindgänger, versetzte Zeitzünder, Fernzündungen, Selbstmordattentäter." (BSI ohne Jahr, S. 3).

Die **zahlreichen jihadistischen** und **rechtsterroristischen Anschläge** in Deutschland und Europa zeigen auf dramatische Weise die Rolle und Wichtigkeit der Polizei auf. Entsprechend muss es nun darum gehen, die Polizeien, **jede Polizeibeamtin, jeden Polizeibeamten** bestmöglichst, professionell, nach realistischer Schule, auf Extremismus und Terrorismus vorzubereiten. Die Notwendigkeit, die Polizei bestmöglich auf die Gefahren durch Extremismus und Terrorismus vorzubereiten und auszubilden, darf jedoch nicht dazu führen, dass nur wenige – die Spezialkräfte – hier adäquat vorbereitet sind. Das Niveau im Bereich der Terrorismusabwehr – **analytisch und taktisch** – muss bei den Polizeien angehoben werden. Dazu ist sowohl eine umfassende und neuentwickelte Ausbildung notwendig als auch sicherheitspolitische Forschung und eine Organisationsadaption.

4.2 Nachrichtendienstliche Mittel

> Bei den Nachrichtendiensten westlicher Staaten wird in der Regel in Nachrichtendienste für die **Innere Sicherheit** sowie für die **Äußere Sicherheit** entschieden, also **Inlandsnachrichtendienste** sowie **Auslandsnachrichtendienste**. Hinzu kommen noch die **Militärischen Nachrichtendienste**, die häufig sowohl im **Innern** (Schutz ihrer Streitkräfte und ihres Verteidigungsministeriums) als auch im **Ausland** zuständig sind.

Das Bundesministerium des Innern (BMI) führt aus, dass das **Bundesamt für Verfassungsschutz** (BfV) als **Inlandsnachrichtendienst** die Aufgabe hat, „Gefahren durch politischen Extremismus und Terrorismus sowie die Bedrohungen durch Spionageaktivitäten bereits im Vorfeld polizeilicher Maßnahmen aufzuklären" (BMI 2022). Dafür **sammelt und bewertet** das BfV nach Angaben des BMI „Informationen über politische Bestrebungen, die sich gegen die freiheitlich demokratische Grundordnung oder den Bestand oder die Sicherheit des Bundes oder eines Landes richten" (BMI 2022). In der Zusammenarbeit mit den Verfassungsschutzbehörden der Bundesländer führt das BfV als Zentralstelle **alle Informationen zusammen** und wertet sie zentral aus. Dazu unterhält es das Nachrichtendienstliche Informationssystem (BMI 2022).

Das BMI betont auf seiner Website, dass das BfV einen erheblichen Teil seiner Informationen aus allgemein zugänglichen Quellen, wie beispielsweise aus Presseerzeugnissen und dem Internet, gewinnt. Fremde Nachrichtendienste, Extremisten und Terroristen verfolgen ihre Ziele allerdings weithin im Geheimen. Hier kann das BfV auf der Grundlage des Bundesverfassungsschutzgesetzes **nachrichtendienstliche Mittel zur Informationsgewinnung** einsetzen, also beispielsweise **Observationen, Telefonüberwachung** oder **V-Leute** (BMI 2022).

Nach dem Grundsatz des Trennungsgebots – Trennung von Polizei und Nachrichtendiensten, Trennung von polizeilichen und nachrichtendienstlichen Befugnissen – verfügt das Bundesamt für Verfassungsschutz, ebenso wenig

4.2 Nachrichtendienstliche Mittel

wie die Landesämter für Verfassungsschutz, über polizeiliche Befugnisse, also Zwangsgewalt (BfV 2022).

Das BfV erläutert, dass die **Verfassungsschutzbehörden bereits dann tätig werden,** wenn die **Polizei noch nicht zuständig** ist. Daher sei er das „effektive Frühwarnsystem zum Schutz vor Beeinträchtigungen für unser demokratisches Gemeinwesen" (BfV 2022).

Das BMI konstatiert, dass das BfV eng mit den **Landesämtern für Verfassungsschutz,** sowie dem Bundesamt Militärischer Abschirmdienst (BAMAD) und dem **Auslandsnachrichtendienst** der BRD, dem Bundesnachrichtendienst (BND) kooperiert.

Nach der Strategie „Verfassungsschutz durch Aufklärung" veröffentlicht das BfV regelmäßig Publikationen zur Information und Sensibilisierung der Öffentlichkeit, beispielsweise im jährlich erscheinenden Verfassungsschutzbericht des BMI (2022).

Wichtig festzustellen ist, dass Verfassungsschutzbehörden des Bundes und der Länder **nachrichtendienstliche Mittel nur unter sehr strengen gesetzlichen Voraussetzungen anwenden dürfen** und immer zur Wahrung des Grundsatzes der Verhältnismäßigkeit verpflichtet sind. So stellt die Anwendung eines nachrichtendienstlichen Mittels wie **Observation** oder das **Mitlesen von SMS und E-Mails** immer nur die ultima ratio dar. Das letzte Mittel, wenn alle sonstigen (milderen) Mittel zur Informationsbeschaffung nicht gleichermaßen geeignet sind und die Durchführung der Maßnahme an sich zu dem zu erwartenden Nutzen außer Verhältnis steht. Den Kernbereich privater Lebensgestaltung, zu dem insbesondere die Intimsphäre gehört, dürften die Verfassungsschutzbehörden nach Angaben des BfV nicht verletzen (BfV 2022).

Observation ist die verdeckte Beobachtung von Personen und Objekten, die es den Verfassungsschutzbehörden ermöglicht, **wichtige Informationen zu Anlaufpunkten,** Treffobjekten oder zu Kontaktpersonen zu ermitteln. Solch eine gezielte Beobachtung einer Person darf nur nach sehr sorgfältiger und strenger Prüfung der entsprechenden Voraussetzungen in den Verfassungsschutzgesetzen des Bundes und der Länder zur Anwendung kommen (BfV 2022).

V-Leute stellen ein weiteres klassisches nachrichtendienstliches Mittel dar. Diese sind eben **keine Mitarbeiter** der Verfassungsschutzbehörden, sondern Personen, die zumeist **extremistischen Gruppierungen** oder anderen Beobachtungsobjekten des Verfassungsschutzes **angehören.** Sie liefern gegen eine Vergütung – häufig Geld – **Informationen,** die es den Verfassungsschutzbehörden ermöglichen, die Motive, Planungen und Absichten des jeweiligen verfassungsschutzrelevanten Umfeldes **aufzuklären.** Der Begriff „Vertrauensleute" (früher

„V-Männer") leitet sich daraus ab, dass diesen Personen Vertraulichkeit zugesichert wurde. Der sog. **„Quellenschutz"** stellt sicher, dass sowohl die Identität von V-Leuten als auch ihre Verbindung zum Verfassungsschutz geheim bleiben müssen. Die sehr strengen und äußerst engen Voraussetzungen zum Einsatz von V-Leuten sind – wie alle nachrichtendienstlichen Mittel – in den **Verfassungsschutzgesetzen** des Bundes und der Länder geregelt (BfV 2022).

Nach dem Gesetz zur Beschränkung des Brief-, Post- und Fernmeldegeheimnisses (Artikel 10-Gesetz) dürfen die Verfassungsschutzbehörden zur Abwehr von drohenden Gefahren für die freiheitliche demokratische Grundordnung oder den Bestand oder die Sicherheit des Bundes oder eines Landes **Telekommunikation überwachen** und **aufzeichnen** und dem Brief-, Post- und Fernmeldegeheimnis unterliegende Sendungen öffnen und einsehen (BfV 2022). Die zwingende Voraussetzung für die Durchführung solcher Maßnahmen ist allerdings, dass das zuständige Gremium des Deutschen Bundestages oder des jeweiligen Landtages, die sog. G-10-Kommission, im Vorfeld ihre Zustimmung erteilt hat. Die rechtlichen Voraussetzungen für Maßnahmen nach dem Artikel 10-Gesetz sind sehr hoch: So müssen Anhaltspunkte für bestimmte, schwerwiegende Straftaten (zum Beispiel Hochverrat, geheimdienstliche Agententätigkeit oder Bildung einer terroristischen Vereinigung) vorliegen. Zusätzlich muss das Aufklären des Sachverhalts auf andere Weise aussichtslos oder wesentlich erschwert sein (BfV 2022). Das abschließende nachrichtendienstliche Mittel ist die verdeckte Informationsbeschaffung, beispielsweise in den Sozialen Medien, was ebenfalls nur unter sehr strengen Voraussetzungen rechtlich zulässig ist (BfV 2022).

Der Bundesnachrichtendienst (BND) als deutscher Auslandsnachrichtendienst hat mit seinen aktuell 6500 Mitarbeitern den Auftrag, die Bundesregierung über Entwicklungen von außen- und sicherheitspolitischer Bedeutung zu informieren.

Dafür ist der BND aktuell in sechs Bereiche unterteilt:

Übersicht

- **Auswertung**
- **Beschaffung**
- **Nachrichtendienstliche Fähigkeiten**
- **IT-Unterstützung**
- **Zentrale Unterstützungsaufgaben**
- **Innovative Technologien, Forschung und Ausbildung** (BND 2023a)

4.2 Nachrichtendienstliche Mittel

Der BND folgt dem Prinzip **„All-Source-Intelligence"**, also alle Mittel zur Informationsgewinnung. Die klassischen Aufkommensarbeiten von Information sind:

- **Open Source Intelligence (OSINT)**

Zu Beginn eines nachrichtendienstlichen Auftrags steht häufig die Auswertung offen verfügbarer Informationen, beispielsweise aus Fachzeitschriften oder aus Datenbanken. Hierzu werden Recherchetools genutzt.

- **Human Intelligence (HUMINT)**

Personen mit Zugang zu interessanten Informationen sind für jeden Nachrichtendienst wichtig. Das Führen solcher Quellen ist quasi die „Königsdisziplin" nachrichtendienstlicher Arbeit. HUMINT ist oftmals mit hohen persönlichen Risiken verbunden.

- **Imagery Intelligence (IMINT)**

Wenn Analystinnen und Analysten wissen wollen, wie weit die Baufortschritte einer ausländischen Atomanlage fortgeschritten sind oder ob aktuelle Social-Media-Gerüchte über militärische Truppenbewegungen zutreffen, sind Satelliten- oder Luftbildaufnahmen oft ein guter Ausgangspunkt (BND 2023b).

- **Signals Intelligence (SIGINT)**

Ob Satelliten- oder leitungsgebundene Kommunikation, E-Mails oder Voice-over-IP: Das Spektrum elektronischer Kommunikation ist breit und verändert sich ständig. Modernste Erfassungs- und Filtertechnik für weltweite Datenströme stellt dennoch sicher, dass der BND an genau die Informationen gelangt, die er zur Erfüllung seines Auftrags braucht (BND 2023b).

4.3 Technische Mittel

4.3.1 Videoüberwachung des öffentlichen Raumes

Die Frage nach dem praktischen Nutzen, der **Tauglichkeit,** dem Sinn einer (flächendeckenden) Videoüberwachung des öffentlichen Raumes ist eine zutiefst politisierte Frage, die seit Jahren emotional aufgeladen diskutiert wird. Soll der (potenzielle) **Schutz von Leben und Gesundheit** in Zeiten der besonderen Bedrohungslage durch den islamistischen Terrorismus und den Rechtsterrorismus wichtiger als das Recht auf **informationelle Selbstbestimmung** sein? Eine politisierte, parteipolitische oder philosophische Debatte dieser Frage kann an anderen Orten geführt werden. Angesichts der aktuellen und zukünftigen Bedrohung durch den islamistischen Terrorismus und der zahlreichen geplanten und/oder durchgeführten islamistisch-terroristischen Anschläge in Europa in den letzten sieben Jahren soll diese Frage hier nicht auf einer rechtspolitischen Ebene, sondern aus einer operativ-taktischen Perspektive heraus analysiert werden (Goertz 2020 S. 101).

Entscheidend für die Beantwortung der Frage: „Ist Videoüberwachung ein wirksames Mittel gegen die augenblickliche und zukünftige Bedrohung durch den Terrorismus?" ist die Wahl der Analyseebenen. Eine Untersuchung auf einer **operativ-taktischen Ebene** erfordert die Analyse der möglichen Anschlagsziele und der taktisch-operativen Modi Operandi sowie der am wahrscheinlichsten gewählten Tatmittel islamistisch-terroristischer Attentäter (vgl. Kap. 6).

Ein **dichtes Netzwerk von Kameras** in Straßen, an öffentlichen Plätzen und in öffentlichen Verkehrsmitteln erhöht die Chance, einen Straftäter – **repressiv** – zu identifizieren und festzunehmen, produziert jedoch eine **überwältigende Datenmenge,** die nach einem terroristischen Anschlag innerhalb kürzester Zeit ausgewertet werden muss. Nach dem islamistischen Anschlag auf den Boston Marathon (15.04.2013), bei dem drei Menschen getötet und über 260 Menschen verletzt wurden, mussten die US-Sicherheitsbehörden Hunderttausende von Filmminuten und Bildern öffentlicher Videoüberwachung, privater Sicherheitsfirmen und Video- und Bild-Material von Zuschauern (u. a. Mobiltelefone) auswerten. Nach 72 h konnte das FBI zwei (grobkörnige) Fotos – kopiert aus einem Überwachungsvideo – für die (erfolgreiche) Fahndung nach den beiden Tatverdächtigen nutzen (Goertz 2020, S. 102–103).

Videoauswertungen ergaben im Herbst 2016, dass der potenzielle Attentäter Jabr Al Bakr den Flughafen Berlin-Tegel ausgespäht hatte, vermutlich um dort einen Anschlag zu verüben (Striethörster 2019, S. 36). Anis Amri, der islamistische Terrorist, der am 19.12.2016 12 Menschen tötete und 56 verletzte, zeigte

4.3 Technische Mittel

Minuten nach dem Anschlag auf den Weihnachtsmarkt an der Gedächtniskirche in Berlin den Tauhid-Zeigefinger in eine der Kameras im Bahnhof Berlin Zoologischer Garten. Sowohl mit den Aufnahmen von Al Bakr als auch von Anis Amri konnten die polizeilichen Ermittlungen und Fahndungen entscheidend unterstützt werden.

Nach den islamistischen Anschlägen auf öffentliche Verkehrsmittel – drei U-Bahn-Züge und ein Bus – am 07.07.2005 in London, wobei 56 Menschen getötet und 528 Menschen verletzt wurden, werteten tausende Polizisten und Mitarbeiter von Sicherheitsbehörden über Wochen das CCTV-Material *(closed-circuit television)* der Stadt London aus. Jedoch muss hier angeführt werden, dass sich die Technik der Videokameras, ihre Software und ihre Algorithmen seither signifikant verbessert haben: Die **Gesichts- und Objekterkennungssoftware** hat sich qualitativ enorm entwickelt und ihre Optimierung schreitet rasant fort (BBC 2006).

Die beiden Vorfälle in Berliner-U-Bahnen Ende 2016, die mediale Aufmerksamkeit erfahren haben – der Tritt eines Täters in den Rücken einer unbeteiligten Frau, die daraufhin die Treppe in einem U-Bahnhof herunterstürzte und der versuchte Mord an einem Obdachlosen, bei dem sieben Täter versuchten, diesen anzuzünden – zeigen, dass die Videoüberwachung aller Berliner U-Bahnhöfe, fast aller Busse und ca. 80 % der Straßenbahnen, zu einer schnellen Aufklärung und Festnahme der Täter führen (Spiegel 2017; Goertz 2020, S. 103).

Die umfassendste Forschungslage in Bezug auf die Frage, ob **Videoüberwachungsanlagen eine kriminalpräventive Wirkung entfalten,** liegt nach Müller für Großbritannien vor, wo seit 1998 der flächendeckende Ausbau mit dem CCTV betrieben wird (Müller 2017, S. 307). Ein Rückgang der Fallzahlen durch Videoüberwachungsanlagen kann vor allem dann festgestellt werden, wenn sich der überwachte Bereich in Kleinstädten befindet und nicht zu groß und zu unübersichtlich ist (Armitage 2002, S. 3). Allerdings gilt es hier auch zu bedenken, dass durch die Videoüberwachungsanlage selbst ein Anstieg der Fallzahlen produziert wird, schlicht durch die erhöhte Erfassung (Müller 2017, S. 307). Auch für Schweden liegen empirische Daten vor. So wurden im Jahr 2006 in den U-Bahn-Stationen von Stockholm erste Überwachungskameras installiert und Priks belegt mit empirischen Daten, dass in den innenstadtnahen, stark frequentierten U-Bahn-Stationen ein Rückgang der Kriminalität um ca. 20 % seit der Installation der Überwachungskameras festzustellen war (Priks 2011). Entscheidend war hierbei allerdings, dass die Überwachungskameras mit Sicherheitspersonal laufend besetzt waren und dadurch das Geschehen „live" beobachtet wurde. So konnte das Sicherheitspersonal bei Vergehen sofort die Polizei rufen und den Straftäter noch vor Ort stellen (Müller 2017, S. 307; Goertz 2020, S. 104).

Zu ähnlichen Ergebnissen kam ein Pilotprojekt im Land Brandenburg, das ab 2001 über drei Jahre durchgeführt wurde. Das Ergebnis in Brandenburg war, dass die Videoüberwachung deutliche Effekte zeigte. Auch die Studien von Welsh und Farrington, Gill und Springs kamen im Gesamtergebnis zum Befund, dass Videoüberwachung präventiv positiv wirken kann (Welsh und Farrington 2002; Gill und Springs 2005).

Ein wichtiges Argument **gegen Videoüberwachung** als präventives Mittel gegen den islamistischen Terrorismus stammt vom ehemaligen Bundesdatenschutzbeauftragten Peter Schaar. Er führte aus, dass eine flächendeckende Videoüberwachung im Kampf gegen den islamistischen Terrorismus sogar kontraproduktive Wirkung haben könne, weil „**Selbstmordattentäter es darauf anlegen, Bilder zu produzieren.** Diese Bilder werden dann von den Medien aufgegriffen und erzeugen Angst, das ist genau im Interesse der Terroristen" (RBB 24 2016).

Jedoch wird in der (häufig) politisiert und wahltaktisch geführten Diskussion über den Nutzen von Videoüberwachung als Mittel gegen den islamistischen Terrorismus bisher die Analyse der Logik und Strategie des islamistischen Terrorismus verdrängt. So wenden islamistische Attentäter aufsehenerregende Gewalt – Symbolik als Mittel des Terrorismus im Medienzeitalter des 21. Jahrhunderts – gegen die Zivilbevölkerung und staatliche Stellen an, um Angst und Schrecken zu verbreiten und dadurch politische Entscheidungen von Staaten zu beeinflussen (Goertz 2020, S. 104–105). Dabei weisen sie durch ihre religiös-politische Ideologie ein derartiges Niveau einer Radikalisierung auf, dass sie außerhalb der Kategorien von „normalen Straftätern" agieren. Der Einsatz ihres Lebens – Selbstmordattentate durch USBV z. B. am 13.11.2015 in Paris, am 22.03.2016 in Brüssel, am 24.07.2017 in Ansbach, am 22.05.2017 in Manchester – als taktisches Mittel verortet sie außerhalb kriminologischer und kriminalpolitischer Kategorien rechtsstaatlicher Demokratien wie Prävention und Repression. Sprich: Islamistische Attentäter nehmen ihren „Märtyrertod" in Kauf, um ihr strategisches Ziel zu erreichen. Sie wollen, dass ihre Taten im Namen ihrer politisch-religiösen Ideologie medial verbreitet werden, daher ist Video- bzw. Fotomaterial ein geeignetes Mittel ihrer Strategie. Aus operativ-taktischer Perspektive bedeutet dies zusammengefasst: Ist es dem islamistischen Attentäter gelungen, sich dem geplanten Ort des Anschlags zu nähern und seine Tatvorbereitung – Ausspähung des Zieles, Beschaffen der Wirkmittel – abgeschlossen, kann sein Anschlag nicht durch Videoüberwachung verhindert werden (Goertz 2020, S. 105).

Ein wichtiges Argument **für** die Videoüberwachung als **präventives Mittel** liegt im Vorfeld eines potenziellen terroristischen Anschlags. Nach Ansicht des

4.3 Technische Mittel

Bundesministeriums des Innern kann „der Einsatz optisch-elektronischer Sicherheitstechnologie präventiv dazu beitragen, die Sicherheit der Bevölkerung zu erhöhen, indem potenzielle Täter etwa bei der Erkundung von Örtlichkeiten im Vorfeld oder unmittelbar vor einer Tatbegehung erkannt und diese vereitelt werden" (Deutscher Bundestag 2016). Aus operativ-taktischer Perspektive bedeutet dies: Wird der potenzielle islamistische oder rechtsterroristische Attentäter in der Phase der Vorbereitung der Tat durch Videoüberwachung entdeckt, hat die **Videoüberwachung** eine **entscheidende Funktion,** den geplanten Anschlag zu verhindern und somit durchaus taugliche präventive Wirkung (Goertz 2020, S. 106).

Die **Gesichter** der in Deutschland aktuell ca. **531** islamistischen, **81** rechtsextremistischen und **12** linksextremistischen **Gefährder** – potenzielle Terroristen, die kurz vor dem Verüben eines Anschlags bzw. politisch motivierter Gewalt stehen könnten – kann der einzelne Polizeibeamte nicht (auswendig) kennen, aber durch ein Videoanalysesystem könnten gesuchte Personen erkannt und die Polizeien alarmiert werden (Deutscher Bundestag 2022).

In diesem Zusammenhang ist auch zu erwähnen, dass die Mehrheit der Bevölkerung, ca. 75 bis 85 %, sich für **mehr Videoüberwachung** ausspricht (Blindenbacher 2019, S. 60). Eine Erhebung von Statista im Jahr 2017 ergab, dass 81 % der Befragten Videoüberwachung eher als Sicherheitsgewinn denn als einen „Eingriff in die persönlichen Freiheitsrechte" bewerteten (Kolaric 2019, S. 57).

Die islamistischen Anschläge in Boston (15.04.2013), in London (07.07.2005), in Brüssel (22.03.2016), am 22.05.2017 in Manchester sowie vom 16. bis 18.08.2017 in Barcelona und Cambrils haben bewiesen, wie **hilfreich** Videoüberwachung bei der Aufklärung von terroristischen Anschlägen und der Ermittlung der Täter sein können (Telegraph 2017). So konnte der auf einem CCTV-Film auf dem Brüsseler Flughafen Zaventem identifizierte „Mann mit schwarzem Hut und weißer Jacke" nach kurzer Zeit durch die belgischen Sicherheitsbehörden als Mohamed Abrini identifiziert wurden, der nach kurzem Verhör seine Mittäterschaft bestätigte. Im Rahmen der Fahndung nach dem islamistischen Attentäter Omar Al Hussein, der im Februar 2015 in der dänischen Hauptstadt Kopenhagen zwei Menschen getötet hatte, waren Bilder verschiedener Überwachungskameras das entscheidende Mittel für die Polizeibehörden (The Guardian 2015; Goertz 2020, S. 107).

Zusammengefasst: Das Videomaterial aus **flächendeckender Videoüberwachung** hat einen **hohen Nutzen** für die Strafverfolgung. Einerseits ermöglicht das Videomaterial eine Identifizierung der Täter mittels Öffentlichkeitsfahndung – wie zum Beispiel im Fall des islamistischen Anschlags auf den Brüsseler Flughafen – und andererseits wird der Nachweis des Anschlags durch beweisgesichertes Videomaterial stark erleichtert (Müller 2017, S. 310).

Abschreckende, präventive Wirkung im Sinne kriminologischer und kriminalpolitischer Theorien und Strategien hat eine flächendeckende Videoüberwachung auf (potenzielle) islamistische und rechtsterroristische Attentäter jedoch deutlich weniger als auf „gewöhnliche" Kriminelle (Goertz 2020, S. 108). **Abschreckende, präventive Wirkung** hat eine flächendeckende Videoüberwachung jedoch dann, wenn sie die Vorbereitung eines Anschlags oder Attentats erschwert oder vereitelt. Ist der (potenzielle) islamistische oder rechtsterroristische Attentäter z. B. als **Gefährder** bekannt, könnte **Gesichtserkennungssoftware** nach dem gegenwärtigen technologischen Stand diesen durch Vernetzung mit dem Material der Videoüberwachung innerhalb weniger Sekunden identifizieren und die zuständigen Polizeikräfte alarmieren. Jedoch ist die präventive Wirksamkeit einer Videoüberwachung als Mittel gegen den Jihadismus und Rechtsterrorismus zum einen vom **technologischen Niveau,** wie z. B. von einer Gesichts- und Objekterkennung abhängig, zum anderen vor allen von den zugrunde liegenden personenbezogenen Daten zum Abgleich durch Algorithmen in Datenbanken deutscher und europäischer Sicherheitsbehörden. Zusammengefasst: Repressive Wirkung zur Aufklärung eines islamistischen Anschlags kann eine flächendeckende Videoüberwachung des öffentlichen Raumes haben und damit ein wirksames Mittel gegen islamistischen Terrorismus sein. Bei **sinnvoller Nutzung** und **Weiterentwicklung** der Videoüberwachungstechnologie kann diese wertvoll für die **Terrorismusabwehr** sein (Goertz 2020, S. 108).

4.3.2 Betonpoller, Sandsäcke und Stahlseile, Wassertanks und Metallstelen zum Schutz öffentlicher Räume.

Kritische Infrastrukturen und (halb-) öffentliche Räume stellen potenzielle Zielobjekte terroristischer Gewalt dar. Während Kritische Infrastrukturen (KRITIS) ein vergleichsweise hohes institutionalisiertes Schutzniveau aufweisen, gelten öffentliche Räume aufgrund ihrer spezifischen Bedingungen als prinzipiell vulnerabel (Friedrich und Lukas 2020, S. 629). Terroristische Anschläge haben in den letzten Jahren die **Vulnerabilität öffentlicher Plätze offenbart.** Hierzu zählen der Straßenraum, Grünflächen, Parks, Sportanlagen, Schulen, Kirchen. Terroristische Anschläge im öffentlichen Raum stellen eine besondere Herausforderung für

4.3 Technische Mittel

das urbane Miteinander dar, auf die Städte mit sehr unterschiedlichen Maßnahmen zum **Schutz** vor terroristischen Bedrohungen reagieren. Das Spektrum der getroffenen Maßnahmen reicht dabei „von Prävention über baulich-technische bis zu polizeilich/organisatorischen Maßnahmen. So kommen Elemente wie schwere Fahrzeuge oder Betonkübel zum Schutz von Zufahrten und Großveranstaltungen zum Einsatz" (Friedrich und Lukas 2020, S. 631).

Bei den jihadistischen Anschlägen in Nizza (2016), Berlin (2016), Stockholm (2017), London (am 22.03.2017 und am 03.06.2017), Barcelona (2017) und New York (2017) wurden **Kraftfahrzeuge als Wirkmittel** des islamistischen Terrorismus benutzt. Hätten diese islamistischen Anschläge mit Kraftfahrzeugen verhindert und damit das Leben und die Gesundheit Hunderter gerettet werden können? Spätestens nach dem Anschlag mit einem LKW in Nizza am 24.07.2016 hätten die deutschen Sicherheitsbehörden damit rechnen können bzw. müssen, dass auch in Deutschland islamistische Anschläge mit Kraftfahrzeugen auf Menschenmengen durchgeführt werden könnten. Dass es zahlreiche Möglichkeiten gibt, zu verhindern, dass Kraftfahrzeuge in Menschenmengen bei Großereignissen (Weihnachtsmärkte, Jahrmärkte, Volksfeste etc.) rasen, hätte den Behörden spätestens nach dem Anschlag in Nizza bekannt sein können, bekannt sein müssen (Zastrow 2017, S. 8). Dabei ist der Schutz von Menschenmengen vor einem terroristischen Anschlag mit **Fahrzeugen** mit relativ **simplen** und **günstigen Mitteln** möglich und fällt unter *good governance* (Zastrow 2017, S. 8; Goertz 2020, S. 109).

Die als Wirkmittel benutzten Tatfahrzeuge der folgenden sieben islamistischen Anschläge hatten folgende Eigenschaften, Geschwindigkeiten und haben folgende Opferzahlen verursacht:

> **Übersicht**
>
> - Nizza, 14.07.2016, LKW, Gesamtgewicht 18.000 kg, Geschwindigkeit ca. 70 km/h, 56 Tote und 434 Verletzte
> - Berlin, 19.12.2016, Sattelzugmaschine mit Auflieger, Gesamtgewicht 40.000 kg, Geschwindigkeit ca. 80 km/h, 12 Tote und 56 Verletzte
> - Westminster/London, 22.03.2017, Pkw, 1500 kg, Geschwindigkeit ca. 100 km/h, fünf Tote und 50 Verletzte
> - London Bridge, 03.06.2017, Kleintransporter, 2000 kg, Geschwindigkeit ca. 80 km/h, acht Tote und 48 Verletzte

- Stockholm, 07.04.2017, LKW, Gesamtgewicht 12.500 kg, Geschwindigkeit ca. 60 km/h, fünf Tote und 14 Verletzte
- Barcelona, 17.08.2017, Kleintransporter, 3500 kg, Geschwindigkeit ca. 60 km/h, 14 Tote und über 100 Verletzte
- New York, 07.04.2017, Pick-up, 3000 kg, Geschwindigkeit ca. 80 km/h, acht Tote und 12 Verletzte (Schürmann und Weicht 2020, S. 18).

Kraftfahrzeuge stellen ein sehr leicht zu beschaffendes Wirkmittel dar und bieten schier endlose Möglichkeiten, aus terroristischen Motiven Menschen zu überfahren.

Im November 2017, vier Monate nach dem islamistischen Anschlag mit einem LKW in Nizza, bei dem 56 Menschen getötet und 434 verletzt wurden, veröffentlichte der „Islamische Staat" in seinem Online-Magazin „Rumiyah" Taktiken und Wirkmittel, um Fahrzeuge als Waffe gegen Passanten zu benutzen: **„Fahrzeuge sind die effektivste Terrorwaffe"**. Sechs Jahre vorher hatte das Online-Magazin von al-Qaida Fahrzeuge als „ultimate mowing machines" bezeichnet.

Zwischen 2016 und 2020 fanden weltweit über 70 **terroristisch motivierte Überfahrttaten** statt (Schneider und St. Pierre 2020, S. 22). In einer Pressemitteilung vom 18.10.2017, 15 Monate nach dem islamistischen Anschlag mit einem LKW in Nizza, elf Monate nach dem Anschlag mit einem LKW in Berlin, sechs Monate nach dem Anschlag in Stockholm sowie zwei Monate nach dem Anschlag in Barcelona, erklärte die Europäische Union (EU), dass „Maßnahmen für besseren Schutz der EU-Bürger" durch „technische Lösungen mit eingebauter Sicherheit *(security by design)* geschaffen und **öffentliche Räume sicherer gemacht werden sollen** [...], ohne dass dabei ihr offener und öffentlicher Charakter beeinträchtig wird" (Schürmann 2018, S. 6). Daran anknüpfend sprach sich das Deutsche Forum für Kriminalprävention (DFK) im Herbst 2017 dafür aus, ein Normungsvorhaben für Sicherheitstechnik wie Sperren und Poller, die sich in das Erscheinungsbild der Stadt einpflegen, beim Deutschen Institut für Normung (DIN) vorzuschlagen (Titel: „Entwicklung integrierter stadtbildverträglicher Sicherheitskonzepte mit dem Schwerpunkt: normgerechter Zufahrtsschutz und Veranstaltungssicherheit") (Schürmann 2018, S. 6).

Nicht nur die Veranstalter, sondern auch die **Polizeien, Ordnungsbehörden** sowie die **Sicherheitsfachleute**, die für Großveranstaltungen die Sicherheitskonzepte erstellen, stehen vor der Aufgabe, einen potenziellen terroristischen Anschlag mit Kraftfahrzeugen auf Menschenmengen durch geeignete Maßnahmen zu verhindern. So haben die LKW-Anschläge in Nizza und Berlin 2016 dazu geführt, dass die Organisatoren von Großveranstaltungen im öffentlichen Raum kreative Schutzmaßnahmen, wie das Aufstellen von Betonklötzen, LKW, Baucontainern oder im ländlichen Bereich auch von großen Traktoren als Zufahrtsschutz zum Veranstaltungsgelände umgesetzt haben (Schneider 2017, S. 18). Allerdings haben nach Ansicht von Schneider Praxistests bewiesen, dass solche Mittel den potenziellen Terroristen sogar in die Hände spielen können, weil sie dann arglosen Besuchern der Veranstaltung ein trügerisches Sicherheitsgefühl vermitteln. Denn sie beeinträchtigen sowohl die Fluchtwege als auch die Sichtbeziehungen (Schneider 2017, S. 18). Dies bedeutet einerseits, dass die unmittelbar betroffenen Besucher einen Angriff erst spät erkennen können, wenn es zur Flucht bereits zu spät ist. Andererseits kann es für Terroristen schon ausreichen, eine Massenpanik auszulösen, um eine beträchtliche Opferzahl zu provozieren (Goertz 2020, S. 111).

4.4 Sonstige technische Mittel

4.4.1 Baulicher Schutz

Terroristische Anschläge können Gebäude irreversibel verändern, teilweise funktionsunfähig machen und damit Menschenleben gefährden. Gemäß den Analysefragen der Risikoanalyse wird zunächst geprüft, welche Bedrohungen auftreten könnten und wie kritisch diese einzustufen sind. Hierzu bietet sich die Auswertung der „Terror-Ereignis-Datenbank" (TED) an. Dabei handelt es sich um eine nicht-öffentliche Datenbank, die am Fraunhofer Ernst-Mach-Institut entwickelt wurde und weitestgehend alle terroristischen Ereignisse weltweit von 1960 bis 2017 beinhaltet. Aktuell verfügt diese Datenbank über 178.000 Ereignisse, 214 Länder, 99 Taktiken sowie 290 Zielsystemen (Fischer et al. 2022, S. 642).

Der Schutz von Gebäuden gegen außergewöhnliche Belastungen kann mit verschiedenen Maßnahmen realisiert werden. Grundsätzlich lassen sich Schutzmaßnahmen nach verschiedenen räumlichen Entfernungen zum Bauwerk staffeln:

- **Primäre Maßnahmen** sollen eine Gefährdung verhindern, bevor diese entsteht. Beispiele sind organisatorische Maßnahmen, Überwachung und Notfallpläne.
- **Sekundäre Maßnahmen** verringern die Belastung am Gebäude, beispielsweise durch das Anbringen von Pollern, Barrieren oder Zufahrtssperren.
- **Tertiäre Maßnahmen** verstärken Gebäudekomponenten gezielt („Schutz") (Fischer et al. 2022, S. 652).

4.4.2 Verstärkte Cockpit-Türen

Gaben die Flughäfen in Europa vor 9/11 laut Verbandsangaben im Schnitt rund 8 % der Betriebskosten für Sicherheit aus, sind es inzwischen bis zu 35 %. Die Fluglinien wiederum wurden nach dem 11. September 2001 verpflichtet, ihre **Cockpit-Türen** zu verstärken und konsequent zu schließen (Handelszeitung 2011). Seit dem 11. September 2001 arbeiten Piloten nun hinter verriegelten und schusssicheren Türen. Besucher sind im Cockpit verboten (Blick 2021).

Kontrollfragen bzw. Aufgaben

- Beschreiben Sie die Struktur, das Wesen, der unterschiedlichen Formen und Mittel von Terrorismusbekämpfung
- Beschreiben Sie die polizeilichen Mittel der Terrorismusbekämpfung
- Beschreiben Sie die nachrichtendienstlichen Mittel der Terrorismusbekämpfung
- Wo liegen Unterschiede zwischen dem polizeilichen und dem nachrichtendienstlichen Ansatz von Terrorismusbekämpfung?
- Welche Rolle spielen die Gemeinsamen Zentren in Deutschland (GTAZ, GETZ, GIZ)?
- Welches sind die wesentlichen technischen Mittel zur Terrorismusabwehr?

Literaturempfehlungen

Bakker, Edwin (2015): Terrorism and Counterterrorism Studies: Comparing Theory and Practice. Leiden: Leiden University Press.
Englischsprachig, präzise Analyse, eine gute Einführung.
Coaffee, Jon (2020): Security, Resilience and Planning. Planning's Role in Countering Terrorism. London: Lund Humphries.
Ein umfassender Blick auf die Geschichte von urbanen Resilienzstrategien sowie aktueller Stadtplanung und Schutzmaßnahmen.
Lehr, Peter (2019): Counter-Terrorism Technologies: A Critical Assessment. Heidelberg: Springer VS.
Klarer Schwerpunkt auf technische Mittel der Terrorismusbekämpfung, englischsprachig, eine sehr gute Einführung.

Literatur

Silke, Andrew (2020): Routledge Handbook of Terrorism and Counterterrorism. London/New York: Routledge.
30 Aufsätze zu verschiedenen Themenbereichen von Terrorismus, 25 Aufsätze zur Terrorismusabwehr, u. a. Regionalstudien aus Kanada, Frankreich, Irak, Israel, Italien, Spanien und den USA.

Literatur

Ackermann, Alice (2003): The Idea and Practice of Conflict Prevention. In: Journal of Peace Research 40(3), S. 339–347.

Armitage, R. (2002). To CCTV or not to CCTV? A review of current research into the effectiveness of CCTV systems in reducing cime https://epic.org/wpcontent/uploads/privacy/surveillance/spotlight/0505/nacro02.pdf (5.3.2023).

Bayerisches Staatsministerium des Innern und für Integration (ohne Jahr): Handlungskonzeption für die Bewältigung lebensbedrohlicher Einsatzlagen durch die nichtpolizeiliche Gefahrenabwehr. https://www.lfv-bayern.de/media/filer_public/2e/29/2e29d267-3920-4ad6-a1e8-cc84bd8d3324/r_handlungskonzeption_lbel.pdf (4.3.2023) (BSI ohne Jahr).

BBC (2006). Image of bombers' deadly journey; http://news.bbc.co.uk/2/hi/uk_news/politics/4689739.stm (5.3.2023).

Blick (2021): Fliegen nach dem 9/11-Terror. „Der Pilotenberuf ist einsamer geworden". 11.9.2021, https://www.blick.ch/wirtschaft/fliegen-nach-dem-9-11-terror-der-pilotenberuf-ist-einsamer-geworden-id16820548.html (6.3.2023).

Blindenbacher, Wolfgang (2019): Videotechnologie für mehr Sicherheit. In: Polizei Verkehr+Technik 2/2019, S. 60.

BND (2023a): Unsere Organisation. Die Organisationsstruktur. https://www.bnd.bund.de/DE/Der_BND/Organisationsbereiche/Organisationsbereiche_node.html (5.3.2023)

BND (2023b): Was uns besonders macht. https://www.bnd.bund.de/DE/Die_Arbeit/Informationsgewinnung/informationsgewinnung_node.html (5.3.2023) (BND 2023b).

Buzan, Barry/Wæver, Ole/de Wilde, Jaap (1998): Security. A New Framework for Analysis. Boulder: Lynne Rienner.

Deutscher Bundestag (2022): Parlamentsnachrichten Zahl sogenannter Gefährder in Deutschland. Inneres und Heimat/Antwort – 29.06.2022 (hib 336/2022) https://www.bundestag.de/presse/hib/kurzmeldungen-901570 (5.3.2023).

Deutscher Bundestag (2016). Drucksache 18/10758. Effizienz von Videoüberwachungen. 12.2016. https://dserver.bundestag.de/btd/18/107/1810758.pdf (5.3.2023).

Dienstbühl, Dorothee/Kowitz, Burkhard (2022): Polizeiliche Maßnahmen. In: Rothenberger/Krause/Jost/Frankenthal (Hrsg.): Terrorismusforschung. Interdisziplinäres Handbuch für Wissenschaft und Forschung. Baden-Baden: Nomos. S. 681–693.

Bundesamt für Verfassungsschutz (2022): Informationsbeschaffung. https://www.verfassungsschutz.de/DE/verfassungsschutz/auftrag/informationsbeschaffung/informationsbeschaffung_node.html (4.3.2022) (BfV 2022).

Bundeskriminalamt (2023): Das BKA. Abteilung Polizeilicher Staatsschutz. https://www.bka.de/DE/DasBKA/OrganisationAufbau/Fachabteilungen/PolizeilicherStaatsschutz/polizeilicherstaatsschutz_node.html (4.3.2023) (BKA 2023).

Bundesministerium des Innern und für Heimat (2022): BfV. Bundesamt für Verfassungsschutz. https://www.bmi.bund.de/SharedDocs/behoerden/DE/bfv.html (4.3.2023) (BMI 2022).

Fischer, Kai/von Ramin, Malte/Rosin, Julia/Stolz, Alexander (2022): Baulicher Schutz als Teil resilienzsteigernder Maßnahmen vor terroristischen Anschlägen. In: Rothenberger/Krause/Jost/Frankthal (Hrsg): Terrorismusforschung. Baden-Baden: Nomos, S. 641–656.

Friedrich, Frank/Lukas, Tim (2020: Schutzkonzepte für Kritische Infrastrukturen und (halb)öffentliche Räume. In: Rothenberger/Krause/Jost/Frankthal (Hrsg): Terrorismusforschung. Baden-Baden: Nomos, S. 629–640.

Gill, Martin/Spriggs, Angela (2005): Assessing the impact of CCTV. London: Home Office Research, Development and Statistics Directorate.

Goertz, Stefan (2020): Terrorismusabwehr. Zur aktuellen Bedrohung durch den islamistischen Terrorismus in Deutschland und Europa. 3. Auflage. Wiesbaden: Springer VS.

Hegemann, Hendrik/Kahl, Martin (2018): Terrorismus und Terrorismusbekämpfung. Eine Einführung. Wiesbaden: Springer VS.

Handelszeitung (2011): Unternehmen. Der Preis des Terrors. 7.5.2011. https://www.handelszeitung.ch/unternehmen/flughafen-zuerich-der-preis-des-terrors (6.3.2023).

Hoffmann, Jens (2017): Bedrohungsmanagement und psychologische Aspekte der Radikalisierung. In: Böckler, Nils/Hoffmann, Jens (Hrsg.): Radikalisierung und terroristische Gewalt. Frankfurt a. M.: Verlag für Polizeiwissenschaft, S. 289–308.

Kolaric, Sinisa (2019): Video – dein Freund und Helfer. In: Polizei Verkehr + Technik 2019, S. 56–58.

Müller, Claudia (2017): Mehr Kameras für mehr Sicherheit? In: Kriminalistik 5/2017, S. 306 310

RBB 24 (2016): Nach Anschlag und Angriff in U-Bahnhof – Debatte um Videoüberwachung neu entfacht. 27.12.16, https://www.rbb24.de/politik/beitrag/2016/12/videoueberwachungpolitische-debatte.html (5.3.2023).

Schürmann, Detlev/Weicht, Christian (2020): Zufahrtsschutz im Kontext städtebaulicher Kriminalprävention. In: Polizei Verkehr + Technik, 2/2020, S. 16–20.

Schneider, Christian/St. Pierre, Yann (2020): Abwehr von Überfahrttaten im öffentlichen Raum. In: Polizei Verkehr + Technik, 2/2020, 21–24.

Schneider, Christian (2017): Terroristische Fahrzeugangriffe sicherungstechnisch vereiteln. In: Polizei Verkehr + Technik, 6/2017, S. 17–20.

Schürmann, Detlev (2018): Fahrzeugsperren und Zufahrtsschutz. In: Polizei Verkehr + Technik, 6/2018, S 6–9.

Spiegel (2017): Feuerattacke auf Obdachlosen in Berlin. Jugendarrest für einen Angeklagten. http://www.spiegel.de/panorama/justiz/berlin-obdachlosen-angezuendet-17-jaehriger-muss-in-jugendarrest-a-1148002.html. (5.3.2023).

Striethörster, Thomas (2019). Intelligente Videoanalyse als zukünftiges Hilfsmittel für die Polizei. In: Polizei Verkehr + Technik 2/2019, S. 36–40.

Welsh, Brandon/Farrington, David (2002): Crime prevention effects of closed circuit television: a systematic review. London: Home Office Research, Development and Statistics Directorate.

The Guardian (2015): Copenhagen shooting suspect Omar el-Hussein – a past full of contradictions; https://www.theguardian.com/world/2015/feb/16/copenhagen-shootingsuspect-omar-el-hussein-a-past-full-of-contradictions (5.3.2023).

Zastrow, Volker (2017): Dem Terror mit Innovation begegnen. In: Frankfurter Allgemeine Sonntagszeitung, 20.8.2017, S. 8.

5 Aktuelle Bedrohungsanalyse – Akteure und Trends des Extremismus und Terrorismus

Dieses Kapitel stellt die aktuellen **Akteure** aller Extremismusphänomenbereiche dar, sowie das **Bedrohungspotenzial,** das von diesen Extremismusphänomenen ausgeht. Einführend werden die einzelnen Phänomenbereiche kurz definiert und erklärt, dazu werden kurze Analysemerkmale genutzt. Daran schließt sich in jedem Bereich jeweils eine Darstellung der aktuellen Akteure an sowie eine Analyse aktueller Trends. Dabei wird sowohl auf der Analyseebene Extremismus als auch auf der Ebene Terrorismus gearbeitet.

Verwiesen wird auf die mitunter fließenden Übergänge vom Islamismus und Salafismus zum islamistischen Terrorismus einerseits sowie vom Rechtsextremismus zum Rechtsterrorismus andererseits. Sowohl im Jihadismus als auch im Rechtsterrorismus ist der aktuelle Trend zu beobachten, dass die Attentäter vermehrt Einzeltäter sind.

5.1 Islamismus, Salafismus und islamistischer Terrorismus

5.1.1 Der Phänomenbereich, Definitionen, Analysemerkmale

Das Bundesamt für Verfassungsschutz definiert Islamismus wie folgt:

> **Übersicht**
> „Der Islamismus bezeichnet eine Form des politischen Extremismus, in dem die Existenz einer gottgewollten und daher ‚wahren' und **absoluten**

> **Ordnung** postuliert wird, die über den von Menschen gemachten Ordnungen steht. Unter dem Oberbegriff werden dabei verschiedene Strömungen zusammengefasst, die sich hinsichtlich ihrer ideologischen Prämissen, ihrer geografischen Orientierung und ihrer Strategien und Mittel unterscheiden.
>
> Der Islamismus basiert auf der Überzeugung, dass die **Weltreligion** des Islam nicht nur eine persönliche bzw. private Angelegenheit ist, sondern auch das **gesellschaftliche Leben** und die **politische Ordnung bestimmen** oder zumindest teilweise regeln sollte. Dies steht im klaren Widerspruch zu den im **Grundgesetz** verankerten Prinzipien der Volkssouveränität, der Trennung von Staat und Religion, der freien Meinungsäußerung und der allgemeinen Gleichberechtigung. Islamisten verfolgen das Ziel, die **freiheitliche demokratische Grundordnung** der Bundesrepublik Deutschland unter Berufung auf ihre Religion ganz oder teilweise **abzuschaffen** und begründen damit eine Verfassungsschutzrelevanz (BfV 2023a).

Winkelmann beschreibt den Islamismus als komplexes Phänomen, das von sehr unterschiedlichen Zielen, Strategien und einer unterschiedlichen geographischen Verortung geprägt sein kann:

> „Unter dem Begriff ‚Islamismus' werden unterschiedliche Phänomene eines politisch-religiösen Fundamentalismus subsumiert, die hinsichtlich Zielen, Strategien und geographischer Verortung kaum auf einen gemeinsamen Nenner zu bringen sind. Als Ideologie nutzt der Islamismus – tatsächliche und vermeintliche – Botschaften des Korans zur Durchsetzung politischer Anliegen. Ziel ist eine gesellschaftliche Ordnung, innerhalb derer Religion und Politik zu einer Einheit verschmelzen. Durch die wörtliche Auslegung bestimmter Suren entsteht ein dichotomes, antipluralistisches Weltbild, das nicht nur eine metaphorische, historisch-kritische Islaminterpretation verneint, sondern auch traditionelle und kulturelle Einflüsse sowie glaubensspezifische Variationen ablehnt." […] Beim Islamismus handelt es sich keineswegs um eine kohärente ideologische Strömung, aus der sich gleiche Interessen und Methoden ableiten lassen. Vielmehr existieren **unterschiedliche** und **untereinander rivalisierende Gruppierungen** und **Kleinstgruppen,** die für sich den Anspruch haben, den ‚wahren' Islam zu vertreten. Dennoch teilen nahezu alle Islamisten folgende ideologische Gemeinsamkeiten: Der Islam wird nicht nur als private

5.1 Islamismus, Salafismus und islamistischer Terrorismus

> Glaubensangelegenheit angesehen, sondern mit genuin gesellschaftspolitischen Zielen verbunden, die – teilweise oder vollständig – mit der freiheitlichen demokratischen Grundordnung inkompatibel sind. So streben Islamisten eine gottgewollte Ordnung an, bei der die Sharia, das aus dem Koran abgeleitete islamische Gesetz, sämtliche religiösen, sozialen, rechtlichen, häuslichen und individuellen Fragen regelt, was der im Grundgesetz verankerten Volkssouveränität, Gewaltenteilung oder der Trennung von Staat und Religion widerspricht: Das politische System ist nicht durch das Volk legitimiert, sondern durch Gott. Das Prinzip des Individualismus und das normative Selbstverständnis offener Gesellschaften werden offen infrage gestellt. Das Recht der freien Meinungsäußerung lehnen Islamisten ebenso ab wie die Gleichberechtigung von Mann und Frau (Winkelmann 2018, S. 137–138).

Nach Hummel und Rieck ist Islamismus historisch betrachtet:

> „[…] ein erst im 20. Jahrhundert entstandenes Phänomen, das sich im weitesten Sinne als Reaktion auf die Ära der westlichen politischen und kulturellen Vorherrschaft über islamische Staaten interpretieren lässt, die nach dem Ersten Weltkrieg ihren Höhepunkt erreicht hatte […] Die **Wiedererrichtung** eines **panislamischen Kalifats,** mit dem vor allem die Rückkehr zu alter Macht und Größe assoziiert wird, war seitdem ein erklärtes (Fern)Ziel verschiedener muslimischer Bewegungen, darunter der 1928 gegründeten ägyptischen Muslimbruderschaft. Die ägyptischen Muslimbrüder, die mit ihrem politischen Aktivismus unter dem Slogan, ‚Der Islam ist die Lösung‘ bis 1948 zu einer Bewegung von 500.000 regulären Mitgliedern und noch mehr Sympathisanten herangewachsen waren, wurden zum Vorbild für zahlreiche ähnliche Bewegungen in der arabischen und gesamten islamischen Welt. Zwar hatte es ‚fundamentalistische‘ Bewegungen, die den absoluten Vorrang islamischer Werte und Regeln in der Gesellschaft propagierten, auch schon vor dem 20 Jahrhundert gegeben, neu war aber das Verständnis vom Islam als **‚Religion und Ideologie‘,** wobei auch im Westen entstandene Organisationsformen und Versatzstücke europäischer Ideologien (z. B. das Ziel ‚soziale Gerechtigkeit‘) übernommen und islamisch eingefärbt wurden" (Hummel und Rieck 2020, S. 89–90).

Analysemerkmale von Islamismus sind somit:

> **Übersicht**
>
> - Islamismus ist eine Form des politischen Extremismus.
> - Islamismus ist eine **religiös-politische Ideologie,** deren Anhänger sich auf religiöse Normen des Islam berufen und diese **politisch interpretieren.**
> - Islamismus zielt auf die teilweise oder vollständige **Abschaffung** der freiheitlichen demokratischen Grundordnung (fdGO) der Bundesrepublik Deutschland ab.
> - Islamismus geht von der Existenz einer **gottgewollten** und daher „wahren und absoluten" Ordnung aus, die über von Menschen gemachten Ordnungen steht (Verfassung, Gesetze).
> - Für den Islamismus ist Religion, hier: der Islam, nicht nur eine persönliche, private „Angelegenheit", sondern soll das **gesamte gesellschaftliche Leben** und die **politische Ordnung** regeln.
> - Das Ziel des Islamismus ist die **Einheit von Religion und Staat** (al Islam Din wa Daula), was gegen das Prinzip des Säkularismus (Trennung von Staat und Religion) verstößt.
> - Der Islamismus will die westliche, demokratische Volkssouveränität durch die „Souveränität Gottes" ersetzen.
> - Die gesellschaftliche Ordnung soll nach islamistischer Vorstellung durch die islamische Rechtsordnung der **Sharia** organisiert sein (Islamisten verstehen die Sharia als von Gott verordnete Rechtsordnung für Staat und Gesellschaft).
> - Durch seinen exklusiven Absolutheitsanspruch widerspricht der Islamismus in erheblichen Teilen der verfassungsmäßigen Ordnung der Bundesrepublik Deutschland.
> - Islamismus verstößt unter anderem gegen die verfassungsmäßigen Grundsätze der Trennung von Staat und Religion, der Volkssouveränität, der religiösen und sexuellen Selbstbestimmung, der Gleichstellung der Geschlechter und verletzt das Grundrecht auf körperliche Unversehrtheit.
> - Islamismus schließt die universelle Geltung der Menschenrechte, wie zum Beispiel die Menschenwürde, aus (vgl. die Forderung nach einer Durchsetzung der „Hadd"-Strafen, Körperstrafen) (Goertz 2022a, S. 45).

So beschreibt das Bundesamt für Verfassungsschutz den Salafismus:

5.1 Islamismus, Salafismus und islamistischer Terrorismus

> „Eine besonders **radikale Strömung** im Islamismus ist der **Salafismus**. Der Salafismus steht im Widerspruch zur freiheitlichen demokratischen Grundordnung: Salafisten geben vor, sich in ihrem Denken und Handeln ausschließlich an einem wortgetreuen Verständnis von Koran und Sunna (zur Nachahmung empfohlene Handlungsweise und Aussagen des Propheten) sowie am Vorbild der Gefährten des Propheten zu orientieren. Dabei negieren Salafisten die Geschichte des Islam und der Muslime weitestgehend und erheben einen Exklusivitätsanspruch als die einzig ‚wahren' Muslime" (BfV 2023b).

Kennzeichnend für das salafistische Weltbild sind sowohl die **wörtliche Auslegung** der religiösen Quellen als auch die Orientierung an den ersten drei Generationen von Muslimen, den „rechtschaffenen Altvorderen" (Winkelmann 2018, S. 142).

Hasche betont, dass der Salafismus als große Strömung des modernen Islamismus eng mit der **wahhabitischen** Lehre des Islam und der staatlichen Religionspolitik **Saudi-Arabiens** verknüpft ist. Mit Blick auf die politische Ideologie des Islamismus zeigen sich nach Hasche die bedeutsamsten Überschneidungen im **Jihadi-Salafismus,** der religiös fundierten und motivierten Gewaltanwendung (Hasche 2018, S. 399). Der Salafismus vereint sowohl ideologische, politische Vorstellungen als auch ein „spezifisches Islamverständnis" (Winkelmann 2018, S. 143). Trotz zum Teil fließender Übergänge kann die salafistische Bewegung eingeteilt werden in eine 1) quietistische, 2) politische und eine 3) jihadistische Ausprägung. Quietisten streben keine politische Macht an, wollen stattdessen die Gesellschaft exklusiv durch religiöse Missionierung überzeugen. Ihr Ziel ist eine **idealisierte Gesellschaft** des **„Ur-Islams",** aus dem siebten und achten Jahrhundert. Der politische Salafismus wiederum will seine Ideen offensiv in Staat, Rechtsordnung und Gesellschaft mit dem Ziel durchsetzen, einen islamischen Gottesstaat zu errichten (Winkelmann 2018, S. 143–145). Jihadistische Formen von Wahhabismus gibt es spätestens seit den 1970er Jahren, als eine salafistische Gruppierung am 20.11.1979 die Große Moschee in Mekka stürmte und tausende Pilger als Geisel nahm. Das Attentat auf den ägyptischen Präsidenten Anwar Al Sadat ist ein weiteres Beispiel für den jihadistischen Salafismus.

Analysemerkmale des Salafismus sind:

Übersicht

- Salafismus ist eine **besonders fundamentalistische** Form des islamistischen Extremismus.
- Salafismus ist ein besonders **heterogener Phänomenbereich,** der ineinander **übergehende salafistische Strömungen** beinhaltet.
- Viele **politische Salafisten lehnen Gewalt** als Mittel zur Erreichung ihrer politischen Ziele nicht grundsätzlich ab.
- Die salafistische Szene ist strukturell **amorph, hybrid strukturiert.**
- Jihadistische Salafisten befürworten eine offene, unmittelbare und sofortige Gewaltanwendung gegen jeden, der vom **„wahren Islam"** abgefallen ist.
- Besonders prägendes Merkmal der jihadistischen Salafisten in Europa ist ihre ideologische, organisatorische und **strategisch-taktische Nähe** zu internationalen jihadistischen Bewegungen wie dem „Islamischen Staat" und der Al-Qaida.
- Der Salafismus als Islaminterpretation strebt die „Reinigung" des Islam und die Wiederherstellung des Islam in seiner als „ursprünglich" deklarierten Form an.
- Die salafistischen Islaminterpretationen richten sich an der religiösen Praxis und Lebensführung des Propheten Mohammed und seiner Gefährten (die sog. „rechtschaffenen Altvorderen") aus.
- Jihadistischer Salafismus ist **offen gewaltbereit, terroristisch.** Politischer Salafismus distanziert sich offiziell von Terrorismus und politischer Gewalt, dort gibt es allerdings Grauzonen.
- Die religiös-theologisch-ideologische Grundlage sowohl von politischem Salafismus als auch von jihadistischem Salafismus ist im Wesentlichen gleich, was in Bezug auf die Zahl möglicher Radikalisierungsprozesse höchst problematisch für die Sicherheitsbehörden ist.
- Politische Salafisten legen ihren taktischen Schwerpunkt auf die Verbreitung ihrer islamistisch-salafistischen Ideologie durch **Dawa**, also Missionierung und Rekrutierung neuer Anhänger durch Propagandaaktivitäten; (spätestens) hier beginnt der strafrechtlich relevante Bereich.
- Nach Einschätzung deutscher Verfassungsschutzbehörden werden ca. 10 bis 20 % aller Salafisten jihadistische Terroristen, 80 bis 90 % bleiben

> politische Salafisten; daraus ergibt sich die Regel: „Nicht jeder Salafist wird Jihadist, aber quasi alle Jihadisten waren bzw. sind Salafisten" (Goertz 2022a, S. 46–47).

Die deutschen Verfassungsschutzbehörden definieren den islamistischen Terrorismus, den Jihadismus, wie folgt:

> „Islamistischer Terrorismus ist der **nachhaltig geführte Kampf** für islamistische Ziele, die mithilfe von **Anschlägen** auf Leib, Leben und Eigentum anderer Menschen durchgesetzt werden sollen, insbesondere durch schwere Straftaten, wie sie in § 129 a Abs. 1 StGB genannt sind, oder durch andere Straftaten, die zur Vorbereitung solcher Straftaten dienen" (LfV Bremen 2023).

Analysemerkmale des islamistischen Terrorismus sind:

> **Übersicht**
> Analysemerkmale des islamistischen Terrorismus (Jihadismus) sind:
>
> - Islamistischer Terrorismus ist der nachhaltig geführte Kampf für islamistische Ziele, die mithilfe von Anschlägen auf Leib, Leben und Eigentum erreicht werden sollen.
> - Islamistischer Terrorismus ist **kein kohärentes, eindeutiges Phänomen,** sondern eine **Strategie** mit zahlreichen unterschiedlichen Taktiken, die von sehr unterschiedlichen Akteuren in sehr unterschiedlichen politischen Situationen angewendet werden.
> - Islamistischer Terrorismus ist die strategische Wahl eines „rational" handelnden Akteurs.
> - **„Homegrown"-Terroristen** sind radikalisierte Islamisten ab der zweiten Einwanderergeneration, in europäischen Ländern geboren und/oder aufgewachsen, die aufgrund religiöser, gesellschaftlicher, kultureller und/oder psychologischer Faktoren das westliche, demokratische Verfassungssystem ablehnen.
> - Gewalt ist für den islamistischen Terrorismus **ein Mittel** in Form eines kommunikativen Aktes zur Erreichung religiös-politischer Ziele.

- Der islamistische Terrorismus ist **weltweit vertreten,** verfügt über multiple private Finanzquellen und Logistik, hat eine internationale Zielsetzung und internationale Mitglieder sowie Akteure.
- Anders als der ethno-nationale Terrorismus (ETA, IRA etc.) ist der islamistische Terrorismus durch die globale Reichweite seiner religiös-ideologischen Ausrichtung in höchstem Maße international orientiert.
- Der islamistische Terrorismus profitiert entscheidend von den Entwicklungen der Globalisierung, von **geöffneten Grenzen,** von **schwach bis gar nicht kontrollierten Grenzen** und modernen Kommunikationsmitteln.
- Die Gruppierungen und Akteure des islamistischen Terrorismus nutzen sowohl schwache und gescheiterte Staaten der sog. **zweiten und dritten Welt** (Syrien, Irak, Afghanistan, Somalia) als auch **europäische Staaten** mit strengen Bankgeheimnissen (z. B. die Schweiz und Luxemburg).
- Internationale islamistisch-terroristische Organisationen verfügen in westlichen, demokratischen Staaten über organisatorische Strukturen wie Zellen und Schläfer in ethnischen und religiösen Milieus und sind über solche Milieus auch in Konfliktregionen wie Afrika, den Nahen und Mittleren Osten und den Kaukasus vernetzt.
- Die Akteure des internationalen islamistischen Terrorismus wenden völkerrechtlich illegale taktische Mittel wie Angriffe und Straftaten gegen die Zivilbevölkerung an.
- Die Akteure des internationalen islamistischen Terrorismus tragen keine Uniformen bzw. identifizierende Abzeichen, um sich nicht als Kombattant erkennen zu geben (Goertz 2022a, S. 47–48).

5.1.2 Aktuelle Akteure

Die deutschen Verfassungsschutzbehörden gehen aktuell von etwa 28.290 **Islamisten** in Deutschland aus. Die größte Gruppe dabei stellen mit mehr als 11.900 die **Salafisten** dar. „Der Islamismus" umfasst in der Analyse der Verfassungsschutzbehörden **verschiedene Strömungen,** die sich hinsichtlich ihrer ideologischen Auslegungen, ihrer geografischen Orientierung sowie ihrer Strategien und Mittel unterscheiden. **Legalistische Strömungen** wie die „Millî

Görüş"-Bewegung versuchen über **politische und gesellschaftliche Einflussnahmen** eine nach ihrer Interpretation islamkonforme Ordnung durchzusetzen. Die Anhänger **islamistisch-terroristischer (jihadistischer) Gruppierungen** wie HAMAS und „Hizb Allah" wiederum, deren Ziel die Vernichtung des jüdischen Staates Israel ist, sind auf ihre Herkunftsregionen fokussiert und wenden schwerpunktmäßig dort **terroristische Gewalt** an. Jihadistische Gruppierungen wie der „Islamische Staat" (IS) und „Al-Qaida" sehen in ihrem Kampf für einen „Gottesstaat", für ein Neo-Kalifat, in terroristischer Gewalt ein unverzichtbares Mittel gegen „Ungläubige" und sogenannte korrupte Regime. Ihre terroristische Agenda ist global und bedroht auf internationaler Ebene viele Staaten (BMI 2022, S. 176).

5.1.2.1 Legalistische Islamisten

Die meisten Islamisten in Deutschland und Europa lehnen es nach Angaben der deutschen Verfassungsschutzbehörden ab, Gewalt zur Durchsetzung ihrer Ziele anzuwenden. **Nicht-gewaltorientierte, sogenannte legalistische islamistische Gruppen** verfolgen ihre extremistischen Ziele mit **politischen Mitteln** innerhalb der bestehenden Rechtsordnung (BLfV 2023a). So bestehen legalistische Islamisten auf einer strengen Lesart des Korans, der unabhängig von Zeit und Ort für alle Menschen gültig ist. Richtschnur sind die Weisungen, die im **islamischen Recht der Sharia** enthalten sind. Die Vorschriften der Sharia dürfen ihrer Ansicht nach nicht relativiert werden. Durch Lobbyarbeit versuchen legalistische Islamisten, Einfluss auf Politik und Gesellschaft zu nehmen. Hiermit verfolgen sie eine Doppelstrategie: Während sie sich nach außen offen, tolerant und dialogbereit geben, bestehen innerhalb der Organisationen weiterhin **antidemokratische und totalitäre Tendenzen** (BLfV 2023a). Das Ziel legalistischer Islamisten besteht darin, zunächst Teilbereiche der Gesellschaft zu **islamisieren.** Langfristig streben sie die **Umformung des demokratischen Rechtsstaats** in einen islamischen Staat an. Um ihre Ziele zu erreichen, betreiben legalistische Islamisten Kulturvereine und Moscheen, die einerseits der Werbung von Mitgliedern, andererseits der Verbreitung der Ideologie dienen. Über ihre Dachverbände versuchen sie, sich dem Staat als Sprachrohr der Muslime anzubieten, analysieren die deutschen Verfassungsschutzbehörden (BLfV 2023a).

5.1.2.2 Muslimbruderschaft

„Der Islam wird Europa erobern, ohne Schwert und ohne Kampf." (zit. n. Breuer 2019). Sehr deutlich erklärte der einflussreichste zeitgenössische Denker und Agitator der weltweiten Muslimbruderschaft Yusuf Al Qaradawi im katarischen Fernsehen, verstorben am 26.09.2022 in Qatar, was das Ziel seiner Bewegung für Europa ist. Diese Form der **friedlichen Eroberung durch Missionierung**

(„Dawa") und gezielte Einflussnahme werde von Erfolg gekrönt sein. Europa, so der Scheich, sei in einem „miserablen Zustand aus Unmoral, Materialismus und Promiskuität" und müsse vom Islam aus diesem Elend befreit werden. „Europa wird keinen Lebensretter, kein Rettungsboot außer dem Islam finden." Al Qaradawi vertrat hierbei den politischen Islam, den Islamismus. Al Qaradawi wurde wegen seiner Ansichten zu islamischen Regeln scharf kritisiert. So forderte er u.a. die Todesstrafe für Apostaten und Ehebrecher, ein Züchtigungsrecht für Ehemänner gegenüber der „ungehorsamen Ehefrau", Peitschenhiebe für Homosexuelle und Prostituierte. Weiters unterstützte er Selbstmordanschläge in Israel, auch gegen Frauen und Kinder. Die Muslimbruderschaft folgt der Sharia, der „Ordnung Gottes" und ist nach Angaben der Islamwissenschaftlerin Rita Breuer vom Bundesamt für Verfassungsschutz „zutiefst undemokratisch und Vertreterin eines politischen Islam", der mit den demokratischen Verfassungen der europäischen Staaten und den „Menschenrechten nicht vereinbar" ist (Breuer 2019).

Bis heute lautet das Motto der Muslimbruderschaft: „Gott ist unser Ziel, der Prophet ist unser Führer. Der Koran ist unsere Verfassung. Der Jihad ist unser Weg. Der Tod für Gott ist unser Wunsch" (zit. n. LfVBaWü 2023a).

Die „Muslimbruderschaft", gegründet 1928 von **Hassan al-Banna** in Ägypten, muss in ideologischer Hinsicht als die Mutterorganisation vieler islamistischer Organisationen in etwa 70 Staaten weltweit beschrieben werden. Durch Missionierung und soziale Maßnahmen will die „Muslimbruderschaft" eine islamistische Staats- und Gesellschaftsordnung auf Grundlage der Sharia errichten. Dementsprechend lehnt sie eine Trennung von Staat und Religion Damit ist ihre Ideologie im Kern verfassungsfeindlich, analysieren die deutschen Verfassungsschutzbehörden (LfV BaWü 2023).

Grundsätzlich verfolgt die Muslimbruderschaft in Europa **ihr Ziel auf legalistischem Weg**, d. h. im Rahmen der vor Ort geltenden Gesetze. Nach Angaben des Landesamtes für Verfassungsschutz Baden-Württemberg jedoch versucht die „Muslimbruderschaft", Staat und Gesellschaft zu unterwandern, um aus Schlüsselpositionen heraus ihre islamistische Agenda voranzutreiben. Mittel hierfür sind „Bildungsangebote" und soziale Projekte (LfV BaWü 2023). Die Muslimbruderschaft schließt aber die Anwendung von Gewalt zur Durchsetzung ihrer Ziele nicht dezidiert aus und sie tritt im arabischen Raum wesentlich radikaler auf. So gilt etwa die auch von der EU als Terrororganisation eingestufte Hamas als Zweig der Muslimbruderschaft.

Die Muslimbruderschaft wurde seit ihrer Gründung in Ägypten wiederholt verboten, zuletzt stufte die ägyptische Regierung sie 2013 als Terrororganisation ein. Um staatlichen Maßnahmen zu entgehen entwickelte die „Muslimbruderschaft" eine Strategie der organisatorischen Verästelung. Kleine Gruppen und Zellen

5.1 Islamismus, Salafismus und islamistischer Terrorismus

sollen den Schein einer organisatorischen Unabhängigkeit aufrechterhalten. Während des Arabischen Frühlings in Ägypten gründete die „Muslimbruderschaft" eine eigene Partei, die ab 2012 den Staatspräsidenten stellte; er verlor sein Amt im Folgejahr durch einen Militärputsch. Seit dem Verbot der Muslimbruderschaft von 2013 hat ihre Popularität stark nachgelassen und fast alle ihrer Führungspersönlichkeiten sind inhaftiert (LfV BaWü 2023).

Zur gezielten Beeinflussung in Europa lebender Muslime wurde 1997 in Dublin der **Europäische Fatwarat** (European Council for Fatwa and Research, ECFR) unter dem Vorsitz von Yusuf Al Qaradawi (siehe sein Zitat oben) gegründet. Der Fatwarat ist ein Zusammenschluss muslimischer Geistlicher, der Rechtsgutachten zur spezifischen Situation von Muslimen in Europa erstellt. Nach Angaben der Islamwissenschaftlerin Rita Breuer sind für den Europäischen Fatwarat „Dialog und Demokratie nur Mittel zum Zweck, der Blick auf die westliche Gesellschaft ist abschätzig, manchmal geradezu verachtend" (Breuer 2019). Die deutschen Verfassungsschutzbehörden stellen fest, dass die Ideologie der Muslimbruderschaft sowie die von ihr angestrebte islamistische Staatsform nicht mit demokratischen Grundprinzipien wie dem Recht auf freie Wahlen, dem Recht auf Gleichbehandlung sowie der Meinungs- und Religionsfreiheit vereinbar sind.

Die „Muslimbruderschaft" ist die **älteste und weltweit einflussreichste islamistische Bewegung** und seit den 1950er Jahren in Europa präsent und aktiv. Erschwerend für die Sicherheitsbehörden der europäischen Staaten ist, dass die meisten mit der Muslimbruderschaft in Verbindung stehenden Akteure im Westen im Bewusstsein der Beobachtung durch die Sicherheitsbehörden, die sich aus einer möglichen Verbindung zur Muslimbruderschaft ergeben kann, große Anstrengungen unternehmen, solche Verbindungen zu verheimlichen. Daher muss in Europa differenziert werden in Kern-Muslimbruderschaft, Ableger der Muslimbruderschaft sowie Muslimbruderschaft-beeinflusste Akteure. Die genaue Zahl der Mitglieder der Muslimbruderschaft und zahlreicher mit ihnen verbundenen Akteure in Europa ist nicht-öffentlich, liegt aber nach Auswertung verschiedener politikwissenschaftlicher Quellen im Bereich mehrerer Zehntausend bis Hunderttausend.

Die „**Deutsche Muslimische Gemeinschaft** e. V." (DMG) ist nach Angaben des Bundesamtes für Verfassungsschutz dem globalen Netzwerk der „Muslimbruderschaft" zuzurechnen. Wesentliche Aktivitäten der DMG und ihr nahestehender Organisationen sind die Missionierungs-, Jugend- und Bildungsarbeit, die sich an der Ideologie der „Muslimbruderschaft" orientieren. So werden zum Beispiel sogenannte Korancamps ausgerichtet. Darüber hinaus versucht sich die DMG durch ihre Öffentlichkeitsarbeit als zentraler Ansprechpartner für muslimische

Belange in Deutschland gegenüber Politik und Gesellschaft zu etablieren (BMI 2022, S. 197).

5.1.2.3 Milli Görüs

Die Milli-Görüs-Bewegung besteht in Deutschland seit ca. 1969. Die ideologischen Wurzeln der Bewegung gehen zurück auf den am 27.02.2011 verstorbenen türkischen Politiker und ehemaligen Ministerpräsidenten der Türkei, Prof. Dr. **Necmettin Erbakan.** Kerngedanken dieser Ideologie sind die Schlüsselbegriffe „Milli Görüs" (Nationale Sicht) und „Adil Düzen" (Gerechte Ordnung) (MI NRW 2023a).

In seinen Ideologieelementen ging Erbakan von zwei politischen Ordnungen aus, einer von **Menschen geschaffenen** und einer von **Gott offenbarten.** Die von Menschen geschaffene Ordnung sei **immer fehlerhaft** und führe zu Ungerechtigkeit und zur Unterdrückung der Schwachen durch die Starken; und zwar ungeachtet der konkreten Gestaltung zum Beispiel als Monarchie, sozialistischer Volksdemokratie oder als **westliche Demokratie.** Zu diesen **„nichtigen Ordnungen"** rechnete Erbakan unter anderem die ägyptischen Pharaonen, das Römische Reich sowie auch sämtliche westlichen politischen Systeme. Zu den Ordnungen, die die göttliche Wahrheit und das Recht repräsentieren, gehören – in dieser zeitlichen Abfolge – die hebräische, christliche und islamische Zivilisation. Diese seien „gerechte Ordnungen", weil sie auf der Wahrheit und Gerechtigkeit Gottes basierten, so Erbakan (MI NRW 2023a). Die **islamische Zivilisation** solle die **westliche Zivilisation** in ihrer **Vorherrschaft ablösen.** Dies ist das politische Ziel der von Erbakan gegründeten und bis zu seinem Tode von ihm geführten Bewegung Milli Görüs (MI NRW 2023a). Die Umsetzung des „Adil Düzen"-Konzepts als Ziel der politischen Bewegung Milli Görüs ist nach Angaben der deutschen Verfassungsschutzbehörden mit den Grundprinzipien der freiheitlichen demokratischen Grundordnung nicht vereinbar, da eben diese überwunden werden soll. Darüber hinaus treten antisemitische Einstellungen sowohl in der Schrift „Adil Düzen" als auch bei Äußerungen Necmettin Erbakans und einiger Milli Görüs-Funktionäre deutlich zu Tage (MI NRW 2023a).

Die von den deutschen Verfassungsschutzbehörden als **legalistisch-islamistisch** eingestufte „Milli-Görüs"-Bewegung („Nationale Sicht") will nach Angaben der deutschen Sicherheitsbehörden die westliche „Ordnung des Unrechts" durch eine „islamische gerechte Ordnung" ersetzen. Allein in Deutschland gehören ihr nach Angaben der deutschen Sicherheits- und Verfassungsschutzbehörden etwa 10.000 Personen an. Die „Islamische Gemeinschaft Milli Görüs e. V." (IGMG) in Deutschland ist im „European Council for Fatwa and Research" (ECFR) vertreten, ihre Studentenorganisation gehört dem „Forum of

European Muslim Youth and Student Organizations" (FEMYSO) an. Dies zeigt eine Affinität zur „Muslimbruderschaft" auf. Daneben bestehen Kontakte zur türkisch-rechtsextremistischen „Ülkücü-Bewegung" (Graue Wölfe).

Die „Islamische Gemeinschaft Millî Görüş" (IGMG) beschreibt sich selbst als eine islamische Religionsgemeinschaft, die das „religiöse Leben der Muslime umfassend organisieren" möchte (zit. n. Abou-Taam 2023). Nach eigenen Angaben der IGMG ist sie in 12 verschiedenen europäischen Staaten etabliert, darunter in der Schweiz, in Österreich, Deutschland, Frankreich, Italien, Belgien, in den Niederlanden und in England und hat europaweit ca. 127.000 Mitglieder. Nach eigenen Angaben besuchen ca. 350.000 Personen ihre Freitagsgebete. Sie bezeichnet sich als die „größte zivilgesellschaftliche Organisation Europas" und unterhält mit ihrer Frauen-, Jugend-, Studierenden- und Frauenjugendorganisation 2330 Zweigstellen.

5.1.2.4 Furkan-Gemeinschaft

Die Furkan-Gemeinschaft wurde 1994 in Adana (Türkei) als **Furkan Vakfı** (Furkan Stiftung) gegründet, in Deutschland ist sie seit etwa 2011 vertreten. Die Furkan Stiftung für Bildung und Dienstleistungen (Furkan Eğitim ve Hizmet Vakfı) – auch als Furkan-Gemeinschaft bezeichnet – wurde durch **Alparslan Kuytul**, einem türkischen Bauingenieur und islamischen Rechtsgelehrten, gegründet. Er ist nach Angaben der deutschen Verfassungsschutzbehörden bis heute ihre **charismatische Führungsfigur**. Die Organisation verfolgt das Ziel, die **„Islamische Zivilisation"** (Islam Medeniyeti), die wesentlich durch das islamische Recht geprägt sein soll, zu stärken und gegen andere „Zivilisationen" – hier ein Synonym für Staats- und Gesellschaftsordnungen – **durchzusetzen**. Zur Umsetzung bemüht sich die Bewegung um eine Stärkung der Ummah (Gemeinschaft der Muslime) sowie die Ausbildung und Schulung einer Vorreiter-Generation (Öncü Nesil). Sie soll als gesellschaftliche Avantgarde auf das Ziel hinwirken (MI NRW 2023b).

Die Furkan-Gemeinschaft geht davon aus, dass die **Demokratie die Rechte Gottes vereinnahme** und die Teilhabe am politischen Prozess zu Kompromissen zwinge, die im Widerspruch zu Gottes Gesetzen stünden. Solche Kompromisse dürften nach Kuytuls Verständnis jedoch keinesfalls eingegangen werden. Hier analysieren die deutschen Verfassungsschutzbehörden, dass aus dieser Auffassung eine prinzipielle Ablehnung der Demokratie resultiere, die sich auch im Verbot der Teilnahme an Wahlen widerspiegelt. Dieses politische Religionsverständnis lehnt demnach die Herrschaft des Volkes, also die Demokratie, ab und strebt eine Herrschaft Gottes, die auf der Sharia basieren soll, an. Somit stellt die Furkan-Gemeinschaft eine **islamistische Bestrebung** gegen die **freiheitliche demokratische Grundordnung** dar, analysieren die deutschen Verfassungsschutzbehörden (MI NRW 2023b).

5.1.2.5 Tablighi Jama'at

Die „Tablighi Jama'at" („Gemeinschaft der Verkündigung und Mission") wurde als islamische **Missionierungsbewegung** im Jahr 1926 durch Maulawi Muhammad Ilyas im damaligen Britisch-Indien gegründet. Die transnationale Massenbewegung mit weltweit etwa 12 Mio. Anhängern wird von einem **Führungszirkel** (Schura) sowie den drei religiösen Zentren in Bangladesch (Dhaka), Indien (Neu-Delhi) und Pakistan (Raiwind) geleitet. Das Bundesamt für Verfassungsschutz konstatiert, dass die „Tablighi Jama'at" die **Rückbesinnung** auf ein Leben gemäß Koran und Sunna predigt. Dabei orientiert sich die Gemeinschaft eng am Islamverständnis der islamischen Frühzeit. Langfristiges Ziel der „Tablighi Jama'at" ist nach Angaben der deutschen Verfassungsschutzbehörden **„die Errichtung einer islamischen Ordnung"**. Offen zugängliche Publikationen oder Internetauftritte sind im Gegensatz zu anderen islamistischen Organisationen bei „Tablighi Jama'at" kaum feststellbar. Das öffentliche Erscheinungsbild der Gemeinschaft prägen stattdessen die für ihre Anhänger verpflichtenden Missionsreisen, sogenannte Jamaate. So versucht die „Tablighi Jama'at" durch ihre weltweiten Missionierungsbemühungen vor allem unter Muslimen neue Anhänger zu gewinnen und zu einer kompromisslos an den Geboten des Islam und den Grundsätzen der eigenen Organisation angelehnten Lebensführung anzuhalten. Hier stellt das Bundesamt für Verfassungsschutz fest, dass sich das **verfassungsfeindliche Gedankengut** der „Tablighi Jama'at" über eine ausgeprägte Missionstätigkeit weiterverbreitet. „Tablighi Jama'at" überschreitet damit die Grenze zur bloßen Meinungsäußerung und **entfaltet Bestrebungen gegen** die freiheitliche demokratische Grundordnung der Bundesrepublik Deutschland (BfV 2018a, S. 91; Goertz 2022a, S. 161–162).

Die deutschen Verfassungsschutzbehörden betonen, dass die Ablehnung säkularer Prinzipien und die Abgrenzung gegenüber Nichtmuslimen im Extremfall individuelle Radikalisierungsprozesse begünstigen. So konnte beobachtet werden, dass sich Anhänger der „Tablighi Jama'at" vereinzelt dem **jihadistischen Milieu** zuwandten bzw. sich jihadistischen Organisationen direkt anschlossen. Darüber hinaus liegen den Verfassungsschutzbehörden Anhaltspunkte vor, dass die „Tablighi Jama'at" ihrerseits von jihadistischen Organisationen und Netzwerken als Rekrutierungspool genutzt wird. Die Aktivitäten der „Tablighi Jama'at" in Deutschland werden über informelle Kontakte in einem hierarchisch aufgebauten Netzwerk herausragender Akteure koordiniert. Die „Tablighi Jama'at" ist in

Berlin, Bochum, Friedrichsdorf, Hamburg, Hannover, Köln, München und Pappenheim präsent, wird aber in den Satzungen ihrer Moscheevereine nicht erwähnt. In den vergangenen Jahren fanden regelmäßig überregionale Deutschland-Treffen mit bis zu 1000 Teilnehmern statt. Ihre Ideologie vermittelt die „Tablighi Jama'at" in Gebetsräumen und Moscheevereinen mit dem Ziel, die muslimische Gemeinschaft in der Abwehr säkularer Einflüsse zu bestärken (BfV 2018a, S. 92; Goertz 2022a, S. 162).

5.1.2.6 Salafisten

Salafismus ist eine besonders fundamentalistische islamistische Ausprägung, die einen stilisierten und idealisierten Ur-Islam des siebten und achten Jahrhunderts als Vorbild für eine Umgestaltung von Staat und Gesellschaft auf der Grundlage salafistischer Interpretationen islamischer Werte und Normen anstrebt. Dabei hat der Salafismus Züge einer extremistischen Gegenkultur zur Moderne, die diese Abgrenzung von der Mehrheitsgesellschaft als elitäres Alleinstellungsmerkmal zur Stärkung der eigenen Identität nutzt. Der Salafismus ist ein besonders heterogener Phänomenbereich, der ineinander übergehende salafistische Strömungen beinhaltet. Die salafistische Szene ist amorph strukturiert. Dabei lehnen viele politische Salafisten Gewalt als Mittel zur Erreichung ihrer politischen Ziele nicht grundsätzlich ab. Jihadistische Salafisten dagegen befürworten eine offene, unmittelbare und sofortige Gewaltanwendung gegen jeden, der vom „wahren Islam" abgefallen ist. Das besonders prägende Merkmal der jihadistischen Salafisten in Europa ist ihre ideologische, organisatorische und strategisch-taktische Nähe zu internationalen jihadistischen Bewegungen wie dem „Islamischen Staat" und der Al-Qaida (Goertz 2022a, S. 162–163).

Eine salafistische Islaminterpretation strebt die „Reinigung des Islam" und die Wiederherstellung des Islam in seiner als „ursprünglich" deklarierten Form an. Salafisten wollen die Gesellschaft, in der sie leben, durch ein salafistisches Islamverständnis grundlegend verändern. Salafismus ist wie Islamismus als extremistische Ideologie zu beurteilen, die außerhalb der freiheitlich demokratischen Grundordnung steht. Die religiös-theologisch-ideologische Grundlage der unterschiedlichen salafistischen Strömungen ist im Wesentlichen gleich, was höchst problematische sicherheitspolitische Konsequenzen hat. Nach Einschätzung deutscher Verfassungsschutzbehörden werden etwa 10 bis 20 % aller Salafisten jihadistische Terroristen, 80 bis 90 % bleiben politische Salafisten. Daraus ergibt sich die Regel ‚nicht jeder Salafist wird Jihadist, aber alle Jihadisten waren bzw. sind Salafisten'. Politische Salafisten legen ihren taktischen Schwerpunkt auf die

Verbreitung ihrer islamistisch-salafistischen Ideologie durch *Dawa*, also Missionierung und Rekrutierung neuer Anhänger durch Propagandaaktivitäten (Goertz 2022a, S. 163).

Seit 2011 hat sich das Personenpotenzial der Salafisten in Deutschland verdreifacht (BMI 2018, S. 189). Die deutschen Verfassungsschutzbehörden analysieren den salafistischen Phänomenbereich als islamistische Ideologie und extremistische Gegenkultur mit einem abgrenzenden Lebensstil durch markante Alleinstellungsmerkmale (Kleidung und Sprache). Dabei wollen Salafisten eine eingeschworene Gemeinschaft mit intensivem Zusammengehörigkeitsgefühl erzeugen, was insbesondere Menschen anzieht, die sich von der Mehrheitsgesellschaft marginalisiert fühlen. Vor allem ungefestigte Personen, die auf der Suche nach einem Lebenssinn, nach Orientierung und Sicherheit sind, werden durch das klare und eindeutige salafistische Regelwerk angesprochen, welches das tägliche Leben bis in seine Details hinein bestimmt. Das Individuum wird durch salafistische Propaganda zu einem Teil einer angeblichen Elite, zum Vorkämpfer des „wahren Islam", ausgezeichnet durch seine moralische Überlegenheit gegenüber einer „Welt des Verdorbenen" (BMI 2018, S. 189).

Die salafistische Ideologie wird von den deutschen Verfassungsschutzbehörden als extremistische Gegenkultur und besonders strenge und radikale Strömung innerhalb des Islamismus analysiert. So sehen sich Salafisten als Verfechter eines ursprünglichen, unverfälschten Islam und geben vor, ihre religiöse Praxis und Lebensführung ausschließlich an den Prinzipien des Korans, dem Vorbild des Propheten Mohammed und der ersten drei muslimischen Generationen, den sogenannten „rechtschaffenen Altvorderen (Arabisch al-Salaf al-Salih), auszurichten. In dieser Konsequenz versuchen Salafisten, einen „Gottesstaat" nach ihrer Auslegung der Regeln der Sharia zu errichten, in dem die Prinzipien der freiheitlich demokratischen Grundordnung keine Geltung besitzen (BMI 2018, S. 189–190).

Der Salafismus bleibt mit 11.900 Personen weiterhin die zahlenmäßig bedeutendste islamistische Strömung in Deutschland. Im vergangenen Jahrzehnt war die salafistische Szene in Deutschland stark gewachsen. Sie wird von Männern dominiert, der Anteil der Frauen liegt bei etwa 15 %. Vor allem während der Hochphase des IS-„Kalifats" stieg die Zahl der Anhänger. In diese Zeit fielen viele öffentlichkeitswirksame Aktionen der salafistischen Szene in Deutschland, beispielsweise die öffentliche Koranverteilaktion „LIES!" der Vereinigung „Die Wahre Religion" (DWR) (BMI 2022, S. 188).

Für das erste Jahr der Corona-Pandemie stellten die deutschen Verfassungsschutzbehörden fest, dass die Sichtbarkeit salafistischer Organisationen und Gruppen wegen der Corona-Schutzmaßnahmen im öffentlichen Raum sehr begrenzt war und ein aktueller Trend eines Rückzugs ins Private zu konstatieren war. Daneben stellten die deutschen Verfassungsschutzbehörden für das Jahr 2020 eine Fragmentierung der salafistischen Szene fest. Dafür verantwortlich waren einerseits erfolgreiche Maßnahmen der deutschen Sicherheitsbehörden wie beispielsweise Verhaftungen sowie verschiedene Verbotsverfahren auf Bundes- und Länderebene. Andererseits erschwerten seit dem Frühjahr 2020 die Maßnahmen zur Eindämmung der Corona-Pandemie Zusammenkünfte und größere Veranstaltungen von salafistischen (Reise-) Predigern. Daher gab es im Jahr 2020 keine Großveranstaltungen von salafistischen Reisepredigern mehr. Weil Verantwortliche von salafistischen Moscheevereinen nach Angaben der Verfassungsschutzbehörden augenblicklich verstärkt darauf achten, verfassungsfeindliche Aussagen in Predigtinhalten zu vermeiden, finden Radikalisierungsprozesse aktuell vor allem in kleinen konspirativen, privaten Zirkeln und im Internet statt. Salafistische Propaganda wird im Internet verbreitet und konsumiert. Onlineseminare und -videos, auch von bekannten salafistischen Predigern, sind jederzeit abrufbar. Generell können salafistische Angebote im Internet sowie die Teilnahme in Chatgruppen identitätsstiftend sein. Radikalisierungsprozesse können somit ohne Szenekontakte oder mit ausschließlich virtuellen Szenekontakten vollzogen werden (BMI 2021, S. 211; Goertz 2022a, S. 166–167).

Aktuell konstatiert das Bundesamt für Verfassungsschutz jedoch, dass der Salafismus in den letzten Jahren – womöglich auch in Bezug auf die Corona-Pandemie – an Attraktivität zu verlieren scheint. Nachdem die Anhängerzahl zuletzt stagnierte, war für das Jahr 2021 erstmals ein (leichter) Rückgang des salafistischen Personenpotenzials in Deutschland zu verzeichnen. Ursachen sind unter anderem die (sicherheits-)behördlichen Maßnahmen der vergangenen Jahre – wie Vereinsverbote oder Haftstrafen gegen Szeneangehörige – sowie vor allem der Niedergang des „Islamischen Staats". Die Bürgerkriege in Syrien und im Irak waren über Jahre ein verbindendes Thema der salafistischen Szene in Deutschland und anderen europäischen Ländern. Mit dem Bedeutungsverlust des „IS" hat die salafistische Szene einen gemeinsamen ideologischen Referenzrahmen eingebüßt. Des Weiteren sind die „klassischen" Rekrutierungsinstrumente wie Islamseminare und Koranverteilungen rückläufig, führen die deutschen Verfassungsschutzbehörden aus. Die salafistischen Missionierungsaktivitäten wurden durch die Corona-Pandemie gebremst und haben sich noch weiter in den privaten Bereich verlagert. Daneben wird salafistische Propaganda weiterhin im Internet verbreitet. Beispielsweise werden Onlineseminare von bekannten salafistischen Predigern angeboten (BMI 2022, S. 189).

Die leicht rückläufige Anhängerzahl und die geringe öffentliche Präsenz der salafistischen Szene dürfen nach aktuellen Angaben des Bundesamtes für Verfassungsschutz jedoch nicht mit einem abnehmenden Gefährdungspotenzial gleichgesetzt werden. Die engen Verbindungen zwischen salafistischen Akteuren und jihadistischen Netzwerken bestehen fort. Die salafistische Szene ist hochdynamisch und kann jederzeit auf aktuelle Entwicklungen und äußere Einflüsse reagieren. In den konspirativen, privaten Zirkeln und vor allem im Internet können sich Einzelne radikalisieren, ohne dass es von den Behörden oder einer breiteren Öffentlichkeit wahrgenommen werden kann. Der Grundsatz, dass der Salafismus mehrheitlich den ideologischen Unterbau für den gewaltbereiten Jihadismus bildet, behält weiterhin seine Gültigkeit, so die deutschen Verfassungsschutzbehörden (BMI 2022, S. 190).

5.1.2.7 Islamistische Terroristen
5.1.2.7.1 HAMAS

In Deutschland verzeichnen die Sicherheitsbehörden auch eine Anhängerschaft **terroristischer Organisationen** wie beispielsweise der HAMAS und der „Hizb Allah". Beide, wenn auch mit unterschiedlichem Kontext, propagieren den **gewaltsamen Kampf gegen Israel.** Ihre Zielsetzung in Deutschland richtet sich primär an der jeweils internationalen Agenda der Organisationen aus. Dabei reichen ihre Aktivitäten von Sympathiebekundungen, Propagandaverbreitung bis hin zu **unmittelbaren Unterstützungsleistungen wie Finanzierungs- und Spendensammelaktivitäten,** wodurch die Kernorganisationen im Ausland gestärkt werden. Darüber hinaus wird die Haltung der deutschen Bundesregierung im Hinblick auf den Konflikt im Nahen Osten kritisiert und es werden teilweise **antiisraelische** und **antisemitische** Stellungnahmen beziehungsweise Äußerungen veröffentlicht (BMI 2022, S. 198).

Das Bundesamt für Verfassungsschutz analysiert, dass sich die palästinensischen Anhänger der ursprünglich ägyptischen „Muslimbruderschaft" (MB) als Reaktion auf den Ausbruch der ersten **„Intifada"** („Aufstand") der Palästinenser im Dezember 1987 zur HAMAS zusammenschlossen (BfV 2018a, S. 83–84). Sie gilt daher bis heute als Teil der Muslimbruderschaft. In ihrer Charta von 1988 forderte die HAMAS einen islamischen Staat auf dem gesamten Gebiet „Palästinas". Als Mittel dafür wurde der bewaffnete Kampf ausgerufen. Unter „Palästina" versteht die HAMAS dabei das Gebiet zwischen Mittelmeer und Jordan, weshalb davon auch das Territorium des Staates Israel umfasst wird (BfV 2018a, S. 84). Anfang Mai 2017 stellte die HAMAS gegenüber der internationalen Öffentlichkeit ein neues „Dokument allgemeiner Grundsätze und Praktiken" zur Auslegung der HAMAS-Charta vor, in der sie sich dazu etwas differenzierter äußert (u. a. wird als nationaler – palästinensischer – Konsens in Erwägung gezogen, zunächst einen palästinensischen Staat in den Grenzen von 1967 zu akzeptieren), die HAMAS hält aber ausdrücklich am Anspruch auf „Gesamtpalästina" und dem

5.1 Islamismus, Salafismus und islamistischer Terrorismus

bewaffneten Kampf fest (BfV 2018a, S. 84). Die HAMAS besteht aus verschiedenen Unterorganisationen bzw. Bereichen. Der politische Bereich ist zugleich für die Gesamtleitung der Organisation verantwortlich. Die „Izzaddin al-Qassam-Brigaden" sind federführend in **terroristische Aktivitäten** involviert, vor allem in Form von Selbstmordanschlägen gegen israelische Ziele. Vor allem aufgrund der Aktivitäten ihres sozialen Bereichs mit seinen karitativen Einrichtungen und Bildungsstätten genießt die HAMAS großen Rückhalt in der palästinensischen Bevölkerung. Das Bundesverwaltungsgericht hat in ständiger Rechtsprechung festgestellt, dass die HAMAS sich insgesamt gegen den Gedanken der Völkerverständigung richtet, unabhängig davon, ob sie im Einzelfall als politische, soziale oder terroristische Struktur in Erscheinung tritt (BfV 2018a, S. 84). Obwohl sie sich als international aktive Organisation versteht, legt die HAMAS den Schwerpunkt ihrer Aktivitäten auf das Gebiet des Gazastreifens, über den sie seit 2007 – nachdem die Sicherheitskräfte der Palästinensischen Autonomiebehörde gewaltsam vertrieben worden waren – die alleinige Kontrolle ausübt. Die aktuelle ägyptische Regierung beschuldigt die HAMAS, terroristische Aktivitäten in Ägypten zu unterstützen. Daneben hat die HAMAS durch ihr Eintreten für die syrische Opposition das Wohlwollen ihrer traditionellen Verbündeten verloren: Iran als einen wichtigen Finanzier und militärisch-logistischen Unterstützer sowie Syrien als ehemaligen Sitz des Hauptquartiers der Organisation. Westliche Staaten wie Deutschland werden von der HAMAS als Rückzugsraum betrachtet, in dem sich die Organisation darauf konzentriert, Spendengelder zu sammeln, neue Mitglieder zu gewinnen und ihre Propaganda zu verbreiten (BfV 2018a, S: 85; Goertz 2022b, S. 194–195).

5.1.2.7.2 „Hizb Allah"

Die schiitische „Hizb Allah" wurde 1982 vor dem Hintergrund des Krieges im **Libanon** auf **iranische Initiative** und mit **Unterstützung Syriens** gegründet. Zunächst operierte die „Hizb Allah" als **Guerillabewegung,** die den iranischen Revolutionsführer Ayatollah Khomeini als oberste religiöse und politische Autorität anerkannte. Im Zentrum der Aktionen und der Ideologie der Organisation standen der „Islamische Widerstand" gegen die israelische Besatzung des Südlibanon und der gewaltsame, auch mit terroristischen Mitteln geführte Kampf gegen Israel. Inspiriert vom ideologischen und religiösen Vorbild des Iran propagierte die Organisation dabei zugleich die „Islamische Revolution" und die weltweite Verbreitung des Islam (BfV 2018a, S. 79–80). Die „Hizb Allah" konnte sich dank der Unterstützung des Iran und Syriens im Libanon etablieren und ihren Einfluss weiter ausbauen. Seit dem Ende des Libanon-Krieges im Jahr 1990 wandelte sich die „Hizb Allah" von einer überwiegend **militärisch geprägten**

Organisation hin zu einer auch **institutionell, sozial und politisch agierenden Bewegung.** Seit 1992 ist die „Hizb Allah" sogar als **Partei** im libanesischen Parlament vertreten und war bislang in mehreren Kabinetten an der libanesischen Regierung beteiligt. Derart eingebunden in die politischen und gesellschaftlichen Strukturen im Libanon strebt die „Hizb Allah" nach wie vor danach, ihren Einfluss auszubauen. Sie verfügt in der schiitischen Bevölkerung über großen gesellschaftlichen Rückhalt, der vor allem auf dem sozialkaritativen Engagement der Organisation beruht (BfV 2018a, S. 79–80).

Die „Hizb Allah" unterhält den bewaffneten Arm „Islamischer Widerstand" („Al-Muqawama al-Islamiya"), der zusammen mit dem Sicherheitsdienst der Organisation für militärische Auseinandersetzungen mit Israel sowie für die Durchführung von Anschlägen, insbesondere gegen israelische und jüdische Ziele, verantwortlich gemacht wird.

Der militärische Arm der „Hizb Allah" wurde am 26.07.2013 in die EU-Terrorliste aufgenommen. Damit sind verstärkt sanktionierende Maßnahmen (z. B. Einfrieren der organisationseigenen Gelder und anderer finanzieller Vermögenswerte) gegen den militärischen Arm durchsetzbar. Die Entscheidung der europäischen Staaten, die „Hizb Allah" nicht als Ganzes auf die Terrorliste zu setzen, sollte vor allem verhindern, dass die politischen Gesprächskanäle für Verhandlungen mit der „Hizb Allah" vollständig gekappt werden. Ideologisch motiviert ist nach wie vor das Bestreben der „Hizb Allah", das Existenzrecht Israels infrage zu stellen und zur gewaltsamen Beseitigung des Staats Israel aufzurufen (BfV 2018a, S. 80).

Die Verlautbarungen der „Hizb Allah" verdeutlichen nach wie vor, dass diese als Organisation anzusehen ist, die sich **gegen das Gebot der Völkerverständigung richtet.** Diese Auffassung bestätigte auch das Bundesverwaltungsgericht in seinem Urteil vom 16. November 2015. Danach richtet sich die „Hizb Allah" insgesamt gegen den Gedanken der Völkerverständigung, unabhängig davon, ob sie im Einzelfall als politische, soziale oder terroristische Struktur in Erscheinung tritt. Sie stellt das Existenzrecht des Staates Israel offen infrage und ruft zu dessen gewaltsamer Beseitigung auf. Außerhalb des Libanon ist die „Hizb Allah" nicht einheitlich strukturiert. In Deutschland pflegen die Anhänger den organisatorischen und ideologischen Zusammenhalt meist in örtlichen Moscheevereinen. Die jüngere Anhängerschaft vernetzt sich inzwischen verstärkt über einschlägige Websites oder soziale Netzwerke (BfV 2018a, S. 82).

Am 26. März 2020 erließ das deutsche Bundesministerium des Innern ein **Betätigungsverbot** gegen die schiitische Organisation „Hizb Allah". In diesem Kontext wurden am 30. April 2020 in Berlin, Bremen und Nordrhein-Westfalen 15 Objekte in Berlin durch Polizeibehörden durchsucht, unter anderem die

Vereinsräumlichkeiten des „Al-Irschad e. V." in Berlin, der „Al-Mustafa Gemeinschaft e. V." in Bremen, der „Gemeinschaft Libanesischer Emigranten e. V." in Dortmund sowie des „Imam Mahdi Zentrums" in Münster. Die Durchsuchungen dienten nach Angaben des Bundesministeriums des Innern dem Zweck, Beweismittel für mögliche Teilorganisationsverbote gegen die Vereine aufzufinden. Das Verbot stützt sich nach Angaben des Bundesministeriums des Innern auf zweierlei: Einerseits auf das Zuwiderlaufen der Tätigkeiten der „Hizb Allah" **gegen Strafgesetze** und andererseits auf den Verstoß der Organisation gegen den **Gedanken der Völkerverständigung** (§ 3 Abs. 1 i. V. m. § 15 Abs. 1 und § 18 Satz 2 des Vereinsgesetzes). In der Verfügung wurde festgestellt, dass die Organisation nach wie vor das **Existenzrecht Israels infrage stellt** und zu dessen gewaltsamer Beseitigung aufruft (BMI 2021, S. 226). Bereits im gerichtlichen Verfahren gegen das Verbot des „Hizb Allah"- Spendensammelvereins „Waisenkinderprojekt Libanon e. V." (WKP) stellte das Bundesverwaltungsgericht am 16. November 2015 (bestätigt durch einen Beschluss des Bundesverfassungsgerichts aus dem Juli 2019) fest, dass die „Hizb Allah" in zahlreichen Veröffentlichungen und Äußerungen zum Ausdruck bringt, dass sie jedweden Kompromiss sowie eine friedliche Beilegung des Konflikts ablehnt und militärische Gewalt gegen Israel befürwortet. In der jetzigen Verbotsverfügung ist dargelegt, dass diese ideologische Grundlinie weiterhin Gültigkeit hat und durch entsprechende, aktuelle Beispiele belegt werden kann (BMI 2021, S. 227; Goertz 2022b, S. 196–198).

5.1.2.7.3 „Islamischer Staat"

Die Wurzeln des „Islamischen Staat" (IS) sind vielfältig und reichen bis ins Jahr 1999 zurück. Unter verschiedenen Namen hatten die Vorläuferorganisationen des IS über 15 Jahre lang erheblichen Einfluss auf die sicherheitspolitische Lage des Irak. Durch den Treueeid Al Zarqawis, die *bai'a*, gegenüber der **Al-Qaida** und deren Anführer **Osama bin Laden** im September 2004 entstand die **Al-Qaida im Irak**. Al Zarqawis Strategie im Irak war, durch spektakuläre terroristische Anschläge einen **Bürgerkrieg zwischen Sunniten und Schiiten** zu provozieren, was ihm spätestens im Februar 2006 durch einen Anschlag auf die den Schiiten heilige Grabmoschee von Samarra auch gelang. Am 7. Juni 2006 tötete ein US-amerikanischer Luftangriff Al Zarqawi in Baquba (Goertz 2022a, S. 169).

Kurze Zeit später, am 15. Oktober 2006, benannte sich die Al-Qaida im Irak in **„Islamischer Staat im Irak"** (ISI) um. Der ISI berief ein Kabinett ein und dieses nahm den Aufbau quasi-staatlicher Strukturen in Angriff, um die eroberten Territorien zu kontrollieren. Die dazu nötigen finanziellen Mittel verschaffte sich der ISI mit Lösegeldern, Schutzgeldern und den Einnahmen aus dem Schmuggel von Öl. Bereits in den Jahren 2006, 2007 und 2008 sollen die Einnahmen des IS 70 bis 200 Mio. US-Dollar pro Jahr betragen haben. Im August 2009 begann eine **verheerende Anschlagswelle** des ISI mit Autobombenanschlägen, die gleichzeitig das irakische Außen- und Finanzministerium trafen und über 120 Menschen töteten. Am 25. Oktober 2009 folgte ein ähnlicher Anschlag auf das irakische Justizministerium und den Sitz des Parlaments der Provinz Bagdad, dem mehr als 150 Menschen zum Opfer fielen. Am 25. Januar 2010 griff der ISI die schwer bewachten Luxushotels Sheraton, Babylon und Hamra an und tötete mindestens 36 Menschen. Kurz danach wurde der bis dahin unbekannte Iraker Abu Bakr Al Baghdadi zum Emir des ISI ernannt. Der historisch schnelle und **spektakuläre Aufstieg** des ISI ab dem Jahr 2010 war entscheidend verbunden mit der Person Abu Bakr Al Baghdadi. Zeitgleich zur Übernahme der Führung des ISI durch Al Baghdadi 2010 verbesserte sich die Lage für den ISI signifikant, weil der US-Präsident Obama die **US-Truppen im Irak drastisch reduzierte.** Ab 2010 bereitete Al Baghdadi im Irak **generalstabsmäßige Operationen** vor, die Grundlage für die Errichtung eines „islamischen Staats" sein sollten. Die Operation „Durchbrechen der Wände", die im Juli 2012 begann, hatte das Ziel, aus irakischen Gefängnissen Jihadisten und Kader des früheren Baath-Regimes zu befreien. Ende Juli 2013 begann die Kampagne „Ernte der Soldaten", die bis Juni 2014 und der Eroberung der strategisch sehr wichtigen Stadt Mossul dauerte. Das strategische Ziel der Operation „Ernte der Soldaten" bestand darin, die Moral der irakischen Armee und der Sicherheitskräfte durch gezielte Anschläge und Angriffe auf schwach besetzte Check Points sowie durch die Verwüstung von Häusern der Soldaten zu untergraben, was offensichtlich gelang. Zeitgleich zu dieser Kampagne weitete Al Baghdadi von 2013 an sein **Herrschaftsgebiet auf Syrien aus,** wo er gegenüber der rivalisierenden jihadistischen Organisation Al Nusra – ein Regionalableger der Al-Qaida – nach erbitterten internen Kämpfen die Oberhand gewann. Während das oberste Ziel der **Nusra-Front,** deren Mitglieder vor allem Syrer waren, der Kampf gegen das Assad-Regime war, stand für den ISI Baghdadis die Herrschaft des **Kalifats** und damit eine globale Agenda im Vordergrund. Spätestens die Ausrufung des Kalifats "Islamischer Staat" im Juni 2014 verdeutlichte, dass die Ziele des IS deutlich über den Irak und Syrien hinausgingen (Goertz 2022a, S. 169–170).

Seit 2011 profitierten transnationale Terroristen von den **Aufständen und Bürgerkriegen,** die auf die Proteste des „Arabischen Frühlings" in Libyen, im Jemen, in Syrien, in Ägypten und Tunesien folgten. In Libyen, im Jemen und in Syrien brachen Bürgerkriege aus, in Ägypten und in Tunesien kam es zum Sturz langjähriger Herrscher (Steinberg 2022, S. 28).

Seit dem rasanten Aufstieg des IS – der in der Proklamation des „Islamischen Staats", des Kalifats in Syrien und im Irak, im Juni 2014 kulminierte – wurde

5.1 Islamismus, Salafismus und islamistischer Terrorismus

der IS wiederholt als „neue Bedrohung", „größte Terrororganisation aller Zeiten", eine „neue Art von Terrorismus" und als **„weltweite Terrorgruppe"** bezeichnet (Burke 2015; Weiss und Hassan 2015; Cockburn 2015).

Der IS als Nachfolgeorganisation der Al-Qaida im Irak und des ISI hatte quantitativ als jihadistische Terrormiliz begonnen, aber spätestens im Sommer 2014 die Größe einer Armee – auf ihrem Höhepunkt mit 60.000 bis 70.000 Mann und teilweise auch Frauen – erreicht. Besonders hervorzuheben ist die effiziente militärische Organisation des IS. So hatte Al Baghdadi bereits im Gefängnis während der Besatzungszeit inhaftierte frühere irakische Offiziere rekrutiert, welche die Gefechtsarten Angriff, Verzögerung und Ausweichen beherrschten. Die ehemaligen Mitglieder der Al-Qaida im Irak hatten darüber hinaus jahrelange Erfahrung im Orts- und Häuserkampf und in Guerilla-Taktiken gesammelt. Dazu nahm der IS zahlreiche ehemalige Soldaten der aufgelösten irakischen Armee Saddam Husseins auf, nachdem sie gegenüber dem IS einen Treueeid abgelegt hatten (Goertz 2022a, S. 170).

Paramilitärisch-taktisch nutzte der IS eine Kombination aus **Mobilität, Terrorismus und Guerilla Warfare** (Kleiner Krieg). Als wirkungsvolle Methode hatte der IS früh damit begonnen, mit kleinen mobilen Verbänden überraschend in ein Gebiet einzufallen. Zur gleichen Zeit verübte der IS über Jahre hinweg klassische Terroranschläge, meistens gegen Schiiten. Neben diesen terroristischen Anschlägen sollten gezielte Tötungen – weltweit medial verbreitet durch Hinrichtungsvideo – sollten den Gegner zermürben (Goertz 2022a, S. 170).

Im Januar 2015 musste der IS eine erste **schwere militärische Niederlage** hinnehmen, als die Kämpfer des IS durch eine Koalition von irakischen und syrischen Kurdenmilizen aus Kobane zurückgedrängt wurden. Hierbei unterstützten internationale Luftangriffe die kurdischen Milizen in ihrem Kampf gegen die IS-Milizen. Wenige Tage später, am 7. Januar 2015, wurde das französische Satiremagazin „Charlie Hebdo" zum Ziel eines jihadistischen Anschlags, dabei starben zwölf Menschen. Einer der Attentäter erklärte in einem Video seine Loyalität zum IS. Dieser Anschlag war der Auftakt zu zahlreichen Anschlägen in Europa, verübt von Anhängern des IS. Im Mai 2015 begann das IS-Kalifat territorial zu bröckeln, doch dem IS gelang es, die irakische Stadt Ramadi und die syrische Stadt Palmyra einzunehmen. Danach sprengte der IS in Palmyra zahlreiche historisch bedeutende Bauten. 2016 geriet der IS in Syrien und Irak immer stärker unter Druck, so verlor der IS im Juni Falluja, im August die syrische Stadt Manbij, damit schwand der Einfluss des IS in Nordsyrien.

Im Jahr 2017 erlitt der IS dann eine weitere **entscheidende militärische Niederlage**. Nach monatelangen schweren Gefechten verlor der IS im Juni 2017 die Kontrolle über die irakische Stadt **Mossul**. Sechs Monate später erklärte der irakische Regierungschef den IS im Irak für **besiegt** und auch in Syrien wurde der IS immer stärker zurückgedrängt. Die wichtigste militärische Niederlage in Syrien erlitt der IS in Raqqa. Am 23. März 2019 verlor der IS den Ort Baghuz an der Grenze zum Irak, wodurch er das Territorium seines Neo-Kalifats zu nahezu 100 % verloren hatte (Goertz 2022a, S. 171).

Der „Islamische Staat" war im Irak durch eine Koalition der irakischen Zentralregierung, lokaler Kurdenmilizen, schiitischer Milizen sowie der USA **besiegt worden**. In Syrien wiederum durch syrische Kurden und Unterstützung der USA einerseits sowie Assad-Truppen sowie russische Unterstützung (u. a. „Gruppe Wagner") andererseits (Steinberg 2022, S. 28).

Der „Islamische Staat" wurde im Frühjahr 2019 von verschiedenen Politikern und Medien für tot und besiegt erklärt. Der „Islamische Staat" als Neo-Kalifat hatte im Jahr 2019 nahezu sein gesamtes Territorium verloren, jedoch war der IS als terroristische Organisation nie tot, nie besiegt. „Wir haben 100 % des IS-Kalifats ausgelöscht", brüstete sich der damalige US-Präsident Donald Trump im August 2019. Doch während das **Neo-Kalifat** des IS tatsächlich nicht mehr existiert, lebt der IS als **islamistisch-terroristische Organisation** auch ohne eigenes Staatsgebiet weiter.

Im Herbst 2020 wurde der selbsternannte Kalif des „Islamischen Staats" (IS), Abu Bakr Al Baghdadi, von US-Spezialkräften in Syrien getötet. Im März 2019 hatte der IS das letzte von ihm kontrollierte Dorf an der Grenze zum Irak verloren. 2019 und 2020 kontrollierte der IS keine Territorien mehr im Sinne eines Neo-Kalifats. Doch der IS als jihadistische Organisation erstarkte im Laufe des Jahres 2020 wieder, sowohl in Syrien als auch im Irak. In Syrien fand der IS vor allem in der Badia-Wüste westlich des Euphrats ein Rückzugsgebiet, von dem aus er regelmäßige Anschläge und Angriffe verübt. Im Zeitraum von März bis Oktober 2020 töteten die Kämpfer des IS nach Angaben der Syrischen Beobachtungsstelle für Menschenrechte über 900 Soldaten der syrischen Streitkräfte von Assad. Bei Gefechten im Oktober 2020 kam die syrische und russische Luftwaffe zum Einsatz (Weisflog 2020).

Auch im Irak konnte der IS im Verlauf des Jahres 2020 seine Aktivitäten deutlich ausweiten. Verübte der IS in den ersten drei Monaten des Jahres 2019 im Irak noch 292 Angriffe, waren es im Frühjahr 2020 bereits 566. Dabei suchten die Jihadisten auch wieder direkte Gefechte mit irakischen Sicherheitskräften. Strategisch versucht der IS im Irak die irakische Armee und proiranische Milizen mit Überfällen zu einem Rückzug in die Städte und gefestigte Stützpunkte zu zwingen, um die **ländlichen Gebiete** zu **beherrschen**. Der IS nutzte die Eskalation zwischen den US-Truppen und den proiranischen Milizen im Irak, in deren Zusammenhang es immer wieder zu Raketenangriffen auf US-Stellungen kam.

5.1 Islamismus, Salafismus und islamistischer Terrorismus

So mussten u. a. Überwachungsmittel, die für den Kampf gegen den IS gedacht waren, zum Schutz der US-Truppen vor den proiranischen Milizen eingesetzt werden.

In **Afghanistan** ist der IS als jihadistische Organisation seit Anfang 2015 aktiv, zunächst als kleine Terrormiliz, die sich als Ableger des im Irak und in Syrien ausgerufenen Neo-Kalifats verstand. Mittlerweile verfügt der IS am Hindukusch über mehrere tausend Kämpfer, unter ihnen Jihadisten aus **Usbekistan** und anderen zentralasiatischen Ländern, aus **Indien,** dem **Nahen Osten** und **Tschetschenien.** Das Kerngebiet des IS in Afghanistan ist die Gebirgsregion im Norden des Landes. Die meisten IS-Angriffe erfolgten in den Provinzen Nangarhar und Kunar sowie in der Hauptstadt Kabul. Anschlagsziele des IS waren immer wieder **schiitische Moscheen** und Versammlungen. Im März 2020 wurde durch einen IS-Anschlag auf eine Gedenkzeremonie für einen politischen schiitischen Führer mehr als 30 Menschen getötet. Bei einem Anschlag des IS auf einen Sikh-Tempel Ende März 2020 starben 25 Zivilisten (Goertz 2022a, S. 172–173).

Der IS existiert als Nachfolgeorganisation der Al-Qaida bereits seit 1999 und hat zu Beginn des 21. Jahrhunderts nach 9/11 Al-Qaida als die größte und einflussreichste islamistische Terrororganisation weltweit abgelöst. Seit Anfang des 21. Jahrhunderts nahm er entscheidenden Einfluss auf die Innere Sicherheit in **Syrien** und im **Irak** und gründete im Sommer 2014 ein Neo-Kalifat auf Territorien der Staaten und Syrien in der Größe von Großbritannien. Auf ihrem Höhepunkt hatte die Armee des IS bis 70.000 Mann und teilweise auch Frauen. Seither hat er u. a. Anhänger und Dependancen im Kaukasus, in Bangladesch, den Philippinen, in Nigeria, Pakistan und Afghanistan. Die **jihadistische Ideologie und Strategie** haben auch die militärisch-territoriale Niederlage des IS in Syrien und im Irak bis 2020 überdauert und auch durch die Corona-Krise konnte er im Jahr 2020 in Syrien und im Irak wiedererstarken. Die Ideologie des IS wird noch viele Jahre weltweit präsent sein, in der sog. zweiten und dritten Welt tausende Anhänger mobilisieren und in der sog. westlichen Welt Einzeltäter, Zellen und Gruppen radikalisieren (Goertz 2022a, S. 173).

Seit 2019 befinden sich die jihadistischen Großorganisationen Al-Qaida und der „Islamische Staat" in einer Schwächephase, diese beiden Großorganisationen sind fragmentiert. So gründete der „Islamische Staat" ab 2014 in **Afghanistan, in Libyen, Ägypten, Jemen, der Sahara und der Sahelzone, dem Kaukasus** und gar auf den **Philippinen** Regionalorganisationen, „Provinzen" (wilayat) genannt. Die Regionalorganisationen des IS konkurrieren allerdings mit verschiedenen Gruppierungen der Al-Qaida (Steinberg 2022, S. 29).

Der „Islamische Staat" ist seit Jahren mit seiner Propaganda über soziale Medien aktiv und versucht, Unterstützer für sich zu gewinnen und sie zu Anschlägen in ihren Heimatregionen zu bewegen, also auch in Europa. Der Westen zählt zum klassischen Feindbild des IS. Der Konsum **gewaltorientierter Propaganda** trägt nach Einschätzung der deutschen Sicherheitsbehörden unverändert maßgeblich zu einer Radikalisierung der zumeist jungen, männlichen Täter bei. So habe die jihadistische Propaganda des IS und von der Al-Qaida sowie ihrer Anhänger und Sympathisanten hat auch im Jahr 2021 sowohl qualitativ als auch quantitativ ein hohes Niveau gehalten. Immer wieder kam es zu Anschlagsdrohungen gegen europäische Länder (BMI 2022, S. 177–178).

Zusammenfassend zur terroristischen Bedrohung, die vom „Islamischen Staat" für westliche Demokratien, vor allem Europa ausgeht: Die terroristische Bedrohung in Europa geht aktuell vorwiegend von **jihadistisch inspirierten oder angeleiteten Einzeltätern sowie Kleinstgruppen** mit einfachen und leicht zu beschaffenden Tatmitteln aus – darunter vor allem Messer. In den vergangenen Jahren waren Anschläge von Einzeltätern der dominierende Anschlagstyp und sind nach wie vor ein fester Bestandteil der terroristischen Gewaltstrategie. Gleichzeitig allerdings analysieren die deutschen Verfassungsschutzbehörden seien „koordinierte, komplexe, langfristig geplante Anschläge auch in Deutschland weiter jederzeit denkbar" (BMI 2022, S. 177–178).

5.1.2.7.4 Al-Qaida

Al-Qaida, (Arabisch, übersetzt **„die Basis", „das Fundament"**) ist ein weltweit operierendes jihadistisches Netzwerk unterschiedlicher regionaler jihadistischer Ableger. Weltweite Bekanntheit erlangte Al-Qaida mit dem Anschlag auf das **World Trade Center** 1993. Der Bombenanschlag am 26.02.1993 tötete sechs Personen und verletzte über 1000 Menschen. Dieser Anschlag war der **erste islamistische Terroranschlag** auf dem Territorium der USA. Spätestens die jihadistischen Anschläge am 11. September 2001 in New York und Washington D.C. verdeutlichten der Welt, vor allem der „westlichen Welt", das terroristische Bedrohungspotenzial, das von der Al-Qaida ausgeht. Die beiden Anschläge der Al-Qaida auf die US-Botschaften in Nairobi, Kenia und Daressalam, Tansania, am 7. August 1998 – mit 257 Toten und über 5000 Verletzten – und der Anschlag auf das US-Kriegsschiff *USS Cole* im jemenitischen Hafen von Aden am 12. Oktober 2000 – ein mit Sprengstoff beladenes Schlauchboot riss ein metergroßes Loch in den Rumpf des Schiffs, 17 US-Soldaten wurden getötet – hatten bereits Jahre zuvor den Sicherheitsbehörden der USA und englischsprachigen Politikwissenschaftlern das Bedrohungspotenzial der Al-Qaida verdeutlicht. Spätestens seit den Terroranschlägen des 11. September 2001 ist die Al-Qaida ein *global* *player* in den Bereichen der Inneren und Äußeren Sicherheit zahlreicher Staaten (Goertz 2022a, S. 174).

Die Al-Qaida als **jihadistische Organisation** hat ihre Wurzeln in der ersten islamistischen Bewegung, der 1928 in Ägypten gegründeten **Muslimbruderschaft**. Aus der ägyptischen Muslimbruderschaft entstanden regionale Jihad-Organisationen, wie beispielsweise die Hamas in Israel/Palästina und der „Islamische Jihad" in Ägypten. Zwei Prediger der Muslimbruderschaft mit einer universitären islamisch-theologischen Ausbildung, Dr. **Abdullah Azzam** und **Mohammed Qutb** – der Bruder des noch bekannteren Islamisten der ersten Stunde, **Sayyid Qutb** – hatten seit den 1970er Jahren Lehrstühle an der König-Abdul-Aziz-Universität in Jiddah, Saudi-Arabien. An der gleichen Universität studierte Osama bin Laden und wie viele seiner Kommilitonen trat auch Osama bin Laden der Muslimbruderschaft bei. In den Personen Abdullah Azzam und Mohammed Qutb fand bin Laden Mentoren und Vorbilder. Diese drei Personen stellen eine personelle Brücke von Saudi-Arabien zum Afghanistan-Krieg der 1980er Jahre gegen sowjetische Truppen dar. Die Organisation, die Strategie und Taktiken des **„afghanischen Jihad"** der 1980er Jahre war das Vorbild für die Al-Qaida des 20. Jahrhunderts. Zahlreiche weitere regionale Kleinkriege des 20. und frühen 21. Jahrhunderts mit Beteiligung internationaler Jihadisten wurden von dieser nach dem Vorbild Afghanistans unterwandert und internationalisiert: Bosnien, Tschetschenien, Südostasien, Somalia, ab 2003 der Irak und seit 2011 Syrien (Goertz 2022b, S. 19).

Seit der Umbenennung von **„Salafistische Gruppe für Predigt und Kampf"** (GSPC) zu „Al-Qaida im islamischen Maghreb" im Januar 2007 wandelte sich diese von einer rein nationalen, auf Algerien beschränkten jihadistischen Organisation zu einer überregional aktiven Organisation mit teilweise global-jihadistischen Zielen. Ihr Operationsgebiet sind die Maghreb-Staaten (im Sinne der **„Al-Qaida im islamischen Maghreb"** sind damit Tunesien, Algerien, Marokko, Libyen, Mauretanien, Mali und Niger gemeint) beziehungsweise der westafrikanische Teil der Sahelzone, vor allem der Norden Malis. In Mali agiert sie gemeinsam mit weiteren kleinen, regional geprägten jihadistischen Gruppierungen und mit sympathisierenden Tuareg-Stämmen der Region seit März 2017 unter der einheitlichen Bezeichnung „Jama'at Nasr al-Islam wal Muslimin" (JNIM) (BMI 2021, S. 233; Goertz 2022a, S. 175).

Im Januar 2009 verbündeten sich die **„Al-Qaida im Jemen"** und „Al-Qaida"-Kräfte aus **Saudi-Arabien** zu **„Al-Qaida auf der Arabischen Halbinsel"** (AQAH). Dadurch konnte die bis dahin ausschließlich im Jemen aktive „Al-Qaida im Jemen" ihren terroristischen Aktionsradius auf **Saudi-Arabien** erweitern. Ihr

Ziel ist die Errichtung eines islamistischen Staates auf der Arabischen Halbinsel. Seit ihrer Gründung hat die AQAH ihre operative Handlungsfähigkeit durch Anschläge und Anschlagsversuche unter Beweis gestellt. Ziele waren unter anderem der internationale Luftverkehr und staatliche Einrichtungen auf der Arabischen Halbinsel (BMI 2021, S. 235; Goertz 2022a, S. 175).

„**Al-Shabab**" trat erstmals 2006 als Sammlungsbewegung militanter Anhänger der entmachteten „Union islamischer Gerichtshöfe" in Somalia in Erscheinung. Im Februar 2012 wurde „Al Shabab" zudem von der Kern-„Al-Qaida" als regionaler Ableger in **Ostafrika** anerkannt. Neben Überfällen auf polizeiliche und militärische Kontrollstellen in weiten Teilen Somalias sind ebenso komplexe Anschläge auf von westlichen Personen besuchte Einrichtungen in der somalischen Hauptstadt Mogadischu, aber auch im benachbarten Kenia durch „Al Shabab" zu verzeichnen. Im Januar 2020 griff „Al Shahab" einen kenianischen Militärstützpunkt an. Dabei starben drei US-Amerikaner. Mitte August 2020 verübte „Al Shabab" einen Anschlag auf ein Hotel in Mogadischu. Ein Selbstmordattentäter sprengte die Tore der Hotelanlage mittels einer Autobombe. Im Anschluss stürmten Terroristen das Hotel und nahmen Geiseln. Während des folgenden Feuergefechts wurden alle „Al Shabab"-Kämpfer und elf Geiseln getötet (BMI 2021, S. 236; Goertz 2022a, S. 175–176).

Das Bundesamt für Verfassungsschutz analysiert aktuell, dass die von Osama bin Laden gegründete Al-Qaida ein **islamistisches Regime** zumindest in den mehrheitlich von Muslimen bewohnten Ländern und darauf aufbauend eine **globale Ausdehnung** anstrebt. Ihr Kampf gilt sowohl dem „**äußeren Feind**" (dem westlichen Einfluss, insbesondere den USA und Israel) als auch dem „**inneren Feind**" (sogenannten unislamischen Regierungen im Nahen und Mittleren Osten sowie in Nordafrika). „Al-Qaida" versteht sich dabei als Avantgarde einer internationalen jihadistischen Bewegung. Das weltweite Netzwerk von Regionalorganisationen und klandestinen Unterstützerstrukturen besteht – trotz internationalen militärischen und nachrichtendienstlichen Gegenmaßnahmen – seit Jahren fort. „Al-Qaida" und der „Islamische Staat" konkurrieren um den Einfluss und die Deutungshoheit bei Jihadisten weltweit (BMI 2021, S. 232; Goertz 2022a, S. 176).

Die „Al-Qaida" und der „Islamische Staat" waren und sind *die* **jihadistischen Großorganisationen,** die sowohl in arabischen, asiatischen und afrikanischen Staaten als auch in der demokratischen, westlichen Welt operieren und über Tausende Unterstützer verfügen. Die Al-Qaida entwickelte sich nach dem 11. September 2001, als Reaktion auf die staatlichen Gegenmaßnahmen von einer hierarchisch geführten Organisation zu einem System aus Zellen und Einzeltätern.

5.1 Islamismus, Salafismus und islamistischer Terrorismus

Der „Islamische Staat" entwickelte sich aus einer Nachfolge-Organisation der Al-Qaida zunächst zu einer jihadistischen Organisation, dann zu einer Guerilla mit para-militärischen Fähigkeiten im Irak, danach auch in Syrien und existierte ab Juni 2014 als Neo-Kalifat und Quasi-Staat. Die militärischen Niederlagen seit 2016 und verstärkt im Jahr 2017, verbunden mit dem Verlust strategischer Städte, bedeuten allerdings keineswegs das Ende des „Islamischen Staats" als jihadistischer Großorganisation, sondern hat im Umkehrschluss eine Intensivierung der terroristischen Strategien und Taktiken, sowohl in der „islamischen Welt" als auch in der westlichen Welt zur Folge. Auch auf der Ebene eines Neo-Kalifats ist mittelfristig keinesfalls ausgeschlossen, dass der IS weiterhin über Territorien und Menschen regieren wird (Goertz 2022a, S. 176–177).

Das Internet-Magazin der Al-Qaida ist INSPIRE. Erschienen sind dort u. a.:

- INSPIRE Issue No. 1 „The Schools of Jihad"
- INSPIRE Issue No. 2 „The Open Fronts & The Individual Initiative"
- INSPIRE Issue No. 4 „The Military Theory of Open Fronts"
- INSPIRE Issue No. 5 „Individual Terrorism Jihad and the Global Islamic Resistance Units"
- INSPIRE Issue No. 6 „Practical Steps for Partaking in Individual Jihad"

Dort wird auf einer taktisch-operativen Ebene eine Dezentralisierung und Individualisierung des Jihad als neuem Jihad propagiert (Goertz 2021b, S. 37).

In Afghanistan feierte das Bündnis der Taliban und der Al-Qaida mit dem Rückzug der NATO und anderer NATO-Truppen im August 2021 und der zweiten Machtübernahme in Afghanistan einen epochalen Sieg (Steinberg 2022, S. 29). Die Taliban und die Al-Qaida sind jedoch mit dem Ableger des IS in Afghanistan, **„Provinz Khorasan"** verfeindet. Dieser verübte in den Jahren 2021 und 2022 immer wieder groß angelegte Anschläge mit sehr vielen Toten und Verletzten. Im Nordwesten Syriens übernahm die ehemals mit Al-Qaida verbündete Organisation Hai'at Tahrir Al Sham (HTS) 2021 die Kontrolle über Teile der Provinz Idlib und Aleppo.

Aus der **(zweiten) Machtübernahme** der Taliban in **Afghanistan** im August 2021 ergaben sich nach Auffassung der deutschen Sicherheitsbehörden bisher keine direkten Auswirkungen auf die jihadistische Szene in Deutschland im Sinne einer konkreten Planung jihadistischer Anschläge. Die Machtübernahme durch die Taliban fand jedoch Eingang in die Propaganda islamistischer wie jihadistischer Gruppierungen. Sollten **jihadistische Organisationen, Gruppen** und **Zellen** – allen voran Al-Qaida – die Möglichkeit erhalten, in Afghanistan terroristische Aktivitäten gegen westliche Staaten zu planen, werde dies mittelbis langfristig auch die Gefährdungssituation in Europa beeinflussen, so das Bundesamt für Verfassungsschutz aktuell (BMI 2022, S. 187).

5.1.3 Aktuelle Trends

5.1.3.1 Online-Radikalisierung

Das **Internet** und die **Telekommunikation** sind von entscheidender, historischer Bedeutung für den **Islamismus, Salafismus** und **Jihadismus** des 21. Jahrhunderts. Das Internet dient islamistischen, salafistischen und jihadistischen Organisationen, Netzwerken, Gruppen und Einzelpersonen als virtuelle Universität mit zahlreichen und heterogenen Inhalten.

Innerhalb der sozialwissenschaftlichen Forschung besteht Konsens, dass die technologischen Möglichkeiten des Internets aktuell und in der Zukunft von vitaler Bedeutung für Islamismus und Jihadismus sind. Manche Studien analysieren die Existenz des Internets gar als Voraussetzung dafür, dass eine internationale jihadistische Organisation wie Al Qaida bereits länger als 25 Jahre existiert (Archetti 2015, S. 49–49; Theohary und Rollins 2011). Unbestritten ist ebenfalls, dass der „Islamische Staat" (IS) ohne das Internet und die sozialen Medien nicht solch dramatisch viele europäische Anhänger als *foreign fighters* für seine Ziele in Syrien und im Irak und für terroristische Anschläge in westlichen Staaten hätte gewinnen können. Auch bezeichneten zahlreiche jihadistische Prediger und Anführer das Internet, den *cyber jihad* bzw. den *electronic jihad* als entscheidendes Mittel im weltweiten Kampf für den Jihad (Atayf 2012).

Das Internet ist aktuell das wichtigste und am häufigsten benutzte **Kommunikations- und Propagandamedium** der islamistischen und jihadistischen Szene, weil es grenzüberschreitend schnelle Kommunikation und Interaktion sowie eine Teilhabe an Personenschicksalen und Ereignissen an weit entfernten Jihad-Schauplätzen ermöglicht. Islamisten, Salafisten und Jihadisten nutzen das Internet seit Beginn des 21. Jahrhunderts – verbunden mit der weltweiten Reichweite der sozialen Netzwerke – intensiv für die Verbreitung islamistischer und jihadistischer Propaganda und für die Rekrutierung und Ausbildung neuer Anhänger, Unterstützer und Täter. Sowohl internationale jihadistische Großorganisationen wie die Al-Qaida und der „Islamische Staat" als auch regional bzw. landesweit operierende jihadistische Gruppen nutzen die sozialen Medien intensiv.

Die islamistischen, salafistischen und jihadistischen Websites bedienen im Wesentlichen folgende Funktionen:

5.1 Islamismus, Salafismus und islamistischer Terrorismus

- Propaganda, Information/Desinformation, *Publicity*
- Rekrutierung, Motivation und Radikalisierung
- Schulung und Ausbildung in taktisch-operativen (terroristischen) Inhalten
- Schulung und Ausbildung in Inhalten wie dem Bau von Unkonventionellen Spreng- und Brandvorrichtungen (USBV) („Bombenbau", Umgang mit Sprengstoff)
- Finanzierung
- *Social Networking*
- *Data Mining*
- Kommunikation und Steuerung für taktisch-operative Schritte (Anschläge, Attentate, Aktionen)
- Psychologische Kriegsführung
- Elektronische Angriffe (Goertz 2021b, S. 124).

Islamistische, salafistische und jihadistische Internetinhalte werden von **EUROPOL** als **Schlüsselfaktoren** der Verbreitung von islamistischer **Propaganda** und **Selbstradikalisierung** bewertet (EUROPOL 2022, S. 3).

Das **beherrschende Thema** der jihadistischen Internetpropaganda waren im Jahr 2021 die Machtübernahme der Taliban in Afghanistan im August 2021, die besonders von Anhängern der Al-Qaida online stark begrüßt wurde. Die arabischsprachige jihadistische Propaganda wird nach wie vor vom „Islamischen Staat" und in geringerem Maße von Al-Qaida dominiert, erklärt das Bundesamt für Verfassungsschutz aktuell (BMI 2022, S. 190–191).

Einerseits stellen die deutschen Verfassungsschutzbehörden fest, dass der Fokus der jihadistischen Propaganda in den letzten Jahren auf Regionen außerhalb Europas lag. Andererseits wurden kürzlich jedoch auch jihadistische Drohungen im Internet gegen europäische Länder festgestellt, darunter auch Deutschland. Die **Quantität und Qualität** der jihadistischen Propaganda stufen die deutschen Verfassungsschutzbehörden **unverändert** als **hoch** ein. In Bezug auf die Nutzung neuer Plattformen und die Anwendung von Verschlüsselungstechniken hätten die Jihadisten Anpassungsfähigkeit bewiesen (BMI 2022, S. 191).

Im Jahr 2021 schaffte es der „Islamische Staat" (IS) nach einer Phase behördlicher Löschungen, die arabischsprachige Propaganda auf **Messengerdiensten** wie **rocket.chat, hoop.me, element.io** und über die sozialen Medien neu zu verbreiten. Die Kernprodukte der offiziellen IS-Propaganda wie beispielsweise das Onlinemagazin **„Al-Naba"** und Meldungen der Nachrichtenagentur **„Amaq"** werden regelmäßig und in zahlreichen Übersetzungen unter anderem auf Englisch, Französisch, Italienisch und Indonesisch verbreitet. Etliche IS-nahe Medienstellen unterstützen dabei die offizielle IS-Propaganda mit eigenen Videos und Onlinemagazinen, führt das Bundesamt für Verfassungsschutz aus. Ein Beispiel hierfür ist die englischsprachige Internetpublikation der IS-Unterstützerszene Südasiens „**Voice of Hind**". Wiederkehrende Inhalte der jihadistischen Internetinhalte sind Anleitungen zur Herstellung von Sprengstoff sowie Anschlagsszenarien (BMI 2022, S. 191).

Die Bürgerkriege und Konflikte im Nahen Mittleren Osten, in Afrika und Asien spielen seit Jahren eine wesentliche Rolle in den propagandistischen Narrativen der jihadistischen Großorganisationen. Darunter u. a. die Themen IS-Gefangene im Irak und in Syrien (EUROPOL 2022, S. 31). IS-Unterstützter versuchten in den letzten Jahren auch, ihre Präsenz auf den Mainstreamplattformen Instagram und Facebook auszubauen.

Die Al-Qaida strebt aktuell an, das Engagement Frankreichs in Nordafrika und der Sahelzone zu diskreditieren und griff daneben den französischen Präsidenten Macron dafür an, dass er 2020 den Nachdruck von Mohammed-Karikaturen befürwortet hatte. Als Vergeltungsmaßnahmen hierfür rief Al-Qaida dazu auf, in Frankreich und anderen Ländern der EU jihadistische Anschläge zu verüben (EUROPOL 2022, S. 32).

„**Al-Qaida auf der Arabischen Halbinsel**" (AQAH) veröffentlichte im Juni 2021 nach mehr als vier Jahren wieder den „**INSPIRE GUIDE**". Darin werden Anleitungen gegeben, wie potenzielle **Attentäter Züge entgleisen** lassen können, wie man einfache **Unkonventionelle Spreng- und Brandvorrichtungen** (auch IED, **Improvised Explosive Device**, genannt) baut oder Anschläge bestmöglich auf sozialen Medien in Szene setzt. Anlässlich des 20. Jahrestags der Anschläge vom 11. September 2001 gab die „Al Qaida"-nahe Medienstelle „**Jaish al-Malahim al-Iliktruni**" eine Sonderausgabe des Onlinemagazins „**Die Wölfe von Manhattan**" heraus. Die Publikation mit dem Titel „11. September. Könnten wir es nicht wiederholen?" war im Vorfeld angekündigt worden. Darin werden Islamisten, vor allem in westlichen Ländern und den Ländern, die diplomatische Beziehungen mit Israel unterhalten, dazu aufgerufen, Flugzeuge zu entführen und in „geeignete Ziele" zu lenken. Außerdem werden Hinweise zur Planung und Durchführung von Anschlägen gegeben (BMI 2022, S. 191–192).

In der deutschsprachigen jihadistischen Propaganda identifizieren die deutschen Sicherheitsbehörden jeweils „IS"- sowie „Al Qaida"-nahe Strömungen, wobei die Grenzen häufig fließend seien. Ein beherrschendes Thema in der deutschsprachigen jihadistischen Propaganda waren der Abzug der internationalen Truppen aus Afghanistan und die anschließende Machtübernahme durch die Taliban im August 2021, so das Bundesamt für Verfassungsschutz (BMI 2022, S. 192).

5.1.3.2 Entwicklungstendenzen im islamistischen Terrorismus

„Die Bedrohungslage durch den Islamismus ist unverändert hoch. Wir müssen jeden Tag auch in Deutschland mit einem islamistischen Anschlag rechnen. Die Sicherheitsbehörden in Deutschland sind daher wachsam und werfen einen sehr scharfen Blick auf die uns bekannten Gefährder." Der Präsident des Bundesamtes für Verfassungsschutz, Thomas Haldenwang (BfV 2023a).

Die Länder **Europas** als Teil der westlichen Staatengemeinschaft stehen seit dem 11. September 2001 anhaltend im Fokus des islamistischen Terrorismus. Während bereits in den Jahren 2004 und 2005 in Madrid und London schwere Anschläge in Europa erfolgten, blieb Deutschland noch einige Jahre von Anschlägen verschont. Zwar versuchten bereits 2006 islamistisch motivierte Täter, Sprengsätze in **Regionalzügen** der **Deutschen Bahn** zur Explosion zu bringen, allerdings detonierten diese Sprengsätze aufgrund fehlerhafter Konstruktionsweise nicht. Seit langer Zeit besteht in Deutschland eine hohe Gefährdungslage durch islamistische terroristische Anschläge. Seit 2015 gab es insgesamt zehn islamistisch motivierte Anschläge in Deutschland. Analog zur Hochphase des **„IS-Kalifats"** und der Häufung von jihadistischen Anschlägen auch in anderen europäischen Ländern fanden alleine sechs der bisher zehn jihadistischen Anschläge in Deutschland im Jahr 2016 statt: Dabei war der Anschlag auf den Weihnachtsmarkt am Berliner Breitscheidplatz mit zwölf Toten und über 50 Verletzten der bislang folgenschwerste Anschlag in Deutschland (BfV 2023e).

Die deutschen Verfassungsschutzbehörden analysieren aktuell, dass die **Gefährdung** durch den islamistischen Terrorismus in **Deutschland** sowie für deutsche Interessen und Einrichtungen **weltweit fortbesteht.** So verfolgten sowohl die jihadistischen Großorganisationen „Islamischer Staat" und „Al-Qaida" als auch kleine Gruppierungen und Einzeltäter weiterhin unvermindert das Ziel, **Terroranschläge und Attentate** zu verüben, weltweit. Die deutschen Verfassungsschutzbehörden konstatieren, dass jihadistische Einzeltäter der dominierende Anschlagstyp der terroristischen Gewaltstrategie der letzten Jahre waren. Gleichzeitig seien **„koordinierte, komplexe, langfristig geplante Anschläge auch in Deutschland weiter jederzeit denkbar"** (BMI 2022, S. 177). In Bezug auf aktuelle Fälle der jüngsten Vergangenheit führt das Bundesamt für Verfassungsschutz aus, dass bei einigen Angriffen in Deutschland unklar sei, ob die Täter aus einer islamistischen Motivation heraus oder aufgrund einer psychischen Erkrankung gehandelt haben (BMI 2022, S. 177).

EUROPOL stellt aktuell fest, dass **jihadistische Einzeltäter** im Augenblick die statistisch-wahrscheinlichste Anschlagsgefahr darstellen. So wurden die drei jihadistischen Attacken im Jahr 2021 in der EU von drei Einzeltätern verübt, in Deutschland, Frankreich und Spanien. Acht jihadistische Anschläge wiederum wurden im Jahr 2021 durch die Sicherheitsbehörden von sechs EU-Staaten, darunter auch Deutschland, verhindert. Im Jahr 2020 waren noch 14 von den Sicherheitsbehörden verhindert worden, 2019 waren es noch 18 (EUROPOL 2022, S. 21).

260 Verdächtige wurden im Jahr 2021 in der EU im Kontext von islamistischem Terrorismus festgenommen, vornehmlich in den Bereichen Mitgliedschaft in einer terroristischen Vereinigung und Vorbereiten eines Anschlags. Hierbei stellt EUROPOL fest, dass unter den verhinderten Anschlägen auch **komplexere Anschlagsszenarien** waren (EUROPOL 2022, S. 21).

Seit dem 11. September 2001 haben Bundesinnenminister in Deutschland 19 islamistische bzw. salafistische Vereinigungen in Deutschland verboten, hinzu kommen weitere Verbote von islamistischen bzw. salafistischen Vereinen durch die Innenbehörden der Länder. Dies wirkte sich nach Angaben des Bundesamtes für Verfassungsschutz vor allem auf die **salafistische Szene** aus, die als „**Durchlauferhitzer**" für den jihadistischen Terrorismus gilt. Lange Zeit wurde der Salafismus als die am schnellsten wachsende islamistische Szene charakterisiert. Von ihm ging eine besondere Dynamik aus. Die Wirkung dieser Verbotsmaßnahmen beeinträchtigte die Strukturen der gewaltbereiten salafistischen Szene in Deutschland nach Einschätzung der deutschen Verfassungsschutzbehörden erheblich. Hinzu kommt, dass die deutschen Sicherheitsbehörden seit der Hochphase des „Islamischen Staats" 2016 heute zahlreiche islamistisch motivierte Ausreisen in „**Jihad-Schauplätze**" (vor allem Syrien und Irak) verhindern konnten. Doch die anhaltenden Krisenherde im Nahen und Mittleren Osten sowie in Nordafrika liefern weiterhin den Nährboden für **islamistische Mobilisierung,** so die Einschätzung der deutschen Verfassungsschutzbehörden. Die Machtübernahme der Taliban in Afghanistan könne sich maßgeblich auf den Phänomenbereich und die künftige Entwicklung des IS und Al-Qaida auswirken (BfV 2023e).

Seit dem Jahr 2011 wurden den deutschen Sicherheitsbehörden mehr als 1150 Personen bekannt, die aus islamistisch-jihadistischer Motivation heraus aus Deutschland in Richtung Syrien und Irak reisten, um sich dort jihadistischen Organisationen bzw. Gruppen anzuschließen. Mehr als ein Viertel davon waren Frauen. Seit 2020 werden kaum noch neue Ausreisen in Richtung Irak und Syrien beobachtet, im Jahr 2021 wurden noch zehn Ausreisen beziehungsweise Ausreiseversuche registriert (BfV 2023f). Mehr als ein Drittel der in den vergangenen Jahren ausgereisten Personen ist inzwischen wieder nach Deutschland zurückgekehrt. Daneben gibt es Informationen zu Personen im unteren dreistelligen Bereich, die sich noch in Syrien oder im Irak wegen einer Mitgliedschaft in einer jihadistischen Organisation in Haft befinden (BfV 2023f).

Durch die seit 2016 verübten zehn jihadistischen Anschläge in Deutschland wurden 17 Menschen getötet und 106 – teilweise schwer – verletzt (BfV 2023g).

5.2 Rechtsextremismus und Rechtsterrorismus

Rechtsextremismus und Rechtsterrorismus stellen aktuell und potenziell für viele Jahre **wesentliche Bedrohungen** für die europäischen Demokratien dar. Dies zeigt sich besonders in **Deutschland,** wo das Personenpotenzial von Rechtsextremisten ein historisches Niveau erreicht hat und in den letzten Jahren zahlreiche rechtsterroristische Anschläge verübt sowie von den Sicherheitsbehörden vereitelt wurden. Der Trend **weg vom „alten"** Rechtsextremismus, hin zum **„neuen" Rechtsextremismus** bringt **neue Akteure** mit sich, die neue Herausforderungen für die Sicherheitsbehörden darstellen.

Für die Sicherheitsbehörden in Europa bedeutet das Internet als potenzieller Radikalisierungsfaktor für rechtsterroristische Einzeltäter, dass zu den organisierten Strukturen gewaltbereiter Rechtsextremisten – in Deutschland aktuell über 13.500 – ein unüberschaubares Spektrum von Menschen hinzukommt, das Gefahr läuft, durch Verschwörungserzählungen/-Mythen, rechtsextremistische Ideologieelemente in Narrativen und Propaganda radikalisiert zu werden. Dieser **Radikalisierungsfaktor** stellt eine erhebliche aktuelle und zukünftige Herausforderung für die Sicherheitsbehörden, die Akteure von Prävention und Deradikalisierung sowie die Zivilgesellschaften dar.

Der Rechtsextremismus und der Rechtsterrorismus sind international und europäisch. Der Rechtsextremismus ist europaweit wiederum vor allem im deutschsprachigen Raum besonders präsent.

5.2.1 Der Phänomenbereich, Definitionen, Analysemerkmale

In Bezug auf eine Definition des Phänomenbereiches Rechtsextremismus verweist Backes auf Bobbio und dessen vorgenommene **Vierteilung des politischen Raumes,** sodass Rechtsextremismus jene **Ideen** beinhalte, die einen **radikalen Antiegalitarismus** implizieren und damit der für den modernen Verfassungsstaat **konstituierenden Gleichheit** aller Menschen zuwiderlaufen (Backes 2018, S. 112). Für den Phänomenbereich Rechtsextremismus erachtet Backes die Ideologien **Ultranationalismus, Rassismus und Sozialdarwinismus, Faschismus und Nationalsozialismus, Neofaschismus und Neonationalsozialismus,**

Antisemitismus sowie Muslimfeindlichkeit als konstituierend (Backes 2018, S. 113–126).

Die Ideologieelemente und Akteure des Phänomenbereiches sind durchaus **heterogen,** haben aber Ähnlichkeiten und stimmen darin überein, dass das Prinzip der menschlichen Gleichheit abgelehnt wird, was programmatisch zur Folge hat, dass nach **rechtsextremistischem Konsens keine gleichwertige Teilhabe** an öffentlichen Angelegenheiten wie Wahlen oder Sozialleistungen erfolgen soll (Winkelmann und Ruch 2018, S. 49–50). Anstelle gleicher Rechte für alle Mitglieder eines demokratischen Gemeinwesens wird im Rechtsextremismus nach Herkunft, Abstammung, ethnischer oder nationaler Zugehörigkeit unterschieden und die politische Ordnung solle **ohne Pluralismus und Parteienkonkurrenz** auf einer **ethnisch homogenen Volksgemeinschaft** basieren (Winkelmann und Ruch 2018, S. 50).

Rechtsextremisten sind **Feinde des demokratischen Verfassungsstaates,** richten sich gegen die **fundamentale Gleichheit der Menschen** und haben ein autoritäres Staatsverständnis. Rechtsextremisten lehnen die Staatsform der modernen Demokratie ab und überbewerten ethnische Zugehörigkeit, woraus **Fremdenfeindlichkeit** und **Freund-Feind-Muster** resultieren.

> **Übersicht**
> Analysemerkmale von Rechtsextremismus sind:
>
> - Rechtsextremismus beruht auf **rassistischen, antisemitischen, antimuslimischen und antipluralistischen Ideologieelementen;**
> - Rechtsextremismus zielt auf die **teilweise oder vollständige Abschaffung** der **freiheitlichen demokratischen Grundordnung** (fdGO) der Bundesrepublik Deutschland ab und strebt einen Führerstaat an;
> - Rechtsextremismus nutzt **Geschichtsrevisionismus,** um die fdGO zu diskreditieren;
> - Rechtsextremismus strebt eine **rassistische „Volksgemeinschaft"** als Gegenentwurf zu pluralistischen Demokratien und Gesellschaftsordnungen an;
> - Rechtsextremismus **lehnt** das verfassungsrechtlich **geschützte Gleichheitsprinzip ab,** indem sich seine Ideologie der Ungleichheit in der **gesellschaftlichen Diskriminierung** bestimmter **Menschen und Gruppen,** z. B. aufgrund **ethnischer, körperlicher oder geistiger Unterschiede,** äußert;

5.2 Rechtsextremismus und Rechtsterrorismus

- Rechtsextremismus bewertet **ethnische Zugehörigkeit** über, indem die eigene Nation oder „Rasse" zum bestimmenden Kriterium der Identität erhoben wird. Dieser „Rasse" wird ein höherwertiger Status zugeschrieben, was die **Abwertung und Geringschätzung** von nicht zur eigenen Nation oder „Rasse" gehörenden Menschen und Gruppen zur Folge hat;
- Rechtsextremismus geht von **einem identitätsstiftenden** und dem Wohl aller dienenden **Volkswillen** aus. Andere Meinungen werden als antideutsch bzw. „volkszersetzend" eingestuft;
- Ein **rechtsextremistischer Führerstaat** steht Demokratien und ihren konstituierenden Prinzipien wie Freiheit, Gleichheit, Rechtsstaatlichkeit, Volkssouveränität, Recht auf Bildung und Ausübung einer parlamentarischen Opposition, Ablösbarkeit der Regierung und ihre Verantwortlichkeit gegenüber der Volksvertretung, Unabhängigkeit der Gerichte, der Ausschluss jeder Gewalt- und Willkürherrschaft und den im deutschen Grundgesetz konkretisierten Menschenrechten **diametral gegenüber** (Goertz 2022b, S. 360–361).

Das Bundesamt für Verfassungsschutz definiert Rechtsterrorismus wie folgt:

Übersicht

„Der Terrorismus-Begriff der Verfassungsschutzbehörden unterscheidet sich von der strafrechtlichen Definition: Während der Terrorismus-Begriff im strafrechtlichen Sinne – zumindest in Bezug auf ‚terroristische Vereinigungen' gemäß § 129a Strafgesetzbuch (StGB) – eine relativ enge Konkretisierung erfährt, ist dieser im Verfassungsschutzverbund weiter gefasst. Verfassungsschutzbehörden verstehen unter Rechtsterrorismus den nachhaltig geführten Kampf von Rechtsextremisten für politische Ziele. Diese sollen mithilfe von Anschlägen auf Leib, Leben und Eigentum anderer durchgesetzt werden, insbesondere durch schwere Straftaten, wie sie in § 129a Abs. 1 StGB genannt sind oder durch andere Straftaten, die zur Vorbereitung solcher Straftaten dienen.

Damit enthält die Definition zwar einen unmittelbaren Bezug zum Tatbestand des § 129a StGB, sie ist jedoch nicht ausschließlich auf diesen beschränkt. Entscheidend ist aus Verfassungsschutzperspektive das gleichzeitige Vorliegen von drei wesentlichen Faktoren, die auf einen Akteur zutreffen müssen:

- eine politische Motivation in Verbindung mit konkreten politischen Zielen,
- ein nachhaltiges, also nicht nur spontanes, impulsives oder einmaliges Agieren,
- Verüben von besonders schweren Straftaten, insbesondere massiven Gewaltstraftaten.

Diese **Verfassungsschutzdefinition** verlangt hierbei **nicht notwendigerweise** die **Existenz** einer **Gruppierung,** wie sie das Strafrecht dagegen zwingend vorsieht. Es werden somit auch Einzelpersonen erfasst, die die oben genannten Faktoren erfüllen und dabei nicht auf konkrete Weisung Dritter handeln (rechtsterroristische Einzeltäter).

Die **Übergänge** von gewaltorientiertem Rechtsextremismus in den **Rechtsterrorismus** können fließend sein. Die Beobachtung des gewaltorientierten Rechtsextremismus ist daher für die Verfassungsschutzbehörden von besonderer Bedeutung. Zeigen sich Ansätze für eine rechtsterroristische Ausprägung, etwa konkrete Anzeichen für die Planung einer schweren Gewalttat oder eines terroristischen Anschlags, erfolgt eine engmaschige, intensive Bearbeitung als Gefährdungssachverhalt. In der Vergangenheit konnten hierdurch Anschlagsplanungen vereitelt und operative Erfolge im Zusammenspiel der Sicherheitsbehörden erzielt werden" (BMI 2018, S. 53–54).

Rechtsterrorismus ist der **nachhaltig-strategische Kampf** für rechtsextremistische Ziele. Diese Ziele sollen mithilfe von **Anschlägen** auf Leib, Leben und Eigentum anderer durchgesetzt werden. Rechtsterroristen zielen auf **öffentliches Aufsehen** sowie auf mediale Thematisierung ab. Die Übergänge von Rechtsextremismus zu Rechtsterrorismus können fließend sein. Ziele und Opfer von Rechtsterroristen können u. a. Ausländer, Asylbewerber, Menschen mit Migrationshintergrund, Politiker, Polizisten, Beamte und Repräsentanten des Staates sein, aber auch Mitglieder von Parteien, die von Rechtsterroristen als Gegner bzw. Feinde empfunden werden.

> **Übersicht**
> Analysemerkmale von Rechtsterrorismus sind:

- Rechtsterrorismus wird von einer **spezifischen Kommunikationsstrategie** begleitet, die über das spezifisch-taktische Ziel (Opfer) hinaus eine terroristische Botschaft an Gruppen, Religionen, Ethnien sendet („**Ihr könnt die nächsten Ziele/Opfer sein**"). Ein Beispiel hierfür ist die rechtsterroristische Gruppe „Nationalsozialistischer Untergrund" (NSU). Diese adressierten potenziellen Opfer zukünftiger Anschläge sollen eingeschüchtert werden. Die Botschaft von Rechtsterroristen richtet sich an die Opfergruppe, den Staat und das rechtsterroristische Sympathisantenumfeld.
- Rechtsterrorismus ist der **nachhaltig-strategische Kampf** für rechtsextremistische Ziele. Diese Ziele sollen mithilfe von Anschlägen auf Leib, Leben und Eigentum anderer durchgesetzt werden.
- Rechtsterroristen zielen auf **öffentliches Aufsehen,** auf mediale Thematisierung, ab.
- Rechtsterroristische Anschläge können von Organisationen, Gruppen, Zellen und Einzeltätern verübt werden.
- Die ideologischen Hintergründe von Rechtsterrorismus können **Freund-Feind-Stereotype, Verschwörungstheorien, deterministische Geschichtsbilder** und **identitäre Gesellschaftsbilder** sein.
- Die Übergänge von Rechtsextremismus zu Rechtsterrorismus können fließend sein.
- Ziele/Opfer von Rechtsterroristen können u. a. Ausländer, Asylbewerber, Menschen mit Migrationshintergrund, Muslime, Juden, Politiker, Polizisten, Beamte und Repräsentanten des Staates sein, aber auch Mitglieder von Parteien, die von Rechtsterroristen als Gegner/Feinde empfunden werden (Goertz 2022a, S. 40–41).

5.2.2 Aktuelle Akteure

„Wir beobachten eine neue Dynamik im Bereich des Rechtsextremismus. Sicherheitsbehörden sehen sich dabei neben den alten Strukturen auch mit ganz neuen Formen wie rechten Netzwerken im Internet oder sich selbst radikalisierenden Einzeltätern konfrontiert." Thomas Haldenwang, Präsident des deutschen Bundesamtes für Verfassungsschutz (BfV 2023c).

Rechtsextremismus und Rechtsterrorismus stellen aktuell und potenziell für viele Jahre **wesentliche Bedrohungen** für die **europäischen Demokratien** dar. Dies zeigt sich besonders in Deutschland, wo das Personenpotenzial von Rechtsextremisten ein historisches Niveau erreicht hat und in den letzten Jahren zahlreiche rechtsterroristische Anschläge verübt bzw. von den Sicherheitsbehörden vereitelt wurden.

Der **Trend weg vom „alten" Rechtsextremismus, hin zum „neuen" Rechtsextremismus** bringt neue Akteure mit sich, die neue Herausforderungen für die Sicherheitsbehörden darstellen.

Für die Sicherheitsbehörden in Europa bedeutet das **Internet** als potenzieller **Radikalisierungsfaktor** für rechtsterroristische Einzeltäter, dass zu den organisierten Strukturen gewaltbereiter Rechtsextremisten – in Deutschland aktuell über 13.500– ein unüberschaubares Spektrum von Menschen hinzukommt, das Gefahr läuft, durch Verschwörungserzählungen/-Mythen, rechtsextremistische Ideologieelemente in Narrativen und Propaganda radikalisiert zu werden (BfV 2023b). Dieser Radikalisierungsfaktor stellt eine erhebliche aktuelle und zukünftige Herausforderung für die Sicherheitsbehörden, die Akteure von Prävention und Deradikalisierung sowie die Zivilgesellschaften dar.

Der Rechtsextremismus und der Rechtsterrorismus sind **international und europäisch**. Der Rechtsextremismus und Rechtsterrorismus sind europaweit wiederum vor allem im deutschsprachigen Raum besonders präsent.

Das deutsche Bundesamt für Verfassungsschutz differenziert den Phänomenbereich Rechtsextremismus in Deutschland in **rechtsextremistische Parteien**, in die **Kategorie „Rechtsextremisten in parteiunabhängigen bzw. parteiungebundenen Strukturen"**, in das **„weitgehend unstrukturierte rechtsextremistische Personenpotenzial"**, in Neonazis, **„subkulturell geprägte Rechtsextremisten"** sowie **sonstige Rechtsextremisten**. Aus der Perspektive der Extremismusforschung muss jedoch konstatiert werden, dass eine **trennscharfe Unterscheidung** in diese von den Verfassungsschutzbehörden festgelegten Kategorien teilweise schwierig ist, weil es organisatorische, personelle und inhaltliche Überschneidungen gibt (Winkelmann und Ruch 2018, S. 66; Backes und Nattke 2020, S. 60; Pfahl-Traughber 2018, S. 303–306, 313, 319, 320, 326).

Nach Angaben der deutschen Verfassungsschutzbehörden ist aktuell jeder dritte deutsche Rechtsextremist gewaltorientiert, also 13.500 von 39.300 (BfV 2023b).

5.2.2.1 Rechtsextremistische Organisationen
5.2.2.1.1 Neonazis

Als „Neonazis", „Neonationalsozialisten", werden nach Angaben des Bundesamtes für Verfassungsschutz die Anhänger einer **ideologischen Ausrichtung des Rechtsextremismus** bezeichnet, die sich im Wesentlichen an Gedanken und der Vorstellungswelt des **historischen Nationalsozialismus** orientiert. Dieser historische Nationalsozialismus bildet gleichzeitig Grundlage und feste Bezugsgröße der **neonazistischen Weltanschauung**, die von Ideologieelementen des **Rassismus**, des **Antisemitismus**, eines übersteigerten **Nationalismus** sowie von **Antipluralismus** geprägt ist. So streben Neonazis einen **autoritären Staat** nach dem **Führerprinzip** an. Neonazis deuten historische Tatsachen in revisionistischer Art und Weise bis hin zur Holocaustleugnung um. Eine zentrale Bedeutung kommt zudem der angestrebten ethnisch homogenen „**Volksgemeinschaft**" zu, in der sich das **Individuum** dem Wohl und Willen der Allgemeinheit **unterzuordnen** hat (BfV 2018a, S. 32). Zu konstatieren ist, dass die Neonazis in Europa trotz gemeinsamer ideologischer Grundelemente nicht homogen sind. Nach einigen Verboten von rechtsextremistischen Vereinen Anfang der 1990er Jahre in Deutschland setzte als strategische Antwort der Neonazis ein Strukturwandel innerhalb der neonazistischen Szene ein. Führungskräfte der Neonazis erkannten, dass die zuvor streng hierarchisch organisierten Vereine zu viel Angriffsfläche für staatliche Gegenmaßnahmen und Verbote bildeten (BfV 2018a, S. 33–34). Die strategische Antwort der Neonazis war die Entwicklung des „Kameradschaftsmodells". Dieses „**Kameradschaftsmodell**" sah die Gründung von kleineren, regional verankerten Personenzusammenschlüssen mit festem Aktivistenstamm, jedoch ohne starre Organisationsstruktur vor. Wenige Jahre später, Anfang der 2000er Jahre, entwickelten Neonazis dann die Aktionsform der „Autonomen Nationalisten", die bei Demonstrationen häufig als „Schwarzer Block" auftraten und sich äußerlich kaum von linksextremistischen Autonomen unterschieden. Diese „Autonomen Nationalisten" vermischten dabei ganz bewusst neonazistische Ideologie mit subkulturellen Verhaltensweisen und konnten für viele Jahre vor allem in Berlin und dem Ruhrgebiet deutlichen Zulauf verzeichnen (Goertz 2022a, S. 60–61).

Zahlreiche Vereinsverbote gegen neonazistische Gruppierungen im Jahr 2012 lösten innerhalb der Neonaziszene erneut einen Strukturwandel aus. Lose, netzwerkartige Personenzusammenschlüsse entstanden, die über soziale Netzwerke und Messengerdienste überregional verbunden sind. Dem Internet und den sozialen Netzwerken kommt hierbei eine zentrale Bedeutung bei der Mobilisierung, z. B. für Demonstrationen, zu.

5.2.2.1.2 „Subkulturell geprägte Rechtsextremisten"

Ein **quantitativ sehr bedeutendes Spektrum** im deutschsprachigen Rechtsextremismus stellen die **"subkulturell geprägten Rechtsextremisten"** dar. Diese sind in der Regel **nicht hierarchisch organisiert**, sondern definieren sich über ein **bestimmtes Erscheinungsbild**, eine spezifische Szene-Bekleidung und musikalische Vorlieben. „Subkulturell geprägte Rechtsextremisten" haben nach Angabe des Bundesamtes für Verfassungsschutz eine „eher diffuse Weltanschauung mit einzelnen rechtsextremistischen Einstellungen und Argumentationsmustern". Bei ihnen findet sich regelmäßig ein **Weltbild mit rassistischen, Gewalt gegen Ausländer und Menschen mit Migrationshintergrund** befürwortenden, **antisemitischen** und das **demokratische System ablehnenden Ideologiebestandteilen** (BfV 2023d). Bis zum Beginn des 21. Jahrhunderts bildeten rechtsextremistische **Skinheads** den Großteil dieses Personenpotenzials. Heute die Angehörigen dieser Szene sowohl optisch als auch hinsichtlich ihrer musikalischen Vorlieben deutlich heterogener. Die Skinhead-Subkultur dominierte vor allem in den 1980er und 1990er Jahren die rechtsextremistische Szene in Deutschland. Mit ihrem markanten Bekleidungsstil (**„Springerstiefel", Bomberjacken** etc.) sowie ihrer aggressiven und teilweise volksverhetzenden Musik bestimmten rechtsextremistische Skinheads über einen längeren Zeitraum hinweg maßgeblich das Bild der gesamten subkulturellen Szene in der Öffentlichkeit. Aber auch aktuell hat sich gehalten, dass subkulturell geprägten Rechtsextremisten vor allem Aktivitäten mit Erlebnischarakter wichtig sind. Dazu gehören beispielsweise rechtsextremistische Kampfsportveranstaltungen und **Musikveranstaltungen.** Entscheidend festzustellen ist, dass Gewalt ein elementarer Bestandteil der Szene der subkulturell geprägten Rechtsextremisten ist. So begehen Angehörige dieses rechtsextremistischen Spektrums eine Vielzahl rechtsextremistisch motivierter Gewalttaten (BfV 2023d).

Den Schwerpunkt der subkulturell geprägten Rechtsextremisten bildet die **rechtsextremistische Musikszene.** Hierzu gehören **Musikgruppen und Liedermacher** sowie deren Umfeld und Anhänger. Dazu zählen Personen, die einschlägige Publikationen (Fanzines) herausgeben, Internetseiten betreiben, Konzerte organisieren, entsprechende Musik produzieren oder vertreiben bzw. als Besucher rechtsextremistischer Konzerte den größten Teil der subkulturellen Szene ausmachen (BfV 2018a, S. 36). Subkulturell geprägte Rechtsextremisten knüpfen bei Konzerten und anderen rechtsextremistischen Veranstaltungen, beispielsweise den „Schild und Schwert-Festivals" überregionale und auch internationale Kontakte.

5.2.2.1.3 Die „Neue Rechte"

Unter die Bezeichnung „Neue Rechte" fasst das deutsche Bundesamt für Verfassungsschutz ein **„informelles Netzwerk von Gruppierungen, Einzelpersonen und Organisationen, in dem rechtsextremistische bis rechtspopulistische Kräfte zusammenwirken, um anhand unterschiedlicher Strategien teilweise antiliberale und antidemokratische Positionen in Gesellschaft und Politik durchzusetzen"** (BMI 2022, S. 72). Hierfür verzahnen Akteure der „Neuen Rechten" **parlamentarische und außerparlamentarische Bewegungen, metapolitische Theoriebildung und Praxis mit Protest- und Demonstrationsinitiativen.** Das Bundesamt für Verfassungsschutz analysiert, „dass die unterschiedlichen Akteure innerhalb dieses Netzwerks unterschiedliche und teils komplementäre Funktionen und Rollen ausfüllen, die dem gemeinsamen Ziel einer ‚**Kulturrevolution von rechts**' dienen sollen und sich jeweils an unterschiedliche Zielgruppen richten" (BMI 2022, S. 73).

Die **„Identitäre Bewegung Deutschland"** (IBD) fungiert innerhalb der „Neuen Rechten" als eine aktionsorientierte außerparlamentarische Jugendorganisation. Die „Identitären" pflegen ein elitäres Selbstverständnis und legen ihren Fokus auf medienwirksame Aktionen im öffentlichen Raum, die sich insbesondere gegen Migration, eine behauptete **„Islamisierung"** und einen angeblichen **„Bevölkerungsaustausch"** (Verschwörungserzählung „der große Austausch") richten.

Die „Identitäre Bewegung" wurde in Frankreich gegründet und mit dem Vorbild der **Casa-Pound-Bewegung** in Italien, fand die „Identitäre Bewegung" bald Tausende Anhänger in ganz Europa. Die „Identitäre Bewegung" hat mittlerweile offiziell in **Irland, Großbritannien, Dänemark, Deutschland, Frankreich, Österreich, Tschechien, Ungarn, Slowenien** und in **Italien** feste Organisationsstrukturen, Anhänger und Sympathisanten in ganz Europa. Die „Identitäre Bewegung Deutschland" (IBD) wird von den deutschen Verfassungsschutzbehörden als gesichert rechtsextremistische Organisation eingestuft. Nach Angaben des niedersächsischen Landesamtes für Verfassungsschutz steht die „Identitäre Bewegung" „für einen modernen Rechtsextremismus, der mit einem Themenkanon aus Anti-Islam, Anti-Asyl und Anti-Establishment versucht, bis weit in breite gesellschaftliche Kreise hinein anschlussfähig zu sein. Begriffe wie Rasse und Volksgemeinschaft werden durch unverfängliche Begriffe wie Ethnie, Identität und Kultur ersetzt und im europäischen Kontext zum Konzept einer ‚ethnokulturellen Identität' umgedeutet, die es zu verteidigen gelte, nach dem Motto: „Nein zur Islamisierung! Wehr Dich, es ist dein Land!" (NMI 2016, S. 6).

Die „Identitäre Bewegung Deutschland" (IBD), gegründet im Jahr 2012 als Facebook-Gruppe, versteht sich als deutscher Ableger der „Identitären Bewegung

Österreich" (IBÖ) und der französischen Jugendorganisation **„Génération Identitaire"** (GI). Vor allem die französische GI diente der IBD in ihrer Anfangsphase als Vorbild für eigene Aktivitäten. Bei der GI handelt es sich um eine im Jahr 2003 gegründete Organisation aus dem Phänomenbereich der Neuen Rechten, die in Frankreich bis zu ihrem Verbot 2021 durch islam- und fremdenfeindliche sowie rassistische und nationalistische Positionen aufgefallen ist. Das französische Innenministerium begründete das Verbot der Génération Identitaire im März 2021 damit, dass die GI wie eine „private Miliz" auftrete und zu „Diskriminierung, Hass und Gewalt" aufrufe. Weiter führte das französische Innenministerium aus, dass das Verbot der GI auch mit Verbindungen zum rechtsterroristischen Attentäter von Christchurch, **Brenton Tarrant,** von dem die GI und die Identitäre Bewegung Österreich Spenden erhalten haben sollen, zu tun hatte. Tarrant hatte im März 2019 bei rechtsterroristischen Anschlägen auf zwei Moscheen in Neuseeland insgesamt 51 Menschen erschossen und wurde später zu lebenslanger Haft verurteilt (Zeit 2021).

Das österreichische Parlament beschloss am 7. Juli 2021 ein Verbot der öffentlichen Verwendung der Symbole der IBÖ. In der Folge rief die IB Österreich für den 31. Juli 2021 zu einer Demonstration in Wien unter dem Motto „Gegen das Lambda Verbot" bzw. „Ihr Verbot ist uns gleich!" auf. Dabei waren nach Angaben des Landesamtes für Verfassungsschutz Baden-Württemberg auch Mitglieder der „Identitären Bewegung Deutschland" vor Ort (LfV BaWü 2021). Die IBÖ hatte die Pläne dieses Verbots, die bereits im Dezember 2020 bekannt geworden waren, vehement kritisiert und sich mit öffentlichkeitswirksamen Aktionen gegen deren Umsetzung ausgesprochen. So hatte **Martin Sellner,** Co-Chef der IBÖ und Sprachrohr der deutschsprachigen Identitären auf der Videoplattform BitChute am 6. Juli 2021 ein Video mit dem Untertitel „Der leise Tod der Demokratie" veröffentlicht. Darin bezeichnete er das Gesetzesvorhaben u. a. als „totalitäre Zensurkeule" und sprach von einer „Demokratiesimulation". Er fühle sich in seinen Annahmen über das politische System „bestätigt". Man müsse verstehen, dass ein **„entscheidender und grundlegender Widerstand zu diesem System notwendig"** sei. Seine Anhänger rief er dazu auf, „mit voller Kraft" weiterzumachen. Am 7. Juli 2021, dem Tag der Abstimmung im Nationalrat, hisste die IBÖ mithilfe von Heliumballons Flaggen mit dem IB-Logo vor dem Parlamentsgebäude. Bei der Abschlusskundgebung einer IBÖ-Demonstration in Wien sagte Sellner vor ca. 500 Teilnehmern: „Das ist kein Ende, meine Freunde. Die schwarze Fahne ist keine Trauerfahne. Das ist der Schritt in eine neue Epoche des Widerstandes, den ihr gemeinsam mit uns gemacht habt." (LfV BaWü 2021).

Das von der 2010 gegründeten **„COMPACT-Magazin GmbH"** publizierte **„COMPACT-Magazin"** sowie die zugehörige umfangreiche Internetpräsenz und

5.2 Rechtsextremismus und Rechtsterrorismus

der Online-Videokanal popularisieren nach Angaben des Bundesamtes für Verfassungsschutz, zusätzlich durch Veranstaltungen unterstützt, neurechte sowie das demokratische System und seine Institutionen diffamierende Inhalte und insbesondere verschwörungstheoretische Positionen.

Seit Dezember 2010 publiziert die „COMPACT-Magazin GmbH" die Monatszeitschrift „COMPACT-Magazin", von der nach eigenen Angaben 40.000 Exemplare im Monat verkauft werden. Zusätzlich wurden verschiedene Sonderhefte in mehreren Reihen zu bestimmten Themen mit Titeln wie **„Corona Lügen"**, **„Krieg, Lügen, USA"** und „Geheimakte Kinderschänder" veröffentlicht. Mittlerweile stellt „COMPACT" laut der Analyse des Bundesamtes für Verfassungsschutz ein multimediales Phänomen dar. Hierzu gehören die umfangreichen Onlineangebote, wie zum Beispiel die eigene Website, der YouTube-Kanal „COMPACT TV" mit circa 153.000 Abonnenten sowie Präsenzen in sozialen Netzwerken. Daneben beteiligt sich die „COMPACT-Magazin GmbH" nach Angaben des Bundesamtes für Verfassungsschutz an Demonstrationen und führt zahlreiche eigene Veranstaltungen, Aktionen und Kampagnen durch, die neben der politischen Schwerpunktsetzung auch der Vernetzung mit anderen Akteuren im Spektrum der Neuen Rechten dienen (BMI 2022, S. 75).

Das Hauptmerkmal der verbreiteten Beiträge von „COMPACT" ist nach Angaben des Bundesamtes für Verfassungsschutz die Agitation gegen das politische System Deutschlands im Allgemeinen und gegen die Bundesregierung im Speziellen. So nutze „COMPACT" **Verschwörungserzählungen** wie **„The Great Reset"**, um gegen Institutionen der deutschen Demokratie und eine offene, pluralistische Gesellschaft zu agitieren. Dies geschehe „unter Einsatz einer Widerstands- und Revolutionsrhetorik", so das Bundesamt für Verfassungsschutz, wenn zum Beispiel „die Erstürmung eines Parlaments durch Demonstranten zur Initiierung einer Revolution als erstrebenswert" propagiert werde (zit. n. BMI 2022, 76). Zusammengefasst verbreitet „COMPACT" Positionen und Aussagen in die Öffentlichkeit, die von den Verfassungsschutzbehörden als völkisch-nationalistisch sowie minderheitenfeindlich bewertet werden. Zudem seien zahlreiche der Positionen von „COMPACT" durch die Verächtlichmachung und Verunglimpfung von politischen Parteien sowie von Repräsentantinnen und Repräsentanten der Bundesrepublik Deutschland gekennzeichnet, erläutern die Verfassungsschutzbehörden. Die Agitation gegen die Bundesregierung bringe eine grundsätzliche Ablehnung demokratisch legitimierter Entscheidungsprozesse zum Ausdruck (BMI 2022, S. 76).

Das **„Institut für Staatspolitik" (IfS)** wurde im Jahr 2000 gegründet, u. a. von Götz Kubitschek, und sieht sich als „prägenden Ideen- und Impulsgeber der Neuen Rechten", führen die deutschen Verfassungsschutzbehörden aktuell aus (BMI 2022, S. 78–79). Das IfS publiziert neben der Zeitschrift „Sezession" mehrere Buch- und Schriftenreihen, dazu kommt der Onlineblog „Sezession". Zusätzlich organisiert das IfS regelmäßig Veranstaltungen, insbesondere auch mehrtägige **„Akademien"**. Das IfS hält seit Jahren am Konzept des **„Ethnopluralismus"** fest und stützt seine Positionierungen dazu teilweise auf **biologistische Argumentationsmuster,** erläutern die Verfassungsschutzbehörden (BMI 2022, S. 79). Dieses Konzept negiert, dass gemäß Artikel 116 Absatz 1 GG ausschließlich die deutsche Staatsangehörigkeit und nicht eine ethnische Zuordnung das prinzipielle Anknüpfungsmerkmal für die Zugehörigkeit zum deutschen Volk darstellt, erläutert das Bundesamt für Verfassungsschutz. Durch eine Ausrichtung der Gesetze und Politik an ethnokulturellen Maßstäben würden auch Menschen mit Migrationshintergrund zu Bürgerinnen und Bürgern **zweiter Klasse degradiert,** indem ihnen hierdurch bedeutet würde, eigentlich gehörten sie nicht zum deutschen Volk. Dieses Konzept ist mit der **Menschenwürde unvereinbar** (BMI 2022, S. 79).

Der Verein **„Ein Prozent e. V."** existiert seit Herbst 2015 und wird vom Bundesamt für Verfassungsschutz als Verdachtsfall Rechtsextremismus geführt. „Ein Prozent" ist sowohl überregional als auch bundesweit aktiv. Dabei treibe er in intensiver finanzieller und ideeller Form die Unterstützung, Bewerbung und Förderung unterschiedlicher Akteure der „Neuen Rechten", voran und vernetzt jene Akteure miteinander, zum Beispiel in Form von Spendenkampagnen, so das BfV (BMI 2022, S. 77). Das primäre Ziel von „Ein Prozent" sei die „Erringung der kulturellen Hegemonie im vorpolitischen Raum" und damit verbunden das Schaffen einer entsprechenden „Gegenkultur". „Ein Prozent" verortete sich im **„Widerstandsmilieu"** und sehe sich als „organisatorischen Motor" der „Neuen Rechten", beschreibt das BfV die Strategie jenes Vereins (BMI 2022, S. 77).

Die migranten- und muslimfeindliche ideologische Ausrichtung von „Ein Prozent" haben die deutschen Verfassungsschutzbehörden in von „Ein Prozent" selbst produzierten Podcasts und Kurzfilmen festgestellt, in denen ein direkter kausaler Zusammenhang zwischen Zuwanderung und Kriminalität hergestellt werden. In solchen Formaten würden Flüchtlingen aus arabischen Ländern grundsätzlich abgesprochen, legitime Gründe für ihre Flucht zu besitzen und jede Form von Migration als illegaler Akt bewertet (BMI 2022, S. 78).

5.2.2.1.4 Rechtsextremistisch-rechtsterroristische Organisationen

In der Vergangenheit haben in vielen rechtsextremistischen Gruppen Radikalisierungsverläufe stattgefunden, die entweder zu rechtsextremistischer Gewalt – bis hin zum Rechtsterrorismus – geführt haben oder dazu, dass rechtsextremistische

5.2 Rechtsextremismus und Rechtsterrorismus

Anschläge geplant wurden. Aktuelle Beispiele dafür sind die Gruppen bzw. Zellen **„Nationalsozialistischer Untergrund"** (NSU), **„Weisse Wölfe Terrorcrew"** (WWT), **„Oldschool Society"** (OSS), **„Nordadler"**, **„Kameradschaft Aryans"**, **„Gruppe Freital"**, **„Revolution Chemnitz"**, **„Gruppe S"**, **„Atomwaffendivision"** (AWD) und die **„Feuerkrieg Division"**.

Gruppen, in denen es zu rechtsextremistischen Radikalisierungsverläufen gekommen ist und weiterhin kommen kann, sind beispielsweise rechtsextremistische Kampfsportturniere wie **„Kampf der Nibelungen"**, rechtsextremistische Bürgerwehren und Bruderschaften. Dort wirkt die Gruppe, das Milieu, psychischsozial auf Einzelpersonen ein, u. a. durch Gruppendruck („Zugehörigkeitsgefühl"). In solchen rechtsextremistischen Gruppen kann eine Gewaltdynamik entstehen und/oder ein Anführer einer Gruppe kann diese zum Begehen einer Gewalttat aufrufen.

Anfang April 2022 führte die Polizei in elf Bundesländern im Auftrag des Generalbundesanwalts eine Großrazzia gegen mutmaßliche Mitglieder der „Atomwaffen Division" durch. **„Die Atomwaffen Division"** (AWD) ist international organisiert, wurde in den USA gegründet und wird als gewaltbereit bzw. rechtsterroristisch eingestuft. Bei jener Großrazzia im April in Deutschland wurden 61 Objekte durchsucht, vier Verdächtige wurden festgenommen. Die aktuellen Ermittlungen gliedern sich in insgesamt fünf Verfahren und richten sich gegen die Anhänger dieses Neonazi-Netzwerks. Einem Teil der Beschuldigten wird die versuchte Bildung und Mitgliedschaft in einer terroristischen Vereinigung vorgeworfen, einem anderen Teil die Mitgliedschaft in einer kriminellen Vereinigung. Ein weiterer Teil wird beschuldigt, einen Neonazi-Verein trotz eines behördlichen Verbots weiterbetrieben zu haben (Spiegel 2022a). Im Zusammenhang mit der AWD-Deutschland ermittelt die Bundesanwaltschaft nach Angaben einer Sprecherin gegen zehn Beschuldigte, bei fünf von ihnen und einem weiteren Zeugen wurden bei der Großrazzia Anfang April Durchsuchungen durchgeführt (Spiegel 2022a).

EUROPOL stellte im Sommer 2021 in Bezug auf europäische Rechtsextremisten intensives Interesse an Waffen und Sprengstoff fest, dazu auch an Kampfsporttrainings. Als Beispiel führte EUROPOL die Neonazi-Gruppe **„Feuerkrieg Division"** an, die im Oktober 2018 in mehreren europäischen Staaten online in Chats gegründet wurde. In Estland, in Großbritannien gab es Festnahmen durch die Polizeien, in Großbritannien auf eine Gruppe von Mitgliedern der „Feuerkrieg Divison", die Anschläge in Deutschland, Großbritannien und in den USA geplant hatte (EUROPOL 2021, S. 80).

Mehrere Sicherheitsbehörden zählen die „Feuerkrieg Division" (FKD), eine **Nachahmergruppe** der rechtsterroristischen **„Atomwaffen Division"**, zu den besonders gefährlichen Gruppen international vernetzter Neonazis. Als besorgniserregend gilt, dass Teenager für solche Chats angeworben und dort weiter radikalisiert werden. Das britische Innenministerium stufte die FKD im Sommer 2020 als rechtsterroristische Organisation ein. Danach warnte UN-Generalsekretär António Guterres auf Twitter vor einer „transnationalen Bedrohung", die täglich wachse (Geisler 2021).

Auch das bayerische Innenministerium bewertet das **Gefährdungspotenzial** von Gruppen wie der Feuerkrieg Division als „hoch": „Gewalttaten durch vereinzelt radikalisierte Mitglieder oder Sympathisanten können nicht gänzlich ausgeschlossen werden", heißt es in der Antwort auf eine parlamentarische Anfrage (Geisler 2021).

Im Juli 2020 gab es eine Großrazzia gegen die rechtsextremistische Gruppe „Freie Kräfte Prignitz" in drei deutschen Bundesländern. Den Polizeien lagen Hinweise vor, dass die Gruppe „Freie Kräfte Prignitz" einen Anschlag auf eine Moschee geplant hatte. Es gab Durchsuchungen in Brandenburg, Mecklenburg-Vorpommern und Sachsen-Anhalt. Sieben Mitglieder dieser rechtsextremistischen Gruppierung im Alter zwischen 32 und 40 Jahren hatten einen Brandanschlag auf eine Moschee in Wittenberge/Prignitz geplant, erklärte die Polizei Brandenburg. Außerdem soll die Neonazi-Gruppe Angriffe auf Geschäfte geplant haben, die von Inhabern mit Migrationshintergrund geführt werden (Süddeutsche Zeitung 2020a). Die Auswertung der bei der Großrazzia sichergestellten Laptops, Mobiltelefone, Speichermedien und Daten ergab, dass die Mitglieder dieser Neonazi-Gruppe Informationen über Polizisten sammelten. Sie hätten unter anderem Daten über Personen, Familienverhältnisse und Dienststellen sowie auch über Tarnkennzeichen von Zivilfahrzeugen zusammengetragen, so die Polizei Brandenburg (Tagesspiegel 2020).

Ein weiteres aktuelles Beispiel für den **potenziell fließenden Übergang von Rechtsextremismus zum Rechtsterrorismus** ist die sog. „Gruppe S". Mitte Februar 2020 deckten polizeiliche Ermittler die rechtsterroristische Verbindung auf. Ein mutmaßlicher Unterstützer der rechtsterroristischen **„Gruppe S"** soll zugegeben haben, dass die rechtsterroristische Gruppe Pläne zum Angriff auf Moscheen in Deutschland besprochen hatte (Zeit 2020a). Bei dem Mann handelt es sich um eines der zwölf mutmaßlichen Mitglieder, die nach Aufdeckung der Gruppe festgenommen wurden. Ein festgenommener Unterstützer soll **Terroraufrufe** online gepostet haben. Neben Angriffen auf Moscheen sollen auch über Angriffe mit Schusswaffen geplant gewesen sein. Weitere Hinweise auf die Gefährlichkeit der „Gruppe S" erhielten die Bundesanwaltschaft und das baden-württembergische Landeskriminalamt aus überwachten Telefonaten und Chatnachrichten. Der mutmaßliche Anführer der Gruppe, Werner S., habe eine

5.2 Rechtsextremismus und Rechtsterrorismus

Rede von Bundespräsident Frank-Walter Steinmeier mit den Worten kommentiert: „Dieser Hochverräter" werde „bezahlen". Dazu postete er ein Messersymbol. Seit April 2021 läuft vor dem Oberlandesgericht Stuttgart der Prozess gegen die sogenannte „Gruppe S". Neben Werner S., dem Gründer dieser rechtsextremistisch-rechtsterroristischen Gruppe, sitzen elf weitere Männer auf der Anklagebank. Die Mitglieder sollen nach aktuellem Ermittlungsstand aus dem Umfeld von bürgerwehrähnlichen Gruppen kommen, sogenannten Bruderschaften. Nach Auffassung des Generalbundesanwalts (GBA) sind diese zwölf Mitglieder der „Gruppe S" Gründer, Mitglieder oder Unterstützer einer rechtsterroristischen Vereinigung. Werner S. und Tony E. wird **Rädelsführerschaft** vorgeworfen. Die zwölf Männer zwischen 32 und 61 Jahren sollen über konkrete rechtsterroristische Anschläge gesprochen und geplant haben, sich dafür zu bewaffnen. Sieben von ihnen wird ein Verstoß gegen das Waffenrecht vorgeworfen. Die rechtsextremistisch-rechtsterroristische Gruppe S. wird beschuldigt, rechtsterroristische Anschläge in Deutschland geplant zu haben. Nach einem Treffen in Minden im Februar 2020 wurden die mutmaßlichen Gruppenmitglieder festgenommen. Einer der Beschuldigten aus Porta Westfalica nahm sich in der Zwischenzeit das Leben (NW Kreis Minden-Lübbecke 2022).

Die „Gruppe S" hatte nach Erkenntnissen der Ermittler die Absicht, durch Anschläge auf Politiker, Asylsuchende und Muslime in Deutschland **„bürgerkriegsähnliche Zustände"** herbeizuführen (Zeit 2020b) Weiter soll ein Mitglied der „Gruppe S" im Oktober 2019 ein Zitat geteilt haben, in dem es wörtlich heißt: „Wir müssen von Zeit zu Zeit Terroranschläge verüben, bei denen unbeteiligte Menschen sterben. Dadurch lässt sich der gesamte Staat und die gesamte Bevölkerung lenken. Das primäre Ziel eines solchen Anschlags sind nicht die Toten, sondern die Überlebenden, denn die gilt es zu lenken und zu beeinflussen" (DW 2020). Darüber hinaus soll dieses Mitglied der „Gruppe S" im März 2018 eine Zitattafel geteilt haben, auf der eine Pistole zu sehen ist. Wörtlich heißt dort: „Lieber Polizist, das da ist deine Dienstwaffe! Die ist nicht nur zum Angucken da, die soll uns und dich beschützen und deshalb benutze sie auch endlich! Wenn du das nicht willst und kannst, gib sie uns, wir werden sie mit Sicherheit gegen jedes Gesindel einsetzen! Schönen Gruß, dein Volk und Dienstherr!" (Zeit 2020b).

Im Staatsschutzprozess am Oberlandesgericht Stuttgart gegen die „Gruppe S" standen Mitte Februar 2022 von den Sicherheitsbehörden abgehörte Telefonate von Thomas N. – Mitglied der „Gruppe S" – im Mittelpunkt. „Die wollen uns verknechten und versklaven": Wenn N. in den Telefonaten über „die" spricht, bleibt er unkonkret. Seine Feindbilder erscheinen diffus, die damalige Bundeskanzlerin Angela Merkel, aber auch „die Kanaken", „die Moslems", „die von der

Antifa". Seine Ausländerfeindlichkeit wird unterstrichen durch seine Aussage: „Es wird immer schlimmer, die müssen alle raus". Darüber, wie das erreicht werden soll, lässt Thomas N. in dem abhörten Telefonat keinen Zweifel: „Es geht nur mit Gewalt, gewaltfrei geht gar nichts mehr", heißt es im Gespräch mit seinem Bruder. „Die werden alle bluten! Nur noch töten! Weg mit dem Dreck!" Kinder sollten sterben, sagte N. in jenem Telefonat, das im Staatsschutzprozess abgespielt wurde (zitiert nach: Wöstmann 2022).

Das Bundesamt für Verfassungsschutz analysiert seit spätestens 2016 ein konkretes Gefährdungspotenzial aus einem **szene-internen Radikalisierungseffekt**, der in Gewaltorientierung und **rechtsextremistisch-terroristische Ansätze** münden kann. Dabei handelt es sich häufig um eine Mischung aus bislang nicht oder lediglich erst seit kurzer Zeit in der rechtsextremistischen Szene aktiven Personen und langjährig aktiven, oftmals gewaltorientierten Rechtsextremisten. In den letzten Jahren haben deutsche Rechtsextremisten immer wieder auf die **vermeintliche Notwendigkeit** zur Bildung von **„Bürgerwehren"** hingewiesen oder entsprechende Gruppierungen gegründet. Diese versuchten nach Einschätzung des Bundesamtes für Verfassungsschutz mit dieser leicht zu realisierenden Aktionsform, eine Anschlussfähigkeit rechtsextremistischer Positionen an die bürgerlich-demokratische Mehrheitsgesellschaft herzustellen (BfV 2018b). Die rechtsextremistische Strategie in Bezug auf „Bürgerwehren" sollte suggerieren, dass der deutsche Staat außerstande sei, die öffentliche Sicherheit und Ordnung zu gewährleisten und deshalb seine Legitimation verloren habe. Darüber hinaus sollten Fremde oder politische Gegner durch die Präsenz von rechtsextremistischen „Bürgerwehren" vor Ort gezielt mit Gewalt eingeschüchtert werden. Die deutschen Verfassungsschutzbehörden analysieren, dass sich innerhalb dieser als „Bürgerwehren" auftretenden Gruppierungen auch Ansätze für rechtsextremistisch-terroristische Potenziale herausbilden können. So scheint ein fließender Übergang vom Aufruf zur Bildung von „Bürgerwehren" hin zu einem eigenmächtigen Eintreten für Sicherheit und Ordnung **abseits des staatlichen Gewaltmonopols** oder gar hin zu gewalttätigem Handeln zu bestehen (BfV 2018b; Goertz 2021c, S. 459).

Ein Beispiel für gewalttätige rechtsextremistische „Bürgerwehren" ist die rechtsextremistisch-terroristische **„Gruppe Freital"**. Gegen Mitglieder dieser Gruppe verkündete der vierte Strafsenat des Oberlandesgerichts Dresden am 07.03.2018 nach einjährigem Prozess das Urteil im Strafverfahren. Hierbei wurden acht Angeklagte im Alter von 20 bis 40 Jahren wegen Mitgliedschaft in einer terroristischen Vereinigung in Tateinheit mit versuchtem Mord, Herbeiführen einer Sprengstoffexplosion, versuchter gefährlicher Körperverletzung und Sachbeschädigung zu Haftstrafen zwischen vier und zehn Jahren verurteilt. Alle

Angeklagten hatten sich bei den Protesten gegen eine Asylbewerberunterkunft im Sommer 2015 in Freital (Sachsen) kennengelernt und innerhalb kürzester Zeit zur „Gruppe Freital" zusammengeschlossen, um schwere (terroristische) Straf- und Gewalttaten zu verüben (Goertz 2021c, S. 459).

Nach einer durch die **„Bürgerbewegung PRO CHEMNITZ"** angemeldeten Demonstration am 14.09.2018 in Chemnitz mit bis zu 3500 Personen kam es am Rande der Chemnitzer Innenstadt zu einer tätlichen Auseinandersetzung zwischen der rechtsextremistischen Gruppe „Revolution Chemnitz" und einer Gruppe von Menschen mit Migrationshintergrund. Die Mitglieder der rechtsextremistischen Gruppe **„Revolution Chemnitz"** sollen sich nach Angaben des Bundesamtes für Verfassungsschutz gegenüber Passanten als „Bürgerpatrouille" ausgegeben und auch Personenkontrollen durchgeführt haben. Einzelne Angehörige dieser Gruppe sollen schwarze T-Shirts mit der Aufschrift „Angriff" und „Kampf" getragen haben. Dieser Personenkreis soll der Hooligan- und Neonazi-Szene in Chemnitz angehören. Im März 2020 wurden die acht Mitglieder der rechtsextremistischen Terrorgruppe „Revolution Chemnitz" zu mehrjährigen Haftstrafen verurteilt, wegen Mitgliedschaft in einer terroristischen Vereinigung, der Rädelsführer Christian K. zudem wegen deren Gründung Die Bundesanwaltschaft attestierte den Beschuldigten eine „offen nationalsozialistische Gesinnung" (Berliner Zeitung 2020).

Das Oberlandesgericht München verurteilte im März 2017 vier Mitglieder der rechtsextremistisch-terroristischen Gruppe **„Oldschool Society"** (OSS) wegen der Bildung einer terroristischen Vereinigung gemäß § 129a StGB zu Haftstrafen zwischen drei und fünf Jahren. Im Rahmen der Hauptverhandlung gelangte das Oberlandesgericht München zu der Überzeugung, dass die OSS darauf ausgerichtet war, Menschen ausländischer Herkunft mittels Gewalt aus Deutschland zu vertreiben. Zu diesem Zweck seien nach Angaben des Bundesamtes für Verfassungsschutz Sprengstoffanschläge auf Asylbewerberunterkünfte geplant gewesen. Den Tod möglicher Opfer hätte die rechtsextremistisch-terroristische Gruppierung bei der Durchführung ihrer Pläne billigend in Kauf genommen (BMI 2018, S. 55).

Bereits im Verfassungsschutzbericht des Jahres 2016 hatte das Bundesamt für Verfassungsschutz vor einer **„weiterhin virulenten Gefahr rechtsextremistisch-terroristischer Potenziale, die sich vor allem im Kontext der AntiAsylAgitation zeigen"** gewarnt (BMI 2017a, S. 43). So verbot der Bundesminister des Innern am 16.03.2016 die rechtsextremistisch-terroristische **„Weisse Wölfe Terrorcrew"** (WWT). Die Mitglieder der im Jahr 2008 erstmals in Erscheinung getretenen und später bundesweit aktiven Gruppierung waren durch NeonaziPropaganda und Gewaltstraftaten aufgefallen. So hatte die „Weisse Wölfe Terrorcrew" auf dem

Höhepunkt ihrer Ausbreitung 70 bis 100 größtenteils gewaltbereite Mitglieder in zehn Bundesländern (BMI 2017a, S. 44; Goertz 2021c, S. 460).

Der **„Nationalsozialistische Untergrund"** (NSU) war eine rechtsterroristische Gruppe, die gemäß dem Gerichtsverfahren („NSU-Prozess") für neun Morde an Kleinunternehmern mit Migrationshintergrund, für den Mord an einer Polizistin, zwei Sprengstoffanschläge und 15 Raubüberfälle sowie insgesamt 43 Mordversuche verantwortlich war. Das Oberlandesgericht München verurteilte Beate Zschäpe am 11.07.2018 wegen Mittäterschaft an diesen Taten und Mitgliedschaft in der terroristischen Vereinigung NSU sowie schwerer Brandstiftung zu lebenslanger Freiheitsstrafe. Ralf Wohlleben, Carsten Schultze, Holger Gerlach und André Eminger wurden wegen verschiedener Beihilfehandlungen zu Freiheitsstrafen zwischen zehn und zweieinhalb Jahren verurteilt. Alle Angeklagten legten Revision ein, die Bundesanwaltschaft nur hinsichtlich des Angeklagten Eminger. Das Oberlandesgericht München stellte im Fall der Hauptangeklagten Zschäpe zudem die besondere Schwere der Schuld fest, womit eine vorzeitige Haftentlassung nach 15 Jahren rechtlich zwar möglich, in der Praxis aber so gut wie ausgeschlossen ist. Eine Sicherungsverwahrung im Anschluss an ihre Haftstrafe, wie von der Bundesanwaltschaft gefordert, ordnete das Gericht nicht an (Goertz 2021a, S. 145).

Im August 2013 legte der **NSU-Untersuchungsausschuss des Bundestages** seinen Schlussbericht vor. Auf 1400 Seiten wurden Versäumnisse und Fehler der Sicherheitsbehörden, vor allem der Verfassungsschutzbehörden, dokumentiert und Reformvorschläge unterbreitet. Der Bericht zeigte schwere Versäumnisse der deutschen Inlandsnachrichtendienste – des Bundesamtes für Verfassungsschutz und der Landesämter für Verfassungsschutz – bei der Analyse und der Bekämpfung von Rechtsextremismus und rechtsextremistischem Terrorismus auf (Feser und Kleffner 2013).

5.2.2.1.5 Rechtsterroristische Einzeltäter

Rechtsterroristische Einzeltäter – wie andere Attentäter mit anderer politischer Motivation auch – planen die Tat alleine und agieren alleine, aber die rechtsextremistische Ideologie, verbreitet im rechtsextremistischen Milieu – realweltlich und virtuell – ist ein wichtiger Radikalisierungsfaktor. Rechtsterroristische Einzeltäter sind in der Regel vor dem Anschlag polizeilich nicht bekannt, oftmals sozial isoliert und gehören keiner Organisation oder Partei an und verbringen ihre Zeit beinahe ausschließlich in virtuellen Räumen. Die Fälle rechtsterroristischer Einzeltäter häufen sich in den letzten Jahren, international mit den Anschlägen in Christchurch und El Paso und in Deutschland mit den Einzeltätern **Stephan Ernst, Stephan Balliet** und **Tobias Rathjen**. Im Fall von Stephan

Balliet und Tobias Rathjen kann eine **kausale Logik vom virtuellen Hass zum Livestream-Attentat** beobachtet werden.

Während vor dem Zeitalter des Internets die konspirative Gruppe für einen Gewalttäter von großer Bedeutung war, wird die persönliche Einbindung des Einzeltäters im 21. Jahrhundert zunehmend durch eine kommunikative Vernetzung ersetzt. Das Internet ermöglicht allerdings aufgrund der besonderen Kommunikationsweise, dass sich Einzelpersonen ohne persönliche Kontakte politisieren und in Richtung einer rechtsextremistischen Gewalttat radikalisieren (können). Dabei können sie in einem kommunikativen Austausch mit Rechtsextremisten im Internet stehen, sie können aber auch nur deren Propaganda konsumieren.

Viele Radikalisierungsverläufe finden seit einigen Jahren immer mehr online statt. Die meisten Radikalisierungsverläufe führen – im Bild einer Treppe gesprochen – nicht zum Anschlag, nicht zur Gewalt, sie enden auf einer niedrigeren Stufe, häufig bei *hate speech* in den sozialen Netzwerken. Aber diese *hate speech* wiederum kann andere Menschen radikalisieren und diese könnten dann rechtsextremistische Gewalt anwenden.

Bei dem 16-jährigen Schüler, der Anfang Mai 2022 offenbar einen **Schul-Anschlag in Essen geplant** hatte und deswegen festgenommen wurde, fand sich ein „Manifest", in dem er bekannte Attentäter und Amokläufer feierte. Dem Jugendlichen wird vorgeworfen, eine schwere staatsgefährdende Gewalttat vorbereitet zu haben. Der jugendliche Schüler soll – nach dem Vorbild von **Copycat**, zahlreiche deutsche und internationale Rechtsterroristen der letzten Jahre haben ein „Manifest" verfasst und teilweise auch veröffentlicht – den norwegischen Rechtsterroristen **Anders Behring Breivik** als „Vorbild" genannt und **Adolf Hitler** zitiert haben. Außerdem seien die Amokläufe von Erfurt 2002 und Winnenden 2009 sowie das Massaker an der Columbine High School in den USA 1999 Thema seines Dokuments. Überschrieben ist die Datei laut „Spiegel" mit „DBG-Massaker" (Tagesschau 2022a). Bei der Durchsuchung der Wohnung wurden nach Angaben des Innenministeriums Nordrhein-Westfalen eine selbstgebaute Schusswaffe, eine Armbrust mit Pfeilen, Sprengstoff sowie Material zum Bau einer Unkonventionellen Spreng- und Brandvorrichtungen (USBV) gefunden sowie 16 Rohrkörper, einige präpariert mit Uhren und Nägeln. Zusätzlich sei „eindeutig ausländerfeindliches und rechtsextremes Material" gefunden worden, erklärte der Innenminister des Bundeslandes NRW, Herbert Reul. Die Polizei-NRW sprach unter anderem von „SS-Runen und rassistischen Schriftstücken" (Tagesschau 2022b).

Der rechtsterroristische Attentäter **Tobias Rathjen** tötete am 19.02.2020 rassistisch motiviert mit einer Schusswaffe insgesamt neun Menschen in einer Shisha-Bar, in einem Kiosk und in zwei Autos in Hanau. Die Todesopfer waren zwischen 21 und 44 Jahre alt. Nach Angaben von Generalbundesanwalt Peter Frank und des Landeskriminalamtes Hessen hatten bis auf die Mutter des Attentäters alle Opfer des Anschlags einen Migrationshintergrund. Nach Angaben der türkischen Botschaft in Berlin waren unter den Todesopfern auch fünf türkische Staatsbürger.

In einem YouTube-Video und einem Manifest hatte Rathjen wenige Tage vor dem Anschlag seine rechtsextremistischen und verschwörungsideologischen Ansichten geäußert. Das Video belegt nach Angaben der Generalbundesanwaltschaft eine „zutiefst rassistische Gesinnung" (Fuldaer Zeitung 2020). Nach Angaben des damaligen hessischen Innenministers Beuth war der Attentäter vor seinem Anschlag weder dem hessischen Landesamt für Verfassungsschutz, noch der Polizei bekannt. Er soll einen Waffenschein besessen haben und Sportschütze gewesen sein. In seinem Bekennervideo äußerte sich Rathjen rassistisch über Migranten aus arabischen Ländern und der Türkei. Rathjen war vor seinem Anschlag offenbar weitestgehend unauffällig, sodass sein sozialer Nahbereich keinen Radikalisierungsprozess beobachten konnte (Goertz 2022c, S. 21–22).

Das Bundesamt für Verfassungsschutz erklärte ca. 16 Monate später, dass in den online Reaktionen auf diesen Anschlag deutsche Rechtsextremisten die psychische Verfassung des Täters in den Vordergrund gestellt hatten. Diese behaupteten, dass es sich bei der Tat nicht um Rechtsterrorismus gehandelt habe, sondern um einen „Geistesgestörten", den Amoklauf eines „Irren" oder eines „Spinners, der bei seiner Mutter gewohnt" habe. Konsens war nach Angaben des BfV in nahezu allen Beiträgen von Rechtsextremisten, dass der „deutsche Staat die Tat politisch instrumentalisiere" und die nunmehr folgenden Ermittlungen und politischen Konsequenzen in weitere staatliche „Repression" gegen die rechtsextremistische Szene münden würden. Zudem gab es diverse Verschwörungstheorien über eine mögliche Inszenierung der Tat durch staatliche Stellen. Teilweise wurde die Tat sogar explizit als „Geheimdienstoperation" bezeichnet (BMI 2021, S. 55).

Der rechtsterroristische Anschlag in Halle am 09.10.2019 war der Versuch eines antisemitisch motivierten Massenmordes an einer jüdischen Gemeinde – in der Synagoge befanden sich 70 bis 80 Menschen – an Jom Kippur, dem höchsten jüdischen Feiertag. Der Rechtsterrorist **Stephan Balliet** hatte geplant und beabsichtigt, mit Waffengewalt in die Synagoge im Paulusviertel einzudringen, um dort versammelte Personen zu ermorden. Nachdem dies aufgrund der von innen verbarrikadierten Tür gescheitert war, erschoss Balliet zunächst vor der Synagoge eine Passantin und kurze Zeit später einen männlichen Gast eines Dönerimbisses. Auf seiner Flucht schoss Balliet auf weitere Personen und verletzte zwei davon schwer, bis die Polizei ihn festnahm. Das Video der Tat, das der 27-jährige

5.2 Rechtsextremismus und Rechtsterrorismus

Attentäter live auf der Video-Plattform Twitch streamte, stellt eine Parallele zum rechtsterroristischen Anschlag in Christchurch/Neuseeland, bei dem 51 Menschen ermordet wurden, dar. Balliet war den Sicherheitsbehörden vor dem Anschlag nicht als Rechtsextremist bekannt (Goertz 2022c, S. 22–23).

Balliet wurde am 21.12.2020 zu **lebenslanger Haft** mit anschließender Sicherungsverwahrung verurteilt. Das Oberlandesgericht Naumburg stellte zudem die besonderen Schwere der Schuld fest. Der Angeklagte nahm das Strafmaß ohne Regung zur Kenntnis. Die Vorsitzende Richterin Ursula Mertens erklärte, in diesem Verfahren habe sie „in die Abgründe des Menschlichen geschaut" (zit. n. Lakotta 2020).

In einem elf Seiten langen „Manifest", das Balliet vor der Tat veröffentlichte, legt er seine Gedanken dar, auf Englisch, um möglichst viel Verbreitung zu erlangen. Das Manifest nutzte lakonisch-lapidar die Sprache von Computerspielen, **„Ziele", „Ergebnisse" und „Bonus"**. Gemeint war hier aber der Massenmord an Juden in einer Synagoge. Sein Manifest war voll von antisemitischen Begriffen, beispielsweise „zionistisch besetzte Regierung", ein klassisch antisemitischer Begriff aus der rechtsextremistischen Szene (FAZ 2019a). Balliet war tief in der virtuellen Subkultur internationaler rechtsextremistischer Netzwerke und der mit ihr teils verknüpften Gamer-Szene verankert, verwendete typische Begriffe wie **„total fail"** und „total loser". Die Vorsitzende Richterin des Oberlandesgerichts Naumburg, Ursula Mertens, führte aus, dies sei eine „abscheuliche, feige, menschenverachtende Tat" gewesen, das Motiv: niedere Beweggründe und Heimtücke (Süddeutsche Zeitung 2020b).

Wenige Wochen nach dem Mord an dem Kasseler Regierungspräsidenten Walter Lübcke, am achten Jahrestag des vom rechtsextremistischen Terroristen **Anders Breivik** in Norwegen verübten Massakers an Kindern und Jugendlichen, bei dem 77 Menschen ermordet wurden, schoss der rechtsextremistische Terrorist **Roland K.** im hessischen Wächtersbach sechs Mal auf den eritreischen Flüchtling Bilal M., den er aufgrund seiner Hautfarbe als Anschlagsziel ausgewählt hatte. Schwer verletzt wurde der Eritreer im Industriegebiet von Wächtersbach, östlich von Frankfurt am Main, von Passanten aufgefunden und später notoperiert. Ein Sprecher der Frankfurter Staatsanwaltschaft erklärte, dass hinter diesem rechtsextremistischen Anschlag „ganz klar ein fremdenfeindliches Motiv" steckte (FAZ 2019b). Kurze Zeit später wurde der 55 Jahre alte Attentäter von der Polizei in seinem Wohnort, Biebergemünd, tot aufgefunden. Er hatte sich mit einer halbautomatischen Waffe selbst in den Kopf geschossen und starb kurz darauf im Krankenhaus. Roland K. soll diverse Nazi-Devotionalien wie Dolche mit Hakenkreuzen gesammelt haben. Er besaß seine Waffen legal und war nicht vorbestraft (FAZ 2019b). Nach Angaben von verschiedenen Zeugen hatte der Attentäter unmittelbar vor seinem Anschlag auf einen Flüchtling in seiner Stammkneipe mit den Worten, er werde „jetzt einen Flüchtling abknallen" angekündet (Abdi-Herrle 2019). Von verschiedenen Mitbürgern in Biebergemünd wurde Roland K. als Außenseiter beschrieben, der durch Gewaltfantasien aufgefallen war. Der Wirt seiner Stammkneipe beschrieb K. als „Asylantenhasser": „Wenn ich gehe, dann nehme ich einen mit", habe K. angekündigt (Abdi-Herrle 2019). In seinem Schützenverein dagegen soll K. angeblich nicht aufgefallen sein: „Er hat sich immer korrekt, freundlich und vorbildlich verhalten. Er war lebenslustig und gesellig", sagte der Vorsitzende des Schützenvereins Neudorf 61: „Er hat sich politisch nie verdächtig geäußert" (Abdi-Herrle 2019).

Stephan Ernst ermordete am 02.06.2019 den hessischen CDU-Politiker und Regierungspräsident von Kassel, **Dr. Walter Lübcke,** vor seinem Wohnhaus durch einen Kopfschuss. Am 25.06.2019 legte Ernst ein Geständnis ab, als Motiv für den Mord an Lübcke nannte Ernst Äußerungen Lübckes während der Flüchtlingskrise 2015 als sich dieser für die Aufnahme von Flüchtlingen in Deutschland eingesetzt hatte und zahlreichen Anfeindungen und Morddrohungen ausgesetzt war. Am 02.07.2019 widerrief Ernst sein Geständnis, die Ermittler gehen jedoch von einem Widerruf taktischer Natur aus. Das ursprüngliche Geständnis von Ernst sei so detailreich gewesen, „dass durch den Widerruf keine Auswirkungen auf die weiteren Ermittlungen zu erwarten seien", erklärten die Ermittler (DW 2019). Das Oberlandesgericht Frankfurt verurteilte Stephan Ernst Ende Januar 2021 zu einer lebenslangen Freiheitsstrafe. Zudem stellte der Strafsenat die besondere Schwere der Schuld fest. Damit ist eine Haftentlassung nach 15 Jahren so gut wie ausgeschlossen (Goertz 2022c, S. 25).

Der Blick auf den Radikalisierungsverlauf von Ernst zeigt, dass seine ideologische Prägung durch Rechtsextremismus schon früh begann. Außerdem ist er mehrfach vorbestraft und einige seiner Straftaten waren ausländerfeindlich und rassistisch motiviert. Im 1989 beispielsweise legte er ein Feuer im Keller eines überwiegend von türkischen Staatsbürgern bewohnten Hauses in Michelbach. Im November 1992 griff er im Wiesbadener Hauptbahnhof einen Mann erst von hinten und dann von vorn mit einem Messer an und verletzte ihn lebensgefährlich. Vor Gericht gab er an, er habe sich sexuell belästigt gefühlt und es „als besonders belastend empfunden, dass es sich bei dem Zeugen […] erkennbar um einen Ausländer handelte" (Zeit 2019a). Er wurde wegen versuchten Totschlags auf Bewährung verurteilt. Im Jahr 1993 griff Ernst im Alter von 20 Jahren mit einer **Rohrbombe eine Asylbewerberunterkunft** im hessischen Hohenstein-Steckenroth an. Der Sprengsatz war in einem Auto untergebracht, das in Brand gesetzt wurde, aber gerade noch rechtzeitig von Bewohnern der Unterkunft gelöscht werden konnte, bevor der Sprengsatz detonierte (Zeit 2019a).

5.2 Rechtsextremismus und Rechtsterrorismus

Am 22.07.2016, genau fünf Jahre nach dem rechtsterroristischen Anschlag des Norwegers Anders Breivik, tötete der Rechtsterrorist **David Sonboly** am Münchner Olympia-Einkaufszentrum (OEZ) neun Menschen. Die meisten der neun Todesopfer waren jung und hatten einen Migrationshintergrund. Der Attentäter hatte seine Tat ein Jahr lang vorbereitet und wie der Rechtsterrorist Anders Breivik ein **Manifest** verfasst. Das Datum am fünften Jahrestag des Breivik-Attentats war bewusst gewählt. Entsprechend ist dieser Anschlag als Nachahmer-Tat (**Copycat**) zu bewerten. Bayerns Innenminister Joachim Herrmann erklärte, nach Abschluss der umfassenden Ermittlungen sei die Einschätzung als rechtsextremistisch motivierter Anschlag folgerichtig: „Auch wenn die Ermittlungen ein ganzes Bündel an Motiven zutage gefördert haben, hatte der Täter zweifelsohne auch rassistische Beweggründe" (zit. n. Welt 2019). Sonboly litt vor seinem Anschlag an psychischen Problemen und war in psychiatrischer Behandlung. Zudem bestätigten die polizeilichen Ermittlungen die Einzeltäterschaft. Über seinen Radikalisierungshintergrund wurde drei Jahre lang gestritten, bis das bayerische Landeskriminalamt seine Tat schließlich als rechtsterroristisch politisch motiviert bewertete. Sonbolys Eltern kamen als Asylbewerber aus dem Iran nach Deutschland, er wurde als Ali geboren und benannte sich 2016 in David um. Bereits seit frühester Kindheit wurden bei ihm psychische Störungen festgestellt, die zu regelmäßigen Klinikaufenthalten führten. Innerhalb seiner Klasse war Sonboly sozial isoliert und Opfer von Mobbing (Pfahl-Traughber 2020a, S. 75–76). Die dafür verantwortlichen Schüler sollen überwiegend Migrationshintergrund gehabt haben. Dafür, dass Sonboly eine Nachahmer-Tat verübte, spricht, dass er seinen Anschlag ein Jahr lang plante und in seinem Zimmer Literatur und Medienberichte über *school shootings* in den USA gefunden wurden. Daneben befanden sich auf seinem Computer eine Fülle von rassistischen Kommentaren und fremdenfeindlichen Bezeichnungen von Migranten als „Kakerlaken" und „Untermenschen". Ferner stand er in Kontakt mit einer rechtsextremistischen Chatgruppe namens **„Anti-Refugee-Club"** (Goertz 2022c, S. 26–27).

Das Oberlandesgericht Düsseldorf verurteilte den 45-jährigen Rechtsterroristen **Frank S.** im Juli 2016 wegen versuchten Mordes und gefährlicher Körperverletzung an der damaligen Kölner Oberbürgermeisterkandidatin Henriette Reker zu einer Freiheitsstrafe von 14 Jahren. Der Rechtsterrorist Frank S. hatte Reker am 17. Oktober 2015 im Rahmen einer Wahlkampfveranstaltung mit einem Messer attackiert und wollte nach eigenen Aussagen damit ein Zeichen gegen die in Deutschland angeblich verfehlte Politik, vor allem gegen die Ausländer und Flüchtlingspolitik, setzen (BMI 2017a, S. 46–47). Frank S. **„wollte ein Signal gegen die Flüchtlingspolitik der Bundesregierung setzen"**, erklärte die Vorsitzende Richterin Barbara Havliza in ihrer Urteilsbegründung. „Er wollte ein Klima der Angst schaffen und die Politik beeinflussen" (zit. n. Spiegel 2016). Als das Urteil verkündet wurde, schüttelte der Rechtsterrorist S. mit dem Kopf. Die Bundesanwaltschaft hatte lebenslange Haft gefordert, der Verteidiger von S. höchstens 15 Jahre. Der Rechtsterrorist S. hatte Reker ein großes Jagdmesser in den Hals gerammt und vier weitere Menschen verletzt. Henriette Reker war vor ihrer Wahl zur Oberbürgermeisterin von Köln als Sozialdezernentin für die Unterbringung von Flüchtlingen in Köln zuständig gewesen. Nach dem Messerangriff von Frank S. schwebte sie in Lebensgefahr und lag mehrere Tage im künstlichen Koma. Der psychiatrische Gerichtsgutachter Norbert Leygraf stellte beim Attentäter S. eine „paranoid-narzisstische Persönlichkeitsstörung" fest, dennoch war er voll schuldfähig. Frank S. hatte in Bonn in den 1990er Jahren der rechtsextremistischen Szene angehört und wegen einer Reihe überwiegend rechtsextremistisch motivierter Gewalttaten drei Jahre im Gefängnis gesessen. Darüber hinaus hatte er an Neonazi-Aufmärschen für Hitler-Stellvertreter Rudolf Heß teilgenommen. Der Leiter des nordrhein-westfälischen Landesamtes für Verfassungsschutz hatte S. wenige Tage nach der Tat als „Randperson" im rechtsextremistischen Lager bezeichnet. Es sei bekannt gewesen, dass Frank S. sich in den 1990er-Jahren in der rechtsextremistischen Szene bewegt hatte (Goertz 2022c, S. 27–28).

Nach Auffassung des Bundesamtes für Verfassungsschutz sei S. dem Phänomenbereich **rechtsterroristischer Einzeltäter** zuzuordnen. S. habe als „Einzeltäter, ohne Einbindung in extremistische Strukturen bzw. Hierarchien", gehandelt. Das Bundesamt für Verfassungsschutz analysiert, mit seiner rechtsextremistisch motivierten schweren Gewalttat habe S. „mehrere Ziele verfolgt, einerseits die aus seiner Sicht für einen fortdauernden Missstand unmittelbar verantwortliche Person zu töten [...] andererseits richtete sich die Tat auch symbolisch gegen alle weiteren Personen mit einer ähnlichen Funktion wie Frau Reker als ehemalige Integrationsbeauftragte der Stadt Köln: Durch den Mordanschlag sollte Angst und Schrecken insbesondere bei Amts und Mandatsträgern des politischen Systems, aber auch der Gesellschaft in Gänze geschürt werden" (BMI 2017a, S. 47).

5.2.3 Aktuelle Trends

5.2.3.1 Aktuelle Trends der Radikalisierung zu (terroristischer) Gewalt

Die Anwendung von **Gewalt** ist in der rechtsextremistischen Ideologie und im Phänomenbereich des Rechtsextremismus seit Jahren eine **Konstante** und ein

5.2 Rechtsextremismus und Rechtsterrorismus

übergreifendes Handlungsmuster. Die deutschen Sicherheitsbehörden unterscheiden hier in „spontane Gewalttaten", beispielsweise körperliche Angriffe auf politische Gegner und typische Feindbilder aus dem Bereich **gruppenbezogene Menschenfeindlichkeit** (u. a. **Fremdenfeindlichkeit, Rassismus, Anti-Asyl, Antisemitismus, Muslimfeindlichkeit**) einerseits sowie in längerfristig geplante rechtsterroristische Anschläge andererseits.

Im Bereich des Rechtsextremismus sind in den letzten Jahren neue Dynamiken zu beobachten.

Grundsätzlich ist festzustellen, dass es **keine Standardradikalisierungsverläufe** gibt, jeder Verlauf ist individuell. Orte rechtsextremistischer Radikalisierung können rechte Gruppen sein, sowohl realweltlich als auch in sozialen Netzwerken. Häufige Radikalisierungsfaktoren sind die rechtsextremistische Ideologie, die aus verschiedenen Elementen besteht. Diese Ideologieelemente sind u. a. **Fremdenfeindlichkeit, Rassismus, Antisemitismus, Muslimfeindlichkeit und ein autoritäres Staatsverständnis** („Führerstaat" als Ziel), das unsere freiheitliche demokratische Grundordnung (fdGO) ablehnt. Diese Ideologieelemente werden auch durch rechtsextremistische Musik transportiert. Hinzu kommen deterministische Geschichtsbilder und identitäre Gesellschaftsbilder („Identitäre Bewegung" als Teil der Neuen Rechten, beispielsweise die Verschwörungserzählung „Großer Austausch").

Seit spätestens 2016 ist vor dem Hintergrund der rechtsextremistischen Strategie „Anti-Asyl" ein konkretes Gefährdungspotenzial eines Radikalisierungseffektes der rechtsextremistischen Szene festzustellen. Solche Radikalisierungsverläufe können in eine Gewaltorientierung münden und zu „spontaner Gewalt" bis hin zu langfristig geplanten terroristischen Anschlägen führen.

Weitere Radikalisierungsfaktoren können **psychische Krankheiten, Arbeitslosigkeit, Verschwörungserzählungen** sowie **Freund-Feind-Bilder** sein („wir gegen die anderen").

Zusätzlich sind im Internet seit vielen Jahren zahlreiche weitere Orte entstanden, an denen sich Menschen rechtsextremistisch radikalisiert haben und radikalisieren können, sowohl rechtsextremistische Gruppen als auch rechtsextremistische Einzelpersonen. Rechtsextremistische Akteure im Internet sind heterogen und reichen von teilweise gewaltorientierten Einzelpersonen über lockere Personenzusammenschlüsse bis hin zu streng hierarchisch strukturierten rechtsextremistischen Gruppen, die zu Gewalt aufrufen bzw. Gewalttaten selbst begehen. Im Internet können sich rechtsextremistische Gruppen oder ideologisch sympathisierende Einzelpersonen schnell und grenzüberschreitend mit Gleichgesinnten vernetzen. Rechtsextremisten nutzen dabei die gesamte Breite der **virtuellen Infrastruktur: Soziale Netzwerke, Messenger, Foren und Boards** sowie **verschlüsselte Messenger.** Die dort entstehenden „**Echokammern**" können wechselseitige Radikalisierungsverläufe begünstigen.

5.2.3.2 Rechtsterroristische Einzeltäter als Herausforderung und Problem für die Sicherheitsbehörden

Während vor dem Zeitalter des Internets die **konspirative Gruppe** für einen Terroristen von hoher Relevanz war, wird die persönliche Einbindung des Einzeltäters im 21. Jahrhundert zunehmend durch eine **kommunikative Vernetzung** ersetzt. Das Internet ermöglicht allerdings aufgrund der besonderen Kommunikationsweise, dass sich Einzelne ohne persönliche Kontakte politisieren und in Richtung eines ideologisch geprägten Terrorismus, hier: Rechtsterrorismus, **radikalisieren.** Dabei können sie in einem **kommunikativen Austausch** mit entsprechenden Extremisten im Internet stehen, sie können aber auch nur deren Propaganda konsumieren (Pfahl-Traughber 2020b).

Der Präsident des Bundeskriminalamtes (BKA), Holger Münch, spricht von rechtsterroristischen Einzeltätern als Individuen „**ohne jedwede polizeiliche Vorerkenntnisse – von uns noch unbekannten Personen also, die sich offenbar von den Sicherheitsbehörden unbemerkt im Hintergrund radikalisiert haben, um dann scheinbar aus dem Nichts zum ersten Mal zuzuschlagen**" (BKA 2019, S. 5).

Rechtsterroristische Einzeltäter operieren unabhängig von einem **Netzwerk** oder einer **Gruppe, ohne Teil einer Hierarchie** zu sein. Wenn rechtsterroristische Einzeltäter vor einem Anschlag nicht kommunizieren – weder virtuell noch realweltlich –, ist es für die Sicherheitsbehörden sehr schwer, Anschläge von Einzeltätern zu verhindern. Deswegen müssen die Verfassungsschutzbehörden ebenso virtuelle Netzwerke von Rechtsextremisten und Rechtsterroristen als auch realweltliche Zusammenschlüsse beobachten, was die Sicherheitsbehörden vor Probleme stellt. Rechtsextremistischer Einzeltäter-Terrorismus ist verbunden mit der neonazistischen Idee eines „**führerlosen Widerstandes**" *(leaderless resistance)* des amerikanischen Ku-Klux-Klans, namentlich seines Anführers Louis Beam. Der texanische Ku-Klux-Klan-Führer Beam warb für eine Taktik von Kleinstzellen und Einzeltätern ohne organisatorisch-hierarchische Struktur. Die Erfahrungen rechtsterroristischer Organisationen in den USA lehrten, dass, je größer und zentraler geführt gewaltbereite Neonazigruppen waren, desto schneller und leichter diese von US-Sicherheitsbehörden detektiert und bekämpft werden konnten (Goertz 2021a, S. 157–159).

Für die deutschen Sicherheitsbehörden stellen rechtsterroristische Einzeltäter als allein agierende Täter ein großes Problem dar, dies bestätigt auch Holger Münch, Präsident des BKA:

5.2 Rechtsextremismus und Rechtsterrorismus

„Wir sehen keine direkte Einwirkung von Strukturen bei diesen Tätern. Das ist ja das Schwierige. Das ist bei anderen anders, die sich gemeinschaftlich verabreden, bestimmte Taten zu begehen oder eben auch interagieren in solchen Vorbereitungen. Und insofern ist unsere Aufgabe, hier zu schauen: Wie kann man diesen Typus besser detektieren? Was enorm schwierig ist, weil sie sehr wenig interagieren. Und das wird ein Thema sein, das wir in den nächsten Jahren sehr stark intensivieren müssen" (zit. n. Musyal 2020).

Das deutsche Bundesamt für Verfassungsschutz warnt aktuell vor ca. **13.500 gewaltorientierten Rechtsextremisten**. Für die Sicherheitsbehörden bedeutet das Internet als Radikalisierungsfaktor für rechtsterroristische Einzeltäter, dass zu den organisierten Strukturen ca. 13.500 gewaltbereiter Rechtsextremisten ein unüberschaubares Spektrum von Menschen hinzukommt, das Gefahr läuft, durch **Verschwörungserzählungen** und **rechtsextremistische Propaganda** radikalisiert zu werden.

5.2.3.3 Anti Asyl, Fremdenfeindlichkeit, Rassismus, Islam- und Muslimfeindlichkeit

Die deutsche rechtsextremistische Szene nutzte den Anstieg der Flüchtlingszahlen in Deutschland in den Jahren 2014 und 2015 für eine umfassende **Anti-Asyl-Agitation**. Deutsche Rechtsextremisten nutzen seither die Asyl-Debatte, um eine fundamentale Ablehnung der bestehenden gesellschaftlichen und politischen Ordnung zu propagieren. In den letzten Jahren beobachteten die deutschen Verfassungsschutzbehörden, dass viele Anmelder von Anti-Asyl-Demonstrationen den deutschen Sicherheitsbehörden als Rechtsextremisten bekannt waren. Auch das Motto der Veranstaltung oder die auftretenden Redner und deren Aussagen waren für die Einordnung der Anti-Asyl-Demonstrationen relevant. Allein im Jahr 2015 nahmen insgesamt 95.200 Personen an rechtsextremistischen oder maßgeblich von Rechtsextremisten gesteuerten Demonstrationen gegen Flüchtlinge teil, im Jahr zuvor waren dies noch 20.610 gewesen (Goertz 2022b, S. 23–24).

Auf der rechtsextremistischen Internet-Plattform **„Altermedia Deutschland"** wurde eine „Hassliste" abgebildet, auf der u. a. Politiker und Personen, die sich für Flüchtlinge einsetzen, in Fadenkreuzen abgebildet waren. Diese Personen seien „zum Abschuss freigegeben". Bereits im Jahr 2015 – vor dem rechtsterroristischen Attentat auf den CDU-Politiker Walter Lübcke und vor den beiden rechtsterroristischen Anschlägen in Halle und Hanau – analysierten die deutschen Verfassungsschutzbehörden, dass die Anonymität des Internets zu einer Verrohung der Sprache führe. So lösten sich in der Realwelt noch vorhandene zivilisatorische Schranken im Internet gänzlich auf und in völlig enthemmter Art und Weise werden Flüchtlinge entmenschlicht und bedroht, ebenso wie **Politiker**

und Flüchtlingshelfer. Das Internet bietet Rechtsextremisten ein hohes Potenzial an Öffentlichkeitswirksamkeit für Propaganda- und Rekrutierungszwecke (BMI 2016, S. 62).

Islam- und muslimfeindliche Agitation ist nicht auf den Bereich des Rechtsextremismus beschränkt. Auch jenseits der rechtsextremistischen, vornehmlich auf Rassismus begründeten Islamfeindlichkeit gibt es Gruppierungen und Einzelpersonen, die Muslimen die im Grundgesetz verankerte Religionsfreiheit nicht zugestehen wollen. Diese Gruppierungen und Einzelpersonen **setzen pauschalisiert „den" Islam als Weltreligion gleich mit Islamismus und islamistischem Terrorismus** und stellen die Religion des Islam als „faschistische Ideologie" dar, von der eine erhebliche Gefahr für unsere Gesellschaft ausgehe (BLfV 2023b).

Extremistische Bestrebungen im Zusammenhang mit islamfeindlichen Äußerungen richten sich nach Angaben der Verfassungsschutzbehörden gegen die im Grundgesetz konkretisierten Menschenrechte (Art. 1 GG), das Diskriminierungsverbot (Art. 3 GG) und die Religionsfreiheit (Art. 4 GG). Als extremistisch sind bestimmte ziel- und zweckgerichtete Verhaltensweisen zu beurteilen, die die Geltung der genannten Prinzipien für Muslime und den Islam und seine Glaubensgemeinschaften außer Kraft setzen bzw. beseitigen wollen (BLfV 2023b).

Das deutsche Bundesamt für Verfassungsschutz analysiert Islamfeindlichkeit bzw. Muslimfeindlichkeit als Aktionsfeld von Rechtsextremisten, das seit der „Flüchtlingskrise" stark zugenommen hat. Islamfeindlichkeit bei Rechtsextremisten ist hierbei nach Angaben der deutschen Verfassungsschutzbehörden „nicht allein auf bloße Ressentiments und das Aufgreifen rechtspopulistischer Thesen zurückzuführen, sondern wurzelt vielmehr in ausgeprägten ideologischen Grundüberzeugungen, insbesondere in dem von Rechtsextremisten konstruierten Ideal einer ethnisch homogenen ‚Volksgemeinschaft'. Rechtsextremisten versuchen, Überfremdungsängste bzw. Vorurteile gegenüber der Religion des Islam bzw. Muslimen selbst zu erzeugen oder entsprechende Vorbehalte zu schüren, um so die öffentliche Meinung in ihrem Sinne zu beeinflussen. Sie verbreiten die These einer vermeintlich ‚drohenden Islamisierung' Europas. Die Übergänge zwischen extremistischer und populistischer Islamfeindlichkeit sind hierbei oft fließend" (BfV 2018a, S. 20).

Das Aktionsfeld **„Islamfeindlichkeit"** als neuartige Form der Fremdenfeindlichkeit hat im deutschen Rechtsextremismus in den vergangenen Jahren an Bedeutung gewonnen. Seit Ende 2011 konnten auf einschlägigen Internetseiten islam- und muslimfeindliche Reaktionen in Form von Leserkommentaren festgestellt werden. Hierbei ist nach Auffassung des Landesamtes für Verfassungsschutz

Baden-Württemberg die notwendige Abgrenzung zwischen (demokratisch) zulässiger Kritik an der Religion Islam – im Rahmen der freien Meinungsäußerung – und Islamfeindlichkeit, d. h. verfassungsfeindlicher Diffamierung, nicht immer einfach. Islamfeindlichkeit geht über die bloße Kritik einer Religion hinaus. Sie richtet sich auch gegen wesentliche Elemente der freiheitlichen demokratischen Grundordnung. Genannt seien hier speziell die im **Grundgesetz konkretisierten Menschenrechte,** vor allem die Menschenwürde gemäß Art. 1 Abs. 1 GG. Die festgestellten rechtsextremistischen Äußerungen sprechen den Betroffenen das Lebensrecht als gleichwertige Persönlichkeiten in der Gemeinschaft ab. Verstöße gegen den Gleichbehandlungsgrundsatz (Art. 3 GG) und die Religionsfreiheit (Art. 4 GG) weisen auf eine mögliche Verletzung des Art. 1 GG hin (LfV 2023b).

5.2.3.4 Aktuelle Narrative und Verschwörungserzählungen

Gemäß der Definition von Douglas, Sutton und Cichocka handelt es sich bei einer Verschwörungstheorie um die Überzeugung, „dass es einen geheimen Plan vonseiten einer bösartigen Gruppe gibt oder gab, wichtige Ereignisse mit teilweise geheimen Mitteln zu beeinflussen". Die ausführlichere Beschreibung von Jessica Wille lautet: „Eine Verschwörungstheorie ist der frei gewählte, komplexitätsreduzierte Glaube daran, dass eine geheim operierende Gruppe von mindestens zwei Menschen existiert, die einen böswilligen Plan verfolgt und damit für ein wichtiges historisches Ereignis oder Geschehen verantwortlich ist, wobei das Ergebnis offiziell anders erklärt bzw. verschleiert wird" (Wille 2019, S. 22). Der Begriff Verschwörungstheorie wird in der englischsprachigen Literatur beispielsweise von Karen Douglas (2019) verwendet, in der deutschsprachigen Literatur von Michael Butter (Butter 2018).

Verschwörungserzählungen sollen Emotionen schüren, Vermutungen bestärken und bestimmte Entwicklungen normativ aufladen. Meinungen werden als Fakten dargestellt, Informationen selektiv verwandt und nur zur Bestätigung der eigenen Weltsicht eingesetzt. Verschwörungserzählungen reduzieren Komplexität und wollen damit „helfen", das **„Weltgeschehen verstehen und erklären zu können".** Sie kreieren und verstärken Gruppenidentitäten und dienen dazu, Gegner, Feinde und Schuldige zu bestimmen und diese für politische, ökonomische, soziale, aber auch für ganz persönliche Erlebnisse verantwortlich zu machen. Dadurch werden Freund-Feind-Muster, **„wir gegen die Gegner, die Feinde, die Elite, die Verantwortlichen",** erschaffen, die wiederum Gewaltpotenzial haben.

Butter erklärt, dass Verschwörungsgläubige die Welt in Opfer und Täter einer Verschwörung unterteilen und die Idee vertreten, „dass Geschichte plan- und kontrollierbar sei, und dass Menschen den Verlauf der Geschichte entsprechend ihrer

Intentionen lenken könnten. Ereignisse seien immer das Resultat von absichtsvollem Handeln. Zufall, unbeabsichtigte Konsequenzen und strukturelle Effekte würden von Verschwörungsgläubigen ausgeschlossen, die Handlungen der Verschwörer müssten aufgedeckt werden, bei ausreichend „tiefer Analyse" ließen sich versteckte Verbindungen zwischen Personen und Institutionen finden (Butter 2018, S. 21–29).

Anhänger von Verschwörungserzählungen betrachten sich als „Erleuchtete" und der Glaube daran, die wahren Zusammenhänge hinter politischen und sozialen Entwicklungen verstanden und die dafür vermeintlich Verantwortlichen erkannt zu haben, festigt den Zusammenhalt untereinander

Bei **„QAnon"** handelt es sich um eine Verschwörungserzählung, die in den USA entstanden ist und dort über eine nicht geringe Anhängerschaft verfügt. Der Urheber der „QAnon"-Verschwörungserzählung veröffentlichte erstmalig im Oktober 2017 auf dem Imageboard „4chan" vermeintlich exklusive Informationen, wonach der damalige US-Präsident Donald Trump einen Kampf gegen den „Deep State", also „verborgene Eliten in hohen und höchsten Regierungsämtern und gesellschaftlichen Positionen", führe (Deutscher Bundestag 2020, S. 3). Die Bezeichnung „Q" stammt aus der Anlehnung an die „Q Clearance", die höchste Freigabestufe für geheime Informationen von US-Behörden, die der anonyme Urheber der Postings angeblich besitzt. „Anon" ist wiederum die Abkürzung für Anonymous.

Der „QAnon"-Verschwörungserzählung zufolge würden Kinder entführt, in unterirdischen Lagern gefoltert und ermordet, um ein Lebenselixier aus ihnen zu gewinnen – das sogenannte „Adrenochrom". Bei den Veröffentlichungen von „Q" handelt es sich in der Regel um kryptische Meldungen mit nicht allgemein gebräuchlichen Abkürzungen, die breiten Auslegungsspielraum lassen. Diese Verschwörungserzählung findet, so die Bundesregierung 2020 in einer Antwort auf eine Kleine Anfrage im Bundestag, auch im deutschsprachigen Raum Verbreitung, vor allem durch eine Vielzahl an Homepages, Blogs und YouTube-Kanälen, deren Reichweite aber kaum zu quantifizieren sei. Die **Adrenochrom-Kinderblut-Verschwörungserzählung** übernimmt mit ihrer Kindermordbehauptung Elemente des **mittelalterlichen Antisemitismus** (**„Christenblut" als Heilmittel**).

Diese Verschwörungserzählung findet neben den USA auch in Europa, stark auch im deutschsprachigen Raum, Verbreitung, vor allem durch eine Vielzahl von Homepages, Blogs und YouTube-Kanälen, deren Reichweite aber nach Angaben des deutschen Bundesamtes für Verfassungsschutz weder zu quantifizieren noch zu qualifizieren ist. Anknüpfungspunkte für extremistische Ideologeme bieten die oft mit der QAnon-Theorie verwobenen Elemente eines vermeintlichen Blutkultes

5.2 Rechtsextremismus und Rechtsterrorismus

in Verbindung mit einem weltumspannenden Geheimbund, dessen Darstellung **jegliche antisemitische Klischees** bedient (BfV 2023h).

Diese Verschwörungserzählungen schließen eng an den politischen Antisemitismus und somit an alte, wirkmächtige und dauerhafte Narrative an: Die als mächtig imaginierte Minderheit „der Juden" verschwöre sich gegen „die Mehrheit", um sie zu schädigen und zu beherrschen. Hierfür steht das Bild von **„den Juden" als Draht- und Strippenzieher,** die unter dieser Maßgabe Wirtschaftskrisen, **Revolutionen oder Kriege anzettelten.**

Die Vorstellung einer jüdischen Verschwörung, die letztlich auf die Weltherrschaft zielt, ist eines der wirkmächtigsten antisemitischen Stereotype, wofür exemplarisch die Anfang des 20. Jahrhunderts erschienenen und von Russland aus verbreiteten **„Protokolle der Weisen von Zion"** stehen. Dass diese Schrift – ein vermeintlicher jüdischer Geheimplan – schon kurz nach ihrer Veröffentlichung als perfide Fälschung entlarvt wurde, tat ihrer anhaltenden Resonanz keinen Abbruch (BfV 2020, S. 13). Bis heute werden die „Protokolle" weltweit unter Verschwörungsgläubigen geteilt. Das im Stil einer Protokollniederschrift jüdischer Führungspersönlichkeiten abgefasste Machwerk gibt vor, die Beschlüsse einer Geheimkonferenz zu belegen, der zufolge Juden schon seit Jahrhunderten danach strebten, betrügerisch und gewaltsam die Weltherrschaft zu erringen (BfV 2020, S. 22–23).

Auffallend ähnlich klingt die Verschwörungserzählung eines **„Deep State",** einer „geheimen Elite hinter der Regierung", die sich in den USA im Kontext der oben beschriebenen QAnon-Erzählung entwickelte. So solle sich dieser „Deep State" aus verborgenen Eliten in hohen Regierungsämtern und gesellschaftlichen Positionen zusammensetzen. Auch in Deutschland findet die Erzählung Anhänger. Zur Verbreitung trug besonders die vom Bundesamt für Verfassungsschutz bis zum Dezember 2021 als „Verdachtsfall Rechtsextremismus" und seither als „gesichert rechtsextremistisch" eingestufte Zeitschrift **„COMPACT"** bei (Spiegel 2020). Im Jahr 2019 veröffentlichte dieses Magazin eine Sonderausgabe über den angeblichen „tiefen Staat". In einem YouTube-Video erklärte der Chefredakteur Jürgen Elsässer, was es damit auf sich habe: „Darunter versteht man ein Geflecht aus Geheimdiensten, Wirtschaftsbossen, Börsengurus, linken Medien" (Spiegel 2020). Die Verschwörungserzählung „Deep State" wird auch in rechtspopulistischen und rechtsextremistischen Foren verbreitet.

Auch die antisemitisch geprägte Verschwörungserzählung **„New World Order"** – „Neue Weltordnung" (NWO), welche die Vorstellung propagiert, globale Eliten wollten eine autoritäre, supranationale Weltregierung schaffen, findet in Deutschland Verbreitung. Nach Angaben des Bundesamtes für Verfassungsschutz brachten z. B. die **„Reichsbürger" und „Selbstverwalter"-Gruppierung**

„**Verfassunggebende Versammlung**" die Corona-Pandemie mit der antisemitisch geprägten Verschwörungserzählung in Verbindung.

Der Begriff „**Neue Weltordnung**" bezeichnet eine Verschwörungserzählung, in der eine globale, meist jüdische Elite den geheimen Plan verfolgt, „autochthone" Völker und nationalstaatliche Grenzen abzuschaffen und eine autoritäre Weltregierung zu installieren.

In den meisten Varianten dieser Verschwörungserzählung werden jüdische Akteure, wie der US-Investor George Soros, das Bankhaus Rothschild und vermeintliche Geheimgesellschaften wie beispielsweise die Illuminaten oder Freimaurer sowie internationale Organisationen als Hauptverantwortliche oder Helfer der geheimen Eliten angesehen. Oftmals werden die Begriffe „**Ostküste**" oder „**Hochfinanz**" als antisemitisch konnotierte Synonyme für die jüdische Elite genutzt (BfV 2023i).

Von den Vorwürfen der angeblichen Brunnenvergiftung durch Juden in der Pest-Epidemie im Mittelalter über die erfundenen „Protokolle der Weisen von Zion" bis hin zu den kruden Konstrukten der „QAnon"- und NWO-Verschwörungserzählung zieht sich Antisemitismus wie ein roter Faden durch Verschwörungserzählungen. Die Behauptung einer angeblichen Existenz von „**Strippenziehern**", „**jüdischen Finanziers**", „**Ostküsten-Juden-Elite**" („**Hochfinanz**"), „**New World Order**", „**Zionist Occupied Government**" („**ZOG**"), „**Machenschaften**", „**jüdische Clique**", „**Nutznießern**" ist ein strukturelles Merkmal von Verschwörungserzählungen.

Bei der Verschwörungserzählung „**Großer Austausch**"/„**Der große Austausch**" handelt es sich um ein zentrales Narrativ der rechtsextremistischen „Identitären Bewegung" sowie anderen Akteuren der Neuen Rechten. Dieses Narrativ bzw. diese Verschwörungserzählung besagt in seinem/ihrem Kern nach Angaben des deutschen Bundesamtes für Verfassungsschutz, dass eine nicht näher bestimmte Elite den „Austausch" der einheimischen Bevölkerung gegen Migranten zum Ziel habe. Zudem warnt die „Identitäre Bewegung Deutschland" pauschal vor einer „Islamisierung" Deutschlands (BMI 2021, S. 75–77). Die „COMPACT-Magazin GmbH" als von den deutschen Verfassungsschutzbehörden beobachteter Akteur der Neuen Rechten verbreitet das Narrativ des „Großen Austauschs". In diesen und zahlreichen anderen Zusammenhängen verbreitet „COMPACT" verschwörungsideologische Auffassungen, die sich gegen einen sogenannten „**tiefen Staat**" (**deep state**) oder eine bestimmte „**Machtelite**" richten (BMI 2021, S. 81).

Der Rechtsterrorist und Attentäter von Christchurch, **Brenton Tarrant**, hatte vor seinen Anschlägen auf zwei Moscheen in Christchurch, bei denen er 51 Menschen tötete und 50 Menschen verletzte, einige davon schwer, ein Manifest veröffentlicht. Dieses Manifest trägt den Namen „**The Great Replacement**", die

5.2 Rechtsextremismus und Rechtsterrorismus

Übersetzung der rechtsextremistischen Verschwörungstheorie „Der große Austausch", die im deutschsprachigen Raum von verschiedenen Akteuren der Neuen Rechten verbreitet wird. Der französische Autor Renaud Camus nannte sein Buch im Jahr 2001 **„Le grand remplacement"** und zeichnete darin das Bild, einer französischen Gesellschaft, in der eine „Machtübernahme durch Muslime näher rückt". Camus verlangte unter anderem das Verbot von Familiennachzug und eine Verschärfung des Staatsangehörigkeitsrechts (Goertz 2022b, S. 186–187).

Die **„Siege"-Ideologie** (engl. **Belagerung**) geht auf den gleichnamigen Titel einer Textsammlung des US-amerikanischen Rechtsextremisten James Nolan Mason aus den 1980er-Jahren zurück. Sie beinhaltet neben Masons ideologischen Grundlagen wie Rassismus, Antisemitismus oder der Theorie der vermeintlichen Überlegenheit der „weißen Rasse" (**„White Supremacy"**), auch detaillierte Beschreibungen möglicher Anschlagsziele sowie Ausführungen zu operativen Vorbereitungen. Der Schwerpunkt der Ideologie liegt in den USA, doch auch in Deutschland und anderen europäischen Ländern werden immer wieder Einzelpersonen und Gruppierungen festgestellt, welche die **„Siege"-Ideologie** verbreiten. Zu nennen sind hier etwa Ableger internationaler Gruppierungen wie die „Atomwaffen Division Deutschland" und die „Feuerkrieg Division Deutschland" (BfV 2023j).

Obwohl die „Siege"-Ideologie ihren Schwerpunkt in den USA hat, gewinnt sie zunehmend auch in Deutschland zumeist junge radikalisierte Anhänger, die von Gruppierungen wie der **Atomwaffendivision** (AWD) rekrutiert werden können. So werden nach Angaben des deutschen Bundesamtes für Verfassungsschutz auch in Deutschland immer wieder Einzelpersonen und Gruppierungen festgestellt, welche die Siege-Ideologie verbreiten. Zu nennen sind hier beispielsweise Ableger internationaler Gruppierungen wie die „AWD Deutschland" (AWDD) und die **„Feuerkrieg Division Deutschland"** (FKDD) (BMI 2022, S. 71).

Bei S.H.A.E.F. handelt es sich nach Angaben des deutschen Bundesamtes für Verfassungsschutz um eine Verschwörungserzählung, die von einigen „Reichsbürgern" und „Selbstverwaltern" vertreten wird. Die Anhänger und Sympathisanten dieser Verschwörungserzählung beziehen sich auf das **Supreme Headquarters Allied Expeditionary Force** (S.H.A.E.F.), welches während des Zweiten Weltkriegs das Oberkommando über die alliierten Streitkräfte in Europa ausübte und nach Kriegsende aufgelöst wurde. Sie gehen davon aus, dass das S.H.A.E.F. weiterhin aktiv sei und die entsprechenden „S.H.A.E.F.-Gesetze" noch immer Gültigkeit hätten. Im Kern wird behauptet, dass es sich bei der Bundesrepublik Deutschland nach wie vor um einen besetzten Staat handelt. Dementsprechend wird auch die gültige Rechtsordnung nicht anerkannt. Staatsbedienstete sowie Politiker verstehen die Anhänger dieser Ideologie als Erfüllungsgehilfen einer unrechtmäßigen Regierung. Sich selbst sehen sie als offizielle Vertretung der Alliierten mit der Befugnis, Befehle und Weisungen an die deutsche Bevölkerung erteilen zu können (BfV 2023k).

5.3 „Reichsbürger" und „Selbstverwalter"

„Die Gewaltbereitschaft und der Rekurs auf verschiedene Verschwörungstheorien vermischen sich auch bei den Reichsbürgern und Selbstverwaltern zu einer gefährlichen Verbindung, der wir durch Aufklärung und die Anregung von Waffenentzügen effektiv entgegentreten" (BfV 2023l). Thomas Haldenwang, Präsident des Bundesamtes für Verfassungsschutz

Etwa 3000 Polizeibeamte, darunter die polizeilichen Spezialkräfte GSG 9 und SEK mehrerer Landeskriminalämter, führten in den frühen Morgenstunden des 07.12.2022 150 Razzien in elf Bundesländern bei 54 mutmaßlichen Mitgliedern einer gewaltbereiten „Reichsbürger"-Gruppe durch, 25 Personen wurden festgenommen. Diese hatten nach Angaben des Generalbundesanwalts eine terroristische Vereinigung gebildet, um die verfassungsmäßige Ordnung der Bundesrepublik Deutschland zu beseitigen und einen Staat nach Vorbild des Deutschen Reichs von 1871 zu errichten.

5.3.1 Der Phänomenbereich, Definitionen, Analysemerkmale

> **Übersicht**
> Das Bundesamt für Verfassungsschutz definiert „Reichsbürger" und „Selbstverwalter" wie folgt:
> „‚**Reichsbürger' und ‚Selbstverwalter'** sind **Gruppierungen und Einzelpersonen**, die aus **unterschiedlichen Motiven und mit unterschiedlichen Begründungen** – unter anderem unter Berufung auf das **historische Deutsche Reich, verschwörungstheoretische Argumentationsmuster** oder ein **selbst definiertes Naturrecht** – die **Existenz der Bundesrepublik Deutschland** und deren **Rechtssystem ablehnen**, den demokratisch gewählten Repräsentanten die Legitimation absprechen oder sich gar in Gänze als **außerhalb der Rechtsordnung stehend definieren** und deshalb die Besorgnis besteht, dass sie Verstöße gegen die Rechtsordnung begehen" (BfV 2023l).

5.3 „Reichsbürger" und „Selbstverwalter"

„Reichsbürger" und „Selbstverwalter" sind nach Angaben des Bundesamtes für Verfassungsschutz Gruppierungen und Einzelpersonen, die aus verschiedenen Motiven und mit verschiedenen Begründungen – u. a. unter Berufung auf das historische Deutsche Reich, Verschwörungstheorien oder ein selbst definiertes Naturrecht – die Existenz der Bundesrepublik Deutschland und deren Rechtssystem ablehnen, den Politikern als demokratisch gewählten Repräsentanten die Legitimation absprechen oder sich gar komplett als außerhalb der Rechtsordnung stehend definieren, was zu Verstößen gegen die Rechtsordnung geführt hat und weiter führen wird (BfV 2023l).

„Reichsbürger" und „Selbstverwalter" sind nach Angaben der deutschen Verfassungsschutzbehörden ein **eigener Phänomenbereich von Extremismus**, ein **Phänomenbereich sui generis**. Das aktuelle Personenpotenzial umfasst nach Angaben des BfV 23.000 Menschen. Innerhalb der Szene der „Reichsbürger" und „Selbstverwalter" ist laut Bundesamt für Verfassungsschutz ein kleinerer Teil dem Rechtsextremismus zuzurechnen, so seien rechtsextremistische Ideologieelemente bei der Mehrheit der „Reichsbürger" und „Selbstverwalter" nur gering ausgeprägt. Aktuell werden 1250 Mitglieder der „Reichsbürger" und „Selbstverwalter" als rechtsextremistisch eingeschätzt. Als gewaltorientiert von den 23.000 Personen stufen die deutschen Sicherheitsbehörden aktuell 2100 ein (BfV 2023m). Die Bandbreite antisemitischer Einstellungen und Äußerungen unter „Reichsbürgern" und „Selbstverwaltern" reicht dabei von **Schuldzuweisungen Einzelner, die „die Juden" für ihre Arbeitslosigkeit verantwortlich machen, über offen antisemitische und oftmals über Codes und Chiffren transportierte Verschwörungstheorien**, wonach z. B. der Erste Weltkrieg von „den Juden" geplant worden sei bis hin zur Leugnung des Holocaust. Zur Verbreitung ihrer Ideologieelemente und ihrer Argumentationsmuster nutzen „Reichsbürger" und „Selbstverwalter" vor allem das Internet und soziale Netzwerke. Aber auch in der Realwelt entwickeln sie unterschiedliche Aktivitäten, mit denen sie ihre nach Angaben der Verfassungsschutzbehörden juristisch meist völlig abwegigen Ansichten verbreiten. Die **Unterscheidung** zwischen „Reichsbürgern" und „Selbstverwaltern" gestaltet sich laut Bundesamt für Verfassungsschutz teilweise schwierig: „Reichsbürger" berufen sich hinsichtlich des Staatsgebiets und des Rechtsstandes auf ein wie auch immer geartetes „Deutsches Reich" und lehnen deshalb die Bundesrepublik Deutschland ab. „Selbstverwalter" fühlen sich dem Staat und seiner Rechtsordnung nicht zugehörig. Sie erklären mitunter ihren „Austritt" aus diesem und den Eintritt in eine „Selbstverwaltung" (Goertz 2022a, S. 41–41).

Übersicht

Analysemerkmale des Extremismusphänomenbereiches „Reichsbürger" und „Selbstverwalter" sind somit:

- „Reichsbürger" und „Selbstverwalter" **lehnen** mit unterschiedlichen Begründungen die **Existenz der Bundesrepublik Deutschland ab**
- Damit verbunden lehnen sie die **drei Gewalten, Legislative, Exekutive, Judikative** und ihre Mitarbeiterinnen und Mitarbeiter ab
- „Reichsbürger" und „Selbstverwalter" stellen einen sehr heterogenen Extremismusphänomenbereich dar und bestehen aus zahlreichen Gruppierungen sowie Einzelpersonen. Das verbindende Element dieser Szene ist die **fundamentale Ablehnung** der **Existenz oder Legitimität** der Bundesrepublik Deutschland sowie deren Rechtsordnung.
- Eine trennscharfe Unterscheidung zwischen „Reichsbürgern" und „Selbstverwaltern" ist schwierig: „Reichsbürger" berufen auf ein wie auch immer geartetes „Deutsches Reich" und lehnen deshalb die Bundesrepublik Deutschland ab. „Selbstverwalter" wiederum nehmen für sich in Anspruch, aus der Bundesrepublik Deutschland „austreten" zu können, und reklamieren dabei für sich rechtliche und territoriale Autonomie. Es existieren auch Mischformen.
- Innerhalb dieses Phänomenbereiches ist ein **kleinerer Teil dem Rechtsextremismus zuzurechnen,** rechtsextremistische Ideologieelemente sind bei der Mehrheit der Szeneangehörigen eher gering ausgeprägt.
- **Verschwörungserzählungen** stellen einen Radikalisierungsfaktor dieses Extremismusphänomenbereichs dar.
- Auch **antisemitische Narrative und Verschwörungserzählungen** gehören zu den Ideologieelementen mancher „Reichsbürger" und „Selbstverwalter".
- „Reichsbürger" und „Selbstverwalter" nutzen verschiedene Strategien und Taktiken, um behördliche und rechtsstaatliche Abläufe zu stören, beispielsweise die „Vielschreiberei". Diese reicht von der Ablehnung behördlichen Handelns bis hin zu Erpressungen, Beleidigungen oder Nötigungen, teilweise mit erheblichen Gewaltandrohungen.
- Weitere Mittel der Szene sind das Herstellen und der Vertrieb von eigenen **Fantasiedokumenten („Personenausweis")** sowie das Verändern von Kfz-Kennzeichen als Ausdruck der bewussten Lossagung von der Bundesrepublik Deutschland.

5.3 „Reichsbürger" und „Selbstverwalter"

- Das **Gefährdungspotenzial** durch die Waffenaffinität in der Szene der „Reichsbürger" und „Selbstverwalter" besteht seit Jahren, die teilweisen erheblichen Waffenfunde im Zuge von Exekutivmaßnahmen belegen dies.
- In den letzten Jahren kam es zu **vollendeten und versuchten Tötungsdelikten gegen Polizeibeamte**. **Gewalt** wurde auch gegen **Politikerinnen und Politiker, Beamte sowie Journalistinnen und Journalisten** geplant bzw. verübt.

5.3.2 Aktuelle Akteure

Das Bundesamt für Verfassungsschutz analysiert, dass die Szene der „Reichsbürger" und „Selbstverwalter" vor allem durch **persönliche Kontakte** bestimmt wird und beschreibt die Szene als weitestgehend unstrukturiert. Weiter stellen die Verfassungsschutzbehörden fest, dass in der Szene der „Reichsbürger" und „Selbstverwalter" regelmäßig Streitigkeiten und Zerwürfnisse auftreten. Deswegen lösen sich dort regelmäßig Zusammenschlüsse auf und es entstehen neue. Die **(Welt-) Anschauungen** der meisten „Reichsbürger" und „Selbstverwalter"-Organisationen sind nach Angaben des Bundesamtes für Verfassungsschutz logisch kaum nachvollziehbar. Die Ideologieelemente bilden sich meist in wirren Theorien ab, die ein **mangelndes Verständnis des Rechtsstaates** sowie eine grundsätzliche Bereitschaft, **geltende Gesetze nicht anzuerkennen**, zeigen (BfV 2018a, S. 19).

Die Organisation „**Amt für Menschenrecht**" wird von den deutschen Verfassungsschutzbehörden als „schwer durchschaubares Organisationsgeflecht" beschrieben, das „über kein in sich geschlossenes Weltbild verfügt". Zu den Ideologieelementen des Gründers dieser Organisation zählen die Leugnung der Legitimität der Bundesrepublik Deutschland sowie deren Diffamierung als „**faschistischer Unrechtsstaat**" oder als „Firma". Geltendes deutsches Recht wird von dieser Organisation prinzipiell als ungültig dargestellt, weil es angeblich Menschenrechte der „Reichsbürger" und „Selbstverwalter" verletzt (BfV 2018a, S. 19).

Der „**Staatenbund Deutsches Reich**" ist einer der größten Zusammenschlüsse im Reichsbürgerspektrum und strebt nach Angaben der deutschen Verfassungsschutzbehörden die Wiederherstellung des angeblich seit 1871 existierenden

"Deutschen Reichs" innerhalb der Reichsgrenzen von 1914 an. Diese Gruppierung, zu der die „Gliedstaaten" „Freistaat Preußen", „Volksstaat Bayern", „Republik Baden" und „Volksstaat Württemberg" zählen, reklamiert für sich, die Handlungsfähigkeit des „Deutschen Reiches" wiederherzustellen. Dabei propagiert der „Staatenbund Deutsches Reich", dass sich die „Gliedstaaten" bereits in Reorganisation befänden, um den Menschen ihre tatsächliche Staatsangehörigkeit und damit verbundene Boden- und Menschenrechte zurückzugeben. Das Bundesamt für Verfassungsschutz stellt fest, dass im Zusammenhang mit der Gruppierung „Staatenbund Deutsches Reich" in der Vergangenheit bereits zahlreiche Durchsuchungsmaßnahmen, unter anderem wegen des Verdachts auf banden- und gewerbsmäßig begangene Urkundenfälschung und Amtsanmaßung, durchgeführt wurden. Bei diesen Durchsuchungsmaßnahmen wurden eine Vielzahl von Waffen, Bargeld und sogenannte „Reichsbürger"-Dokumente sichergestellt. Der „Staatenbund Deutsches Reich" wirbt mit der Behauptung, er wolle den Menschen ihre **„tatsächliche Staatsangehörigkeit"** und „die damit verbundenen Boden- und Menschenrechte" zurückgeben. Interessierte können deshalb auf den Websites der jeweiligen „Gliedstaaten" **Fantasiedokumente** gegen eine entsprechende Gebühr erwerben. Daneben entfaltet das „Präsidium des Deutschen Reichs" einen regen Schriftverkehr, der sich überwiegend an Behörden richtet. Vom „Staatenbund Deutsches Reich" geht ein umfangreicher Schriftverkehr mit zum Teil aggressiver Ausdrucksweise gegenüber Mitarbeitern staatlicher Stellen, denen oftmals eine „private Haftbarkeit" angedroht wird, aus. Die Staatsführung der Bundesrepublik Deutschland wird von Vertretern des „Freistaats Preußen" als „Geschäftsführung", der **Staat selbst als „Firma" verunglimpft** (Goertz 2022a, S. 126–127).

In den letzten Jahren wurden verschiedene Ermittlungsverfahren gegen den „Staatenbund Deutsches Reich" und seine „Gliedstaaten" geführt. Beispielsweise fanden am 27. Mai 2020 Durchsuchungsmaßnahmen bei den Teilorganisationen „Republik Baden" und „Freier Volksstaat Württemberg" statt. Diese Exekutivmaßnahmen standen im Zusammenhang mit dem Vorwurf der gewerbsmäßigen Urkundenfälschung und Sachbeschädigung. Die Beschuldigten sollen Reisepässe, Führerscheine und Staatsangehörigkeitsurkunden gefälscht bzw. hergestellt haben. Daneben bestand wegen des massenhaften Versands von Faxnachrichten an Behörden und weitere Einrichtungen der Verdacht der Sachbeschädigung. Bei den Durchsuchungsmaßnahmen konnten zahlreiche Beweismittel beschlagnahmt werden (BMI 2021, S. 118).

Die „Verfassunggebende Versammlung" hält die Staatlichkeit der Bundesrepublik Deutschland wegen der angeblich nicht stattgefundenen Wiedervereinigung im Jahre 1990 für nichtig. Die Bundesrepublik sei vielmehr ein

"US-amerikanisches Unternehmen" bzw. "eine privatwirtschaftliche Organisation im See- und Handelsrecht". In dieser "Logik" lehnt die "Verfassunggebende Versammlung" alle seit 1990 geschlossenen staatsrechtlichen Verträge als ungültig ab. Im Zuge dieser Ablehnung der bestehenden Regierungsform Deutschlands werden Amtsträger kontinuierlich diffamiert und Mitglieder der Bundesregierung öffentlich als "Volksverräter" tituliert.

5.3.3 Aktuelle Trends

5.3.3.1 "Reichsbürger" und "Selbstverwalter" und Corona-Hygienemaßnahmen

"Reichsbürger" und "Selbstverwalter" bewerten sämtliche staatlichen Maßnahmen – damit auch die **Corona-Pandemiemaßnahmen** – als unrechtmäßig und lehnen sie vehement ab. Besonders häufig thematisierte die Gruppierung "**Verfassunggebende Versammlung**" (VV) die Corona-Pandemie und verbreitete vor allem über ihre Internetplattform "**ddbnews**" sowie das "ddbradio" im Jahr 2020 immer wieder Desinformation und Verschwörungsideologien (BMI 2021, S. 114). Die VV brachte die Gruppierung "Verfassunggebende Versammlung" die Corona-Pandemie beispielsweise mit der antisemitisch geprägten Verschwörungstheorie einer "**Neuen Weltordnung**" (NWO) in Verbindung. Das Bundesamt für Verfassungsschutz analysiert, dass die Corona-Pandemie für "Reichsbürger" und "Selbstverwalter" als Gegner des Staates eine neue, motivierende Erfahrung darstellt, da andere Kritiker der Corona-Maßnahmen die "Reichsbürger" und "Selbstverwalter" bei öffentlichkeitswirksamen Aktionen "nicht ausgrenzen, sondern gemeinsam mit ihnen protestieren" (BMI 2021, S. 114). Die deutschen Sicherheitsbehörden konstatieren aktuell, dass sich "Reichsbürger" und "Selbstverwalter" im Jahr 2020 teilweise nicht mehr darauf beschränkt haben, im Zusammenhang mit "Hygiene-Demonstrationen" ihren Protest zu äußern, sondern auch körperliche Gewalt angewendet haben, zum Beispiel gegen eingesetzte Polizeikräfte. So beteiligten sich "Reichsbürger" und "Selbstverwalter" am **Demonstrationsgeschehen** gegen die Corona-Maßnahmen vom 28. bis 30. August 2020 im Umfeld des **Bundestags** in Berlin. Dabei kam es im Zuge einer Kundgebung am Reichstagsgebäude (Deutscher Bundestag) zu einer Besetzung der Stufen des Parlamentsgebäudes durch mehrere hundert Personen, darunter auch Angehörige der **"Reichsbürger"-Szene**. Eine mutmaßliche "Reichsbürgerin" hatte nach Angaben der deutschen Polizei- und Verfassungsschutzbehörden in einem Redebeitrag auf einer Bühne von **"staatenlos.info"** unmittelbar zuvor zu einer Besetzung der Stufen des Parlamentsgebäudes aufgerufen. Bei „staatenlos.info" handelt es sich um eine „Reichsbürger"-Vereinigung (BMI 2021, S. 114).

Verschiedene bekannte „Reichsbürger" und „Selbstverwalter"-Gruppierungen beteiligten sich im Jahr 2020 an den Anti-Corona-Demonstrationen. Neben „staatenlos.info" traten dabei auch Personen aus der „Verfassunggebenden Versammlung" in Erscheinung. Auch aus dem Milieu derjenigen, die für eine Rückkehr zum Deutschen Kaiserreich eintreten, kam es zu Mobilisierungen für die Proteste. Teilweise erklärten „Reichsbürger" und „Selbstverwalter" staatliche Verordnungen schlichtweg für ungültig. So veröffentlichte beispielsweise die Gruppierung „Amt für Menschenrecht" am 11. Juni 2020 eine „Rechtdurchsetzung", der zufolge alle „Ausnahmetatbestände der biologischen und psychologischen Kriegsführung im ‚Lockdown'" aufgehoben seien (BMI 2021, S. 114–115).

5.3.3.2 Das Gefahrenpotenzial militanter „Reichsbürger" und Selbstverwalter"

Die Verfassungsschutzbehörden stufen diesen Phänomenbereich insgesamt als **staatsfeindlich** ein. Aktuell sind ihm deutschlandweit etwa **23.000 Personen** zuzurechnen, von diesen **23.000** Personen werden ca. **2100** als **gewaltorientiert** bewertet. Die Szene der „Reichsbürger" und „Selbstverwalter" besteht zu etwa **drei Vierteln aus Männern** (BfV 2023m).

Nach Angaben des BfV muss bei „Reichsbürgern" und „Selbstverwaltern" auch die Anwendung **massiver körperlicher Gewalt** gegen Vertreter des deutschen Staates einkalkuliert werden. Vor allem bei polizeilichen Maßnahmen gegen „Reichsbürger" oder „Selbstverwalter" bestehe zunehmend ein **„hohes Eskalationspotenzial"** (BfV 2018c, S. 25). Das teilweise erhebliche Gewaltpotenzial der „Reichsbürger" und „Selbstverwalter"-Szene richtete sich in den letzten Jahren und Monaten vornehmlich gegen Gerichtsvollzieher und Polizeibeamte. Polizeieinsätze bezeichnet die Szene als **„Überfälle"**, gegen die **„Notwehr"** geboten sei.

Seit Mitte 2020 beobachten die deutschen Sicherheitsbehörden, dass sich „Reichsbürger" und „Selbstverwalter" immer weniger damit begnügten, im Zusammenhang mit „Corona-Demonstrationen" lediglich ihren Protest zu äußern, sondern auch körperliche Gewalt anzuwenden, beispielsweise gegen eingesetzte Polizeikräfte. So beteiligten sich „Reichsbürger" und „Selbstverwalter" am Demonstrationsgeschehen gegen die Corona-Maßnahmen vom 28.bis 30. August 2020 im Umfeld des Reichstagsgebäudes in Berlin, was medial **„Sturm**

5.3 „Reichsbürger" und „Selbstverwalter"

auf den Reichstag" genannt wurde. Laut Polizeimeldung vom 30.08.2020 wurden dadurch 33 Polizeibeamte verletzt, **316 Personen festgenommen** sowie 131 Strafanzeigen gestellt, unter anderem wegen Beleidigung, tätlichem Angriff auf Polizeibeamte, Gefangenenbefreiung, Widerstand gegen Vollstreckungsbeamte sowie Körperverletzung. Zudem wurden 255 Anzeigen wegen Ordnungswidrigkeitsverstößen aufgenommen.

Die **Gewaltbereitschaft** von „Reichsbürgern" und „Selbstverwaltern" zeigte sich in den letzten Jahren immer wieder bei Reaktionen auf **staatliche Exekutivmaßnahmen**. Am 19.10.2016 erschoss der „Reichsbürger" Wolfgang P. in Georgensgmünd (Bayern) einen SEK-Beamten, P. wurde zu einer lebenslangen Haftstrafe verurteilt.

Am 17. April 2020 wurde der „Selbstverwalter" **Adrian U.** vom Landgericht Halle wegen versuchten Mordes, Widerstands gegen Vollstreckungsbeamte und illegalen Waffenbesitzes zu sieben Jahren Haft verurteilt. Adrian U. gehört der Szene der „Reichsbürger" und „Selbstverwalter" an. Im Jahr 2015 begann er, die Legitimität deutscher Behörden mit Anschauungen infrage zu stellen, die für „Reichsbürger" und „Selbstverwalter" als typisch gelten können. Er „gründete" den Fantasiestaat „Ur", stellte sein Grundstück in Reuden (Sachsen-Anhalt) unter „Selbstverwaltung" und zog eine „Grenzlinie" um seinen „Staat". Am 24. August 2016 versuchte ein Gerichtsvollzieher, die Zwangsräumung des Grundstücks durchzusetzen. Adrian U. hatte zuvor im Internet gegen die drohende Zwangsvollstreckung mobilisiert, woraufhin sich zahlreiche Sympathisanten auf seinem Grundstück versammelten, um ihn zu unterstützen. Daher bat der Gerichtsvollzieher für den Folgetag um polizeiliche Amtshilfe. Während dieses Einsatzes kam es dann zu einem Schusswechsel, bei dem Adrian U. einen Beamten am Hals verletzte. Er selbst wurde ebenfalls angeschossen und musste schwer verletzt ins Krankenhaus eingeliefert werden (Goertz 2022a, S. 137).

Am 19.10.2016 wollten Polizeibeamte eines SEK bei dem Szeneangehörigen **Wolfgang P.** in Georgensgmünd (Bayern) rund 30 in seinem Besitz befindliche Jagd- und Sportwaffen sicherstellen. Als sie in den frühen Morgenstunden in dessen Wohnung eindrangen, trug P. bereits eine schusssichere Weste und eröffnete sofort das Feuer auf die Beamten. Vier Polizisten wurden bei dem Einsatz verletzt, von denen einer kurze Zeit später seinen schweren Verletzungen erlag. Wolfgang P. wurde im Oktober 2017 vom Landgericht Nürnberg-Fürth wegen Mordes an einem Polizisten, versuchten Mordes und gefährlicher Körperverletzung zu einer lebenslangen Haftstrafe verurteilt.

Der Mord von Wolfgang P. an dem bayerischen SEK-Beamten gegen die verhassten staatlichen Maßnahmen wurde von anderen Mitgliedern der Szene teilweise begeistert als berechtigte **„Notwehrhandlungen"**, als **„Widerstand"** gefeiert. Im Nachgang kam es sogar zu Mordaufrufen gegen die an den Maßnahmen beteiligten Beamten: „Wir werden uns einen nach dem anderen der gestern Beteiligten holen, (…) sie dann (…) hinrichten, verbrennen und verscharren" (Homepage „BRD-Schwindel", 26.08.2016, zitiert nach: BMI 2017a, S. 95–96).

Auch aufgrund ihrer hohen Waffenaffinität stellen „Reichsbürger" und „Selbstverwalter" ein erhöhtes Gefährdungspotenzial dar. In den USA wurden durch Personen aus einem vergleichbaren Spektrum („Sovereign Citizens") bereits mehrere Polizisten getötet.

5.3.3.3 Zugriffe auf gewaltbereite „Reichsbürger" am 07.12.2022

Am **07.12.2022** kam es in elf Bundesländern in Deutschland zu **150 Razzien** von ca. **3000 Polizeibeamten** gegen eine **gewaltbereite „Reichsbürger"-Gruppe**, dabei wurden 25 Personen festgenommen. Diese hatten nach Angaben des Generalbundesanwalts eine terroristische Vereinigung gebildet, um die verfassungsmäßige Ordnung der Bundesrepublik Deutschland zu beseitigen und einen Staat nach Vorbild des Deutschen Reichs von 1871 zu errichten. Nach Angaben des Präsidenten des Bundesamtes für Verfassungsschutz (BfV), Thomas Haldenwang, hatten die Verfassungsschutzbehörden diese „Reichsbürger"-Gruppierung und ihre Umsturzplanungen bereits seit dem Frühjahr 2022 auf dem Schirm. Deren Planungen seien im Laufe des Jahres immer konkreter sowie Waffen beschafft worden. Das BfV arbeitete eng mit dem Generalbundesanwalt und den Polizeibehörden zusammen und „die deutschen Sicherheitsbehörden insgesamt hatten die Lage jederzeit unter Kontrolle", so Haldenwang am Tag der polizeilichen Zugriffe (Spiegel 2022b).

Diese „Reichsbürger"-Gruppe steht nach Angaben der **Bundesanwaltschaft** im Verdacht, eine **terroristische Vereinigung gebildet** zu haben, die mit Waffengewalt eine neue Regierung installieren wollte und **auch Tote in Kauf genommen hätte.** Sie soll geplant haben, den Bundestag zu stürmen, die Bundesregierung abzusetzen, durch Anschläge auf die Stromversorgung **bürgerkriegsähnliche Zustände** herbeizuführen, um dann die Macht zu übernehmen. Hierfür sollen bereits Mitglieder für Ministerposten ausgesucht worden sein (MDR 2022).

Die von den deutschen Polizei- und Verfassungsschutzbehörden als extremistisch eingestuften „Reichsbürger" und „Selbstverwalter" lehnen die Bundesrepublik Deutschland, ihre Rechtsordnung und ihre Beamten ab und definieren sich als außerhalb der deutschen Rechtsordnung stehend und legitimieren auf diese Weise Verstöße und Straftaten. Das Auftreten von „Reichsbürgern" und „Selbstverwaltern" gegenüber Amtsträgern staatlicher Institutionen ist häufig durch eine starke verbale Aggression gekennzeichnet.

Eine zentrale Figur dieser Organisation und ihrer Umsturzpläne soll Heinrich XIII. Prinz Reuß sein, der beim „Worldwebforum" in der Schweiz 2019 als Redner erklärt hatte, die Bundesrepublik Deutschland sei kein souveräner Staat, sondern nach wie vor von den Alliierten kontrolliert und die BRD und ihre Justiz seien „Firmen". Reuß ist als Finanzberater in Frankfurt am Main tätig und besitzt ein Jagdschloss in Thüringen, wo sich Mitglieder der Gruppe wiederholt getroffen haben sollen (FOCUS 2022).

Die Verfassungsschutz- und Polizeibehörden bewerteten diese „Reichsbürger"-Gruppierung auch deswegen für **hoch gefährlich,** weil auch aktive und ehemalige Bundeswehr-Soldaten zu den Beschuldigten gehören. Intern wurde von einem **„bewaffneten Arm"** gesprochen und dem Plan, Heimatschutzkompanien aufzubauen. Zu den Beschuldigten soll **Rüdiger von P.** gehören, Anfang der 1990er-Jahre Kommandeur eines **Fallschirmjägerbataillons.** Er war aus der **Bundeswehr entlassen** worden, weil er Waffen aus Beständen der NVA veruntreut oder verkauft hatte. Ein weiteres Mitglied der Gruppe, **Marco v. H.,** ein vorbestrafter, ehemaliger Zeitsoldat und ehemals Soldat militärischer Spezialkräfte soll ebenso wie v.P. in der Corona-Protestbewegung in Pforzheim aktiv gewesen sein und dort für die „Reichsbürger"-Gruppe rekrutiert haben. Diese habe beabsichtigt, auch aktive Soldaten aus der Bundeswehr zu rekrutieren, dies scheinbar mit Erfolg (Tagesschau 2022c).

Die Bundesinnenministerin Nancy Faeser (SPD) führte zu den Zugriffen aus: „Das war ein sehr, sehr großer Schlag und es ist gut und richtig, dass Demokratie so wehrhaft ist". Was die Gruppierung so gefährlich mache, sei, „dass es einen militärischen Arm davon gab. Mit Menschen, die früher in der Bundeswehr waren, also auch mit Waffen umgehen können". Bei Behörden, die mit Waffen zu tun haben, etwa bei Bundeswehr oder Bundespolizei, müsse man „noch mal genauer hingucken", so die Bundesinnenministerin. Wer **Umsturzfantasien** habe und die **demokratische Grundordnung überwinden** wolle, der habe **nichts mehr im öffentlichen Dienst zu suchen,** sagte Faeser weiter. Faeser arbeite gerade daran, das Disziplinarrecht zu verändern, **„damit wir solche Verfassungsfeinde schneller loswerden"** (Das Erste 2022).

Verschiedene mutmaßliche Mitglieder dieser Organisation spielten in der Vergangenheit eine Rolle in der **„Querdenker"-Szene (verfassungsschutzrelevante Delegitimierung des Staates).** Beispielsweise der ehemalige Oberst der Bundeswehr, Maximilian E. Bei einer Corona-Protestveranstaltung sprach dieser sich öffentlich dafür aus, das Kommando Spezialkräfte nach Berlin zu schicken, um dort „ordentlich aufzuräumen". E. war in seiner aktiven Zeit bei der Bundeswehr unter anderem im Kommando Spezialkräfte eingesetzt. Im Sommer 2021 engagierte er sich beim Ahrtal-Hochwasser mit einer Gruppe von ehemaligen

Soldaten der Bundeswehr, trug dabei Uniform, verfasste „Befehle" und richtete in einer Schule eine Art „Kommandozentrale" ein, obwohl er längst aus der Bundeswehr ausgeschieden und kein Soldat mehr war. Der ehemalige Polizeibeamte Michael F. ist mutmaßlich ein weiteres Mitglied der „Querdenker"-Szene, der bei einer Corona-Demonstration den Hitlergruß gezeigt haben soll. Außerdem wird der ehemalige Polizist F. dem „Reichsbürger"-Spektrum zugerechnet, weshalb er im Jahr 2022 aus dem Polizeidienst des Landes Niedersachsen entlassen worden war (Tagesschau 2022c).

Vor dem Hintergrund, dass sich unter den 25 Festgenommenen auch mehrere (aktive und ehemalige) Soldaten befinden, fordert BfV-Präsident Haldenwang einen Sicherheitscheck für alle Personen, die in die Sicherheitsbehörden von Bund und Ländern aufgenommen werden. Nötig seien auch intensive Fortbildungsmaßnahmen zum Umgang mit Rechtsextremismus in den eigenen Reihen und verbesserte Meldepflichten.

5.4 Verfassungsschutzrelevante Delegitimierung des Staates – Delegitimierer

Bis April 2021 hatten die deutschen Verfassungsschutzbehörden Extremismus in die Phänomenbereiche **Rechtsextremismus, „Reichsbürger" und „Selbstverwalter", Islamismus, Linksextremismus** sowie **Ausländerextremismus** (seit 2022 **auslandsbezogener Extremismus**) unterteilt. Als Reaktion auf eine **beobachtete Einflussnahme und Instrumentalisierung** der Proteste und Demonstrationen gegen die **staatlichen Corona-Maßnahmen** richtete das Bundesamt für Verfassungsschutz (BfV) Ende April 2021 den neuen Phänomenbereich **„Verfassungsschutzrelevante Delegitimierung des Staates"** ein. Innerhalb dieses neuen Phänomenbereichs wurde ein bundesweites Sammelbeobachtungsobjekt „Demokratiefeindliche und/oder sicherheitsgefährdende Delegitimierung des Staates" eingerichtet (BfV 2021).

5.4.1 Der Phänomenbereich, Definitionen, Analysemerkmale

Übersicht

5.4 Verfassungsschutzrelevante Delegitimierung ...

Das Bundesamt für Verfassungsschutz definiert den neuen Extremismusphänomenbereich „verfassungsschutzrelevante Delegitimierung des Staates – Delegitimierer" wie folgt:

„Verschiedene **Akteure instrumentalisieren** das **Protestgeschehen** gegen Corona-Schutzmaßnahmen, um losgelöst von jeder sachbezogenen Kritik eine tatsächlich **verfassungsfeindliche Agenda** zu verfolgen. Dies äußert sich u. a. in einer **aggressiven Agitation** gegen Repräsentanten und Institutionen des Staates, um dessen **Legitimität systematisch** zu **untergraben**. Mit Beginn der Corona-Pandemie und der Durchsetzung staatlicher Beschränkungsmaßnahmen zu ihrer Bekämpfung kam es in Deutschland zu einer breiten gesellschaftspolitischen Debatte und legitimen Protestaktionen. In einigen Fällen gingen öffentlich geäußerte Meinungen oder Aktionen jedoch über einen solchen legitimen Protest hinaus und überschritten auf diese Weise die Grenze zu tatsächlichen Anhaltspunkten für **verfassungsfeindliche Bestrebungen**. Die diesem Phänomenbereich zugeordneten Akteure zielen darauf ab, das Vertrauen in das staatliche System zu erschüttern und dessen Funktionsfähigkeit zu beeinträchtigen. Dies versuchen sie zu erreichen, indem sie unter anderem

- demokratisch gewählte **Repräsentanten des Staates verächtlich machen,**
- **staatlichen Institutionen** und ihren Vertretern die **Legitimität absprechen,**
- zum **Ignorieren gerichtlicher Anordnungen** und **Entscheidungen aufrufen,**
- **staatliche** oder öffentliche Institutionen (z. B. der Gesundheitsfürsorge) mittels **Sachbeschädigungen sabotieren** oder
- zu **Widerstandshandlungen** gegen die **staatliche Ordnung aufrufen.**
- Diese Verhaltensweisen stehen im **Widerspruch** zu elementaren Verfassungsgrundsätzen wie dem **Demokratie- oder dem Rechtsstaatsprinzip**" (BfV 2023n).

Ab Ende August 2020 warnten die deutschen Verfassungsschutzbehörden davor, dass im Zuge der „Corona-Proteste" in Deutschland eine **neue Form von Extremismus entstehen** könnte. Im Bereich der „verfassungsschutzrelevanten Delegitimierung des Staates – Delegitimierer" waren und sind unterschiedliche Akteure zu erkennen, darunter auch Rechtsextremisten, „Reichsbürger" und

„Selbstverwalter". In Bezug auf Delegitimierer (vornehmlich selbst ernannte „Querdenker"), ihre Ideologieelemente und ihr Gewaltpotenzial muss präzise differenziert werden, da bei ihren Akteuren und Anhängern eine komplexe, heterogene Mischung aus Radikalismus, Verschwörungserzählungen und -mythen sowie Extremismus verschiedener Ausprägungen vorliegt, bei einzelnen Gruppen und Personen dieser Szene auch eine (deutlich) erhöhte Gewaltbereitschaft (Goertz 2022d).

Die deutschen Verfassungsschutzbehörden beobachten, dass in der Szene der Delegitimierer Verschwörungserzählungen verbreitet werden, in denen die fundamentale Ablehnung des Staates und seiner Repräsentanten zutage trete. Diese Erzählungen sind oft von antisemitischen Ressentiments geprägt, womit auch eine Brücke zu Rechtsextremisten sowie „Reichsbürgern" und „Selbstverwaltern" geschlagen wird. Anhänger dieser Verschwörungstheorien unterstellen einem häufig als Elite bezeichneten Personenkreis wahrheitswidrig einen „Geheimplan" zu Lasten der Bevölkerung. Sie suggerieren, dieser von einer breiten Öffentlichkeit unbemerkte Plan diene ausschließlich den Interessen der „Elite" und schädige in hohem Maße die übrige Bevölkerung (BfV 2023n).

> **Übersicht**
>
> Analysemerkmale des neuen Extremismusphänomenbereichs „verfassungsschutzrelevante Delegitimierung des Staates" sind somit:
>
> - Einzelne Protagonisten der „Querdenken"-Bewegung (Delegitimierer) haben im Kontext von Corona-Protesten sowie über soziale Medien mittelbar zum **Umsturz der bestehenden politischen Ordnung** der Bundesrepublik Deutschland aufgerufen.
> - **Analogien zu Diktaturen,** unter anderem zum **Nationalsozialismus,** werden immer wieder bewusst hergestellt, um der Bundesregierung, den Landesregierungen sowie der Exekutive die **Legitimität abzusprechen.**
> - **Nationalsozialistische Verbrechen werden relativiert,** indem die staatliche Corona-Impfkampagne mit der **Verfolgung der Juden gleichgesetzt wird.**
> - Die deutsche **Volkssouveränität** wird **agitatorisch verächtlich** gemacht und angezweifelt. Zu **Gewalt** gegenüber Politikerinnen und Politikern, gewählten Volksvertreterinnen und Volksvertretern, wird – online und realweltlich – **aufgerufen.**

- Der **Bundesrepublik Deutschland** wird gezielt die Eigenschaft **abgesprochen,** ein Rechtsstaat zu sein (Prinzip der Gesetzesbindung).
- **Rhetorisch** und **körperlich aggressiver Umgang** mit Medienvertretern, Polizeibeamten und anderen Mitarbeitern der Verwaltung.
- Das Verbreiten von **antisemitischen Verschwörungserzählungen.**
- Aufrufe zur Ausübung von **Gewalt gegen Andersdenkende.**
- Bezüge und persönliche Kontakte zu Organisationen und Akteuren der Bereiche **Rechtsextremismus, „Reichsbürger" und „Selbstverwalter"** (MI NRW 2021; Goertz 2022d).

5.4.2 Aktuelle Akteure

Delegitimierer zielen nach Auffassung des Bundesamtes für Verfassungsschutz darauf ab, **wesentliche Verfassungsgrundsätze außer Geltung zu setzen** oder die **Funktionsfähigkeit** des **Staates** oder seiner **Einrichtungen erheblich zu beeinträchtigen.** So machen Delegitimierer **demokratische Entscheidungsprozesse** und Institutionen von **Legislative, Exekutive und Judikative verächtlich,** sprechen ihnen **öffentlich die Legitimität ab** und rufen zum Ignorieren behördlicher oder gerichtlicher Anordnungen und Entscheidungen auf (BMI 2022, S. 112). Die deutschen Verfassungsschutzbehörden analysieren diverse Bezüge zu und ideologische Schnittmengen mit den anderen **Extremismusphänomenbereichen,** vornehmlich mit Rechtsextremisten, „Reichsbürgern" und „Selbstverwaltern". So war das Protestspektrum der **„Querdenker"** immer wieder **Vereinnahmungsversuchen** aus dem rechtsextremistischen Milieu und aus der Szene der „Reichsbürger" und „Selbstverwalter" ausgesetzt (BMI 2022, S. 113).

Delegitimierer, vornehmlich „Querdenker" mit ihren deutschlandweit präsenten lokalen Initiativen werden von den deutschen Verfassungsschutzbehörden **„nicht als homogene Gruppierung verstanden",** aber es sei „**ihren zentralen Führungspersonen und organisatorisch Verantwortlichen seit Beginn der Coronapandemie gelungen, sich bis Mitte 2021 als Schlüsselfiguren des Demonstrationsgeschehens zu profilieren,** bevor sich das Protestgeschehen dezentralisierte" (BMI 2022, S .113). In Bezug auf „Querdenker" muss **differenziert** werden. Zu unterscheiden ist beispielsweise in „Querdenker" und deren Organisationsstrukturen, in „Querdenker" mit Bezügen zu rechtsextremistischen

Gruppen und/oder Einzelpersonen sowie „Querdenker" mit Bezügen zu „Reichsbürgern" und „Selbstverwaltern" und in Teilnehmer von Corona-Demonstrationen sowie Spaziergängen, die sich – in unterschiedlichen Graden – von diesen distanzieren. Die Protagonisten von „Querdenken" leiten nach aktuellen Angaben des BfV „ihre vermeintliche Bedeutung und Legitimation nicht zuletzt aus dem Umstand ab, dass sie über ihre Kanäle in Sozialen Medien über eine große Reichweite verfügen" (BMI 2022, S. 114). Wichtig im Zusammenhang der Einstufung von „Querdenken 711" als Beobachtungobjekt Extremismus ist die Feststellung des BfV aus dem Juni 2022, dass „einzelne Protagonistinnen und Protagonisten der Querdenken-Bewegung [...] im Zusammenhang mit Protestaktionen gegen Corona-Schutzmaßnahmen sowie über soziale Medien mittelbar zum Umsturz der bestehenden politischen Ordnung" aufgerufen haben (BMI 2022, S. 114).

Michael Ballweg gründete im Frühjahr 2020, zu Beginn der staatlichen Corona-Hygienemaßnahmen, „Querdenken 711" als erste regionale Gruppe in Deutschland. Der Zusatz „711" verweist dabei auf die Telefonvorwahl Stuttgarts (0711). Querdenken ist deutschlandweit in acht Regionen organisiert und hatte zwischenzeitlich 68 Ableger, auch diese lokalen Gruppen tragen jeweils die Telefonvorwahl im Namen, also zum Beispiel „Querdenken 089 München" (Goertz 2022o). Als erstes **Landesamt für Verfassungsschutz** (LfV) befasste sich das **Amt aus Baden-Württemberg** mit den „Querdenkern" und erklärte im Dezember 2020, dass es bei „Querdenken 711" erste Anhaltspunkte für eine extremistische Bestrebung festgestellt hatte (MIBaWü 2020). So stellte das Landesamt für Verfassungsschutz Baden-Württemberg im Januar 2021 fest, dass der Kernpunkt der Kritik der Corona-Protestierenden Anfang 2020 vor allem die aus ihrer Sicht unverhältnismäßige Beschränkung der Grundrechte durch die Corona-Maßnahmen war. Inzwischen werde dieser Appell jedoch überlagert von einer grundsätzlichen Staatsfeindlichkeit bei führenden Personen der „Querdenken"-Bewegung. Aufgrund der zunehmenden Radikalisierung von „Querdenken 711" und seiner baden-württembergischen Ableger werden diese seit dem 9. Dezember 2020 vom Verfassungsschutz Baden-Württemberg als Beobachtungsobjekt Extremismus geführt (MIBaWü 2020).

Die Gruppierung „Querdenken 711" mit ihrem regionalen Aktionsraum in Stuttgart und Umgebung hat von Beginn an eine führende Rolle bei den Demonstrationen gegen die staatlichen Corona-Maßnahmen eingenommen und ist seit 2020 in ganz Deutschland vertreten (MIBaWü 2021). Dabei sei nach Einschätzung des baden-württembergischen Verfassungsschutzes weniger eine Instrumentalisierung von außen erfolgt. Vielmehr kam es zu einer verstärkten Verbreitung extremistischer Inhalte aus dem Organisationsteam der „Querdenken"-Bewegung selbst heraus. Im Dezember 2020 argumentierte das LfV Baden-Württemberg, dass „Querdenken 711" gezielt **extremistische, verschwörungsideologische** und **antisemitische Inhalte** mit einer legitimen Kritik an den staatlichen Maßnahmen zur Eindämmung der Corona-Pandemie vermische (MIBaWü 2021).

Einzelpersonen und Gruppierungen aus dem Phänomenbereich der „Verfassungsschutzrelevanten Delegitimierung des Staates", darunter „Querdenker", **vertreten kein ideologisch einheitliches Weltbild,** das sich eindeutig zu denen anderer Extremismusbereiche abgrenzen lässt. Die deutschen Verfassungsschutzbehörden stellen fest, dass sie eine **ständige verfassungsfeindliche Agitation** gegen demokratisch legitimierte Repräsentanten und Verantwortungsträger des Staates betreiben, Politikerinnen und Politiker und deren Entscheidungen werden verächtlich gemacht, um dadurch das **Vertrauen in die demokratisch legitimierten Vertreter der Bundesrepublik Deutschland zu erschüttern.** Zur Agitation mit diesen Ideologieelementen kommt hinzu, dass einige Akteure der „verfassungsschutzrelevanten Delegitimierung des Staates", auch „Querdenker", eine nicht durch demokratische Mittel angestrebte Absetzung, Inhaftierung oder gar Tötung von Politikern zumindest befürworten (MIBaWü 2022; BMI 2022, S. 112).

In Bezug auf **Delegitimier** (vornehmlich „Querdenker"), ihre Ideologieelemente und ihr Gewaltpotenzial **muss präzise differenziert werden,** da bei ihren Akteuren und Anhängern eine komplexe, heterogene Mischung aus Radikalismus, Verschwörungserzählungen und -mythen sowie Extremismus verschiedener Ausprägungen vorliegt.

5.4.3 Aktuelle Trends

5.4.3.1 Verschwörungserzählungen und Narrative sowie Gewaltpotenzial

Im Kontext der von Delegitimierern als „Zwangsimpfungen" bezeichneten Impfungen gegen das Sars-Cov2-Virus behaupteten **Verschwörungstheoretiker,** mit jenen Impfungen würde ein Mikrochip zur Überwachung eingepflanzt. Die Impfung in Verbindung mit einer Entrechtung von **ungeimpften Personen** solle schließlich zur Errichtung eines globalen **Überwachungsregimes** führen. Verschwörungserzählungen im Kontext mit der Corona-Pandemie werden teilweise **stark antisemitisch aufgeladen,** indem verbreitet wird, Juden nutzten die Pandemie als Vorwand, um eine **„Neue Weltordnung"** („New World Order", NWO) zu etablieren. Die so ausgelöste Eskalation der Proteste und das vorsätzliche Provozieren polizeilicher Repressionsmaßnahmen sollten wiederholt das

Bild eines rigoros agierenden Unrechtsstaates vermitteln und dadurch Solidarisierungseffekte in der breiten Bevölkerung auslösen. Dies wurde insbesondere durch eine **verzerrende und einseitige Darstellung von Polizeieinsätzen** im Rahmen des Demonstrationsgeschehens bis hin zur bewussten Verbreitung von **Falschmeldungen** in Sozialen Medien und im Internet verstärkt (BfV 2023n).

Im neuen Phänomenbereich Verfassungsschutzrelevante Delegitimierung des Staates konstatieren die deutschen Verfassungsschutzbehörden aktuell als besonders auffällig, dass dort im Jahr 2021 das „**Feindbild Polizei**" sehr stark intensiviert wurde. Während am Anfang der Pandemie 2020 vor allem **Politikerinnen Politiker sowie Wissenschaftlerinnen und Wissenschaftler** im Fokus waren, würden seit spätestens 2021 **polizeiliche Einsatzkräfte** zunehmend angefeindet und diffamiert. Hier analysiert das Bundesamt für Verfassungsschutz, dass Herabsetzungen solcher Art dazu dienten, Gewalt gegen Polizeibeamte als „**Widerstandsakt zu legitimieren**" und die Hemmschwelle für Gewalt gegen die Polizei sukzessive herabzusenken. Einerseits geschehe dies durch plumpe Schmähungen, andererseits durch die Herabsetzung der Polizei als Vollzugsorgan einer vermeintlichen „**Corona-Diktatur**" (BMI 2022, S. 116–117).

Auf der Analyseebene von Extremismus- und Radikalisierungsforschung ist das Konzept der Delegitimierer, „Widerstand gegen eine angebliche Diktatur" zu leisten, potenziell gefährlich, weil der **Widerstand als legitime Notwehrhandlung gegen den Staat und seine Unterstützer dargestellt wird.** In der Terrorismusforschung ist festzustellen, dass in den verschiedenen Phänomenbereichen potenzielle und tatsächliche Terroristen ihre Gewalt, die Tote und Verletzte bewirkt, als „notwendig", als „legitim" darstellen, das hat einen ideologischen Hintergrund. Wenn zum „**Widerstand gegen vermeintliches Unrecht**" aufgerufen wird, besteht hier eine potenziell große Gefahr.

„Die regelmäßig wiederkehrende Behauptung der Corona-Leugner, wir lebten in einer de-facto-Diktatur und einem Notstandsregime, das beseitigt werden müsse und gegen das öffentlicher Widerstand legitim sei, muss als Beleg für eine fortschreitende Radikalisierung dieser Bewegung verstanden werden", sagt der sächsische Verfassungsschutzpräsident Christian Ende bereits November 2021. Hierbei betonte er den Einfluss von Rechtsextremisten und „Reichsbürgern" auf die Corona-Proteste und dass diese immer aggressiver geworden seien. Spätestens mit den gewaltsamen Angriffen auf Polizeibeamte und Journalisten sowie Verbalattacken gegen den sächsischen Ministerpräsidenten Michael Kretschmer seien eindeutig „rote Linien" überschritten worden (Süddeutsche Zeitung 2021a).

Die deutschen Verfassungsschutzbehörden beobachten seit dem Herbst 2021 bei zahlreichen Demonstrationen gegen die Pandemiepolitik eine konfrontative

5.4 Verfassungsschutzrelevante Delegitimierung ...

Haltung gegenüber den eingesetzten Angehörigen von Polizei- und Ordnungsbehörden und dass eine gewalttätige Auseinandersetzung mit der Polizei „das Bild eines rigoros agierenden Unrechtsstaates vermitteln und Solidarisierungseffekte in der Mehrheitsbevölkerung auslösen" sollte (BMI 2022, S. 115). Auffällig sei nach Angaben der deutschen Verfassungsschutzbehörden „die zunehmende Intensivierung des ‚Feindbildes Polizei'". Das **Anfeinden und Diffamieren der Polizeibeamten** dienten dazu, „Gewalt gegen Polizeikräfte als Widerstandsakt zu legitimieren und die Hemmschwelle hierfür sukzessive abzusenken". Einerseits geschehe dies durch plumpe Schmähungen, andererseits durch die Herabsetzung der Polizei als Vollzugsorgan einer vermeintlichen „Corona-Diktatur" (BMI 2022, S. 115).

Klare Feinbilder und Dichotomien „wir gegen die anderen", „wir hier unten gegen die da oben" erleichtern, befördern die Gewaltanwendung gegen Politiker, Polizeibeamte, Impfärzte, Mitarbeiter von Impfzentren sowie Journalisten. Solche Feindbilder werden von einigen Delegitimierern propagiert. Die letzten zwei Jahre zeigen, dass die Zahl der Radikalisierten in den „Querdenker"-Demonstrationen zugenommen hat (Goertz 2022e).

Seit Mitte November 2021 gab es in der gewaltbereiten „Delegitimierer"-Szene auf Telegram täglich Tötungsaufrufe gegen Politiker, Wissenschaftler, Ärzte, Behördenmitarbeiter und Journalisten. Für eine Recherche für tagesschau.de wurden 230 Kanäle bzw. Chats auf Telegram aus Kreisen von Rechtsextremisten und Delegitimierern nach folgenden Begriffen durchsucht: „Galgen, erschießen, aufhängen, hängen, aufgehängt, aufhängt, Laterne, Laternenmast, Guillotine, abknallen, hinrichten, abfackeln, abbrennen, brennen, standrechtlich, Fensterkreuz, ‚Nürnberger Hinterhöfe', Standgericht, hingerichtet, Tribunal, Kugel, Strick" (Tagesschau 2022d). In 33 Kanälen bzw. Chats gab es Treffer. In den untersuchten Chaträumen wurden mehr als 250 Tötungsaufrufe gefunden, was jedoch lediglich die Spitze des Eisberges darstellt, weil sich Telegram – anders als Twitter – nicht komplett durchsuchen lässt, sondern nur die Kanäle und Chats, in denen man selbst Mitglied ist. Die meisten Chatgruppen sind geheim und können nur mit einem Einladungslink betreten werden (Tagesschau 2022d). Häufig wurden die Tötungsaufrufe gar unter dem mutmaßlichen Klarnamen verbreitet, Widerspruch gab es gar in den großen Chats mit über 50.000 Mitgliedern beinahe nie, eher wurden die aufrufenden Personen noch in ihrer Meinung bestätigt und ein Galgen oder ein Scharfschützengewehr in den Kommentaren hinterlassen (Tagesschau 2022d). Politiker wie Sachsens Ministerpräsident Michael Kretschmer, die Ministerpräsidentin von Mecklenburg-Vorpommern, Manuela Schwesig, Bundesjustizminister Marco Buschmann, Bayerns Ministerpräsident Markus Söder, der CDU-Vorsitzende Friedrich Merz, Bundeskanzler Olaf Scholz, der ehemalige Gesundheitsminister Jens Spahn und der amtierende Gesundheitsminister Karl Lauterbach wurden in jenen Chats wiederholt als Ziele von Tötungsaufrufen genannt. Ein Tötungsaufruf gegen Polizisten lautete: „Diese widerwärtigen Söldner des Faschismus. Jeder Polizist, der sich weiterhin an diesem Treiben beteiligt gehört, wenn mit diesem System Schluss ist, vor Gericht, in Festungshaft und an den Galgen. Tut mir leid für die deutlichen Worte, aber diese Schweine sind für mich nicht mehr länger Teil unserer Menschenfamilie. Es sind seelenlose, programmierte Menschenmaschinen" (zit. n. Tagesschau 2022d).

Auf **Telegram** wurde der Mord am 18.09.2021 an einem Tankstellenmitarbeiter in Idar-Oberstein, der zum gesetzlich angeordneten Tragen Corona-Mund-Nasen-Schutz aufgefordert hatte, von verschiedenen Extremisten teilweise verherrlicht: „Kein Mitleid. Die Leute immer mit dem Maskenscheiß nerven. Da dreht irgendwann mal einer durch. Gut so", hieß es dort unter anderem (Eder und Staib 2021). Der Täter wurde zu einer lebenslangen Haftstrafe verurteilt und er wurde in der gewaltbereiten „Querdenker"-Szene (Delegitimierer) verortet. Die Erste Große Strafkammer des Landgerichts Bad Kreuznach wertete den tödlichen Schuss als Mord, Mario N. habe die Tat heimtückisch und aus niedrigen Beweggründen begangen und seiner Tat habe ein politisches Motiv zugrunde gelegen. Mario N. habe sich ab 2015 radikalisiert, die Pandemiemaßnahmen hätten dies verstärkt. Der Staat habe aus Sicht von Mario N. mit der Maskenpflicht Grenzen überschritten. Da er jedoch nicht an Verantwortliche wie die damalige Bundeskanzlerin Angela Merkel oder den damaligen Gesundheitsminister Jens Spahn herangekommen sei, habe er Alexander W. **stellvertretend getötet** (Rheinische Post 2021; Spiegel 2022c).

Im Dezember 2021 sollen Mitglieder der Szenen von Rechtsextremisten und Delegitimierern in einer Chat-Gruppe im Messengerdienst Telegram **Mordpläne** gegen den **sächsischen Ministerpräsidenten Michael Kretschmer** besprochen haben. Einige Teilnehmer der Chat-Gruppe sollen sich nicht nur im Chat ausgetauscht, sondern sich auch in Dresdner Parks realweltlich getroffen haben. Ein Gruppenmitglied soll in einer Audionachricht behauptet haben, er habe sich bewaffnet und Munition parat (Süddeutsche Zeitung 2021b). Knapp elf Monate nach Bekanntwerden einer Todesdrohung gegen die **Ministerpräsidentin** von **Mecklenburg-Vorpommern, Manuela Schwesig**, im Messengerdienst Telegram erließ das Amtsgericht Rostock Strafbefehl gegen einen 57-Jährigen aus der Szene der **Delegitimierer.** Der Mann soll am 03.01.2022 in einer Telegram-Chatgruppe geschrieben haben: „Sie wird abgeholt, entweder mit dem Streifenwagen in Jacke oder mit dem Leichenwagen, egal wie sie wird abgeholt" (Spiegel 2022d). Zusammengefasst: In Bezug auf Delegitimierer, ihre Ideologieelemente und ihr Gewaltpotenzial muss präzise differenziert werden, da bei ihren Akteuren und Anhängern eine **komplexe, heterogene Mischung aus Radikalismus, Verschwörungserzählungen und -mythen sowie Extremismus verschiedener Ausprägungen** vorliegt, bei einzelnen Gruppen und Personen dieser Szene auch eine (deutlich) **erhöhte Gewaltbereitschaft.**

5.5 Linksextremismus

„Wir sehen aktuell, dass die Gewalt sich hemmungslos gegen die Staatsmacht, aber auch gegen politische Gegner richtet. Wir müssen im Blick behalten, ob diese Radikalisierung sich zu terroristischen Strukturen hin entwickelt." Thomas Haldenwang, Präsident des Bundesamtes für Verfassungsschutz (BfV 2022o).

5.5.1 Der Phänomenbereich, Definitionen

Thieme, Winkelmann und Ruch führen aus, dass es sich beim Linksextremismus, ähnlich wie beim Rechtsextremismus, um einen **„Oberbegriff für unterschiedliche Phänomene"** handele, „denen eine identitätstheoretisch geprägte Gesellschaftsvorstellung zugrunde liegt. Da das Gemeinwohl von vornherein festgelegt sei – beim Linksextremismus in Form einer **kapitalismus- bzw. herrschaftsfreien politischen Ordnung** – werden **Pluralismus** und **Wettbewerb**, wenn überhaupt, nur in begrenztem Maß zugestanden" (Thieme et al. 2018, S. 83).

> **Übersicht**
> Das Bundesamt für Verfassungsschutz definiert Linksextremismus wie folgt:
> „Linksextremisten wollen die **bestehende Staats- und Gesellschaftsordnung** und damit die **freiheitliche demokratische Grundordnung beseitigen.** Um dieses Ziel zu erreichen, versuchen Linksextremisten, Einfluss auf Gesellschaft und Politik zu nehmen. Zudem begehen sie nahezu täglich und bundesweit eine Vielzahl teils **schwerer Straf- und Gewalttaten.** Linksextremismus ist ein Sammelbegriff für alle gegen das Prinzip der freiheitlichen demokratischen Grundordnung gerichteten Bestrebungen, die auf einer Verabsolutierung der Werte von Freiheit und (sozialer) Gleichheit beruhen, wie sie sich insbesondere in den Ideen von **Anarchismus und Kommunismus** ausdrücken. Je nach ideologischer Ausrichtung soll diese

durch ein **kommunistisches System** oder eine „**herrschaftsfreie**", **anarchistische Gesellschaft** ersetzt werden. Einigkeit besteht darüber, dass der „Kapitalismus" als „Wurzel allen Übels" bekämpft und beseitigt werden muss" (BfV 2023o).

Analysemerkmale von Linksextremismus sind:

- Linksextremismus verfolgt das Ziel, die Staats- und Gesellschaftsordnung der Bundesrepublik Deutschland und damit die **freiheitliche Demokratie abzuschaffen** und durch ein **kommunistisches** oder ein „herrschaftsfreies", **anarchistisches System** zu **ersetzen**.
- Linksextremismus betrachtet **Gewalt**, bezeichnet als „**revolutionäre Gewalt**" der „**Unterdrückten gegen die Herrschenden**" als „**legitimes**" Mittel und setzt dieses häufig ein.
- Die linksextremistischen Agenden richten sich insbesondere gegen durch das **Grundgesetz garantierte Grundrechte**, die parlamentarische **Demokratie**, die Gewaltenteilung, die Volkssouveränität, das Rechtsstaatsprinzip und den Pluralismus.
- **Linksextremismus** will die **freiheitliche** demokratische Grundordnung (**fdGO**) der Bundesrepublik Deutschland **abschaffen.**
- In der linksextremistischen Szene bilden **Autonome** den weitaus größten Teil des gewaltbereiten Personenpotenzials. Ziel der Autonomen ist es, den Staat und seine Einrichtungen zu zerschlagen. Neben Sachbeschädigungen wenden Autonome auch **Gewalt gegen Personen** – vor allem (vermeintliche) Rechtsextremisten und Polizisten – an, um ihre Vorstellungen durchzusetzen.
- Linksextremisten kämpfen für die **Überwindung**, sprich: die **Abschaffung** der bestehenden **Wirtschafts- und Gesellschaftsordnung.** Sie streben eine sozialistische/kommunistische Staatsordnung oder eine herrschaftsfreie, anarchistisch geprägte Ordnung ohne staatliches System an.
- Linksextremisten versuchen, ihre Vorstellungen von „selbstbestimmtem Leben" bereits in der bestehenden Gesellschaftsordnung – **gegen Gesetze und Verordnungen** – durch ihre „eigene Lebensweise" und die Errichtung „herrschaftsfreier Räume" zu verwirklichen (Goertz 2022b, S. 263).

5.5.2 Aktuelle Akteure

Charakteristisch für die Akteure des Phänomenbereiches Linksextremismus ist ihre **ausgeprägte Heterogenität**. Diese manifestiert sich in Bezug auf ihre unterschiedlichen **ideologischen Ausprägungen,** den Organisationsgrad, die bevorzugten Aktionsformen sowie das Verhältnis zur Gewalt. Anhand der Einstellung zur Frage, ob Gewalt bereits in der Gegenwart ein legitimes Mittel zur Durchsetzung politischer Ziele sei oder erst in einer noch fernen „revolutionären Situation", lässt sich die Szene in **gewaltorientierte und nicht gewaltorientierte Linksextremisten unterteilen.** Mehr als jeder vierte Linksextremist bzw. jede vierte Linksextremistin ist nach Angaben der deutschen Verfassungsschutzbehörden als **gewaltorientiert einzustufen** (BfV 2023o). Zu dieser Gruppe zählen vor allem Autonome, Anarchisten sowie ein kleiner Teil des dogmatischen Spektrums.

5.5.2.1 Autonome

Autonome bilden in Deutschland mit ca. **8000 Personen** die mit Abstand größte Gruppe im gewaltorientierten Linksextremismus. Autonome Szenen existieren nach Angaben der deutschen Verfassungsschutzbehörden vor allem in **Groß- und/ oder Universitätsstädten.** Meist verfügt die linksextremistische Szene vor Ort über einen **zentralen Anlaufpunkt,** um den sich ein Geflecht von Kleingruppen, Einzelpersonen und lokalen Ablegern überregionaler oder bundesweiter Organisationen und Strukturen formiert. Die größten **linksextremistischen Szenen** sind in Deutschland in den deutschen Großstädten **Berlin, Hamburg** und **Leipzig** festzustellen, auf der Ebene der Universitätsstädte in **Göttingen** und **Marburg** (BfV 2023o).

Autonome Linksextremisten zielen auf eine maximale **„Selbstbestimmung"** und wenden sich damit gegen jede Form von Herrschaft: Sowohl im Privatleben als auch in der Schule, der Ausbildung, der Universität oder am Arbeitsplatz (**„Keine Macht für niemand"**). Weil Autonome nach ihren eigenen Gesetzen und Regeln selbstbestimmt leben wollen, agieren und agitieren sie nach Angaben der deutschen Verfassungsschutzbehörden zugleich gegen den angeblich kapitalistischen Staat, der aus ihrer Sicht **„unsozial, repressiv, rassistisch und kriegstreiberisch"** auftrete und somit gleichsam als „faschistisch" einzuschätzen sei (BfV 2018a, S. 44).

Eine analytisch bedeutsame Feststellung ist, dass sich gewaltbereite Linksextremisten, die sich mehrheitlich als Autonome bezeichnen, in ihrem Selbstverständnis deutlich von anderen linksextremistischen Akteuren abgrenzen. Ihr

Weltbild ist geprägt durch eine Vielzahl von „Anti"-Einstellungen (z. B. „antifaschistisch", „antikapitalistisch") und diffusen anarchistischen oder kommunistischen Ideologiefragmenten (ausgedrückt in Begriffen wie **„Klassenkampf" oder „Revolution"**) (BfV 2018a, S. 39).

Autonome lehnen mehrheitlich die Herausbildung strafferer Organisationen oder gar Parteien – samt Satzungen, Geschäftsordnungen, formalen Mitgliedschaften und Gremienarbeit – ab. Aus autonomer Sicht würden derartige Ausprägungen lediglich zu einer weiteren Beschränkung individueller Freiheiten führen. Allerdings versuchen Linksextremisten immer wieder, interventionsfähige Strukturen aufzubauen, die es ermöglichen, an gesellschaftlichen Prozessen mitzuwirken. Vor allem strategisch operierende Autonome bemühen sich in der Analyse des Bundesamtes für Verfassungsschutz deshalb in den letzten Jahren immer stärker, sowohl untereinander als auch mit nicht extremistischen Personen und Gruppierungen zu kooperieren, ohne dabei das Ziel einer grundlegenden, revolutionären Veränderung aufzugeben. Dadurch entstehen Bündnisse und Netzwerkstrukturen mit dem Ziel, Kräfte zu bündeln, um die eigene Kampagnen- und Politikfähigkeit dauerhaft zu erhöhen. Die aktuell erfolgreichsten Akteure einer solchen „post-autonomen" Organisierung sind die „Interventionistische Linke" und das „…ums Ganze!"-Bündnis (Goertz 2022a, S. 223).

Die „**Interventionistische Linke**" (IL) ist aktuell mit etwa 1000 Mitgliedern der stärkste Akteur im autonomen Spektrum und nutzt aus strategischen Gründen sowohl das öffentliche Propagieren als auch Distanzieren von Gewalt (BMI 2021, S. 158–159).

5.5.2.2 Anarchisten

Anarchisten streben eine **staats- und herrschaftsfreie Gesellschaftsordnung** an und lehnen die **Herrschaft von Menschen über andere Menschen** ab. Das beinhaltet jede Form staatlicher Hoheitsgewalt, auch die innerhalb freiheitlicher Demokratien. Die Werte von Freiheit und Gleichheit sollen nach Auffassung von Anarchisten „**uneingeschränkt in einer vollkommen herrschaftsfreien Staats- und Gesellschaftsordnung gelebt werden können**". Im Unterschied zu Autonomen streben Anarchisten daher nicht nur die Schaffung von „Freiräumen" innerhalb einer gegebenen Staatsform an. Stattdessen sollen **Nationalstaaten ebenso überwunden** werden wie die darin etablierten Herrschaftsformen – einschließlich der **freiheitlichen Demokratie**. Kennzeichnend für die anarchistische Szene ist hierbei ihr hoher Grad an Vernetzung, welche als unerlässlich für die revolutionäre Herbeiführung der anarchistischen Gesellschaft angesehen wird (BMI 2021, S. 152; Goertz 2022a, S. 227–228).

Eine stark organisationsgebundene Ausprägung ist der Anarchosyndikalismus mit der Strategie, mittels Branchengewerkschaften die „Produktionsmittel" zu übernehmen. **Syndikalistischen Anarchisten** geht es strategisch nicht darum, innerhalb des bestehenden Systems politische Verantwortung zu übernehmen, aus der heraus sie gesellschaftliche Veränderungen bewirken könnten. Vielmehr geht es dem Anarchosyndikalismus um die **unmittelbare Abschaffung jeglicher Form von Herrschaft** und damit auch des demokratischen Verfassungsstaates und seiner Einrichtungen durch eine Revolution. Anarchosyndikalisten schließen laut der Analyse des Bundesamtes für Verfassungsschutz auch Gewalt mit Blick auf die angestrebte „soziale Revolution" nicht aus (BMI 2021, S. 152–153; Goertz 2022a, S. 228).

5.5.2.3 Dogmatische Linksextremisten

Dogmatische Linksextremisten beziehen sich in ihren Ideologieelementen im Wesentlichen auf die Thesen kommunistischer Vordenker wie **Karl Marx, Friedrich Engels** oder **Wladimir Iljitsch Lenin**. Ihr verbindendes Element ist dabei die Idee einer sozialistischen Gesellschaftsordnung, aus der eine **„klassenlose" kommunistische Gesellschaft** errichtet werden soll. Dabei schließen gewaltorientierte dogmatische Linksextremisten den Einsatz von **Gewalt** explizit nicht aus, erklärt das Bundesamt für Verfassungsschutz (BfV 2023o).

Zu den gewaltorientierten dogmatischen Linksextremisten zählen auch die **Antiimperialisten.** Ihrer Anschauung nach zielen die „kapitalistischen" Staaten darauf ab, durch „imperialistische" Politik neue Märkte auch gewaltsam zu erschließen, um Profite zu maximieren. Um dem zu begegnen, stelle Gewalt eine notwendige Komponente für den Kampf gegen den „Kapitalismus" beziehungsweise den „Imperialismus" dar (BfV 2023o).

Zum Spektrum der nicht gewaltorientierten dogmatischen Linkextremisten zählen die Verfassungsschutzbehörden die **linksextremistischen Parteien,** die **extremistischen Strukturen der Partei DIE LINKE** und weitere Organisationen. Ihr Ziel ist die **Abschaffung des demokratischen Verfassungsstaates,** die Errichtung des Sozialismus und – von diesem ausgehend – eine „klassenlose", kommunistische Gesellschaftsordnung, führt das Bundesamt für Verfassungsschutz aus. Zunehmend wird auch die aktionsorientierte Zusammenarbeit mit gewaltorientierten Linksextremisten befürwortet. Zudem sind die dogmatischen linksextremistischen Organisationen aufgrund ihrer Mitgliederstärke, ihrer Jugendarbeit und teils aufgrund ihrer Finanzstärke ein nicht zu vernachlässigender Faktor im deutschen Linksextremismus (BfV 2023o).

5.5.2.4 „Rote Hilfe e. V."

Die „Rote Hilfe e. V." (RH) ist mit über 12.100 Mitgliedern und bundesweit etwa 50 Ortsgruppen eine der **größten und wichtigsten Gruppierungen** im deutschen Linksextremismus. Vor allem in den letzten Jahren hat die RH einen starken Mitgliederzuwachs erfahren. Ihr **primäres Betätigungsfeld** ist die **juristische und finanzielle Unterstützung von linksextremistischen Straftätern** sowohl im Strafverfahren als auch während der Haftzeit. Damit zielt sie darauf ab, das strafrechtliche Abschreckungspotenzial zu mindern und die Legitimität des demokratischen Verfassungsstaates infrage zu stellen (BMI 2022, S. 170).

Die RH beschreibt sich als eine **„parteiunabhängige, strömungsübergreifende linke Schutz- und Solidaritätsorganisation"**. Nach Angaben der deutschen Polizei- und Verfassungsschutzbehörden leistet die RH Straf- und Gewalttätern aus dem linksextremistischen Spektrum politische und finanzielle Unterstützung, beispielsweise bei anfallenden Anwalts- und Prozesskosten sowie bei Geldstrafen und Geldbußen. Daneben versucht die RH durch meinungsbildende Öffentlichkeitsarbeit (Publikationen, Vorträge, Demonstrationen) die Sicherheits- und Justizbehörden sowie die rechtsstaatliche Demokratie zu diskreditieren. Dazu organisiert sie unter anderem Informations- und Diskussionsveranstaltungen zu Themenfeldern wie **„staatliche Repression"** und fordert dazu auf, grundsätzlich die Zusammenarbeit mit Sicherheits- und Strafverfolgungsbehörden bei der Aufklärung von Straftaten zu verweigern. Die RH **betreut rechtskräftig verurteilte linksextremistische Straftäter während ihrer Haft,** um diese weiter beziehungsweise stärker an die „Bewegung" zu binden. Sie hält persönlichen Kontakt zu Inhaftierten, um sie zum „Weiterkämpfen" zu motivieren (BMI 2022, S. 170).

5.5.2.5 de.indymedia.org

Die Internetplattform **de.indymedia.org** ist die Nachfolgerin von linksunten.indymedia.org, die am 25. August 2017 vom Bundesministerium des Innern verboten wurde. Der damalige Bundesinnenminister Thomas de Maizière sprach in der Verbotserklärung von der „Hetze im Internet", die linksunten.indymedia.org verbreite und wie von dort aus nicht nur im Vorfeld des G20-Gipfels in Hamburg für gewaltsame Aktionen und Angriffe auf Infrastruktureinrichtungen mobilisiert worden war (BMI 2017b). Zudem zitierte er die Aufrufe auf linksunten.indymedia.org zu **Gewalt gegen Polizeibeamte** und deren **Bezeichnung als „Schweine" und „Mörder", die Gewalthandlungen gegen Polizeibeamte legitimieren sollten,** was mit der freiheitlichen demokratischen Grundordnung nicht vereinbar sei. Daher gilt der Weiterbetrieb der Website linksunten.indymedia.org ab dem 25. August 2017 als eine Straftat (BMI 2017b).

5.5 Linksextremismus

Linksunten.indymedia.org war bis zu ihrem Verbot die einflussreichste Internetplattform gewaltbereiter Linksextremisten in Deutschland. Diese diente jahrelang als zentrales Medium zur Verbreitung von Beiträgen mit strafbaren und verfassungsfeindlichen Inhalten. So wurde auf linksunten.indymedia.org öffentlich zur Begehung von Gewaltstraftaten gegen Vertreter des Staates im Allgemeinen und Polizeibeamte im Besonderen sowie gegen politisch Andersdenkende und auch zu Sabotageaktionen gegen staatliche und private Infrastruktureinrichtungen aufgerufen. Quasi täglich propagierten Linksextremisten auf jenem Webportal unter dem Schutz der **Anonymität Tatbekennungen (Selbstbezichtigungen)** zu deutschlandweit verübten Straftaten wie Körperverletzungen, Brandstiftungen und Angriffe auf Infrastruktureinrichtungen. Durch die erhebliche Reichweite der Internetplattform sollte ein möglichst großer Nachahmungseffekt erzielt werden. Ferner fanden sich dort nach Angaben des Bundesinnenministers auch Anleitungen zum Bau von **„Molotov-Cocktails"** und **zeitverzögerten Brandsätzen.**

Die strategische und inhaltliche Nachfolgerin von linksunten.indymedia.org, de.indymedia.org, wurde im Juli 2020 vom Bundesamt für Verfassungsschutz als Verdachtsfall im Bereich Linksextremismus eingestuft, wie der BfV-Präsident Thomas Haldenwang mitteilte. Für die Einstufung von de.indymedia.org durch die Verfassungsschutzbehörden gäbe es „hinreichend gewichtige tatsächliche Anhaltspunkte" für verfassungsfeindliche Bestrebungen. Daraus folgt, dass die deutschen Verfassungsschutzbehörden seit Juli 2020 personenbezogene Daten in Bezug auf die Betreiber dieser Internetplattform auswerten und speichern können sowie unter strengen Voraussetzungen auch nachrichtendienstliche Mittel einsetzen dürfen (Goertz 2021d, S. 252).

De.indymedia.org bezeichnet sich in ihrem „Mission Statement" offiziell als „Teil einer Bewegung, von der es berichtet" (de.indymedia.org/missionstatement). Diese Plattform enthält u. a. die Rubriken „Open-Posting", „Terminkalender", „Gruppenstatements", „Übersetzungskoordination", „Videos", „Themen", „Globalisierung", „Indymedia", „Kultur", „Medien", „Militarismus", „Netactivism", „Ökologie", „Print", „Repression", „Soziale Kämpfe" und „Weltweit") und „Regionen" (u. a. Dresden, Österreich, Berlin, München, Dortmund, Nancy, iberische Halbinsel, London, Wendland, Nürnberg, Hambacher Forst, Hamburg, Leipzig-Connewitz, Berlin Wedding).

Die Internetplattform de.indymedia.org kann strategisch und inhaltlich analysiert als die **Nachfolgerin** der im Sommer 2017 verbotenen **linksunten.indymedia.org** bewertet werden. De.indymedia.org stärkt die überregionale und internationale Verbreitung von linksextremistischen Inhalten, darunter Selbstbezichtigungen nach Gewalttaten und Straftaten sowie eine Vernetzung in der linksextremistischen Szene.

Im Juli 2020 wurde de.indymedia.org vom Bundesamt für Verfassungsschutz als Verdachtsfall Linksextremismus eingestuft, was in der Zukunft ein Verbot des Betreibervereins dieser Plattform durch das Bundesministerium des Innern nach sich ziehen könnte.

5.5.3 Aktuelle Trends

5.5.3.1 Radikalisierungsverläufe hin zu linksterroristischer Gewalt?

Mehr als jeder vierte Linksextremist in Deutschland wird von den deutschen Polizei- und Verfassungsschutzbehörden als gewaltorientiert eingestuft. Zu den gewaltorientierten Linksextremisten zählen vor allem Autonome, Anarchisten sowie eine Minderheit des dogmatischen Spektrums. Autonome bilden mit ca. 7500 Personen die mit Abstand größte Gruppe im gewaltorientierten Linksextremismus. Autonome **bewerten alle Staats- und Herrschaftsformen gleichermaßen als autoritär** und wollen diese zugunsten einer herrschaftsfreien Ordnung überwinden. „Destruktive Gewalt" als revolutionäres Konzept zielt auf das planmäßige, systematische und erhebliche Schädigen des Staates ab: „Die Ohnmacht gegenüber Staat und Wirtschaft kann **nur durch eigenes Handeln überwunden werden**. Und ein Stein trifft die herrschende Ordnung besser als jeder Wahlzettel." (Internetplattform „de.indymedia", 26.05.2019, zit. n. BMI 2020, S. 116–117).

Unter dem Motto **„Antifa heißt Angriff"** rufen Linksextremisten im Rahmen des Aktionsfeldes „Antifaschismus" regelmäßig zu „Gegenaktionen" zum Nachteil ihrer Meinung nach „faschistischer" Personen, Gruppierungen oder Institutionen (darunter die Polizei und andere deutsche Behörden) auf. Gemeint ist damit letztlich die Begehung von Straftaten wie Sachbeschädigungen, Brandstiftungen oder teils erheblicher Körperverletzungen, bei denen zum Teil auch der Tod von Menschen zumindest billigend in Kauf genommen wird (BMI 2020, S. 117–118).

Die „Welt am Sonntag" berichtete Mitte Juli 2020 von einer 22-seitigen Analyse des Bundesamtes für Verfassungsschutz zum Potenzial eines neuen Linksterrorismus in Deutschland. In dieser Analyse stellt das Bundesamt für Verfassungsschutz eine deutliche Radikalisierung in Teilen der gewaltorientierten linksextremistischen Szene fest. Danach scheint **„die Herausbildung terroristischer Strukturen im Linksextremismus"** möglich, die „Intensität der linksextremistischen Gewalttaten" habe sich erhöht, „scheinbare, rote Linien' würden überschritten", daher erscheine „auch der Schritt zur gezielten Tötung eines politischen Gegners nicht mehr völlig undenkbar" (Welt 2020). So gebe es in mehreren Bundesländern Hinweise darauf, dass sich linksterroristische Kleingruppen herausbildeten, „eigene Tatserien begehen und sich aufgrund steigender Gewaltbereitschaft bei ihren Taten vom Rest der Szene abspalten". Hierbei warnen die deutschen Verfassungsschutzbehörden vor einer **„Radikalisierungsspirale"** eines abgeschotteten **„harten Kerns"**. Das Bundesamt für Verfassungsschutz beobachtet entsprechende Tendenzen in Sachsen, Hamburg und Berlin. Leipzig, Hamburg und Berlin gelten als Hotspots von Linksextremismus. Nordrhein-Westfalens Innenminister Herbert Reul warnt aber auch für Nordrhein-Westfalen vor solchen Tendenzen: „Obwohl der Rechtsextremismus unzweifelhaft die größere Gefahr für unsere Demokratie ist, dürfen wir das Problem des Linksextremismus nicht aus den Augen verlieren, da gibt es eine neue Qualität, die mir ernst Sorgen bereitet" (Welt 2020). Berlins Innensenator Andreas Geisel erklärt zu diesen Tendenzen in Berlin: „Mit gezielten Aktionen, darunter vielfach auch Gewalttaten, sollen staatliche und private Akteure – hier insbesondere die Polizei, Parteien und Immobilienunternehmen – eingeschüchtert werden". Immer wieder würden „Polizisten mit Steinen angegriffen, von Hausdächern und Brücken beworfen und mit Farbe oder Reizgas attackiert". Teile des linksextremistischen Spektrums in Berlin würden „ungebrochen gewalttätig agieren und immer weniger Rücksicht auf Leib und Leben von Betroffenen nehmen" (Welt 2020).

5.5.3.2 Militanter Klimaaktivismus

> „Wir werden Aktionen sehen, die es weniger zum Ziel haben zu überzeugen, dass Klimaschutz wichtig ist. Sondern solche, die die **Kosten der klimazerstörenden Normalität erhöhen.** Es wird **Aktionen** geben, die über das **bestehende Repertoire hinausgehen.** Ich kann noch nicht sagen, wie sie aussehen werden, weil sie wegen **Gesetzesübertritten immer auch verdeckt geplant werden** müssen" (zit. n. ZDF heute 2022). Der Klimaaktivist Tadzio Müller in einem Interview für das „ZDF" am 16.06.2022. Er hatte zuvor am 21.11.2021 im „Spiegel" vor einem Entstehen einer **„grünen RAF"** „gewarnt" (Spiegel 2021).

Seit Sommer 2022 blockieren **Aktivisten** der „Letzten Generation" deutschlandweit Straßen, häufig, indem sie sich auf der Straße festkleben und öffentlichkeitswirksam berühmte Kunstwerke beschädigen. Aktivisten legten zwischenzeitlich den Flugverkehr am BER-Flughafen in Berlin lahm. Ihr Ziel besteht darin, öffentliche Aufmerksamkeit auf die Folgen des Klimawandels zu lenken und die Regierung zu Maßnahmen im Sinne der Organisation „Letzte Generation" aufzufordern.

Der sehr bekannte Klimaaktivist Tadzio Müller sprach am 21.11.2021 in einem Interview für den „Spiegel" von einem Entstehen einer „grünen RAF" und kündigte am 16.06.2022 in einem Interview für das „ZDF" an, dass Klimaaktivisten ab dem Sommer 2022 „mehr auf Sabotage setzen würden" (Spiegel 2021; ZDF heute 2022). Sprich: Dieser deutschlandweit sehr bekannte und einflussreiche Klimaaktivist, Mitbegründer der vom Landesamt für Verfassungsschutz Berlin als linksextremistisch eingestuften Klimaprotestorganisation „Ende Gelände" sagte Mitte Juni 2022 ganz offen im ZDF voraus, dass es eine Radikalisierung von Aktionen von Klimaaktivisten, Sabotageakte geben werde.

Übersetzt in die politische Realität bedeutet dies seit dem Sommer 2022, dass verschiedene Aktivisten der „Letzten Generation" nach eigenem Bekunden die Bundesregierung auffordern, bzw. sie **„zwingen"** will, ihre Klimapolitik zu ändern, sie an die Forderungen der „Letzten Generation" anzupassen. Das Mittel der „Letzten Generation" dafür sind **medienwirksame Proteste, Aktionen, Blockaden von Straßen, Autobahnen** und im Jahr 2022 des Rollfeldes des Flughafens BER.

Anfang November 2022 wurde bekannt, dass durch die Straßenblockaden der „Letzte Generation"-Aktivisten seit Sommer 2022 in bis dahin 17 Fällen Rettungswagen bei Blaulichtfahrten behindert wurden. In einigen Fällen ging es um die Wiederbelebung von Notfall-Patienten durch einen Notarzt. In 13 Fällen stellte die Feuerwehr ein verspätetes Eintreffen und eine Einsatzverzögerung wegen Klimaaktivisten fest. In zwei Fällen mussten andere Rettungswagen alarmiert werden. Zwei Mal standen die Krankenwagen mit Patienten auf dem Weg in Krankenhäuser im Stau (Berliner Morgenpost 2022a).

Nach dem 31.10.2022 war die Organisation „Letzte Generation" im Zusammenhang mit dem Tod einer Fahrradfahrerin in Berlin für ein paar Tage in die Kritik von Politikern und Medien geraten. Eine 44-jährige Frau war am 31.10.2022 von einem Betonmischer überrollt worden und wenige Tage später gestorben. Ein Spezialfahrzeug der Feuerwehr, das helfen sollte, die Verletzte zu befreien, steckte in einem Stau, der von dem Klima-Protest ausgelöst worden sein soll. Die Organisation „Letzte Generation" setzte auch nach dem Tod der Fahrradfahrerin ihre Blockaden fort.

Wenige Tage nach dem Tod der Fahrradfahrerin erklärte Justizminister Marco Buschmann (FDP), er halte **Gefängnisstrafen für Klimaaktivisten für möglich.** Wer Krankenwagen blockiere, könne sich der **fahrlässigen Körperverletzung** schuldig machen, so Buschmann. Er schrieb auf Twitter: „Die Aktionen von

5.5 Linksextremismus

#LetzteGeneration können Strafrecht verletzen: Am Rahmen des Monet-Bildes in Potsdam entstand Schaden von mehreren tausend Euro. Das ist Sachbeschädigung. Wer Krankenwagen blockiert, kann sich unter Umständen der fahrlässigen Körperverletzung schuldig machen" (Süddeutsche Zeitung 2022).

Am 24.11.2022 legten Klimaaktivisten der „Letzten Generation" mit einer Aktion den Flugverkehr am Hauptstadtflughafen Berlin-Brandenburg (BER) lahm. Nach Angaben eines BER-Sprechers waren die Aktivisten in zwei Gruppen mit jeweils drei Personen an zwei Stellen auf das Gelände eingedrungen, sowohl auf der Nordseite in der Nähe des Terminals 5 als auch auf der Südseite. Der Flugverkehr musste für zwei Stunden eingestellt werden, was massive Konsequenzen für zahlreiche Passagiere hatte (Berliner Morgenpost 2022b).

> **Übersicht**
>
> „Unsere Forderung: **Der Systemwechsel,** den wir fordern, beinhaltet deshalb auch Maßnahmen für **stärkere Mitspracherechte der Bevölkerung,** insbesondere solche, die geeignet sind, Entscheidungen ohne den Einfluss von Lobbyisten zu fällen und längerfristige, verbindliche Perspektiven zu entwickeln. Wir sehen in **Bürgerräten** ein geeignetes Instrument dafür, wie der Bürgerrat Klima belegt", so die Organisation „Letzte Generation" auf Twitter (Letzte Generation 2022).
>
> „Wir rennen gegen die Zeit an. **Die Wahl zwischen Zeit und Demokratie haben wir nicht**", erklärte die deutschlandweit bekannte Klimaaktivisten Luisa Neubauer in der TV-Talkshow „Lanz" Ende Oktober 2022 (Frankfurter Rundschau 2022).

Der **Präsident des Bundesamtes für Verfassungsschutz,** Thomas Haldenwang, bewertete die Gruppierung „Letzte Generation" Mitte November 2022 **nicht als Fall von Extremismus** für eine Beobachtung durch seine Verfassungsschutzbehörde: „Ich erkenne jedenfalls gegenwärtig nicht, dass sich diese Gruppierung gegen die freiheitlich demokratische Grundordnung richtet, und insofern ist das kein Beobachtungsobjekt für den Verfassungsschutz", erklärte Haldenwang (FAZ 2023). Die Aktivisten begingen Straftaten, sagte er unter Verweis auf Straßenblockaden und Angriffe auf Kunstwerke. „Aber das Begehen von Straftaten macht diese Gruppierung jetzt nicht extremistisch" (FAZ 2023). Weiter führte der BfV-Präsident aus, Extremismus sei, wenn der Staat, die Gesellschaft, die freiheitlich demokratische Grundordnung infrage gestellt werde – „und genau das tun die Leute ja eigentlich nicht". Er verwies darauf, dass die Klimaaktivisten der Gruppe ein Handeln der Regierung forderten. „Also anders kann man eigentlich gar nicht ausdrücken, wie sehr man dieses System eigentlich respektiert, wenn man eben die Funktionsträger zum Handeln auffordert" (FAZ 2023).

Der Präsident des thüringischen Verfassungsschutzes, Stephan Kramer, bewertete die „Letzte Generation" Anfang Dezember 2022 als „für sich genommen noch keine extremistische Organisation", warnte jedoch vor einer **Vereinnahmung der Klimaschutzbewegung durch Linksextremisten.** Nach Angaben von Kramer versuchten Linksextremisten seit einigen Monaten, die Organisationen „Fridays for Future" und „Letzte Generation" zu unterwandern: „Das könnte zu einer Eskalation der Proteste über das hinaus führen, was wir bisher erlebt haben. Das müssen wir, wo wir es erkennen, frühzeitig unterbrechen" (FAZ 2022b).

Die Juristin und Soziologin Lena Herbers, die an der Universität Freiburg zu zivilem Ungehorsam forscht, wertet die aktuellen Aktionen der Organisationen „Letzte Generation" nicht als Zeichen einer Radikalisierung. Theoretisch könnten sogar noch radikalere Protestformen, als sie die Klimaaktivisten derzeit praktizieren, als legitim eingeordnet werden, führt Herbers aus: In der Sozialphilosophie gelte ziviler Ungehorsam seit längerem als ein Element der Demokratie, das auf Missstände oder akute Krisen hinweise. Die Systemkritik der Aktivisten richte sich lediglich gegen das Wirtschaftssystem: „Es geht also gerade nicht um das politische System und damit nicht um Umsturz oder Revolution", erklärt Herbers (NZZ 2022).

Eine komplett andere Auffassung vertritt der Rechtsanwalt und Journalist Butz Peters, der sich wissenschaftlich mit der linksterroristischen RAF befasst hat. In den radikalen Protesten komme eine Ablehnung der freiheitlich-demokratischen Grundordnung zum Ausdruck. „Die Aktivisten meinen, sich nicht mehr an die Regeln der parlamentarischen Demokratie halten zu können, sondern durch eigene Gewalttätigkeiten die Ziele, die sie selbst für richtig erachten, durchsetzen zu müssen. […] Wenn man eine so sensitive Infrastruktur wie jene in Berlin lahmlegt, dann nimmt man solche Gefährdungen bewusst in Kauf" (NZZ 2022). Bemerkenswert fand Peters die Aussage eines Aktivisten, der sich von Geldbußen oder Gefängnisstrafen nicht beeindruckt zeigte und sagte, nichts davon könne ihn von weiteren Blockaden abhalten. „Ähnlich wie die RAF", schätzt Peters ein, „akzeptieren die Klimaaktivisten den Rechtsstaat und unser gesamtes System nicht mehr." Ein weiterer Faktor erinnert Peters an die RAF: „Ein Grund für deren Radikalisierung bestand darin, dass sich die Terroristen in einer Blase mit Gleichgesinnten befanden und kein Feedback mehr von außen zu ihnen durchdrang" (NZZ 2022). Ansätze eines solchen Tunnelblicks, der Radikalisierungsprozesse hin zur Gewalt beschleunigen kann, erkennt Peters auch bei den Klimaaktivisten von „Letzte Generation". Wichtig sei für solche Bewegungen allerdings auch das Umfeld, ein bestimmter Zeitgeist, der den Humus bilde, auf dem die Radikalisierung gedeihen könne. Der RAF hätten solche Sympathien vor allem in der ersten Phase genützt, die Terrororganisation sei dadurch bestärkt worden. Als jedoch 1971 die Morde begannen, spätestens mit der Offensive im Mai 1972, wendeten sich die allermeisten Sympathisanten von der RAF ab. Peters fragt sich daher, wann dies auch bei manchen Klimaaktivisten geschehen werde.

Der **Referent für Linksextremismus** des Landesamtes für Verfassungsschutz Niedersachsen, Udo Baron, erklärte im Sommer 2020, dass der Begriff „System überwinden", „System Change", „Systemwechsel" im Kontext Klimaaktivismus darauf abziele, das **demokratische System der Bundesrepublik Deutschland zu überwinden**. Übertragen auf die Wortwahl der „Letzten Generation", „der Systemwechsel, den wir fordern" (Letzte Generation 2022), rückt diese öffentliche Formulierung die Wortwahl und Ziele der „Letzten Generation" in den Bereich der Extremismusdefinition der Verfassungsschutzbehörden und diese werden zeitnah verschiedene Indizien daraufhin prüfen müssen, ob Formulierungen und Aktionen von Teilen der Organisation „Letzte Generation" extremistisch sind.

> **Übersicht**
>
> „Es wird in #Lützerath zu Militanz kommen. Auf welcher Seite werdet Ihr stehen? Bei #RWE & Pfefferspray? Dann regt Euch gerne über 1 paar Steine auf. Oder bei Lützerath & #Klimagerechtigkeit? **Dann steht Ihr auch bei denen, die manchmal Steine schmeißen**" (Müller 2023), äußerte Klimaaktivist Tadzio Müller am 10.01.2023, wenige Stunden bevor militante Klimaaktivisten Molotowcocktails und Steine auf Polizeibeamte warfen.
>
> „Das war **nicht legal**, aber in den Augen der Demonstration **legitim**" (zit. FAZ 2023), so die Klimaaktivistin **Luisa Neubauer** in der Talkshow „Anne Will" am 15.01.2023 zu den verbotenen und sowohl für die Polizeibeamten als auch für die Aktivisten sehr gefährlichen Proteste an der Abbruchkante in Lützerath.
>
> „Fridays for Future ist der **Hegemon** der Bewegung. Eine soziale Bewegung besteht aber nicht aus einem Akteur, sondern hat **verschiedene Flügel**. Es gab **Martin Luther King**, es gab natürlich auch **Malcolm X und die Black Panthers**" (ZDF heute 2022), äußerte der Klimaaktivist Tadzio Müller in einem Interview für das „ZDF" am 16.06.2022.

Obwohl ab dem 08.01.2022 keine Aktivisten mehr nach Lützerath kommen sollten und die Polizei Gegenmaßnahmen getroffen hatte, rutschten doch einige von ihnen durch die Raster, Shuttlebusse brachten sie organisiert in das unwegsame Gelände. Auf den Straßen wurden neue Barrikaden errichtet und Autoreifen, die später angezündet wurden, mit angespitzten Holzpfählen versehen. In den sozialen Netzwerken riefen Klimainitiativen unter anderem mit dem Hashtag #LuetzerathUnraeumbar dazu auf, sich am Widerstand gegen die Räumung zu beteiligen. Auf den Straßen von Lützerath wurden weitere Barrikaden errichtet, unter anderem betonierten militante Klimaaktivisten Gasflaschen in die Fahrbahnen ein, um diese unpassierbar zu machen. Angespitzte Holzpfähle wurden im Boden befestigt als Abwehrmittel gegen Polizeipferde. Diese Holzpfähle stellten eine potenziell tödliche Waffe gegen Polizeipferde dar. Zum Bündnis „Lützerath unräumbar" hatten sich unter anderem Organisationen und Initiativen wie „Ende Gelände", „Fridays for Future", „Alle Dörfer bleiben" und „Letzte Generation" zusammengeschlossen. Geplant war auch ein „öffentliches Aktionstraining für die geplanten Aktionen zivilen Ungehorsams.

Zu Beginn der Räumung brannten in der von Autonomen zur Festung ausgebauten Dorfruine Lützerath Barrikaden, Polizeibeamte mussten über brennende Autoreifen springen, vermummte Autonome griffen Polizeibeamte an. Molotowcocktails (Brandflaschen, Benzinbomben, im zweiten Weltkrieg von finnischen Soldaten gegen russische Besatzungstruppen verwendet, also historisch betrachtet eine Kriegswaffe) und Steine wurden von militanten Klimaaktivisten auf Polizeibeamte geworfen, die demokratische Entscheidungen von gewählten Volksvertretern (Bundesregierung im Bundestag und Landesregierung im Landtag Nordrhein-Westfalen) umsetzen.

Kurz vor Beginn der Räumung hatte BfV-Präsident Thomas Haldenwang vor **gewalttätigen Ausschreitungen gewarnt.** Dort erklärte er, friedliche Proteste seien in einer Demokratie legitim, „die Protestbewegung in Lützerath ist allerdings sehr heterogen" (RND 2023). Relevant werde der Protest für die Verfassungsschutzbehörden, wenn Linksextremisten versuchten, **friedliche demokratische Proteste zu unterwandern** und für ihre Zwecke zu instrumentalisieren. „Versuche nehmen wir bereits wahr. Wir sehen, dass bundesweit auch **gewaltbereite Linksextremisten gegen die Räumung mobilisieren und sich bereits vor Ort sammeln. Teils wird zu militanten Aktionen aufgerufen**", sagte Haldenwang (RND 2023). Er verwies auf frühere militante Proteste von Linksextremisten im Hambacher und Dannenröder Forst, wo es **„ein brutales Vorgehen gegen die Räumung"** gegeben habe. „Insofern erwarte ich auch in Lützerath gewalttätige Krawalle" (RND 2023).

Die **Aktionen, Blockaden, Sachbeschädigungen, Straftaten** der „Letzten Generation" der letzten Monate waren **nicht spontan,** sondern über Monate geplant und ihre Mitglieder dazu geschult worden. Der Klimaaktivist Tadzio Müller hatte am 21.11.2021 im „Spiegel" das Entstehen einer **„grünen RAF" angekündigt,** am 16.06.2022 im „ZDF" dann **„neue Sabotageaktionen, Gesetzesübertritte"** (ZDF heute 2022).

5.6 Auslandsbezogener Extremismus

5.6.1 Der Phänomenbereich, Definitionen, Analysemerkmale

Das Bundesamt für Verfassungsschutz definiert den auslandsbezogenen Extremismus wie folgt:

> **Übersicht**
> „Organisationen im auslandsbezogenen Extremismus sind überwiegend aus politischen, sozialen oder ethnischen Konflikten in den **jeweiligen Heimatländern hervorgegangen.** Hauptziel der in Deutschland vertretenen Organisationen ist die Unterstützung der jeweiligen ‚**Mutterorganisationen**' in den Herkunftsländern.
>
> Der **nicht islamistische auslandsbezogene Extremismus** stellt **kein ideologisch einheitliches Phänomen** dar. So finden sich in diesem Bereich vor allem **türkische Organisationen,** die ideologisch dem **Rechts- oder Linksextremismus** zuzuordnen sind. Daneben gibt es weitere Organisationen aus der ganzen Welt, die mittels Gewalt und Terror separatistische Bestrebungen in ihren Heimatländern verfolgen.
>
> Im nicht islamistischen auslandsbezogenen Extremismus finden sich **unterschiedliche Gruppierungen,** die nur fall- und anlassbezogen untereinander oder mit deutschen extremistischen Gruppierungen zusammenarbeiten. Dabei reicht die Spannbreite der Ideologieelemente vom Rechtsextremismus bis zum Linksextremismus und umfasst auch Organisationen, die separatistische Bestrebungen in ihren Heimatländern verfolgen. Insoweit handelt es sich also nicht um ein einheitliches, tendenziell bündnisfähiges Spektrum, sondern um unterschiedliche Interessensgruppen, die nur anlassbezogen untereinander oder mit deutschen linksextremistischen Gruppierungen zusammenarbeiten.

Die Situation in den jeweiligen Herkunftsländern sowie die Vorgaben der dortigen zentralen Organisationseinheiten bestimmen überwiegend Politik, Strategie und Aktionen der in Deutschland tätigen Organisationen. Ihnen allen gemein ist, dass sie auf eine grundlegende Veränderung der politischen Verhältnisse in ihrem Heimatland abzielen und dazu meist auch vor dem Einsatz von Gewalt bis hin zu terroristischen Mitteln nicht zurückschrecken. Damit verstoßen die von Deutschland aus agierenden extremistischen Organisationen mit Auslandsbezug nicht nur gegen den Gedanken der Völkerverständigung. Sie können darüber hinaus auch hierzulande die innere Sicherheit gefährden" (BfV 2023p).

Analysemerkmale des auslandsbezogenen Extremismus sind:

Übersicht

- Im auslandsbezogenen Extremismus finden sich **Ideologieelemente aus** dem **Rechts- und Linksextremismus,** verschiedene Organisationen verfolgen auch **separatistische** Ziele.
- Bei verschiedenen Gruppierungen dieses Phänomenbereiches ist die ursprüngliche **sozialistische bzw. kommunistische Ausrichtung** mit der Zeit eher in den Hintergrund getreten.
- Rechtsextremistische Organisationen dieses Bereiches von Extremismus sind **nationalistisch** geprägt und messen damit der **eigenen Volksgruppe** einen **höheren Stellenwert** zu als anderen Ethnien. Das Menschenbild solcher Gruppierungen ist nach Angaben des Bundesamtes für Verfassungsschutz stark von rassistischem Gedankengut beeinflusst. Zu diesem Spektrum gehört u. a. die rechtsextremistische türkische „Ülkücü"-Bewegung.
- Ziel **separatistischer Organisationen** ist es, einen Teil des Staatsgebiets ihrer Heimatländer abzutrennen, um hieraus einen neuen und eigenständigen Staat zu schaffen. In den jeweiligen Herkunftsländern agieren sie partiell terroristisch, um dieses Vorhaben umsetzen zu können. Zu diesem Spektrum gehören beispielsweise extremistische Gruppierungen, die der indischen Glaubensgemeinschaft der Sikhs angehören.
- Die meisten in Deutschland und Europa vertretenen Organisationen dieses Phänomenbereiches **akzeptieren und praktizieren Gewalt** zur

Durchsetzung ihrer politischen Vorstellungen. Die Gewaltorientierung bezieht sich nach Angaben der deutschen Verfassungsschutzbehörden jedoch zum größten Teil auf die Ausübung von Gewalt in den jeweiligen Ursprungsländern (BfV 2018a, S. 99–100).

5.6.2 Aktuelle Akteure

5.6.2.1 Die PKK

Die PKK („**Arbeiterpartei Kurdistans**") wurde 1978 von Abdullah Öcalan und weiteren Gesinnungsgenossen in der Türkei als **marxistisch-leninistische** Organisation etabliert. Zentrale Forderungen der PKK sind die Anerkennung der kurdischen Identität sowie – unter Aufrechterhaltung nationaler Grenzen – eine politische und kulturelle Autonomie der Kurden in ihren Siedlungsgebieten (vor allem in der Türkei, seit einigen Jahren jedoch auch in Syrien) (BfV 2018a, S. 101).

Die PKK unterliegt in Deutschland seit 1993 einem **Betätigungsverbot.** Seit 2002 wird sie zudem auf der **EU-Terrorliste** geführt. Der PKK werden aktuell rund 14.500 Personen in Deutschland zugeordnet. Zu den zentralen Forderungen der PKK gehören die Anerkennung der kurdischen Identität sowie eine politische und kulturelle Autonomie der Kurden in ihren türkischen und syrischen Siedlungsgebieten. Trotz des Verbots ist die PKK nach Angaben der deutschen Verfassungsschutzbehörden seit langem die schlagkräftigste ausländerextremistische Organisation in Deutschland. Sie ist in der Lage, Personen weit über den Kreis der eigenen Anhängerschaft hinaus zu mobilisieren. Ihre Strukturen ermöglichen zudem eine zügige Umsetzung neuer strategischer und taktischer Vorgaben bis hin zu einer möglichen Neubelebung militanter Aktionsformen (BfV 2023p).

Die PKK unterhält in den kurdischen Siedlungsgebieten in der Türkei und im Nordirak **Guerillaeinheiten,** die sogenannten Volksverteidigungskräfte (HPG). Seit Beginn des Jahres 2016 intensivierte das türkische Militär seine Kampfhandlungen gegen die PKK und deren Guerillaeinheiten. Dabei kommt es sowohl im Süden der Türkei als auch in den Siedlungsgebieten in Nordsyrien und im Nordirak immer wieder zu Kämpfen. Das Bundesamt für Verfassungsschutz analysiert, dass der Konflikt in der Türkei dabei auch durch Anschläge von PKK-Guerillaeinheiten auf Angehörige der türkischen Sicherheitskräfte geprägt und verschärft werden, bei denen oftmals Soldaten oder Polizisten und mitunter vereinzelt auch Personen aus der Zivilbevölkerung verletzt oder getötet werden (BfV 2023p).

5.6.2.2 Türkische linksextremistische Organisationen

Die türkischen Linksextremisten haben gemein, dass sie das politische System in der Türkei und die dortige **politische Führung destabilisieren** und letztlich überwinden wollen. Ihre Agitation richtet sich daher vor allem gegen das türkische Staats- und Verfassungssystem und gegen die von ihnen als „Oligarchie" bezeichnete Regierung (BfV 2023p).

In Deutschland verfügen die türkischen linksextremistischen Gruppierungen über rund 2550 Anhänger. Dies sind vor allem die

- „Revolutionäre Volksbefreiungspartei-Front" (DHKP-C) mit etwa 650 Anhängern,
- „Türkische Kommunistische Partei-Marxisten-Leninisten" (TKP-ML) mit etwa 650 Anhängern,
- „Türkische Kommunistische Partei-Marxisten/Leninisten" (TKP/ML) mit etwa 150 Anhängern,
- „Marxistische Leninistische Kommunistische Partei" (MLKP) mit nahezu 600 Anhängern (BfV 2023p).

Die **DHKP-C** („**Revolutionäre Volksbefreiungspartei-Front**") ist die einflussreichste Organisation des türkischen linksextremistischen Spektrums und spricht sich für eine revolutionäre Zerschlagung der bestehenden Staats- und Gesellschaftsordnung in der Türkei sowie die Errichtung einer sozialistischen Gesellschaft aus.

Als Hauptfeinde gelten die als **„faschistisch"** und **„oligarchisch"** bezeichnete Türkei und die USA, denn der von dort ausgehende „Imperialismus" dominiere die Türkei in politischer, wirtschaftlicher und vor allem militärischer Hinsicht. Die DHKP-C bekennt sich in der Türkei zu einer Vielzahl von terroristischen Anschlägen gegen Angehörige und Einrichtungen von Sicherheitsbehörden und der Justiz. In Deutschland unterliegt die DHKP-C seit 1998 einem Organisationsverbot. Ihre politisch-propagandistischen Aktivitäten entfaltet die DHKP-C in Deutschland deswegen unter Tarnbezeichnungen. So tritt sie beispielsweise als „Volksfront" („Halk Cephesi") oder unter dem Namen ihrer Jugendorganisation „Devrimci Gençlik" („Dev Genç") auf. Die bisher als Tarnorganisation verwendete „Anatolische Föderation" („Anadolu Federasyonu") wird zunehmend durch sogenannte Volksräte ersetzt. So bezeichnen sich mehrere örtliche DHKP-C-Vereine nunmehr neu als „Volksrat" („Halk Meclis") (BfV 2023p).

5.6.2.3 Türkischer Rechtsextremismus

Rechtsextremistische türkische Organisationen mit Bezug ins Ausland sind nach Angaben der deutschen Verfassungsschutzbehörden **stark nationalistisch geprägt** und messen der eigenen Volksgruppe einen höheren Stellenwert zu als anderen Ethnien. Besonders einflussreich ist hier vor allem die rechtsextremistische türkische **„Ülkücü"-Bewegung**, die in der Mitte des 20. Jahrhunderts in der Türkei entstanden ist. Ziel der „Ülkücü"-Bewegung ist der „Schutz des Türkentums" sowie die Errichtung von „Turan", einem (fiktiven) ethnisch homogenen Staat unter Führung der Türken, der die Siedlungsgebiete der Turkvölker umfasst und – je nach ideologischer Lesart – vom Balkan bis nach Westchina oder sogar bis Japan reicht (BfV 2023p). Das Symbol des **„Grauen Wolfs"** („Bozkurt") und der sogenannte Wolfsgruß (Daumen und Finger des rechten ausgestreckten Arms formen den Kopf eines Wolfs) gelten als Erkennungszeichen der umgangssprachlich als „Graue Wölfe" (**„Bozkurtlar"**) bezeichneten Anhänger der „Ülkücü"-Bewegung.

Die **„Föderation der Türkisch-Demokratischen Idealistenvereine in Deutschland e. V."** (ADÜTDF) ist der größte „Ülkücü"-Dachverband in Deutschland. Die ADÜTDF ist die Auslandsorganisation der extrem nationalistischen türkischen „Partei der Nationalistischen Bewegung" (MHP), die im türkischen Parlament vertreten ist. In Deutschland sind in rund 160 lokalen Vereinen etwa 7000 Mitglieder als Träger und Multiplikatoren der Ideologie organisiert. Nach außen hin ist die ADÜTDF um ein gesetzeskonformes Verhalten bemüht, ihre Aktivitäten sind jedoch weiterhin extremistisch geprägt (BfV 2023p).

Zusätzlich bestehen in Deutschland noch **zwei weitere „Ülkücü"-Dachverbände**, die einen stärker islamisch orientierten Teil der „Ülkücü"-Ideologie repräsentieren. Die **„ATİB – Union der Türkisch-Islamischen Kulturvereine in Europa e. V."** (ATİB) hat sich im Jahr 1987 von der heutigen **ADÜTDF** abgespalten, ohne sich aber ideologisch neu auszurichten. In Deutschland können dem Dachverband mit Sitz in Köln derzeit etwa 1200 Mitglieder zugerechnet werden, die sich in rund 25 Ortsvereinen organisieren. Die **„Föderation der Weltordnung in Europa"** (ANF) ist die Europaorganisation der nationalistischen türkischen „Partei der großen Einheit" (BBP) und wurde 1994 in Deutschland gegründet. Dem Dachverband mit Sitz in Ludwigshafen am Rhein werden hierzulande derzeit etwa 15 Ortsvereine mit insgesamt etwa 1200 Mitgliedern zugeordnet (BfV 2023p).

Über die verbandlich organisierte „Ülkücü"-Bewegung hinaus ist deren Ideologie ganz oder teilweise auch in der freien „Ülkücü"-Szene beziehungsweise in den nicht organisierten Teilen der türkischstämmigen Bevölkerung verbreitet. Diese freie Szene besteht überwiegend aus jüngeren Menschen, die vor allem über die sozialen Netzwerke miteinander in Kontakt stehen, sich mitunter aber auch persönlich begegnen. Dabei pflegen sie ihre Feindbilder und agitieren gegen ihre „**Gegner**". Vor allem **Armenier, Griechen, Juden, Kurden und die USA** werden von „Ülkücü"-Anhängern herabgewürdigt und zu „Feinden des Türkentums" erklärt (BfV 2023p).

5.6.2.4 Separatistische Organisationen

Separatistische Organisationen im Phänomenbereich auslandsbezogener Extremismus haben zum Ziel, einen **Teil des Staatsgebiets ihrer Heimatländer abzutrennen**, um hieraus einen **neuen, eigenständigen Staat zu schaffen** oder in den Grenzen eines bestehenden Staates einen neuen zu gründen. In den jeweiligen Ursprungsländern nutzen sie teilweise terroristische Strategien und Taktiken. Ein Beispiel hierfür ist die marxistisch-leninistisch geprägte **„Volksfront für die Befreiung Palästinas"** (PFLP). Diese zählt seit ihrer Gründung im Jahr 1967 zum Spektrum der terroristischen palästinensischen Organisationen. Die PFLP lehnt die **Existenz des Staates Israel ab** und verfolgt das Ziel eines palästinensischen Staates in den Grenzen des historischen Palästina vor Gründung des Staates Israel mit Jerusalem als Hauptstadt. Dazu wirbt die PFLP für den **bewaffneten Kampf** und sucht den **Schulterschluss** mit anderen Organisationen, die den Staat Israel bekämpfen. Mitglieder und Sympathisanten der PFLP begehen seit Jahren terroristische Anschläge in Israel. In Deutschland ist die PFLP nach Angaben der deutschen Verfassungsschutzbehörden nicht terroristisch tätig. Die hier aktiven, etwa 100 Anhänger verbreiten insbesondere israelfeindliche Propaganda und versuchen, Unterstützung für ihre Agitation zu generieren (BfV 2023p).

Ein weiteres Beispiel für separatistische Organisationen in diesem Phänomenbereich sind die **separatistischen Strukturen** innerhalb der Religionsgemeinschaft der **Sikhs**. Politisches Ziel separatistischer Sikh-Organisationen ist die Gründung eines eigenen, von Indien unabhängigen Staates **„Khalistan"** („Land der Reinen") auf dem Gebiet des indischen Bundesstaates Punjab. Hierzu nutzen sie in Indien auch terroristische Mittel. Die in Deutschland ansässigen etwa 400 Anhänger extremistischer Sikh-Gruppierungen sind hier nicht terroristisch aktiv. Allerdings unterstützen sie propagandistisch die mit terroristischen Mitteln geführten Separationsbestrebungen in Indien und setzen sich auf politischer Ebene für in Indien inhaftierte „Khalistan-Aktivisten" ein (BfV 2023p).

5.6.3 Aktuelle Trends

Für die Innere Sicherheit in Deutschland analysieren die deutschen Verfassungsschutzbehörden aktuell die **PKK, die DHKP-C** sowie die rechtsextremistische **türkische „Ülkücü"-Bewegung** als wesentliche Akteure des Phänomenbereiches auslandsbezogener Extremismus. Bei der PKK wegen gewalttätiger Aktionen in den kurdischen Siedlungsgebieten vor allem im Südosten der Türkei, in Nordsyrien sowie im Nordirak, bei der linksextremistischen DHKP-C wegen ihres offenen Bekenntnisses zum bewaffneten Kampf in der Türkei und bei der „Ülkücü"-Bewegung wegen ihrer beharrlichen und teilweise auch aggressiven Ablehnung des Gleichheitsgrundsatzes. Zudem zeige sich im türkischen Rechtsextremismus sowie bei extremistischen Palästinensern ein offener Antisemitismus, so die deutschen Verfassungsschutzbehörden. Das für den auslandsbezogenen Extremismus so wichtige Veranstaltungsgeschehen war in den Jahren der **Corona-Pandemie** vor allem durch die pandemiebedingten Einschränkungen geprägt. So gab es eine deutlich niedrigere Anzahl von öffentlichkeitswirksamen Veranstaltungen und die Zahl der Teilnehmenden war deutlich niedriger als in den Jahren vor der Pandemie (BMI 2022, S. 231–232).

Eine wesentliche Betätigung der verschiedenen Organisationen des auslandsbezogenen Extremismus in Deutschland und Europa ist die **Beschaffung von Geldmitteln.** Diese dienen einerseits der Finanzierung eigener Strukturen und Aktivitäten in Deutschland und Europa, fließen andererseits aber auch den Mutterorganisationen in den Heimatländern zu. Neben Spendensammlungen oder -kampagnen stammen diese Gelder in der Regel aus **Mitgliedsbeiträgen,** dem Verkauf beispielsweise von Schriften, Büchern oder Tonträgern sowie aus Einnahmen bei den diversen Veranstaltungen – wie zum Beispiel Eintrittskarten und „Solidaritätstickets" für Konzerte oder Festivals und Erlöse dortiger Verpflegungs- und Verkaufsstände (BMI 2022, S. 232).

5.7 Stochastische Gewalt/stochastischer Terrorismus

5.7.1 Das Phänomen

Der Begriff **stochastischer Terrorismus** (von stochastisch, zufallsabhängig) beschreibt eine **terroristische Strategie,** durch welche massenhaft verbreitete Botschaften, medial und über soziale Netzwerke, die sich nicht an einen konkreten Täterkreis richten, durch extremistische Narrative und enthemmte Sprache tatsächliche Gewalt, bis hin zu terroristischen Anschlägen, provozieren.

Hamm und Spaaij beschreiben das Phänomen stochastischer Terrorismus in ihrem Buch „The Age of Lone Wolf Terrorism" knapp mit **„Nutzung von Massenmedien, um zufällige Akte ideologisch motivierter Gewalt zu provozieren, die zwar statistisch vorhersagbar sind, im konkreten Einzelfall jedoch nicht"** (Hamm und Spaaij 2017, S. 84).

Cohen verwies schon im Jahr 2016 darauf, dass das Phänomen stochastischer Terrorismus bereits ca. 15 Jahre alt sei und sprach von stochastischem Terrorismus als Strategie „using language and other forms of communication to incite random actors to carry out violent or terrorist acts that are statistically predictable but individually unpredictable" (Cohen 2016). Cohen nutzte hierbei auch das Bild der **dog whistle** bzw. das Konzept „Hundepfeifen-Politik". **„Hundepfeifen-Politik"** ist ein Konzept des Nutzens politischer Botschaften, Aussagen, die je nach Publikum unterschiedlich verstanden werden können. Winkler gebrauchte in diesem Zusammenhang 2016 in Bezug auf den damaligen US-Präsidentschaftskandidaten Donald Trump den Begriff **„codierte Sprache"** (Winkler 2016). Sprich: Bei der „codierten Sprache" der „Hundepfeifen-Politik" wird eine Sprache genutzt, deren wirkliche Bedeutung nur denjenigen klar wird, die das entsprechende Gehör haben. Im Bild der Hundepfeife bleibend: Die hohen Töne der Hundepfeife sind nur für diese Hunde klar und deutlich hörbar.

Kaleka nannte im November 2018 neben dem Anschlag auf die Tree-of-Life-Synagoge in Pittsburgh/USA auch die Morde von Gregory Bush an zwei Afro-Amerikanern als Beispiele für stochastischen Terrorismus (Kaleka 2018).

Cesar Savoc bekannte sich im August 2019 schuldig, im Jahr 2018 insgesamt 16 Briefbomben aus extremistischer Motivation an u. a. den früheren US-Präsidenten Barack Obama, die frühere Außenministerin Hilary Clinton sowie den ehemaligen CIA-Direktor James Brennan, an den Milliardär und Spender für die Partei der US-Demokraten, George Soros, und den Schauspieler Robert De Niro geschickt zu haben. Dafür wurde Savoc zu 20 Jahren Haft verurteilt (Zeit 2019b). Er hatte sich auf verschiedenen Plattformen radikalisiert, die von **Rassisten und Rechtsextremisten** frequentiert werden.

Eine Reihe von Internetseiten boten den rechtsextremistischen Einzeltätern von **El Paso, Christchurch, Pittsburgh** und **Halle** ein Forum. Anonyme Plattformen wie **8chan, 4chan** oder auch **Reddit** dienten und dienen Rechtsradikalen und Rechtsextremisten zur Verbreitung ihrer Thesen, ziehen aber auch viele neue oder nur sporadisch Interessierte an. Im August 2019 besiegelten zwei Unternehmen das vorläufige Ende der Internet-Plattform 8chan: Cloudflare, eine Sicherheitsfirma, beendete die Zusammenarbeit, so dass die Website 8chan zu angreifbar für Cyber-Attacken war, um sie online zu lassen. Tucows, das die Web-Adresse registriert hatte, zog sich ebenfalls zurück. Der rechtsterroristische Attentäter von

5.7 Stochastische Gewalt/stochastischer Terrorismus

El Paso soll über 8chan ein „Manifest" verbreitet haben, in dem er die rassistische Propaganda-Fantasie vom „großen Austausch" der sich als „weiß" definierenden Bürger eines Landes verbreitete (FAZ 2019c).

Ein Attentäter der Strategie stochastischer Terrorismus wird in unterschiedlicher Ausprägung durch enthemmte Sprache, radikale und extremistische Narrative, Verschwörungselemente und extremistischen Ideologieelementen radikalisiert.

Kontrollfragen bzw. Aufgaben

- Beschreiben Sie die Unterschiede und Ähnlichkeiten von Islamismus, Salafismus und islamistischem Terrorismus
- Unterscheiden Sie legalistische Islamisten von Salafisten und Jihadisten
- Welche Formen des Salafismus gibt es?
- Beschreiben Sie kurz die Entwicklung der Al-Qaida und des „Islamischen Staats"
- Welche Funktionen haben Internet-Inhalte für den Islamismus, Salafismus und Jihadismus?
- Beschreiben Sie kurz die größten rechtsextremistischen Organisationsformen in Europa
- Beschreiben Sie aktuelle Beispiele für die Übergänge vom Rechtsextremismus zum Rechtsterrorismus
- Nennen Sie aktuelle Beispiele für Rechtsterrorismus von Einzeltätern
- Welche Herausforderungen und Probleme stellen Einzeltäter für die Sicherheitsbehörden dar?
- Beschreiben Sie aktuelle Narrative und Verschwörungserzählungen von Rechtsextremisten und Rechtsterroristen
- Grenzen Sie kurz „Reichsbürger" und „Selbstverwalter" definitorisch von Rechtsextremisten ab
- Stellen Sie das Gefahrenpotenzial von „Reichsbürgern" und „Selbstverwaltern" dar
- Beschreiben Sie den neuen Extremismusphänomenbereich Verfassungsschutzrelevante Delegitimierung des Staates – Delegitimierer
- Beschreiben Sie aktuelle Verschwörungserzählungen und Narrative sowie das Gewaltpotenzial von Delegitimierern
- Beschreiben Sie kurz die größten linksextremistischen Organisationsformen in Europa

- Beschreiben Sie Radikalisierungsverläufe hin zu linksterroristischer Gewalt
- Was sind die wesentlichen Akteure im Phänomenbereich auslandsbezogener Extremismus?
- Beschreiben Sie das Phänomenbereich stochastische Gewalt bzw. stochastischen Terrorismus

Weiterführende Literatur

- Jost, Jannis/Krause, Joachim (2023) (Hrsg.): Jahrbuch Terrorismus 2019–2021.
  Aktuelle Aufsätze zu unterschiedlichen Phänomenen des Terrorismus, beispielsweise zur Terrorismusstatistik 2017–2020, zum Rechtsterrorismus, zur Bedrohungslage durch den islamistischen Terrorismus und zum „Islamischen Staat".
- Kruglanski, Arie/Bélanger, Jocelyn/Gunaratna, Rohan (2019): The Three Pillars of Radicalization. Needs, Narratives and Networks. New York: Oxford University Press.
  Einflussreiche englischsprachige Radikalisierungsforschung zu alten und neuen Radikalisierungsfaktoren.
- Moskalenko, Sophia/McCauley, Clark (2020): Radicalization to Terrorism. New York: Oxford University Press.
  Wie funktioniert Radikalisierung, warum schließen sich Individuen einer terroristischen Organisation, Gruppe oder Zelle an? Neue Antworten, frische Impulse für die englischsprachige Radikalisierungsforschung.
- Stockhammer, Nicolas (2023) (Hrsg.): Routledge Handbook of Transnational Terrorism. London: Routledge.
  Umfassender Sammelband mit rezenter Trendanalyse und konziser Darstellung von neuesten Entwicklungsszenarien des transnationalen Terrorismus. Aufsätze zur strategischen und systemischen Dimension des Phänomens, ebenso werden aktuelle Spielarten wie der stochastische Terrorismus gleichermaßen wie rechtsextremistische Ausprägungen, der Islamismus/Jihadismus aber auch Radikalisierung breit behandelt. Ein Kapitel fokussiert auf den technologischen Aspekt von Terrorismus, weiters werden die Pandemie und die prekäre Sicherheitslage in Afghanistan als Treiber des globalen terroristischen Geschehens identifiziert. Schließlich widmet sich ein wesentlicher Abschnitt der weitgehend unterbeleuchteten Thematik „Vorausschau, Trends, Szenarien und Taktiken" des Terrorismus.

Literatur

Abdi-Herrle, Sasan (2019): Wächtersbach: Viele hätten es wissen können. https://www.zeit.de/gesellschaft/zeitgeschehen/2019-07/waechtersbach-mutmasslicher-angreifer-rassismus-tat-ankuendigung (12.2.2023).

Abou-Taam, Marwan (2023): Die Islamische Gemeinschaft Millî Görüş (IGMG). https://www.kas.de/de/web/extremismus/islamismus/die-islamische-gemeinschaft-milli-goerues-igmg (11.2.2023).

Archetti, Cristina (2015): Terrorism, Communication and New Media: Explaining Radicalization in the Digital Age. Perspectives on Terrorism, Februar 2015; 9 (1), S. 49–59.

Atayf, Mohammad (2012): Scholars Speak Out in Favour of Electronic Jihad against the Enemy. Al Arabiya News, 30.1.2012. https://english.alarabiya.net/articles/2012%2F01%2F29%2F191307 (19.2.2023).

Backes, Uwe/Nattke, Michael (2020): Rechtspopulismus und Rechtsextremismus. In: Slama, Brahim Ben/Kemmesies, Uwe (Hrsg.): Handbuch Extremismusprävention. Gesamtgesellschaftlich. Phänomenübergreifend. Wiesbaden: Bundeskriminalamt, S. 59–86.

Backes, Uwe (2018): Extremistische Ideologien. In: Jesse, Eckhard/Mannewitz (Hrsg.): Extremismusforschung. Handbuch für Wissenschaft und Praxis. Baden-Baden: Nomos, S. 99–160.

Bayerisches Landesamt für Verfassungsschutz (2023a): Legalistischer Islamismus. https://www.verfassungsschutz.bayern.de/islamismus/definition/erscheinungsformen/legalistischer_islamismus/index.html (11.2.2023) (BLfV 2023).

Bayerisches Landesamt für Verfassungsschutz (2023b): Was ist verfassungsschutzrelevante Islamfeindlichkeit? https://www.verfassungsschutz.bayern.de/weitere_aufgaben/islamfeindlichkeit/definition/index.html (18.2.2023) (BLfV 2023b).

Berliner Morgenpost (2022a): Klimaprotest. „Letzte Generation" protestiert auf dem Brandenburger Tor. 9.11.2022. https://www.morgenpost.de/berlin/article236861707/Letzte-Generation-demonstriert-auf-dem-Brandenburger-Tor.html (26.2.2023).

Berliner Morgenpost (2022b): Schönefeld. Letzte Generation legt zeitweise Flugbetrieb am BER lahm. 25.11.2022. https://www.morgenpost.de/flughafen-BER/article236991415/Letzte-Generation-legt-zeitweise-Flugbetrieb-am-BER-lahm.html (26.2.2023).

Berliner Zeitung (2020): Haftstrafen gegen Mitglieder der „Revolution Chemnitz". 24.3.2020. https://www.berliner-zeitung.de/politik-gesellschaft/haftstrafen-gegen-mitglieder-der-revolution-chemnitz-li.79448 (11.2.2023).

Breuer, Rita (2019): Die Muslimbruderschaft in Deutschland. In: Bundeszentrale für politische Bildung. 2.5.2019. https://www.bpb.de/themen/islamismus/dossier-islamismus/290422/die-muslimbruderschaft-in-deutschland/?rl=0.41351178978916564#rate5 (11.2.2023)

Bundesamt für Verfassungsschutz (2023a): Islamismus und islamistischer Terrorismus. Begriff und Erscheinungsformen. https://www.verfassungsschutz.de/DE/themen/islamismus-und-islamistischer-terrorismus/begriff-und-erscheinungsformen/begriff-und-erscheinungsformen_artikel.html (5.2.2023) (BfV 2023).

Bundesamt für Verfassungsschutz (2023b): Rechtsextremismus. Zahlen und Fakten. https://www.verfassungsschutz.de/DE/themen/rechtsextremismus/zahlen-und-fakten/zahlen-und-fakten_node.html (11.2.2023) (BfV 2023b).

Bundesamt für Verfassungsschutz (2023c): Rechtsextremismus. https://www.verfassungsschutz.de/DE/themen/rechtsextremismus/rechtsextremismus_node.html (11.2.2023) (BfV 2023c).

Literatur

Bundesamt für Verfassungsschutz (2023d): Rechtsextremismus. Begriff und Erscheinungsformen. https://www.verfassungsschutz.de/DE/themen/rechtsextremismus/begriff-und-erscheinungsformen/begriff-und-erscheinungsformen_artikel.html#doc714132bodyText2 (11.2.2023) (BfV 2023d).

Bundesamt für Verfassungsschutz (2023e): Islamismus und islamistischer Terrorismus. Brüche und Kontinuitäten im islamistischen Terrorismus und Extremismus. https://www.verfassungsschutz.de/SharedDocs/hintergruende/DE/islamismus-und-islamistischer-terrorismus/2021-12-14-islamistischer-terrorismus.html#doc1069474bodyText6 (19.2.2023) (BfV 2023e).

Bundesamt für Verfassungsschutz (2023f): Islamismus und islamistischer Terrorismus. Zahlen und Fakten. Rückkehrer. https://www.verfassungsschutz.de/DE/themen/islamismus-und-islamistischer-terrorismus/zahlen-und-fakten/zahlen-und-fakten_node.html#doc678982bodyText2 (19.2.2023) (BfV 2023f).

Bundesamt für Verfassungsschutz (2023g): Islamismus und islamistischer Terrorismus. Zahlen und Fakten. Anschläge in Deutschland (seit 2015) https://www.verfassungsschutz.de/DE/themen/islamismus-und-islamistischer-terrorismus/zahlen-und-fakten/zahlen-und-fakten_node.html#doc678982bodyText2 (19.2.2023) (BfV 2023g).

Bundesamt für Verfassungsschutz (2023h): Begriffe von A bis Z. QAnon. https://www.verfassungsschutz.de/DE/service/glossar/Functions/glossar.html?cms_lv2=678614 (19.2.2023) (BfV 2023h).

Bundesamt für Verfassungsschutz (2023i): Begriffe von A bis Z. Neue Weltordnung. https://www.verfassungsschutz.de/DE/service/glossar/Functions/glossar.html?cms_lv2=678608 (19.2.2023) (BfV 2023i).

Bundesamt für Verfassungsschutz (2023j): Begriffe von A bis Z. Siege-Ideologie. https://www.verfassungsschutz.de/SharedDocs/glosaareintraege/DE/S/siege-ideologie.html (19.2.2023) (BfV 2023j).

Bundesamt für Verfassungsschutz (2023k): Begriffe von A bis Z. S.H.A.E.F.-Ideologie. https://www.verfassungsschutz.de/DE/service/glossar/Functions/glossar.html?cms_lv2=678618 (19.2.2023) (BfV 2023k).

Bundesamt für Verfassungsschutz (2023l): Reichsbürger und Selbstverwalter. https://www.verfassungsschutz.de/DE/themen/reichsbuerger-und-selbstverwalter/reichsbuerger-und-selbstverwalter_node.html (19.2.2023) (BfV 2023l).

Bundesamt für Verfassungsschutz (2023m): Reichsbürger und Selbstverwalter. https://www.verfassungsschutz.de/DE/themen/reichsbuerger-und-selbstverwalter/zahlen-und-fakten/zahlen-und-fakten_node.html (19.2.2023) (BfV 2023m).

Bundesamt für Verfassungsschutz (2023n): Verfassungsschutzrelevante Delegitimierung des Staates. Begriff und Erscheinungsformen. https://www.verfassungsschutz.de/DE/themen/verfassungsschutzrelevante-delegitimierung-des-staates/begriff-und-erscheinungsformen/begriff-und-erscheinungsformen_artikel.html (19.2.2023) (BfV 2023n).

Bundesamt für Verfassungsschutz (2023o): Linksextremismus. Begriff und Erscheinungsformen. https://www.verfassungsschutz.de/DE/themen/linksextremismus/begriff-und-erscheinungsformen/begriff-und-erscheinungsformen_artikel.html (20.2.2023) (BfV 2023o).

Bundesamt für Verfassungsschutz (2023p): Auslandsbezogener Extremismus. https://www.verfassungsschutz.de/DE/themen/auslandsbezogener-extremismus/auslandsbezogener-extremismus_node.html (26.2.2023) (BfV 2023p).

Bundesamt für Verfassungsschutz (2021): Kurzmeldungen. Querdenker. 29.4.2021. https:// www.verfassungsschutz.de/SharedDocs/kurzmeldungen/DE/2021/2021-04-29-querde nker.html (19.2.2023).
Bundesamt für Verfassungsschutz (2020): Lagebild Antisemitismus, Berlin.
Bundesamt für Verfassungsschutz (2018a): Kompendium des BfV. Darstellung ausgewählter Arbeitsbereiche und Beobachtungsobjekte. Köln/Berlin.
Bundesamt für Verfassungsschutz (2018b): Rechtsextremismus. Zahlen und Fakten. Rechtsterroristische Ansätze 2018b. https://www.verfassungsschutz.de/de/arbeitsfelder/afrechtsextremismus/zahlen-und-fakten-rechtsextremismus/rechtsterroristische-ansaetze-2018 (3.1.2021).
Bundesamt für Verfassungsschutz (2018c): „Reichsbürger" und „Selbstverwalter". Staatsfeinde, Geschäftemacher, Verschwörungstheoretiker. Köln/Berlin.
Bundeskriminalamt (2019): Innere Sicherheit weiterdenken: Ausgrenzung, Hass und Gewalt – Herausforderungen für den Rechtsstaat und die Sicherheitsbehörden BKA Herbsttagung , 27.–28. November 2019 Holger Münch Präsident des Bundeskriminalamtes. file:///C:/Users/dr-st/Downloads/herbsttagung2019MuenchLangfassung.pdf (18.2.2023).
Bundesministerium für Inneres und Heimat (2022): Verfassungsschutzbericht 2021. Berlin (BMI 2022).
Bundesministerium für Inneres, Bau und Heimat (2021): Verfassungsschutzbericht 2020. Berlin (BMI 2021).
Bundesministerium für Inneres, Bau und Heimat (2018): Verfassungsschutzbericht 2017. Berlin (BMI 2018).
Bundesministerium für Inneres, Bau und Heimat (2017a): Verfassungsschutzbericht 2016. Berlin (BMI 2017).
Bundesministerium des Innern, für Bau und Heimat (2017b): Pressemitteilung, Bundesinnenminister verbietet den Verein mit der linksextremistischen Internetplattform „linksunten.indymedia" vom 25. August 2017, https://www.bmi.bund.de/SharedDocs/pressemit teilungen/DE/2017/08/vereinsverbot.html (20.2.2023).
Bundesministerium für Inneres, Bau und Heimat (2016): Verfassungsschutzbericht 2015. Berlin (BMI 2015).
Burke, Jason (2015): The New Threat: The Past, Present, and Future of Islamic Militancy. New York: The New Press.
Butter, Michael (2018): „Nichts ist wie es scheint." Über Verschwörungstheorien. Berlin: Suhrkamp Verlag.
Cockburn, P. (2015): The Rise of the Islamic State. ISIS and the New Sunni Revolution. New York: Versobooks.
Cohen, David (2016): Trump's Assassination Dog Whistle Was Even Scarier Than You Think. 9.8.2016. https://www.rollingstone.com/politics/politics-features/trumps-assass ination-dog-whistle-was-even-scarier-than-you-think-112138/ (26.2.2023).
Das Erste (2022): Faktencheck zu „maischberger". 7.12.2022. https://www.daserste. de/information/talk/maischberger/faktencheck/faktencheck-maischberger-228.html (19.2.2023).
Deutscher Bundestag (2020): Drucksache 19/24084 19. Wahlperiode 05.11.2020. Antwort der Bundesregierung auf die Kleine Anfrage der Abgeordneten Ulla Jelpke, Dr. André

Hahn, Gökay Akbulut, weiterer Abgeordneter und der Fraktion DIE LINKE. – Drucksache 19/23524 Verbreitung der QAnon-Verschwörungsideologie.

Douglas, Karen (2019): Understanding Conspiracy Theories, in: Advances in Political Psychology, Vol. 40, 2019; S. 1–33. https://onlinelibrary.wiley.com/doi/full/10.1111/pops.12568 (19.2.2023).

DW (2020): Extremismus. Medien: Terrorzelle „Gruppe S" sprach über Anschläge auf Moscheen. 28.2.2020. https://www.dw.com/de/medien-terrorzelle-gruppe-s-sprach-%C3%BCber-anschl%C3%A4ge-auf-moscheen/a-52578677 (11.2.2023).

DW (2019): Mordfall Lübcke. Verdächtiger Stephan E. widerruft Geständnis im Mordfall Lübcke. 2.7.2019. https://www.dw.com/de/verd%C3%A4chtiger-stephan-e-widerruft-gest%C3%A4ndnis-im-mordfall-l%C3%BCbcke/a-49443528 (12.2.2023).

Eder, Sebastian/Staib, Julian: Radikalisierung der Querdenker (2021): „Es sind Rufe nach Exekutionen". In: Frankfurter Allgemeine Zeitung 21.9.2021.

EUROPOL (2022): Terrorism and Trend Situation Report. Den Haag.

EUROPOL (2021): Terrorism and Trend Situation Report. Den Haag.

Geisler, Astrid (2021): Rechtsterrorismus: Spur der rechtsextremen Feuerkrieg Division führt nach Brandenburg. 20.3.2021. https://www.zeit.de/gesellschaft/zeitgeschehen/2021-03/rechtsterrorismus-polizei-terrorchat-minderjaehrige-ermittlungen (11.2.2023).

Feser, Andreas/Kleffner, Heike (2013): Rechtsextremismus. Der NSU-Untersuchungsausschuss. 18.11.2013. https://www.bpb.de/themen/rechtsextremismus/dossier-rechtsextremismus/172857/der-nsu-untersuchungsausschuss/ (11.2.2023).

FOCUS (2022): Reichsbürger Heinrich XIII. Prinz Reuß Dieser Mann sollte nach Umsturz Staatsoberhaupt von Deutschland werden. 14.12.2022. https://www.focus.de/panorama/welt/reichsbuerger-heinrich-xiii-prinz-reuss-dieser-mann-sollte-nach-umsturz-das-staatsoberhaupt-von-deutschland-werden_id_180437793.html (19.2.2023).

Frankfurter Allgemeine Zeitung (2023): TV-Kritik zu „Anne Will": Wir sollten übers Klima reden, aber wir reden über Gewalt. 16.1.2023. https://www.faz.net/aktuell/feuilleton/medien/anne-will-in-der-tv-kritik-luisa-neubauer-zu-raeumung-von-luetzerath-18604867.html (26.2.2023).

Frankfurter Allgemeine Zeitung (2022b): „Letzte Generation": Verfassungsschützer warnt vor Unterwanderung durch Linksextreme. 3.12.2022. https://www.faz.net/aktuell/politik/inland/letzte-generation-thueringer-verfassungsschuetzer-warnt-vor-unterwanderung-durch-linksextreme-18507684.html?GEPC=s5 (26.2.2023).

Frankfurter Allgemeine Zeitung (2019a): Terrorismusforschung: Wer ist der Attentäter von Halle? 10.10.2019. https://www.faz.net/aktuell/politik/inland/fall-stephan-b-wer-ist-der-attentaeter-von-halle-16426874.html (12.2.2023).

Frankfurter Allgemeine Zeitung (2019b): Schüsse in Wächtersbach : Auf offener Straße. 23.7.2019. https://www.faz.net/aktuell/politik/inland/schuesse-in-waechtersbach-auf-offener-strasse-16299104.html (12.2.2023).

Frankfurter Allgemeine Zeitung (2019c): Verschwörungstheorien im Netz: Das Internet der Faschisten. 7.8.2019. https://www.faz.net/aktuell/politik/ausland/internet-der-rechtsextremen-rassisten-treffen-sich-im-netz-16321835.html#pageIndex_2 (26.2.2023).

Frankfurter Rundschau (2022): Dorn im Auge: Lanz greift Klima-Aktivistin Neubauer an. 20.10.2022. https://www.fr.de/kultur/tv-kino/tv-markus-lanz-zdf-luisa-neubauer-klima-fridays-for-future-91860233.html (26.2.2023).

Fuldaer Zeitung (2020): Generalbundesanwalt: Täter hatte „zutiefst rassistische Gesinnung". 19.2.2020. https://www.fuldaerzeitung.de/kinzigtal/generalbundesanwalt-taeter-hatte-zutiefst-rassistische-gesinnung-mit-video-13659678.html (12.2.2023).
Goertz, Stefan (2022a): Extremismus und Sicherheitspolitik. Studienkurs für die Polizei und die Verfassungsschutzbehörden. Wiesbaden: KSV Medien.
Goertz, Stefan (2022b): Innere Sicherheit. Von A bis Z. Die wichtigsten Begriffe für Studium und Ausbildung. Stuttgart: Boorberg.
Goertz, Stefan (2022c): Rechtsterrorismus in Europa. Aktuelle Akteure, Trends und Bedrohungen. Juni 2022. Wien: EICTP.
Goertz, Stefan (2022d): Verfassungsschutzrelevante Delegitimierung des Staates. https://www.kas.de/de/web/extremismus/verfassungsschutzrelevante-delegitimierung-des-staates (19.2.2023).
Goertz, Stefan (2022e): „Querdenker" – Akteure, Ideologieelemente, Gewaltpotenzial. https://www.kas.de/de/web/extremismus/%E2%80%9Equerdenker-akteure-ideologieelemente-gewaltpotenzial (19.2.2023).
Goertz, Stefan (2021a): Rechtsextremismus und Rechtsterrorismus in Deutschland. Eine analytische Einführung für die Polizei und Sicherheitsbehörden. Hilden: Verlag Deutsche Polizeiliteratur.
Goertz, Stefan (2021b): Der neue Terrorismus. Neue Akteure, Strategien, Taktiken und Mittel. Wiesbaden: Springer VS. 2. Auflage.
Goertz, Stefan (2021c): Rechtsextremismus und Rechtsterrorismus. Aktuelle und zukünftige Bedrohungen für die Innere Sicherheit Deutschlands. In: Kriminalistik 8–9/2021, S. 457–463.
Goertz, S. (2021d): Medienporträt: de.indymedia.org. In: Backes, U./Gallus, Al./Jesse, E./Thieme, T. (Hrsg.): Jahrbuch Extremismus & Demokratie, 33. Jahrgang 2021d, S. 251–267.
Hamm, Mark/Spaaij, Ramon (2017): The age of lone wolf terrorism. New York: Columbia University Press.
Hasche, Thorsten (2018): Islamismus in der Bundesrepublik Deutschland. In: Jesse, Eckhard/Mannewitz, Tom (Hrsg.): Extremismusforschung. Handbuch für Wissenschaft und Praxis. Baden-Baden: Nomos, S. 389–426.
Hummel, Klaus/Rieck, Andreas (2020): Salafismus, Islamismus und islamistischer Terrorismus. In: Slama, Brahim Ben/Kemmesies, Uwe (Hrsg.): Handbuch Extremismusprävention. Gesamtgesellschaftlich. Phänomenübergreifend. Wiesbaden: Bundeskriminalamt, S. 87–114.
Kaleka, Pardeep (2018): Stochastic Terrorism: How the politics of spreading fear can lead to deadly violence. 6.11.2018. https://www.milwaukeeindependent.com/featured/stochastic-terrorism-politics-spreading-fear-can-lead-deadly-violence/ (26.2.2023).
Lakotta, Beate (2020): Urteil gegen Halle-Attentäter „Unfassbar grausam, feige". 21.12.2020. https://www.spiegel.de/panorama/justiz/urteil-gegen-halle-attentaeter-stephan-balliet-unfassbar-grausam-feige-a-931fef3f-5e49-46d6-a445-a18763edd914 (12.2.2020).
Landesamt für Verfassungsschutz Baden-Württemberg (2023a): Muslimbruderschaft. https://www.verfassungsschutz-bw.de/,Lde/Startseite/Arbeitsfelder/Muslimbruderschaft (11.2.2023) (LfV BaWü 2023).

Landesamt für Verfassungsschutz Baden-Württemberg (2023b): Islamfeindlichkeit im Rechtsextremismus; https://www.verfassungsschutz-bw.de/,Lde/1917290 (18.2.2023).

Landesamt für Verfassungsschutz Baden-Württemberg (2021): Rechtsextremismus. IBÖ demonstriert gegen Lambda-Verbot. 12.08.2021. https://www.verfassungsschutz-bw.de/,Lde/IBOe+demonstriert+gegen+Lambda-Verbot (12.2.2023) (LfV BaWü 2021).

Landesamt für Verfassungsschutz Bremen (2023): Glossar. Islamistischer Terrorismus. https://www.verfassungsschutz.bremen.de/oeffentlichkeitsarbeit/glossar-11578?begriff=I&lang=de#glossar_2139 (5.2.2023) (LfV Bremen 2023).

Letzte Generation (2022): Letzte Generation. Eilmeldung. 16.2.2022. Twitter. https://twitter.com/AufstandLastGen/status/1493963246184935425 (26.2.2023).

MDR (2022): Verschwörer-Netzwerk Großrazzia: Gruppe soll Staatsumsturz geplant haben – Reußen-Prinz in Haft. 8.12.2022. https://www.mdr.de/nachrichten/thueringen/ost-thueringen/saale-orla/razzia-umsturz-verschwoerung-reuss-100.html (19.2.2023).

Ministerium des Innern, für Digitalisierung und Kommunen Baden-Württemberg (2022): Verfassungsschutzbericht 2021, Stuttgart, Juli 2022 (MIBaWü 2022).

Ministerium des Inneren, für Digitalisierung und Kommunen Baden-Württemberg (2021): „Die Querdenken-Bewegung – zwischen Verschwörungsmythen und Bürgerprotest". 28.1.2021. https://www.verfassungsschutz-bw.de/,Lde/Vortrag_+_Die+Querdenken-Bewegung+_+zwischen+Verschwoerungsmythen+und+Buergerprotest_ (20.2.2023) (MIBaWü 2021).

Ministerium des Inneren, für Digitalisierung und Kommunen Baden-Württemberg (2020): Verfassungsschutz. „Querdenken 711" wird beobachtet. 9.12.2020. https://im.baden-wuerttemberg.de/de/service/presse-und-oeffentlichkeitsarbeit/pressemitteilung/pid/querdenken-711-wird-beobachtet/ (20.2.2023) (MIBaWü 2020).

Ministerium des Innern des Landes Nordrhein-Westfalen (2023a): Sicherheit für Nordrhein-Westfalen. Milli-Görüs-Bewegung. https://www.im.nrw/milli-goerues-bewegung-mgb (11.2.2023) (MI NRW 2023).

Ministerium des Innern des Landes Nordrhein-Westfalen (2023b): Sicherheit für Nordrhein-Westfalen. Furkan-Gemeinschaft. https://www.im.nrw/furkan-gemeinschaft (11.2.2023) (MI NRW 2023).

Ministerium des Innern des Landes Nordrhein-Westfalen (2021): Sonderbericht zu Verschwörungsmythen und „Corona-Leugnern". Düsseldorf, Mai 2021 (MI NRW 2021).

Müller, Tadzio (2023): Es wird in Lützerath zu Militanz kommen. Auf welcher Seite werdet Ihr stehen? 10.1.2023. https://climatejustice.social/@muellertadzio/109665200416712070 (26.2.2023).

Musyal, Sören (2020): Rechtsterroristen. „Einsame Wölfe" in einer digitalen Gesellschaft 9.3.2020. https://www.deutschlandfunkkultur.de/rechtsterroristen-einsame-woelfe-in-einer-digitalen-100.html (18.2.2023).

Neue Zürcher Zeitung (2022): Suppenwürfe und Blockaden: Hinter der Klimaprotestwelle stecken eine neue Strategie und Millionen privater Fördergelder. Welche Faktoren die weitere Radikalisierung begünstigen könnten. 9.11.2022. https://www.nzz.ch/international/klimaaktivisten-mit-neuer-strategie-und-millionenspenden-ld.1711046 (26.2.2023).

Niedersächsisches Ministerium für Inneres und Sport/Verfassungsschutz (2016): Identitäre Bewegung Deutschland (IBD). Ideologie und Aktionsfelder, 3. Auflage. Hannover (NMI 2016).

NW Kreis Minden-Lübbecke (2022): Gruppe S.: Gewaltphantasien eines Mindener Reichsbürgers werden öffentlich. 23.4.2022. https://www.nw.de/lokal/kreis_minden_luebbecke/luebbecke/23248108_Gruppe-S.-Gewaltphantasien-eines-Mindener-Reichsbuergers-wer den-oeffentlich.html (11.2.2023).

Pfahl-Traughber, Armin (2020a): Der Einzeltäter ist ein einzelner Täter. Eine Analyse von Fällen und deren Kontext im Rechtsterrorismus, in: Kriminalistik, 2/2020, S. 74–80.

Pfahl-Traughber, Armin (2020b): Der Einzeltäter im Terrorismus Definition, Fehldeutungen, Typologie, Zusammenhang. 28.01.2020. https://www.bpb.de/themen/rechtsextremismus/dossier-rechtsextremismus/304169/der-einzeltaeter-im-terrorismus/ (18.2.2023).

Pfahl-Traughber, Armin (2018): Rechtsextremismus in der Bundesrepublik Deutschland. In: Jesse, Eckhard/Mannewitz, Tom (Hrsg.): Extremismusforschung. Handbuch für Wissenschaft und Praxis. Baden-Baden: Nomos, S. 303–338.

Rheinische Post (2021): Entsetzen in Idar-Oberstein Experte sieht Mitschuld bei Querdenkern für tödliche Schüsse in Tankstelle. 21.9.2021. https://rp-online.de/panorama/deu tschland/trierer-experte-querdenker-mit-schuld-an-tat-von-idar-oberstein_aid-62899853 (20.2.2023).

RND (2023): Proteste gegen RWE. Verfassungsschutz-Präsident warnt vor Gewalt in Lützerath. 9.1.2023. https://www.rnd.de/politik/luetzerath-verfassungsschutz-praesident-warnt-vor-gewalt-MSSD2XSYI5ANZBQHFKR2RATQWQ.html (26.2.2023).

Spiegel (2022a): Razzia in elf Bundesländern. Ermittler sprengen mutmaßliche Neonazi-Terrorgruppe. 6.4.2022. https://www.spiegel.de/panorama/justiz/atomwaffen-division-ermittler-sprengen-mutmassliche-neonazi-terrorgruppe-a-e4b2c639-8b0f-4c83-afc6-13e 726c0eeb4 (11.2.2023).

Spiegel (2022b): Festnahmen bei Terrorrazzia Verfassungsschutzchef plädiert für Check bei Arbeit in Sicherheitsbehörden. 8.12.2022. https://www.spiegel.de/politik/deutschland/terrorrazzia-thomas-haldenwang-fuer-check-bei-arbeit-in-sicherheitsbehoerden-a-05e 9fdc8-b6a8-4223-abf8-3d9210d44ddf (19.2.2023).

Spiegel (2022c): Lebenslang für Mord in Idar-Oberstein Er plante, er provozierte – und schoss. 13.9.2022. https://www.spiegel.de/panorama/justiz/mord-an-tankstelle-in-idar-oberstein-das-urteil-gegen-mario-n-a-d0db2308-47b7-4ab4-bf26-eebc3419de8f (20.2.2023).

Spiegel (2022d): In Telegram-Gruppe von „Querdenkern" Todesdrohung gegen Ministerpräsidentin Schwesig – Strafbefehl erlassen. 23.11.2022. https://www.spiegel.de/pan orama/justiz/manuela-schwesig-todesdrohung-in-telegram-gruppe-von-querdenkern-str afbefehl-erlassen-a-e47d9618-4202-435e-a3fc-a88460b4756e (20.2.2023).

Spiegel (2021): Aktivist Tadzio Müller im Interview. „Wer Klimaschutz verhindert, schafft die grüne RAF". 21.11.2021. https://www.spiegel.de/politik/deutschland/tadzio-mueller-wer-klimaschutz-verhindert-schafft-die-gruene-raf-a-5e42de95-eaf2-4bc1-ab23-45dfb0 d2db89 (26.2.2023).

Spiegel (2020): „Compact" Das Magazin, das jetzt auch der Verfassungsschutz liest. 12.3.2020. https://www.spiegel.de/politik/deutschland/das-magazin-das-jetzt-auch-der-verfassungsschutz-liest-a-2dd9ac07-47bc-4461-9962-b9078274b925 (19.2.2023).

Spiegel (2016): Messerangriff auf Kölner OB-Kandidatin 14 Jahre Haft für Reker-Attentäter. 1.7.2016. https://www.spiegel.de/panorama/justiz/attentat-auf-henriette-reker-angekl agter-frank-s-zu-14-jahren-haft-verurteilt-a-1100893.html (12.2.2023).

Steinberg, Guido (2022): Transnationaler Terrorismus. In: Informationen zur politischen Bildung. Internationale Sicherheitspolitik 4/22, S. 26–29.
Süddeutsche Zeitung (2022): Letzte Generation: Justizminister Buschmann hält Gefängnisstrafen für Klimaaktivisten für möglich. 2.11.2022. https://www.sueddeutsche.de/politik/letzte-generation-buschmann-haft-gefaengnisstrafen-klimaaktivisten-krankenwagen-rettungsgasse-1.5685592 (26.2.2023).
Süddeutsche Zeitung (2021a): Demonstrationen – Dresden: Corona-Leugner haben „rote Linien" überschritten. 29.11.2021. https://www.sueddeutsche.de/politik/demonstrationen-dresden-corona-leugner-haben-rote-linien-ueberschritten-dpa.urn-newsml-dpa-com-20090101-211129-99-188245 (19.2.2023).
Süddeutsche Zeitung (2021b): Offenbar Mordpläne gegen Ministerpräsident Kretschmer. 8.12.2021. https://www.sueddeutsche.de/politik/kretschmer-morddrohung-sachsen-1.5483247 (20.2.2023).
Süddeutsche Zeitung (2020a): Rechtsextremismus: Großrazzia in drei Bundesländern gegen Neonazi-Gruppe. 3.7.2020. https://www.sueddeutsche.de/politik/rechtsextremismus-moschee-anschlag-razzia-prignitz-1.4956510 (11.2.2023).
Süddeutsche Zeitung (2020b): Urteile – Magdeburg:"Sind ein Menschenfeind": Höchststrafe für Halle-Attentäter. 21.12.2020. https://www.sueddeutsche.de/panorama/urteile-magdeburg-sind-ein-menschenfeind-hoechststrafe-fuer-halle-attentaeter-dpa.urn-new sml-dpa-com-20090101-201221-99-773931 (12.2.2023).
Tagesschau (2022a): Nordrhein-Westfalen Verhinderter Schul-Anschlag: Inspiration durch berühmte Massenmörder? 13.5.2022. https://www.tagesschau.de/inland/regional/nordrheinwestfalen/wdr-story-47751.html (12.2.2023).
Tagesschau (2022b): Anschlagspläne in Essen Generalbundesanwalt übernimmt Ermittlungen. 16.5.2022. https://www.tagesschau.de/inland/generalbundesanwalt-ermittelt-schueler-essen-101.html (12.2.2022).
Tagesschau (2022c): Bewaffnete Reichsbürger Razzia wegen geplanten Staatsstreichs. 7.12.2022. https://www.tagesschau.de/investigativ/razzia-reichsbuerger-staatsstreich-101.html (19.2.2023).
Tagesschau (2022d): „Querdenker"-Szene Täglich Tötungsaufrufe auf Telegram. 5.1.2022. https://www.tagesschau.de/investigativ/funk/todesdrohungen-telegram-101.html (19.2.2023).
Tagesspiegel (2020): Ermittler werten Datenträger aus: Brandenburger Neonazis sammelten Informationen über Polizisten. 6.7.2020. https://www.tagesspiegel.de/berlin/brandenburger-neonazis-sammelten-informationen-uber-polizisten-7590970.html (11.2.2022).
Theohary, Catherine/Rollins, John (2011): Terrorist Use of the Internet: Information Operations in Cyberspace. 8.3.2011. Congressional Research Service. https://sgp.fas.org/crs/terror/R41674.pdf (18.2.2023).
Thieme, Tom/Winkelmann, Thorsten/Ruch, Hermann (2018): Linksextremismus. In: Mannewitz, Tom/Ruch, Hermann/Thieme, Tom/Winkelmann, Thorsten (Hrsg.): Was ist politischer Extremismus? Grundlagen, Erscheinungsformen, Interventionsansätze. Frankfurt a. M.: Wochenschau Verlag.
Weisflog, Christian (2020): Der IS-Terror keimt wieder auf. In: Neue Zürcher Zeitung, 4.11.2020. https://www.nzz.ch/international/is-terror-das-juengste-attentat-in-wien-laesst-den-is-aufkeimen-ld.1585019 (11.2.2023).

Weiss, Michael/Hassan, Hassan (2015): ISIS. Inside the Army of Terror. New York: Regan Arts.

Welt (2020): Deutschland Radikalisierung. Verfassungsschutz sieht „Gefahr eines neuen Linksterrorismus". 20.6.2020. https://www.welt.de/politik/deutschland/article209962317/Verfassungsschutz-Gefahr-eines-neuen-Linksterrorismus.html (25.2.2023).

Welt (2019): Deutschland: Drei Jahre danach. 25.10.2019. https://www.welt.de/politik/deutschland/article202479342/Bayern-stuft-Muenchner-OEZ-Attentat-nun-als-rechtsradikal-motiviert-ein.html (12.2.2023).

Wille, Jessica (2019): Von Reichsbürgern und Chemtrails: Verschwörungstheorien 2.0, in: GreifRecht: Greifswalder Halbjahresschrift für Rechtswissenschaft 14 (2019), S. 21–35.

Winkelmann, Thorsten (2018): Islamismus. In: Mannewitz, Tom/Ruch, Hermann/Thieme, Tom/Winkelmann, Thorsten (Hrsg.): Was ist politischer Extremismus? Grundlagen, Erscheinungsformen, Interventionsansätze. Frankfurt a. M.: Wochenschau Verlag, S. 137–170.

Winkelmann, Thorsten/Ruch, Hermann (2018): Rechtsextremismus. In: Mannewitz, Tom/Ruch, Hermann/Thieme, Tom/Winkelmann, Thorsten (Hrsg.): Was ist politischer Extremismus? Grundlagen, Erscheinungsformen, Interventionsansätze. Frankfurt a. M.: Wochenschau Verlag, S. 47–80.

Winkler, Peter (2016): Trumps Spiel mit der Hundepfeife. 5.7.2016. https://www.nzz.ch/international/praesidentschaftswahlen-usa/us-praesidentenwahlen-trumps-spiel-mit-der-hundepfeife-ld.103861 (26.2.2023).

Wöstmann, Thomas (2022): Terror-Prozess um Gruppe S.: „Nur noch töten! Die werden alle bluten". 15.2.2022. https://www1.wdr.de/nachrichten/westfalen-lippe/terrorgruppe-minden-prozess-ermittler-aussage-100.html (11.2.2023).

ZDF heute (2022): Interview. Mehr auf Sabotage setzen: Klimaaktivist: Bürger müssen uns nicht mögen. 16.6.2022. https://www.zdf.de/nachrichten/politik/klimabewegung-protest-radikalisierung-tadzio-mueller-100.html (26.2.2023).

Zeit (2021): Frankreich. Generation Identitaire Rechtsextremismus Verbot. https://www.zeit.de/politik/ausland/2021-03/frankreich-generation-identitaire-rechtsextremismus-verbot-gerald-darman (11.2.2023).

Zeit (2020a): Gruppe S: Terrorverdächtiger bestätigt Anschlagspläne auf Moscheen. 28.2.2020. https://www.zeit.de/gesellschaft/zeitgeschehen/2020-02/gruppe-s-rechtsterrorismus-moscheen-anschlagsplaene (11.2.2023).

Zeit (2020b): Rechter Terror: Gruppe S erwog offenbar Anschläge auf Habeck und Hofreiter. 26.2.2020. https://www.zeit.de/politik/deutschland/2020-02/rechter-terror-gruppe-s-anschlagsplaene-robert-habeck-gruenen-politiker (11.2.2022).

Zeit (2019): Kassel; Verdächtiger im Fall Lübcke hat Asylbewerberheim angegriffen. 17.6.2019. https://www.zeit.de/politik/deutschland/2019-06/walter-luebcke-kassel-mordfall-ermittlungen (12.2.2019).

Zeit (2019b): Mutmaßlicher Briefbombenattentäter bekennt sich schuldig. 22.3.2019. https://www.zeit.de/politik/ausland/2019-03/usa-briefbombe-trump-kritiker-gestaendnis-cesar-sayoc (26.2.2023).

Terroristische Anschlagsszenarien, Modi Operandi, Wirkmittel sowie Akteure

Seit 2004 wurden allein in Europa mindestens 95 **jihadistische Anschläge** verübt bzw. von den Polizei- und Verfassungsschutzbehörden der EU-Staaten verhindert. Durch die verübten die verübten jihadistischen Anschläge wurden über 800 Menschen **getötet** und mehr als 3800 **verletzt** (Goertz 2021c, S. VII). Von 2000 bis 2023 haben **Polizei- und Verfassungsschutzbehörden** in Europa über 65 jihadistische Anschläge im **Vorfeld** unterbunden, davon allein in Deutschland über 25.

Daneben wurden auch zahlreiche **rechtsterroristische Anschläge** in den letzten Jahren in Deutschland verübt bzw. geplant, aber von den Polizei- und Verfassungsschutzbehörden verhindert. In jüngerer Vergangenheit sind u. a. die Terrorakte des sog. „Nationalsozialistischen Untergrunds" **(NSU)** zu nennen, der amoklaufähnliche Anschlag im Olympia-Einkaufszentrum in München 2016, das terroristisch motivierte Attentat auf den Kasseler Regierungspräsidenten Walter Lübcke 2019, der geplante Anschlag auf die Synagoge in Halle 2019 und zwei im Zusammenhang damit verübte Morde, sowie der rechtsterroristische Anschlag in Hanau 2020 mit insgesamt neun Todesopfern.

Dieses Kapitel analysiert auf der Basis verübter sowie geplanter, aber von den Polizei- und Verfassungsschutzbehörden verhinderter terroristischer Anschläge Anschlagsszenarien, Modi Operandi sowie Wirkmittel. Die terroristische Auswahl von Anschlagszielen, Anschlagsszenarien und Wirkmittel steht hierbei im Mittelpunkt der Betrachtung.

6.1 Anschlagsszenarien

Hier werden im Rahmen von Terrorismusforschung *potenzielle* terroristische Anschlagsszenarien skizziert. Vorausgeschickt wird in Bezug auf die *Wahrscheinlichkeit* des Eintretens solcher Anschlagsszenarien, dass das **terroristische Megaszenario 9/11** (zivile Flugzeuge als Wirkmittel gegen Hochhäuser, das Pentagon und geplant gegen Regierungsgebäude in Washington) vor seinem Eintritt als **nicht wahrscheinlich** eingestuft worden war. Gleiches galt für die Wahrscheinlichkeit eines terroristischen **Anschlags mit biologischen/chemischen Waffen** in Europa bis zum 12.06.2018, als polizeiliche Spezialkräfte und ein Mitarbeiter des Robert Koch-Instituts Rizin bei Sief Allah H. in Köln Rizin sicherstellten und dadurch ein geplanter jihadistischer Anschlag mit Sprengstoff und Rizin verhindert werden konnte. In diesem Kapitel geht es darum, abseits von **„Denkverboten"** die **Perspektive von Terroristen einzunehmen** und in der Konsequenz *Awareness* für mögliche terroristische Anschlagsszenarien zu schaffen und in die Diskussion einzusteigen, um Konsequenzen daraus zu ziehen und zukünftige terroristische Anschläge **antizipativ zu verhindern** („vor die Lage kommen").

6.1.1 Zielauswahl

Die Zielauswahl und Planung von Anschlagsszenarien basieren im Wesentlichen auf den folgenden Faktoren:

- Hervorrufen von **Angst und Schrecken** *(intimidation effect)* und eine hohe öffentliche Aufmerksamkeitswirkung,
- **Gewalt und Zwang,**
- **Drohung, psychologische Effekte und antizipierte Reaktionen,**
- **Opfer-Ziel-Differenzierung,**
- **zielgerichtetes, geplantes, systematisches Handeln, systematische Strategie(n), Taktiken, Mittel und Methoden,**
- **Willkürlichkeit** in der Zielauswahl („Ihre Politiker und Sicherheitsbehörden können Sie nicht vor uns Terroristen beschützen"),
- Hervorheben der **Schuldlosigkeit der Opfer** (der **Rechtsterrorist** Anders Breivik ermordete 68 Kinder und Jugendliche),
- **Symbolische Aspekte** (Kirchen, Synagogen, Moscheen, Parlamente)

6.1 Anschlagsszenarien

> - **Wiederholbarkeit** (Serien- oder Kampagnencharakter der Anschläge), der Faktor *Copycat* (Nachahmertaten), leicht zu kopierende Blaupausen
> - **Realisierbarkeit** des Szenarios, **Verfügbarkeit** und **Kosten** der Wirkmittel (vgl. Drake 1998, S. 39; Fischer und Pelzer 2016, S. 38; Goertz 2022, S. 107; Goertz und Stockhammer 2022, S. 12).

Bei der terroristischen Zielauswahl ist zwischen *hard targets* und *soft targets* zu unterscheiden. *Hard targets* sind Ziele, Organisationen, Einrichtungen, Personen, Gebäude, die relativ gut bis sehr gut geschützt sind. In der Regel sind dies „**Zentren der Macht**", beispielsweise Amtssitze von Präsidenten, Staats- und Regierungschefs, Parlamente, Behörden, Einrichtungen des Militärs, der Polizei und anderer Sicherheitsbehörden sowie Gebäude der Wirtschaft und Banken. Zu *hard targets* gehören hier **normalerweise** auch **Flughäfen,** abhängig vom individuellen Entwicklungsstand der Terrorismusabwehr. Ebenfalls zur Kategorie *hard targets* gehören grundsätzlich **Kritische Infrastrukturen** (KRITIS), so zum Beispiel Atomkraftwerke, Elektrizität, Strommasten, Transformatorenstation, Wasserversorgung (Brunnen), Staudämme, Information und Kommunikation (Informationstechnik und Internetversorgung) sowie die Gas- und Ölversorgung. Bei Atomkraftwerken sind bereits sehr umfassende Schutzmaßnahmen installiert, bei anderen hier aufgezählten potenziellen terroristischen Anschlagszielen teilweise (noch) nicht im erforderlichen Ausmaß.

Zur Kategorie *soft targets* gehören grundsätzlich die **Zivilbevölkerung**, Menschenmengen, Kindergärten und Schulen, Veranstaltungen und Ansammlungen im Freien, Innenstädte, Fußgängerzonen, Spielplätze, Freibäder, Badeseen, Einkaufszentren und Krankenhäuser.

Die **terroristische Logik** zielt darauf ab, in der Bevölkerung Angst und Schrecken durch (scheinbar) willkürliche Gewalt zu verbreiten. Hier stellen öffentliche Verkehrsmittel, Verkehrsknotenpunkte, Bahnhöfe, öffentliche Plätze, der öffentliche Raum als solcher prototypische Anschlagsziele dar. So garantieren zeitlich simultan und/oder versetzte Explosionen in Zügen oder U- bzw. S-Bahnen zur Rushhour der operativ-taktischen Anschlagsplanung eine hohe Zahl an Toten und Verletzten und eine etwaige Live-Berichterstattung. Bereits das Wissen, dass jeder Fahrgast zu einem Opfer eines terroristischen Anschlags in einem öffentlichen Verkehrsmittel werden kann, hat eine erhebliche psychologische Wirkung auf die Bevölkerung (*intimidation effect,* Motto: „**es kann jeden immer und überall treffen**") (Goertz 2020c, S. 24).

Die Analyse terroristischer Anschläge in Europa im Zeitraum 2004 bis 2023 zeigt, dass diese in zwei Kategorien unterteilt werden können: In **Großanschläge** bzw. **multiple taktische Szenarien** einerseits (als Beispiele die Anschläge in Madrid 2004, London 2005, 2015 in Paris, 2016 in Brüssel, 2017 in Barcelona und Cambrils) sowie in *low level*-**Terrorismus,** verübt von jihadistischen Einzeltätern bzw. Zellen andererseits. *Low level*-Terrorismus von Einzeltätern und/oder Zellen wird hier wie folgt definiert: „Terroristische Anschläge oder Attentate, die sich in der Regel einfachster taktischer Prinzipien und Wirkmittel, wie leicht zu beschaffende Waffen oder Alltagsgegenstände – Messer und PKW – bedienen. Diese Anschläge oder Attentate werden von Einzeltätern bzw. von kleinen Zellen verübt. Schusswaffen als Wirkmittel vergrößern die Wahrscheinlichkeit von Todesopfern und Verletzten" (Goertz und Stockhammer 2022, S. 25).

Systematische und vergleichende Forschung zu terroristischen Anschlagsszenarien ist bisher nur rudimentär in Ansätzen vorhanden; im Wesentlichen die Global Terrorism Database (GTD) der University of Maryland, Drake 1998; Brandt und Sandler 2010; Fischer und Pelzer 2016; Krause 2017; Goertz 2021b, 2020b, 2019b; Goertz und Stockhammer 2022 sowie Europol mit den jährlich erscheinenden European Union Terrorism Situation and Trend (TESAT) Reports, die wiederum nur ganz kurz auf aktuelle Trends von terroristischen Modi Operandi eingehen. Die **Planungen** möglicher Anschlagsszenarien, Modi Operandi und Wirkmittel sind **hochgradig divers** und es gibt kaum ‚Gesetzmäßigkeiten', anhand derer die taktischen Entscheidungsprozesse von Terroristen allgemeingültig analysiert werden könnten. Grundsätzlich findet die **operativtaktische Entscheidungsfindung** von Terroristen in einem Spannungsfeld zwischen **politisch-strategischem Kalkül** und **speziellen psychologischen Dynamiken** kleiner klandestiner Gruppen *(Hit-Teams)* statt. Strategische Überlegungen kleiner klandestiner Gruppen können dabei unter Umständen moderierend wirken, um beispielsweise Sympathisantinnen und Sympathisanten ihrer politischen Agenda nicht durch allzu exzessive Gewalt zu verschrecken. **Gruppendynamiken** dagegen können eskalierend wirken, beispielsweise weil mit einem höheren Maß an Gewalttätigkeit die Hingabe an die Gruppe demonstriert werden soll (Goertz 2022, S. 108).

6.1.2 Anschlagsziele

6.1.2.1 Ausländerinnen und Ausländer, Flüchtlinge sowie Menschen mit Migrationshintergrund, Kontext „Anti-Asyl"

Rechtsterroristische Anschläge und ihre Attentäter haben eine spezifische Kommunikationsstrategie, die über das spezifisch-taktische Ziel (Opfer) hinaus eine terroristische Botschaft an Menschengruppen, Religionen und Ethnien sendet („Ihr könnt die nächsten Ziele bzw. Opfer sein"). Die adressierten potenziellen Opfer zukünftiger Anschläge sollen eingeschüchtert werden. Ziele beziehungsweise Opfer von Rechtsterroristen waren und sind unter anderem Ausländerinnen und Ausländer, Asylbewerberinnen und Asylbewerber, Menschen mit Migrationshintergrund, sowie im rechtsextremistischen Aktionsfeld „Anti-Asyl" auch Politikerinnen und Politiker, Polizeibeamte, Beamte und andere Repräsentantinnen und Repräsentanten des Staates sowie Mitglieder von Parteien, die von Rechtsterroristen als Feinde empfunden werden (Goertz 2022, S. 108–109).

Zahlreiche rechtsterroristische Anschläge wurden in den letzten Jahren in Deutschland auf Menschen dieser Anschlagszielkategorie verübt bzw. geplant, aber von den Sicherheitsbehörden verhindert. In jüngerer Vergangenheit sind der „Nationalsozialistische Untergrund" (NSU) und seine rassistisch-rechtsextremistisch motivierten Morde zu nennen, sowie der von einem rechtsterroristischen Einzeltäter 2015 verübte Mordanschlag auf die damalige Kölner Oberbürgermeisterkandidatin Henriette Reker (Kontext „Anti-Asyl"), das „Terrok" (Terror und Amok)-Szenario im Olympia-Einkaufszentrum in München 2016 (Copycat, am fünften Jahrestag des rechtsterroristischen Anschlags von Anders Bering Breivik in Norwegen), das Attentat auf den Politiker Walter Lübcke 2019 (Copycat, Kontext „Anti-Asyl"), im Jahr 2019 der rechtsterroristische Mordversuch am eritreischen Flüchtling Bilal M. sowie der rechtsterroristische Anschlag in Hanau 2020 mit neun Todesopfern.

Neben diesen rechtsextremistisch motivierten Anschlägen, Attentaten und Morden sind zahlreiche weitere aktuelle Beispiele für einen **fließenden Übergang von gewaltbereitem Rechtsextremismus zu Rechtsterrorismus** zu nennen, hier in Form von rechtsextremistisch-rechtsterroristischen Organisationen bzw. Gruppen, die Anschläge auf Menschen dieser Anschlagszielkategorie geplant hatten: „Weisse Wölfe Terrorcrew" (WWT), „Oldschool Society" (OSS), „Nordadler", „Kameradschaft Aryans", „Gruppe Freital", „Revolution Chemnitz", „Combat 18", Gruppe „Nordkreuz", „Gruppe S" und „Atomwaffendivision".

6.1.2.2 Bahnhöfe, Züge und öffentliche Verkehrsmittel

Der jihadistische Anschlag auf den Bahnhof Madrid Atocha am 11. März 2004 kann als Blaupause für nachfolgende und zukünftige Anschläge (*copycat*, Nachahmertaten) auf Bahnhöfe und öffentliche Verkehrsmittel bezeichnet werden, da terroristische Anschläge durch ihre Zielauswahl Angst und Schrecken verbreiten wollen und bei dieser taktischen Vorgehensweise alle Pendlerinnen und Pendler oder Reisende allgemein potenziell Opfer eines Anschlags werden können. Bei dem Anschlag in Madrid wurden 191 Menschen getötet und über 2050 verletzt. Beispiele von *copycat*-Anschlägen sind die Anschläge auf U-Bahnen und einen Bus 2005 in London wenige Monate später mit 56 Getöteten und insgesamt über 700 Verletzten. Im Juli 2006 deponierten zwei junge Libanesen auf dem Kölner Hauptbahnhof zwei Trolleys mit präparierten Gasflaschen in jeweils einem Regionalzug. Allerdings explodierten die präparierten Gasflaschen nicht, weil die Zündungen falsch konstruiert waren. Der damalige Präsident des Bundeskriminalamtes, Jörg Ziercke, beschrieb, was geschehen wäre, wenn die Bomben denn tatsächlich explodiert wären: "Zwei zeitgleiche Bombenexplosionen in Regionalzügen, ein Feuerball durch Brandbeschleuniger, die in den Koffertrolleys zusätzlich vorhanden waren, aber mit der eigentlichen Zündeinrichtung der Bombe nichts zu tun hatten, ausgebrannte Zugwaggons, eine unbestimmte Anzahl an Verletzten und möglicherweise Toten, möglicherweise auch entgleiste Züge" (zit. n. Goertz 2019a, b, S. 502).

Ein irakischer Flüchtling verübte am 07.10.2018 einen Anschlag auf einen **ICE** auf der **Hochgeschwindigkeitsstrecke** zwischen Nürnberg und München und wiederholte dieses Szenario zu Weihnachten 2018 auf eine Bahnstrecke in Karlshorst bei Berlin. In Russland gab es drei Copycat-Anschläge dieser Szenarien, am 27.11.2009 auf einen Schnellzug von Moskau nach St. Petersburg (28 Tote und 90 Verletzte), am 09.03.2010 auf die Moskauer Metro (40 Tote und 84 Verletzte) sowie am 03.04.2017 einen Sprengstoffanschlag auf die U-Bahn-Station Sennaja Ploschtschad in St. Petersburg (14 Tote und 51 Verletzte). Am 21.08.2015 konnte ein islamistischer Terrorist, der ein **Massaker mit Schusswaffen** geplant hatte, in einem Thalys-Zug in Belgien kurz vor Beginn des Anschlags noch von als Touristen mitreisenden US-Soldaten überwältigt werden. Am 18.07.2016, nur vier Tage nach dem jihadistischen Anschlag in Nizza, verübte der angeblich 17-jährige afghanische Flüchtling Riaz K. eine Messerattacke. In einem Regionalzug bei Würzburg sowie nach von Fahrgästen betätigter Notbremsung außerhalb des Regionalzuges verletzte der Attentäter drei Fahrgäste sowie eine Spaziergängerin schwer. Am 20.06.2017 gab es am Hauptbahnhof in Brüssel mehrere kleinere Sprengstoffexplosionen, darunter eine Explosion einer mit Nägeln gefüllten „**Kofferbombe**". Am 18.03.2019 erschoss ein Attentäter mit niederländischer und türkischer Staatsbürgerschaft drei Passanten in einer Straßenbahn und verletzte dabei neun weitere.

Aus terroristisch-symbolischer Sicht, aber auch auf der Ebene der Opferzahlen stellen die großen Bahnhöfe wie der Hauptbahnhof in Berlin (z. B. durch entgleiste Züge aufgrund einer Sprengstoffexplosion), die Bahnhöfe in London, Paris, Wien, Zürich, Brüssel usw. aber auch S-Bahnen und Regionalzüge – vor allem solche, die durch Regierungsviertel fahren –, potenziell gefährdete Anschlagsziele dar. Auch ein **Anschlagsszenario mit betätigter Notbremse** in einem Tunnel als Tatumfeld für ein Massaker birgt große Gefahren in Zügen sowie S- und U-Bahnen (Goertz 2022, S. 109).

6.1.2.3 Botschaften und Konsulate, Behörden, öffentliche Einrichtungen und Wirtschaftszentren

Beispiele dafür sind die jihadistischen Anschläge der Al-Qaida auf die US-Botschaften in **Daressalam** (Tansania) und **Nairobi** (Kenia) am gleichen Tag, am 07.08.1998, dadurch wurden 223 Menschen getötet und über 4000 verletzt.

Die Anschläge der Al-Qaida am 11.09.2001 (9/11) zielten auf das Pentagon, das US-Verteidigungsministerium, das World Trade Center als wirtschaftliches Zentrum und Symbol des US-Kapitalismus, der Globalisierung sowie mit dem Flug United Airlines 93 mutmaßlich auf ein prominentes Ziel in Washington, beispielsweise das US-Kapitol oder das Weiße Haus, ab.

Am 02.06.2007 wurde ein Selbstmordanschlag auf die dänische Botschaft in Islamabad (Pakistan) verübt, die Sicherheitsbehörden vermuteten einen Zusammenhang zum Abdruck von Mohammed-Karikaturen in dänischen Zeitungen. Durch den Anschlag wurden acht Menschen getötet und 15 verletzt. Am 10.11.2016 verübten die Taliban einen Selbstmordanschlag mit einem LKW auf das deutsche Generalkonsulat in **Masar-i-Sharif** (Afghanistan). Dadurch wurden sechs Menschen getötet und mindestens 128 verletzt. Im April 2017 plante ein marokkanischer Flüchtling im April 2017 einen islamistischen Anschlag auf die russische Botschaft in Berlin (Zeit 2017). Am 31.05.2017 wurde ein Anschlag mit einer IED in einem Tanklastwagen nahe der deutschen Botschaft in Kabul (Afghanistan) verübt. Dadurch starben 160 Menschen und mehr als 400 wurden verletzt. Die deutsche Botschaft, etwa 300 m vom Anschlagsort entfernt, wurde massiv beschädigt. Durch die erhebliche Reduktion des Einsatzes der Bundeswehr und die stark reduzierte Präsenz von deutschen Soldaten in Afghanistan könnte es in der Zukunft zu weiteren islamistischen Anschlägen auf deutsche Einrichtungen in Afghanistan kommen (Goertz 2021a, b, c, S. 62–63). Am 12.03.2018 griff ein Jihadist einen österreichischen Soldaten, ein Wachposten vor der iranischen Botschaft in Wien, mit einem Messer an, verletzte ihn, nachdem er unentwegt auf ihn eingestochen hatte. Der österreichische Soldat verteidigte sich, zunächst erfolglos mit einem Pfefferspray, danach mit seiner Dienstwaffe, was tödliche Folgen für den Dschihadisten hatte (Zeit 2018b).

6.1.2.4 Flughäfen und Flugzeuge

Die Anschläge vom 11. September 2001 stellen ein Anschlagsszenario dar, das einerseits sehr komplex war und jahrelange Vorbereitung sowie Flugkenntnisse erforderte sowie andererseits durch zahlreiche seither eingeführte Maßnahmen und Mittel der Terrorismusabwehr deutlich unwahrscheinlicher geworden ist. Der Luftverkehr blieb und bleibt jedoch weiterhin ein Ziel von Terroristen. Am 2. März 2011 tötete der Kosovare Arid Uka am Frankfurter Flughafen mit einer Schusswaffe zwei US-Soldaten und verletzte zwei weitere schwer. Am 31. Oktober 2015 schoss die jihadistische Organisation „Islamischer Staat" ein russisches Passagierflugzeug über Ägypten ab, wodurch 224 Menschen starben. Am 28. Juni 2016 töteten mehrere Selbstmordattentäter mit Sprengstoff und Schusswaffen im Flughafen Istanbul-Atatürk 45 Menschen und verletzten über 240 (Bundesamt für Verfassungsschutz 2019). Der syrische Flüchtling Jabr al-B. hatte im Oktober 2016 einen Sprengstoffanschlag auf einen **Berliner Flughafen** geplant. In seiner Wohnung fand die Polizei ca. 500 g des Explosivstoffs Triacetontriperoxid (TATP), weitere Chemikalien sowie 7 Terroristische Anschlagsszenarien und Wirkmittel 105 Bauteile, die zur Herstellung einer USBV (Unkonventionelle Spreng- und Brandvorrichtung) geeignet waren (Goertz 2020c, S. 50). Allein durch Reizgas wurden am 12.02.2017 am Flughafen Hamburg 68 Personen verletzt.

Nach **passierter Sicherheitskontrolle** können potenzielle Attentäter kaum noch an Waffen und Sprengstoff geraten – außer diese werden vom Flughafenpersonal, also Innentätern, eingeschleust – doch auch in den Bereichen vor der Sicherheitskontrolle bewegen sich Hunderte bis Tausende Menschen, die aufgrund der räumlichen Enge relativ leicht – zum Beispiel durch Schusswaffen und USBV – getötet und verletzt werden könnten. Allerdings macht die Anwesenheit von Polizeibeamten, die im Bereich **„Komplexe lebensbedrohliche Einsatzlagen"** (KLE) taktisch in Terrorismusabwehr geschult sind, einen längerdauernden Anschlagsverlauf unwahrscheinlich (Goertz 2022, S. 109–110).

6.1.2.5 Einkaufszentren

Nach der terroristischen Logik, möglichst öffentlichkeitswirksam viele Menschen **scheinbar wahllos** zu töten und zu verletzen, sind Einkaufszentren ein Ziel, das in der Vergangenheit sowohl von Rechtsterroristen als auch von islamistischen Terroristen angegriffen wurde. Am 21. September 2013 stürmten ca. sechs islamistische Terroristen der somalischen Al-Shabaab-Milizen das Westgate-Einkaufszentrum in der kenianischen Hauptstadt **Nairobi,** töteten mit automatischen Schusswaffen und Handgranaten 67 Menschen und verletzten über 300 (Bundesamt für Verfassungsschutz 2019). Am 22. Juli 2016, fünf Jahre nach dem rechtsterroristischen Anschlag des Norwegers Anders Breivik, tötete der Rechtsterrorist David S. rassistisch motiviert am und im **Münchner Olympia-Einkaufszentrum** neun Menschen. Der Attentäter hatte seine Tat ein Jahr lang vorbereitet und wie der Rechtsterrorist Breivik ein Manifest verfasst. Das Datum des fünften Jahrestages des Breivik-Anschlags war symbolisch bewusst gewählt (Bannenberg 2018; Goertz 2022, S. 110).

Ende August 2018 führte die **GSG 9** einen Zugriff auf den 31-jährigen tschetschenischen Staatsbürger und Flüchtling Magomed-Ali C. in **Berlin** durch, der eine schwere staatsgefährdende Gewalttat sowie ein Explosionsverbrechen geplant hatte. Der tschetschenische Flüchtling soll Teil eines Jihadisten-Netzwerks und Komplize von Anis Amri gewesen sein. Er soll nach Angaben der Bundesanwaltschaft einen islamistischen Anschlag auf das Gesundbrunnen-Center in Berlin-Wedding geplant haben, das täglich über 30.000 Besucher hat. Er hatte in seiner Wohnung in Berlin-Pankow den hoch gefährlichen Sprengstoffs TATP (Triacetontriperoxid) aufbewahrt.

6.1.2.6 Events, Großveranstaltungen, Menschenmassen, Innenstädte

Zu vergangene Anschlagsszenarien im Zusammenhang mit **Events** zählen das Oktoberfest in München, Fußballspiele (13.11.2015 in Paris und der Anschlagsplan auf das Fußballspiel zwischen Deutschland und den Niederlanden am 17. November 2015, Weihnachtsmärkte (19. Dezember 2016 in Berlin und am 11.12.2018 in Straßburg) und andere Großveranstaltungen (z. B. der Anschlag auf das Weinfest in Ansbach am 24.07.2016). Nach dieser Logik sind andere Sportveranstaltungen, der Wiener Prater, der Cannstatter Wasen, Open Air Festivals wie in Wacken, Fußgängerzonen, Kirchentage, der Christopher Street Day, Demonstrationen von Fridays for Future, Freizeitparks und andere Orte, an denen viele Menschen getötet beziehungsweise verletzt werden können, potenzielle Anschlagsziele von Terroristen. Hier ist auch der aktuelle rechtsterroristische Anschlag vom 19. Februar 2020 in Hanau zu nennen, bei dem aus rassistischer Motivation neun Menschen mit Migrationshintergrund in der Innenstadt von Hanau ermordet wurden (Bannenberg 2020, S. 73 ff.).

Diese Szenarien stellen zahlreiche Copycat-Wiederholungen dar, zuletzt am 2.11.2020 in Wien. Bei ausgewählten 18 islamistischen Anschlägen in diesem

Szenarienbereich im Zeitraum Frühjahr 2013 bis Winter 2020 wurden 557 Menschen getötet und 1816 verletzt. Dazu gehört u. a. der Anschlag auf den Marathon in der Innenstadt von Boston (drei Tote und 260 Verletzte), ein Anschlag auf ein Museum in Tunis am 18.03.2015 (24 Tote, die Zahl der Verletzten wurde nicht veröffentlicht), ein Sprengstoffanschlag auf ein Treffen von 300 Kurden in Suruç (Türkei) (34 Tote und über 70 Verletzte), mehrere Sprengstoffanschläge auf eine Friedensdemonstration in Ankara (Türkei) (102 Tote und über 500 Verletzte). Daneben auch der Anschlag mit einem PKW auf der Westminster Bride in London am 22.03.2017 (sechs Tote und 40 Verletzte), der LKW-Anschlag in der Fußgängerzone in Stockholm am 07.04.2017 (fünf Tote und 15 Verletzte), Sprengstoffanschläge auf zwei Kirchen in Ägypten am 09.04.2017 (46 Tote und über 120 Verletzte), der Anschlag mit einem LKW auf Passanten auf der London Bridge am 03.06.2017 (elf Tote und über 48 Verletzte), der Anschlag auf den Straßburger Weihnachtsmarkt am 11.12.2018 (sechs Tote und 12 Verletzte) sowie zuletzt der Terroranschlag in Wien am 2.11.2020 (fünf Tote und 23 Verletzte). Die Polizeibehörden berichteten von sechs verschiedenen Tatorten. Die ersten Schüsse gab der jihadistische Attentäter in der Nähe der Hauptsynagoge, in einem beliebten und stark frequentierten Wiener Ausgehviertel ab, kurz vor Beginn eines pandemiebedingten Lockdowns. Entsprechend waren die Lokale im ersten Bezirk überdurchschnittlich gut besucht. Dabei wurde auch ein Polizist schwer verletzt. Wie auch beim Anschlag in Paris (13.11.2015) wählte der Attentäter von Wien mehrere Anschlagsorte, sodass hier von einem *Copycat*-Muster gesprochen werden muss. Die Logik solcher Anschlagsszenarien zielt darauf ab, bei möglichst vielen Menschen, verstärkt durch die mediale Berichterstattung, Verunsicherung, **Angst und Schrecken** zu erzeugen. Daher die Zielwahl des Attentäters Kujtim F., ein belebtes Ausgehviertel in der Hauptstadt Österreichs, nach dem Prinzip, es kann jeden treffen, der sich in das öffentliche Leben begibt (vgl. Goertz und Stockhammer 2022).

Bei Anschlagsszenarien im Zusammenhang mit Events müssen der Faktor **Massenpanik** und ein möglicher *second hit* bedacht werden – also ein zeitverzögerter zweiter Anschlag am selben Ort, der Sicherheits- und Rettungskräfte, Evakuierte oder Schaulustige treffen soll. Dadurch könnten zusätzlich noch zahlreiche weitere Menschen getötet oder verletzt werden (Goertz 2022, S. 110–111).

6.1.2.7 Geiselszenarien und/oder terroristische Massaker
Der erste jihadistische Anschlag in Deutschland wurde am 02.03.2011 vom kosovarischen Flüchtling Arid U. als Einzeltäter am Flughafen Frankfurt Main verübt.

Sein Anschlagsplan bestand darin, unter US-Soldaten in einem Bus am **Frankfurter Flughafen** mit einer Schusswaffe ein Massaker verüben. Der Jihadist Arid U. tötete zwei US-Soldaten und verletzte zwei weitere schwer, danach hatte seine Pistole einen technischen Defekt, was zahlreichen US-Soldaten mutmaßlich das Leben rettete. Im Zeitraum 7. bis 09.01.2015 ermordeten islamistische Terroristen in der Redaktion des Satiremagazins „Charlie Hebdo" 12 Menschen, danach eine Polizistin, gefolgt von vier Geiseln in einem koscheren Supermarkt. Am 26.06.2016 nahmen zwei Jihadisten in Saint-Étienne-du-Rouvray, in der Kirche St. Étienne in Nordfrankreich sechs Geiseln, darunter den 85-jährigen Priester Jacques Hamel und drei Vinzentinerinnen. Die beiden islamistischen Terroristen schnitten dem 84-jährigen **Priester** vor dem **Altar** die Kehle durch und verletzten einen 85-jährigen Mann durch Messerschnitte am Hals schwer. Am 23.05.2018 tötete der Jihadist Radouane L. vier Menschen und verletzte mindestens zwölf weitere. In Trèbes nahm er in einem Supermarkt Geiseln. Verschiedene Medien berichteten, dass der Attentäter dabei die Freilassung der jihadistischen Schlüsselfigur Salah Abdeslam gefordert haben soll. Dieser ist der einzige noch lebende Attentäter der Anschläge von Paris vom 13.11.2015.

Am 13. November 2015 stürmte ein jihadistisches Hit-Team schwerbewaffneter Angreifer ein Konzert einer US-Rockband mit ca. 1500 Konzertbesucherinnen und Besuchern im Bataclan-Theater in Paris. Innerhalb weniger Minuten gab es sehr viele Todesopfer und zahlreiche schwer Verletzte, insgesamt wurden im Bataclan innerhalb von Minuten 89 Menschen ermordet. Beim Anschlag des islamistischen Terroristen Omar M. am 12. Juni 2016 in einem Club in Orlando/Florida, der vor allem von Homosexuellen besucht wurde, wurden 49 Menschen getötet und 53 zum Teil schwer verletzt. Zur Zeit des Anschlags waren ca. 320 Menschen im Club, sodass insgesamt nahezu jeder dritte getötet oder (schwer) verletzt wurde (Caplan und Hayden 2016; Calafell 2017: 198). Dieser Anschlag sowie der rechtsterroristische Anschlag von Breivik auf Kinder und Jugendliche – der ca. 90 min dauerte – zeigen, dass eine Lage, die von außen als ein statisches Geiselszenario erscheinen mag, tatsächlich eine dynamische Lage, nämlich ein terroristisches Massaker, sein kann. Auf diesen Unterschied müssen die polizeilichen Spezialkräfte taktisch reagieren. Das Szenario terroristisches **Massaker** ist ein potenzielles Copycat-Szenario der Zukunft, das in vielen verschiedenen Kontexten vorkommen kann (Goertz 2022, S. 111).

6.1.2.8 Hotels und Touristen

Innerhalb von 13 Monaten wurden zwischen 2002 und 2003 fünf jihadistische Anschläge auf westliche und israelische Touristen in Tunesien, Indonesien,

Marokko und Kenia verübt und dabei 291 Menschen getötet, darunter 20 Deutsche, sowie 684 Menschen verletzt. Am 11.04.2002 auf der Ferieninsel Djerba (Tunesien), am 12.10.2002 bei einem Anschlag auf einen Club und ein Café im Badeort Kuta auf Bali (Indonesien), am 28.11.2002 durch einen **Selbstmordanschlag** auf ein überwiegend von **israelischen Touristen** besuchtes Hotel in Mombasa (Kenia), am 16.05.2003 bei einem Anschlag auf jüdische Einrichtungen in Casablanca (Marokko) sowie am 05.08.2003 bei einem Sprengstoffanschlag auf das Marriott-Hotel in Jakarta. Verantwortlich für diese Anschläge war die Al Qaida. Am 25.01.2010 griff der „Islamische Staat im Irak" (ISI) die schwer bewachten Luxushotels Sheraton, Babylon und Hamra an und tötete dabei mindestens 36 Menschen. Am 18.07.2012 verübte die Hizbullah einen Anschlag auf den Reisebus israelischer Touristen in Burgas (Bulgarien), dabei wurden sieben Menschen getötet und 30 verletzt. Am 26.06.2015 verübten Jihadisten einen Schusswaffenanschlag auf Hotelgäste in Port El-Kantaoui/Tunesien, töteten dabei 39 Menschen und verletzten mindestens 39 weitere. Zwei afghanische Flüchtlinge wurden im Mai 2016 von der italienischen Polizei festgenommen, da sie Anschläge in Großbritannien und in Italien (u. a. auf das stark von Touristen frequentierte Kolosseum in Rom) geplant hatten. Am 31.08.2018 verletzte ein afghanischer Flüchtling in Amsterdam zwei US-amerikanische Touristen schwer (EUROPOL 2019, S. 32). Am 04.10.2020 griff der 20-jährige syrische Flüchtling und Gefährder Abdullah Al-H.H. zwei homosexuelle Touristen aus Nordrhein-Westfalen in Dresden an, tötete einen und verletzten einen weiteren Mann lebensgefährlich.

6.1.2.9 „Islamkritiker" und der Kontext von Mohammed-Karikaturen

Am 07.01.2015 töteten islamistische Terroristen in der Redaktion des Satiremagazins Charlie Hebdo 12 Menschen. Polizeiliche Spezialeinheiten nahmen am 15.04.2020 fünf Mitglieder einer mutmaßlichen jihadistischen Gruppierung in Deutschland fest, die Anschläge auf zwei Einrichtungen der US-Streitkräfte in Deutschland und auf einen vermeintlichen „Islamkritiker" geplant hatten. Diese terroristische Logik von derartigen Anschlägen beziehungsweise der Kontext von **Mohammed-Karikaturen** führte im Herbst 2020 zum Anschlag auf den französischen Geschichtslehrer Samuel Paty. Der 47-Jährige wurde in der Nähe seiner Schule in Conflans-Sainte-Honorine bei Paris von einem Jihadisten auf offener Straße enthauptet (ZEIT 2020; Goertz 2022, S. 111). Paty hatte Anfang Oktober 2020 im Rahmen des Unterrichts anlässlich der erneuten Veröffentlichung von **Mohammed-Karikaturen** seitens des Satire-Magazins „Charle Hebdo" das Thema Meinungsfreiheit aufgegriffen. Daraufhin veröffentlichte ein Vater eines

Schülers Posts in sozialen Netzwerken, beschwerte sich bei der Schulleitung und machte gegen den Lehrer Paty mobil. Bei dem Attentäter handelt es sich nach Angaben der Staatsanwaltschaft um einen 2002 geborenen Mann russischer tschetschenischer Herkunft.

6.1.2.10 Kinder und Jugendliche

Kindergärten und Schulen sind von der islamistisch-terroristischen Anschlagslogik keineswegs ausgeschlossen, wie u. a. die Anschläge von Jihadisten auf **israelische Schulbusse** beweisen (Haaretz 2017; Breaking Israel News 2016).

Die Logik terroristischer Anschläge schließt Schülerinnen und Schüler sowie Kindergartenkinder nicht aus. Bei der Verfolgung des Ziels, Angst und Schrecken zu verbreiten, stellen Kinder für Terroristen ein besonders lohnendes Ziel dar, wie der Anschlag von Anders Breivik zeigt. Der **Rechtsterrorist** tötete am 22.07.2011 in Norwegen 77 Menschen, 69 davon waren Jugendliche bzw. junge Erwachsene in einem Feriencamp der Jugendorganisation der sozialdemokratischen Partei Norwegens auf der Insel Utøya. Das Massaker des Rechtsterroristen dauerte etwa 90 min. Der islamistische Anschlag des 23 Jahre alten Selbstmordattentäters Salman Abedi auf ein Popkonzert der US-amerikanischen Sängerin Ariana Grande – Kinder und Jugendliche als Fans und Besucher –am 22.05.2017 in der Manchester Arena verdeutlichte erneut, dass Kinder und Jugendliche potenzielle Ziele von Terroristen sind. Durch den Anschlag starben 23 Menschen, 116 Verletzte wurden in Krankenhäusern behandelt, von den 23 getöteten Menschen waren zwölf jünger als 16 Jahre, das jüngste bei dem Anschlag getötete Kind war acht Jahre alt. Von den 116 Verletzten waren 63 schwerer bis lebensbedrohlich verletzt (Mirror 2017). Die damalige britische Premierministerin Theresa May erklärte, der Angreifer habe mit **„kaltem Kalkül auf Kinder gezielt"** (Welt 2017).

Bei Anschlägen bzw. Attacken auf Schulen und Kindergärten können Terroristen ganz verschiedene Anschlagsszenarien und Wirkmittel nutzen. Kindergärten und Schulen sind bisher gar nicht bis kaum gesichert. Daher können Terroristen kinetisch sehr leicht auf diese einwirken, um (zahlreiche) Kinder zu töten oder zu verletzen. Am 01.09.2004 nahmen über 30 islamistische Terroristen in Beslan/Russland mehr als 1100 Kinder und Erwachsene in einer Schule als Geisel, töteten ca. 400 Menschen und verletzten über 700 mit Schusswaffen (DW 2004). Am 19. März 2012 verübte ein islamistischer Terrorist einen Anschlag auf eine jüdische Schule in Toulouse/Frankreich. Dabei wurden vier Menschen getötet (ZEIT 2012). Terroristische Anschläge auf Schulen können ebenso wie *school shootings* aufgrund der hohen Verwundbarkeit, der baulichen Gegebenheiten und einer relativ langen Dauer vom Zeitpunkt der Alarmierung der Polizei bis zum

Eintreffen von polizeilichen Spezialkräften, zahlreiche Menschenleben in kurzer Zeit gefährden (Goertz 2022, S. 111–112).

Terroristen wollen Angst und Schrecken verbreiten. Daher stellen Jugendliche und Kinder ganz evident ein besonders lohnenswertes Ziel für Terroristen dar. Die Idee, die Schwächsten der Gesellschaft ins Visier terroristischer Gewalt zu nehmen ist mit der **Zermürbungsstrategie** von Terroristen hochgradig kompatibel (Kydd und Walter 2006, S. 51 ff.).

6.1.2.11 Kritische Infrastruktur (KRITIS) und Krankenhäuser

Zur Kritischen Infrastruktur (KRITIS) gehören u. a. Atomkraftwerke, Elektrizität, Strommasten, Transformatorenstation, Wasserversorgung (Brunnen), Staudämme, Information und Kommunikation (Informationstechnik und Internetversorgung) sowie die Gas- und Ölversorgung. Bei Atomkraftwerken sind bereits sehr umfassende Schutzmaßnahmen installiert, bei anderen hier aufgezählten potenziellen terroristischen Anschlagszielen teilweise (noch) nicht.

Terroristische Anschläge auf die **Kritische Infrastruktur,** beispielsweise auf die Strom- und Wasserversorgung, könnten, anders als beispielsweise Anschläge mit Fahrzeugen oder Schusswaffen, nicht Dutzende bis Hunderte, sondern Tausende bis Hunderttausende, respektive gar Millionen Menschen betreffen (Toft et al. 2010). Im belgischen Atomkraftwerk Doe, in dessen Radius von 75 km ca. neun Millionen Menschen leben, arbeitete der Jihadist Ilyass B. Dieser hatte als Sicherheitstechniker bis Ende 2012 drei Jahre lang Zugang zum Hochsicherheitsbereich des Atomkraftwerks. Terroristische Anschläge auf Atomkraftwerke würden den sprichwörtlichen Super-GAU darstellen. Anschläge auf andere Elemente von KRITIS, wie die Strom- und Wasserversorgung – hierbei beispielsweise durch Vergiften –, wären in ihren Auswirkungen etwas beschränkter, dafür wären sie leichter durchzuführen und könnten ebenfalls Tausende bis Hunderttausende Menschen betreffen.

6.1.2.12 Lüftungen und Klimaanlagen in großen Gebäuden

Das Einbringen von biologischen und chemischen **Giftstoffen** in Lüftungen großer Veranstaltungshallen, Flughäfen, Bahnhöfen und ähnlichen Einrichtungen ist ein potenzielles terroristisches Szenario. Allein durch Reizgas wurden am 12.02.2017 am Flughafen Hamburg 68 Personen verletzt. Selbst eine Spraydose mit einem chemischen oder biologischen Mittel in einer U-Bahn reicht aus, um Dutzende bis Hunderte Menschen zu töten. Die japanische Aum-Sekte verübte am 20.03.1995 in der Tokioter-U-Bahn mit dem Nervengift **Sarin** einen Anschlag auf drei U-Bahn-Linien und circa 15 U-Bahn-Stationen. Durch den Anschlag starben insgesamt 13 Menschen, es gab etwa 1000 Verletzte, 37 davon schwer (5000 meldeten sich in Krankenhäusern). Die relativ schlechte Qualität des Sarins und die wenig effektive Methode der Ausbreitung war verantwortlich für die verhältnismäßig geringe Anzahl von Todesopfern.

6.1.2.13 Politikerinnen und Politiker bzw. politische Gegner

Anschläge auf Politikerinnen und Politiker beziehungsweise auf politische Gegner gibt es zahlreiche in der Geschichte. Der am 26.10.1954 von einem islamistischen Muslimbruder auf den ägyptischen Präsidenten Jamal Nasser verübte Anschlag führte zu Massenverhaftungen ägyptischer Muslimbrüder, u. a. auch des prominenten „Islamisten der ersten Stunde", Sayyid Qutb. Zu terroristischer Gewalt gegen Politikerinnen und Politiker bzw. gegen den politischen Gegner zählen unter anderem die Attentate der linksterroristischen „Rote Armee Fraktion" (RAF), die in den 1970er und 1980er Jahren für 34 politische Morde und Anschläge verantwortlich war. Ziele dieser linksterroristischen Anschläge waren Führungskräfte aus Politik, Wirtschaft und Verwaltung. Ein weiteres Beispiel ist der Anschlag des Rechtsterroristen Frank S., welcher am 17. Oktober 2015 die damalige Kölner Oberbürgermeisterkandidatin Henriette Reker im Rahmen einer Wahlkampfveranstaltung mit einem Jagdmesser angriff und nach eigenen Aussagen damit ein Zeichen gegen die angeblich „verfehlte deutsche Politik, insbesondere gegen die Ausländer und Flüchtlingspolitik" setzen wollte (Goertz 2020c, S. 65). Der hessische CDU-Politiker und Regierungspräsident von Kassel, Walter Lübcke, wurde am 2. Juni 2019 vor dem Hintergrund des rechtsextremistischen Narrativs „Anti-Asyl" vom Rechtsterroristen Stephan Ernst durch einen Kopfschuss ermordet.

6.1.2.14 Polizeibeamte sowie Soldatinnen und Soldaten

Was medial und von der Politik kaum thematisiert wird ist die Tatsache, dass im Zeitraum 2012 bis 2017, vornehmlich in Europa (Kriegsgebiete wie Afghanistan, Irak und Syrien nicht eingerechnet), mindestens 21 islamistische Anschläge auf **Soldatinnen und Soldaten** sowie **Polizeibeamte** verübt wurden und dadurch mindestens 35 Menschen getötet sowie über 25 verletzt wurden. Im März 2012 erfolgten in Frankreich innerhalb von vier Tagen zwei Anschläge auf insgesamt vier Soldaten nach dem gleichen Copycat-Muster (drei Tote, ein Verletzter). Im Mai 2013 wurden innerhalb von zwei Wochen zwei Anschläge auf Soldaten in Paris und London verübt (ein Verletzter und ein Toter). Innerhalb von zwei Tagen töteten islamistische Terroristen im Oktober 2014 in Kanada zwei Soldaten und verletzten einen. Am 24.11.2015 wurde ein islamistischer Sprengstoffanschlag auf einen Bus der tunesischen Präsidialgarde durch einen Selbstmordattentäter verübt (13 Tote) (Goertz 2021a, b, c, S. 62).

Allein im Jahr 2016 wurden fünf Anschläge auf Polizeibeamte in Frankreich, Deutschland und Belgien verübt und dabei vier Menschen getötet sowie sechs Menschen verletzt. Relativ bekannt ist der Anschlag der damals 15-jährigen Schülerin Safia S. auf einen Bundespolizisten im Hauptbahnhof Hannover am 26.02.2016, der durch einen Stich mit einem Messer in den Hals schwer verletzt wurde. Die jugendliche Attentäterin wurde wegen versuchten Mordes und der Mitgliedschaft in der jihadistischen Organisation „Islamischer Staat" zu sechs Jahren Haft verurteilt. Am 13.06.2016 verübte ein islamistischer Terrorist einen Anschlag auf einen Polizisten und seine Ehefrau in Magnanville (Frankreich), der dreijährige Sohn der beiden musste mitansehen, wie seine Eltern ermordet wurden (Kehle durchgeschnitten). Der islamistische Attentäter Larossi A. veröffentlichte Fotos seines Anschlags auf Facebook. Der „Islamische Staat" übernahm die Verantwortung für diesen Anschlag. Am 03.02.2017 wurde eine **französische Militärpatrouille** am Louvre in Paris von einem Einzeltäter mit einer Machete angegriffen, dabei gab es zwei schwer Verletzte. Am 20.04.2017 schoss ein Attentäter auf einen Polizeibus auf den Champs-Elysées in Paris, zwei Menschen wurden getötet und drei verletzt. Zwei Monate später rammte ein Islamist einen Polizeibus, ein Mensch wurde getötet. Dies war als Auftakt eines mittels Sprengstoff und Schusswaffen auf den Champs-Elysées in Paris geplanten Anschlags geplant gewesen. Am 03.10.2019 tötete ein islamistischer Innentäter der Pariser Polizeipräfektur vier Polizeikollegen mit einem Messer. Polizisten und Soldaten als **Repräsentanten des demokratischen Rechtsstaats** müssen auch zukünftig damit rechnen, Angriffsziele und Opfer von islamistischen Anschlägen zu sein und das *copycat*-Risiko solcher Szenarien ist als hoch zu beurteilen (Goertz 2021a, b, c, S. 62).

6.1.2.15 Religiöse Orte

Hier gibt es zahlreiche Fälle von terroristischen Anschlägen aus unterschiedlicher politischer Motivation: Am 11.04.2002 verübten Jihadisten der Al-Qaida einen **antisemitischen Anschlag** auf eine Synagoge in Jerba/Tunesien, dabei wurden 21 Menschen getötet und 24 Menschen verletzt. Bei jihadistischen Anschlägen im Irak wurden im Februar 2006 allein in Bagdad über 250 Menschen ermordet (DW 2006). Am 26. Juli 2016 verübten zwei in Frankreich geborene und aufgewachsene Jihadisten (sogenannte *homegrown*-Jihadisten) einen Anschlag auf den Gottesdienst in der **Kirche** St. Étienne in Nordfrankreich. Die beiden islamistischen Attentäter nahmen alle anwesenden Personen als Geisel, schnitten dem Priester vor dem **Altar** die Kehle durch und verletzten einen 85-jährigen Mann durch Messerschnitte am Hals schwer. Dieser Anschlag auf eine Kirche kann als jihadistische Symbolik mit einer eindeutigen Botschaft bewertet werden; die

6.1 Anschlagsszenarien

Gefahr von Nachahmungstaten bewahrheitete sich am 29. Oktober 2020 in der Kirche Notre Dame in Nizza (drei Tote).

Der tunesische Flüchtling und Jihadist Brahim I. tötete mit seinem Anschlag auf die Kirche Notre Dame in Nizza am 29.10.2020 drei Christen, darunter den Küster der Kirche. Er war erst Ende September 2020 auf der italienischen Insel Lampedusa gelandet. Die italienischen Behörden hatten ihn angewiesen, Italien binnen sieben Tagen wieder zu verlassen, daraufhin reiste er ohne gültige Papiere nach Frankreich weiter, wo er ca. zwei Wochen später diesen Anschlag verübte. Bei seiner Festnahme durch die französische Polizei wurde er verletzt und ins Krankenhaus gebracht (DW 2020). In seiner Tasche fand die Polizei zwei weitere Messer, zwei Handys sowie einen Koran. Die französische Anti-Terror-Staatsanwaltschaft ging davon aus, dass der Attentäter noch viel mehr Menschen töten wollte (DW 2020). Die Analyse des Tathergangs zeigt, dass dieser jihadistische Anschlag in der Kirche Notre als Nachahmer-Tat, als *copycat*-Anschlag des Anschlages in einer Kirche in Nord-Frankreich im Sommer 2016 zu bewerten ist. Kirchen als Symbole für die christliche Welt sind also definitiv auch zukünftig Anschlagsziele und auch Synagogen, denn die meisten Islamisten sind auch Antisemiten.

Am 16. April 2016 verübten drei minderjährige deutsche Salafisten einen Sprengstoffanschlag auf das Gebetshaus der **Sikh-Gemeinde** Gurdwara Nanaskar in Essen. Drei Menschen wurden durch die Detonation verletzt, der Sikh-Priester trug schwerste Verletzungen davon. Der Rechtsterrorist Brenton T. tötete am 15. März 2019 mit Schusswaffen 51 Menschen in zwei Moscheen in Christchurch/Neuseeland und verletzte über 50 weitere Menschen, zahlreiche davon schwer (DW 2019). Der 29-jährige Attentäter griff gezielt zwei Moscheen an und berief sich auf den norwegischen Rechtsterroristen Anders Breivik sowie **islamfeindliche Theorien,** darunter die des „Großen Austausches". Am 09.10.2019, dem wichtigsten jüdischen Feiertag, Jom Kippur, verübte der Rechtsterrorist Stephan B. in Halle einen Anschlag, bei dem er zwei Menschen ermordete und zwei schwer verletzte. Das Video der Tat, das der Attentäter live auf der Video-Plattform Twitch streamte, stellt eine Parallele zu dem rechtsterroristischen Anschlag in Christchurch dar. Nach Angaben des Generalbundesanwaltes wollte B. unter den bis zu 80 Besucherinnen und Besucher der Synagoge ein Massaker verüben (Süddeutsche Zeitung 2020; Goertz 2022, S. 113). Im März 2020 wurden durch einen Anschlag des „Islamischen Staats" in Afghanistan auf eine Gedenkzeremonie für einen politischen schiitischen Führer mehr als 30 Menschen getötet. Bei einem Anschlag des IS auf einen Sikh-Tempel Ende März 2020 starben 25 Zivilisten.

6.1.2.16 Schiffe, Fähren, Tanker

Anschläge auf Schiffe, Fähren und Tanker sind denkbare neue Anschlagsszenarien von sowohl terroristischen Hit-Teams als auch von Einzeltätern. Augenblicklich muss die zivile Schifffahrt in Europa immer noch als bekannt für nicht vorhandene beziehungsweise relativ laxe Sicherheitskontrollen vor dem Boarding-Prozess bewertet werden. Schiffe, Fähren und Tanker eignen sich unter anderem deswegen sehr für ein terroristisches Kidnapping, weil sie technisch-taktisch sehr autonom sind – vor allem auf einem großen See oder auf dem offenen Meer. Damit verbunden sind sie gut geeignet, um mit Waffen auf sich nähernde Polizeikräfte zu wirken – einmal gehijackt, können Terroristen sie also relativ gut gegen Zugriffe der Sicherheitskräfte verteidigen. Gefahrgut wie beispielsweise Chemikalien auf Binnenschiffen, wie sie Rhein, Donau, Elbe etc. befahren, sind ebenfalls ein Anschlagsziel für Terroristen (Krause 2017, S. 331; Goertz 2022, S. 114).

In Europa sind Schiffe und Fähren ein jeden Tag hundert- bis tausendfach genutztes Mittel des Transports von Passagieren, sowohl von von Tausenden bis Hunderttausenden Urlaubern und/oder Pendlern als auch von Gütern. Auf Flüssen am Rand von oder in Städten wie im Fall des Rheins in Köln, der Elbe in Hamburg und der Spree in Berlin, würde eine Detonation durch eine USBV auf einem Schiff in unmittelbarer Nähe zu einem symbolischen Gebäude – auf der Spree vor dem Bundestag, dem Bundeskanzleramt, dem Gebäude des Bundesinnenministerium etc. – weltweites mediales Interesse erzeugen und damit dem politisch-symbolischen Ziel der Terroristen entsprechen.

Angriffe mit einem Schlauchboot und USBV und/oder Sprengstoffgürtel sind denkbar auf die Außenwand von Schiffen, Fähren und Tankern, entweder im Hafen oder im Prozess des Ablegens, bzw. auch später bei geringem Abstand zum Ufer (z. B. in der Kieler Förde und ab Lübeck-Travemünde in Richtung Schweden etc.). Je kleiner bzw. leichter gebaut das anvisierte Schiff, die Fähre, der Tanker ist, desto größer ist die Wahrscheinlichkeit, dass das anvisierte Ziel leckt und/oder sinkt. Besonders Tanker, beladen mit Gefahrgut, könnten ein strategisch wertvolles Angriffsziel für Terroristen darstellen, weil der erzielte Schaden – Verbreitung giftiger Chemikalien oder Öl in Flüssen, Seen, Meeren – erhebliche Langzeitwirkungen hätte (Goertz 2019b, S. 37).

Sowohl Hit-Teams von terroristischen Organisationen oder Gruppen als auch Kleinstzellen und/oder terroristische Einzeltäter, die das Schiff als Passagiere mit USBV als „Urlaubsgepäck" getarnt geboardet haben, könnten **USBV** als Wirkmittel nutzen. Im Rahmen zahlreicher möglicher multipler Szenarien könnten Terroristen – ausgerüstet mit Messern, Macheten, Pistolen, Gewehren und/oder USBV; im Fall der entführten Flugzeuge am 11.09.2001 hatten bereits

Teppichmesser für ein Überwältigen der Crews ausgereicht! – Passagiere als Geiseln nehmen. Innerhalb verschiedener Szenarien von Geiselnahmen könnten die Sicherheitsbehörden – aufgrund mangelnder Kommunikation – falsch davon ausgehen, dass es sich um ein „normales Geiselszenario" und nicht um eine **terroristische Geiselnahme** handelt, bei der das Ziel kein Austausch von Geiseln gegen Geld oder politische Forderungen, sondern es sich letztlich um die öffentlichkeitswirksame Ermordung von Geiseln handelt (terroristisches Massaker). Beispiele für die im Sinne der terroristischen Logik öffentlichkeitswirksame Ermordung von Geiseln sind die Anschläge im Mumbai – 174 Tote und 239 Verletzte – und in Paris am 13.11.2015, im Bataclan (Goertz 2019b, S. 37–38).

6.1.3 Modi Operandi

Zu den Modi Operandi muss hier festgestellt werden, dass sich das qualitative Niveau jihadistischer Anschläge seit dem 11.09.2001 stark diversifiziert hat und das jihadistische Know-How in den Bereichen Orts- und Häuserkampf, langfristige Anschlagsplanung durch Ausspähung von Zielen und Tatmittelbeschaffung, Beschaffen bzw. Herstellen von Sprengstoffen und Waffen angestiegen ist. Geographische Schwerpunkte von verübten bzw. von den Sicherheitsbehörden verhinderten jihadistischen Anschlägen innerhalb Europas sind die Hauptstädte Paris, London, Berlin, Brüssel und andere, in Bezug auf die Europäische Union Brüssel und Straßburg, innerhalb Deutschlands zum Beispiel Berlin, Hamburg, das Rhein-Main-Gebiet und das Gebiet Köln/Bonn. Auch die österreichische Hauptstadt Wien war am 02.11.2020 Ziel eines jihadistischen Anschlags.

Die Analyse der Modi Operandi der Großanschläge jihadistischer Organisationen ergibt, dass sich das **qualitative Niveau** terroristischer Anschläge seit dem 11.09.2001 einerseits erhöht und andererseits **diversifiziert** hat. Die jihadistischen Anschläge in Madrid am 11.03.2004 und in London am 07.07.2005 gehören, gemeinsam mit den Anschlägen am 13.11.2015 in Paris, am 22.03.2016 in Brüssel und am 17.08.2017 in Barcelona und Cambrils zur Kategorie von Großanschlägen und multiplen taktischen Szenarien.

Festzustellen ist, dass „weiche Ziele", vor allem die Zivilbevölkerung, repräsentativ („es kann jeden treffen") als Ziel von terroristischen Anschlägen und Attentaten im Augenblick Priorität Nummer eins darstellen.

Mögliche Modi Operandi sind Sprengstoffanschläge, Anschläge durch Selbstmordattentäter, Simultananschläge oder zeitlich versetzte Anschläge *(second hit, third hit)*. Ein *second* bzw. *third hit* zielt auf Rettungskräfte, Polizei und Schaulustige ab.

Multiple Szenarien – wie zum Beispiel die Anschläge am 13.11.2015 in Paris – verbinden in der Regel die Wirkmittel Sprengstoff, Schusswaffen und beispielsweise Fahrzeuge und Messer.

Auch Geiselnahmen bzw. terroristische Massaker statt Geiselnahmen stellen mögliche Modi Operandi dar.

6.1.3.1 Second-/Third-Hit

Beim *second hit* beziehungsweise gar *third hit* locken die terroristischen Attentäter zum Beispiel durch die Detonation eines Sprengsatzes Rettungs- und Sicherheitskräfte an einen Ort, um dort dann, zeitversetzt, einen weiteren Sprengsatz oder mehrere Sprengsätze explodieren zu lassen. Die Vulnerabilität der Rettungskräfte ist hier als besonders hoch zu bewerten, was der taktischen Logik eines terroristischen Anschlags entspricht. Hier muss das Szenario „Rettung unter Beschuss" einkalkuliert werden, also der Beschuss von **Verletzten und Rettungskräften** durch Scharfschützen bzw. scharfschützenartige Terroristen (Goertz 2022, 118). Ein *second hit* wurde in Europa wiederholt geplant, beispielsweise im Rahmen der Anschläge 2004 in Madrid und 2016 in Brüssel, die USBV detonierten aber nicht bzw. wurden rechtzeitig entschärft.

Bei den Großanschlägen in Mumbai am 26.11.2008, bei denen 166 Menschen getötet und 304 verletzt wurden, kam es zu *second hits,* bei denen zahlreiche Polizeibeamte getötet wurden.

Für den 13.11.2015 war ein *second hit* durch einen Selbstmordattentäter mit Sprengstoff vor dem **Stade de France** geplant, um flüchtende Zuschauerinnen und Zuschauer zu treffen. In Afghanistan, im Irak und in Syrien haben zahlreiche *second hits* stattgefunden.

6.1.3.2 Selbstmordattentat

Als Selbstmordattentate sind diejenigen Anschläge zu bezeichnen, die durch die **Selbsttötung** des Attentäters erfolgen und bei denen das taktische Ziel besteht, andere Personen mit in den Tod zu reißen. Hierunter fallen nicht nur Detonationen mit USBV (in KfZ, Koffern, etc.) sondern auch Selbstmordaktionen wie das Steuern von KfZ in das Ziel und Flugzeuge als terroristisches Wirkmittel (11.09.2001). Selbstmordattentate unterscheiden sich von allen anderen terroristischen Operationen und Mitteln dadurch, dass der Tod des Täters eine wesentliche Voraussetzung für den Erfolg des Anschlags darstellt. Das Selbstmordattentat ist die denkbar effektivste *smart bomb,* die nahezu unaufhaltsam, weil flexibel ist, da Angriffspläne noch in letzter Sekunde modifiziert werden können. Selbstmordattentate sind Ausdruck einer strategischen Logik, die zahlreiche taktische Vorteile

6.1 Anschlagsszenarien

mit sich bringt. Aus Sicht von terroristischen Organisationen bietet der taktische Einsatz von Selbstmordattentätern eine Reihe von Vorteilen:

- Selbstmordattentate garantieren eine **hohe Schockwirkung** im Sinn der terroristischen Logik Angst und Schrecken zu verbreiten. Abgesehen von terroristischen Anschlägen mit Massenvernichtungswaffen verbreitet keine andere terroristische Taktik so viel Angst und Schrecken in der Zivilbevölkerung.
- Selbstmordattentate garantieren **mediale Effekte** und sind eine besonders wirkmächtige psychologische Waffe.
- Selbstmordattentate signalisieren der Zivilbevölkerung, dass **jeder verwundbar** ist und ein potenzielles Ziel darstellt, was die Sicherheitsbehörden ohnmächtig erscheinen lässt.
- Selbstmordattentäter und -attentäterinnen sind auf höchstem Niveau motiviert und durch die Androhung körperlicher Gewalt (durch die Polizei und Streitkräfte) in der Regel nicht abzuschrecken.
- Selbstmordattentäter und -attentäterinnen stellen oftmals die einzige taktische Möglichkeit dar, **sehr nahe an einen Anschlagsort** und/oder Zielperson heranzukommen.
- Selbstmordattentäter- und attentäterinnen treffen keine Vorkehrungen für eine Flucht, was sie z. B. gegenüber Mitteln zur Terrorismusabwehr wie beispielsweise Videoüberwachung öffentlicher Plätze immun macht. Zusätzlich besteht kaum/keine Gefahr einer Festnahme und Preisgabe von Informationen über Kommunikationsmittel, Kontaktleute, Hintermänner, terroristische Organisationen etc.
- Anschläge von Selbstmordattentätern verursachen sehr **niedrige Kosten**, so liegen die Sprengstoffbestandteile für eine USBV bei ca. 100–150 €.
    - Die Bombenanschläge der Al-Qaida auf die US-amerikanischen Botschaften in Kenia und Tansania 1998 kosteten nicht mehr als 10.000 US$, dabei wurden 301 Menschen getötet und über 5000 wurden verletzt.
    - Der Selbstmordanschlag auf die im Hafen von Aden ankernde USS Cole im Jahr 2000 kostete nach Angaben der Al-Qaida ebenfalls nicht mehr als 1000 US$. Dabei kamen 17 Marinesoldaten ums Leben, 39 wurden verletzt und am Schiff entstand ein Schaden von 250 Mio. US$.
    - Nach Schätzung des *9/11 Commission Report* gab die Al-Qaida ca. 400.000 US$ für die Operationen des 11.09.2001 aus, wobei die USA nach Angaben des *Royal Institute of International Affairs* in London durch die Anschläge und die Folgen mindestens 500 Mrd. US$ verloren.
- Selbstmordattentäter und -attentäterinnen haben eine wichtige Funktion für die **Kohäsion und kollektive Identität von terroristischen Organisationen**,

da sie den Grad der ideologischen Überzeugung ausdrücken, sodass Selbstmordattentäter zu „Helden", zu **„Märtyrern"**, zu „Vorbildern" im Kampf für die „richtige Sache" werden, weil sie sich stellvertretend für ihre Ideologie und Organisation „geopfert" haben. Bei den jihadistischen Organisationen Al-Qaida und „Islamischer Staat" gilt der Tod als Selbstmordattentäter als höchste Stufe im Kampf gegen „den Feind". Daher spielt der Märtyrerkult eine vitale Rolle bei der Rekrutierung und Ausbildung von Kandidaten, da es nicht nur der individuellen Bereitschaft zur „Selbstopferung" bedarf, sondern auch eines soziokulturellen Milieus, das Selbstmordattentate positiv bewertet.
- Der Märtyrerkult als strategisches Mittel ist oftmals eng verbunden mit einem Führerkult, da durch Charisma und Autorität zu Selbstmordanschlägen aufgerufen wird, was die Täter und Täterinnen – gerade auch in den Augen ihrer Familien – „entlastet", da sie sich in den Dienst einer Organisation, eines Kollektivs, einer Ideologie stellen.
- Die taktische Kombination von simultanen Anschlägen, *swarming*-Taktik und dem Einsatz von Selbstmordattentätern und -attentäterinnen verleiht terroristischen Organisationen eine besondere Wirkmacht und ermöglichte komplexe Operationen wie die Anschläge des 11.09.2001 in den USA, des 11.03.2004 in Madrid, des 07.07.2005 in London und des 13.11.2015 in Paris.

Jihadistische Selbstmordattentäter und -attentäterinnen haben sich seit ca. drei Jahrzehnten zu einem operativ-taktischen Mittel des islamistischen Terrorismus entwickelt, das auf einer taktischen Ebene in den Kleinen Kriegen in Afghanistan, im Irak und in Syrien die Rolle eines **potenziellen *game changers*** eingenommen hat. Jihadistische Attentäterinnen und Attentäter kalkulieren ihren Tod taktisch-operativ in ihre Modi Operandi, ihren Anschlagsplan ein. Dies verschafft ihnen einen taktischen Vorteil gegenüber den Sicherheitskräften. Die empirische Auswertung der Selbstmordattentate seit dem 11. September 2001 kommt zum Schluss, dass jihadistische Selbstmordattentate seither exorbitant zugenommen haben und somit zu einem operativ-taktisch regelmäßig eingesetzten Mittel des islamistischen Terrorismus geworden sind (Goertz 2022, S. 117).

Die jihadistischen Großorganisationen Al-Qaida und „Islamischer Staat" nutzen seit Jahren Selbstmordattentäter und -attentäterinnen als taktisches Mittel, sowohl im **paramilitärischen Gefecht** als auch für **klassisch terroristische Anschläge**. Mit der Ausnahme der Anschläge von Bali und Madrid (ferngezündete Unkonventionelle Spreng- und Brandvorrichtungen) wurden quasi alle jihadistischen Großanschläge von Selbstmordattentätern durchgeführt. Die Mehrzahl der großen jihadistischen Anschläge seit 2001 folgte dem taktischen Muster, dass ein mit Sprengstoff beladenes Fahrzeug oder ein am Körper getragener

Sprengstoffgürtel in unmittelbarer Nähe des Zielobjektes (z. B. in Karachi, Casablanca, Kabul) gezündet, oder das Fahrzeug und/oder der Sprengstoffgürtel direkt auf das Ziel gesteuert und dort zur Detonation gebracht wird. Diese taktischen Muster der Al-Qaida und des „Islamischen Staats" knüpfen an das historische Vorbild der Hizbullah an, die bereits seit 1982 ähnliche Selbstmordkommandos gegen israelische und andere internationale Truppen einsetzten. Seit 1993 greifen auch palästinensisch-sunnitische Gruppierungen, allen voran Hamas und der Palästinensische Islamische Jihad, zu dieser Methode. Seit dem 11.09.2001 ist ein sprunghafter Anstieg von jihadistischen Selbstmordattentaten zu konstatieren, vor allem in arabischen Staaten (u. a. in den Palästinensergebieten, in Syrien, im Irak, in Jordanien) sowie in Afghanistan. Festzustellen ist, dass eher lokal agierende Organisationen wie die libanesische Hizbullah und die palästinensische Hamas, Selbstmordattentate aus politischen Gründen von Zeit zu Zeit suspendieren oder aussetzen. Internationale jihadistische Organisationen wie die Al-Qaida und der „Islamische Staat" wenden die Taktik des Selbstmordattentates allerdings seit Jahren dauerhaft an.

6.2 Wirkmittel

6.2.1 CBRN-Mittel

CBRN **(chemische, biologische, radiologische und nukleare)** -Mittel stellen potenzielle terroristische Wirkmittel dar, die allerdings ein deutlich höheres technisches Know-how als die deutlich häufiger verbreiteten Wirkmittel Schusswaffen, Fahrzeuge und Messer erfordern.

Am 26.6.2015 wurde ein jihadistischer Anschlag auf eine Produktionsanlage für Chemiegase in Saint-Quentin-Fallavier/Frankreich verübt und dadurch einen Menschen getötet sowie zwölf verletzt.

Am 12. Juni 2018 wurden bei einem Zugriff durch polizeiliche Spezialkräfte (SEK) des Bundeslandes Nordrhein-Westfalens in einer Wohnung im Kölner Stadtteil Chorweiler bis zu 1000 toxische Dosen des Giftstoffs **Rizin** sichergestellt. Rizin fällt als biologische Waffe unter das Kriegswaffenkontrollgesetz. Das Bundeskriminalamt sprach von „konkreten Vorbereitungen (Tagesspiegel 2018). Rizin ist ein hochgiftiger biologischer Kampfstoff. Die Bundesanwaltschaft nannte weitere Details. Nach Angaben der Bundesanwaltschaft wollte Sief Allah H. „an einem geschlossenen und belebten Ort einen Sprengsatz mit einer mit Rizin präparierten Splitterladung zünden" (Die Welt 2019). Ab Mitte Mai

2018 begann Sief Allah H. damit, die für die Gewinnung von Rizin notwendigen Gerätschaften und Substanzen zu beschaffen. Unter anderem erwarb er bei einem Internetversandhändler 1000 Rizinussamen sowie eine elektrische Kaffeemühle. Anfang Juni 2018 setzte der Beschuldigte sein Vorhaben um und stellte erfolgreich Rizin her. Dieses konnte bei dem Beschuldigten sichergestellt werden (Generalbundesanwalt 2018).

Der tunesische Jihadist Sief Allah H. wurde am 26. März 2020 vom Düsseldorfer Landesgericht schuldig der Herstellung einer biologischen Waffe und Vorbereitung einer schweren staatsgefährdenden Straftat gesprochen und in erster Instanz zu zehn Jahren Haft verurteilt. Nach Angaben der Bundesanwaltschaft wollte er an einem geschlossenen und belebten Ort einen Sprengsatz mit einer mit Rizin präparierten Splitterladung zünden. Der Präsident des Bundeskriminalamtes, Holger Münch, bezeichnete diesen Bau einer „Biobombe" als einen „in Deutschland einmaligen Vorgang" (Goertz 2022, S. 114).

Aufgrund von Zugangsmöglichkeiten islamistischer Terroristen zu CBRN-Mitteln in Syrien, im Irak und in Libyen besteht die Möglichkeit, dass solche Wirkmittel für Anschläge in Europa zur Anwendung gebracht werden könnten. Biologische und chemische Giftstoffe beispielsweise könnten in Lüftungen von großen Veranstaltungshallen, Flughäfen, Bahnhöfen und ähnlichen Einrichtungen eingebracht werden. Aber auch weniger komplexe und letale Giftstoffe wurden in der Vergangenheit und könnten potenziell in geschlossenen und/oder offenen Räume eingesetzt werden und stellen ein weiteres terroristisches Anschlagsszenario dar. Allein durch Reizgas wurden am 12. Februar 2017 am Flughafen Hamburg 68 Personen verletzt. Drohnen mit/als USBV stellen ein potenzielles Wirkmittel dar. Bereits weißes Pulver, das mit dem Verdacht auf biologische oder chemische Stoffe aus einer Drohne über einem Marktplatz oder einer Fußgängerzone ausgebracht würde, könnte eine Massenpanik unter Passanten auslösen (Goertz 2022, S. 114).

6.2.2 Drohnen

Drohnen sind günstig und damit **quasi ubiquitär**. In unterschiedlicher Qualität sind Drohnen auf den bekannten Portalen ab ca. 35 € zu erhalten, mit steigender Qualität steigen die Preise auf wenige Hundert Euro pro Drohne. Bei verschiedenen potenziellen Anschlagszielen ist festzustellen, dass Drohnen mit Sprengstoff und/oder biologischen/chemischen Waffen als effektives Wirkmittel für gewisse Anschlagsziele weniger geeignet sind (z. B. Atomkraftwerke). Auch hier gilt in Bezug auf die Wahrscheinlichkeit eines Anschlags auf diese potenziellen Ziele die terroristische Zielauswahl nach den Kriterien *soft targets* versus *hard targets*, Schadenseintritt, Terrorismusabwehr sowie die mediale und symbolische Wirkung eines erfolgten Anschlags.

Potenzielle terroristische Anschläge mit Drohnen und **Sprengstoff** und/oder **biologischen/chemischen Waffen** könnten sich nach der Logik der Anschläge vom 11.09.2001 gegen „Zentren der Macht" richten, beispielsweise Parlamente, Behörden, Einrichtungen des Militärs, der Polizei und anderer Sicherheitsbehörden sowie gegen Gebäude der Wirtschaft und gegen Banken. Zu *hard targets* gehören hier auch Flughäfen, abhängig vom individuellen Entwicklungsstand der Drohnenabwehrsysteme. Da sich Terroristen bei ihrer Zielwahl an Terrorismusabwehrmaßnahmen anpassen ist davon auszugehen, dass wenn Flughäfen durch **Drohnenabwehrsysteme** gut/besser geschützt sind, dieses Wissen bei (potenziellen) Terroristen dann zu einer Zielauswahländerung führt, sodass ähnliche Ziele ausgewählt werden könnten, beispielsweise Bahnhöfe und Züge. Ebenfalls zur Kategorie *hard targets* gehören Kritische Infrastrukturen (KRITIS), so zum Beispiel Atomkraftwerke, Elektrizität, Strommasten, Transformatorenstation, Wasserversorgung (Brunnen), Staudämme, Information und Kommunikation (Informationstechnik und Internetversorgung) sowie die Gas- und Ölversorgung. Bei Atomkraftwerken sind bereits sehr umfassende Schutzmaßnahmen installiert, bei anderen hier aufgezählten potenziellen terroristischen Anschlagszielen teilweise (noch) nicht. Bahnhöfe und Züge könnten als Übergang von *hard targets* zu *soft targets* bezeichnet werden.

Potenzielle *soft target*-Anschlagsziele von Drohnen und Sprengstoff und/oder biologischen/chemischen Waffen könnten u. a. sein: Kindergärten und Schulen, Veranstaltungen und Ansammlungen im Freien (Innenstädte, Fußgängerzonen, Spielplätze), Freibäder, Badeseen, Fußballspiele, Volksfeste wie der Wiener Prater, das Oktoberfest, der Cannstatter Wasen, Freizeitparks (u. a. Disneyland in Paris, Europa-Park in Rust), Freiflächen und Parkplätze von Einkaufszentren, Krankenhäuser, Autobahnen und Straßen, potenzielle Massenkarambolagen (Autos, Busse, Schulbusse, Fahrzeuge von Militär und Polizei), Kirchen, Synagogen, Moscheen, Tempel, Kundgebungen, Demonstrationen, Public Viewing, Gottesdienste im Freien, Weltkirchentag. Drohnen eigenen sich auch für komplexe, multiple Szenarien: Nach einem ersten Sprengstoffanschlag könnte eine Drohne mit Sprengstoff und/oder biologischen/chemischen Waffen potenziell als *second/third hit*-Wirkmittel eingesetzt werden.

Neben terroristischen Angriffen mit einem Schlauchboot und USBV/IED und/oder Sprengstoffgürtel auf die Außenwand von Schiffen, Fähren und Tankern, entweder im Hafen oder im Prozess des Ablegens, bzw. auch später bei geringem Abstand zum Ufer (z. B. auf dem Bodensee, in Häfen der Nord- und Ostsee sowie des Mittelmeers) sind auch Anschläge mit Drohnen und Sprengstoff denkbar. Für dieses Szenario müssten die Terroristen das Schiff oder die Fähre nicht *boarden*. Je kleiner bzw. leichter gebaut das anvisierte Schiff, die Fähre, der Tanker ist, desto größer ist die Wahrscheinlichkeit, dass das anvisierte Ziel nach einer Sprengstoffexplosion durch eine Drohne oder mehrere Drohnen leck und/oder sinkt. Vor allem Tanker, beladen mit Gefahrgut, könnten ein strategisch wertvolles Angriffsziel für Terroristen darstellen, weil der erzielte Schaden – Verbreitung giftiger Chemikalien oder Öl in Flüssen, Seen, Meeren – erhebliche Langzeitwirkungen hätte. Nach dem Prinzip terroristischer Logik, „Angst und Schrecken in der Zivilbevölkerung" zu verbreiten, wäre der Einsatz von Videoaufzeichnungen mit/ohne Ton durch eine Drohne eine denkbare Taktik von Terroristen, indem verängstigte, schreiende, verletzte, sterbende Menschen gezeigt werden, z. B. auf einer jihadistischen oder rechtsterroristischen Website oder in den sozialen Netzwerken mit den technischen Möglichkeiten des *live streamings*.

Biologische und chemische Stoffe als Wirkmittel für einen terroristischen Anschlag mit Drohnen sind weniger wahrscheinlich als ubiquitäre Wirkmittel wie Messer und Kraftfahrzeuge, können allerdings nicht als terroristisches Wirkmittel ausgeschlossen werden.

6.2.3 Fahrzeuge

Fahrzeuge als Tatmittel wurden in den letzten Jahren häufig von islamistischen Terroristen benutzt, so am 14. Juli 2016 in Nizza (86 Tote und über 400 Verletzte), am 19. Dezember 2016 in Berlin (12 Tote und 55 Verletzte), am 7. April 2017 in Stockholm (fünf Tote und 14 Verletzte) und am 17. August 2017 in Barcelona (14 Tote und 114 Verletzte). Das jihadistische **Webmagazin Inspire** der Al-Qaida veröffentlichte bereits im Jahr 2010 einen Text, in dem Terroristen in aller Welt aufgefordert wurden, Lastwagen als „Mähmaschinen" einzusetzen, um die „Feinde Allahs niederzumähen". Auch der „Islamische Staat" rief 2014 seine Anhänger auf, ‚Ungläubige' mit allen Mitteln zu töten, die zur Verfügung stünden – seien es Messer oder eben Autos. Aus Sicht von Terroristen sind solche Anschläge leichter als beispielsweise Sprengstoffanschläge durchzuführen, denn Angst und Schrecken durch zahlreiche Tote und Verletzte lassen sich auch auf diese Weise verbreiten. Die Attentäter von Nizza und Berlin hatten für die Tatmittelbeschaffung Planung und Zeit benötigt, der Attentäter von Stockholm wiederum, hatte einen abgestellten Lkw ohne Fahrer spontan als Wirkmittel genutzt.

6.2 Wirkmittel

Allein im Zeitraum Sommer 2016 bis Anfang 2020 fanden weltweit über 70 terroristisch motivierte Überfahrtaten statt. Die als Wirkmittel benutzten Tatfahrzeuge der folgenden sechs islamistischen Anschläge hatten folgende Eigenschaften, Geschwindigkeiten und haben folgende Opferzahlen verursacht:

- Nizza, 14.07.2016, LKW, Gesamtgewicht 18.000 kg, Geschwindigkeit ca. 70 km/h, 56 Tote und 434 Verletzte
- Berlin, 19.12.2016, Sattelzugmaschine mit Auflieger, Gesamtgewicht 40.000 kg, Geschwindigkeit ca. 80 km/h, 12 Tote und 56 Verletzte
- Westminster/London, 22.03.2017, Pkw, 1500 kg, Geschwindigkeit ca. 100 km/h, fünf Tote und 50 Verletzte
- London Bridge, 03.06.2017, Kleintransporter, 2000 kg, Geschwindigkeit ca. 80 km/h, acht Tote und 48 Verletzte
- Stockholm, 07.04.2017, LKW, Gesamtgewicht 12.500 kg, Geschwindigkeit ca. 60 km/h, fünf Tote und 14 Verletzte
- Barcelona, 17.08.2017, Kleintransporter, 3500 kg, Geschwindigkeit ca. 60 km/h, 14 Tote und über 100 Verletzte (Goertz 2020, S. 109).

Dieses Wirkmittel fällt unter die Kategorie von *low level*-Terrorismus und hat eine hohe Wahrscheinlichkeit, in der Zukunft wiederholt genutzt zu werden. Potenziell könnten auch gehärtete (gepanzerte) Fahrzeuge verwendet werden, um eine größere Schadenswirkung zu erzielen.

6.2.4 Messer, Hieb- und Stichwaffen, Äxte, Macheten und ähnliche Waffen

Hieb- und Stichwaffen (Messer, Äxte, Macheten und ähnliche Waffen) sind empirisch betrachtet „das" bestimmende Wirkmittel im Bereich des *low level*-Terrorismus. Diese Waffen wurden insbesondere bei den jihadistischen Anschlägen in Europa sehr häufig benutzt. Hieb- und Stichwaffen sind **ubiquitär** und erzielen eine drastische, meist tödliche, Wirkung auf die Anschlagsopfer. Der Rechtsterrorist Frank S. griff am 17.10.2015 die damalige Kölner Oberbürgermeisterkandidatin Henriette Reker im Rahmen einer Wahlkampfveranstaltung mit einem Jagdmesser an und wollte nach eigenen Aussagen damit ein Zeichen gegen die angeblich „verfehlte deutsche Politik, insbesondere gegen die Ausländer und Flüchtlingspolitik", setzen. Am 26.02.2016 griff die damals 15-jährige Safia S. mit einem Messer einen Bundespolizisten im Hauptbahnhof Hannover an und verletzte diesen schwer. Das

Oberlandesgericht Celle die Jihadistin Safia S. zu sechs Jahren Haft. Aus Sicht der Anklage war die Tat als Märtyreroperation für die jihadistische Organisation „Islamischer Staat" geplant.

Beim jihadistischen Anschlag in einer Regionalbahn bei Würzburg am 18.07.2016 verletzte ein islamistischer Terrorist fünf Menschen mit einem Beil und Messer, vier davon schwer. Der jihadistische Einzeltäter griff Mitreisende mit einem Beil und einem Messer an. Nachdem der Zug vor Würzburg durch eine Notbremsung zum Stehen kam, floh der Einzeltäter aus dem Zug und schlug einer unbeteiligten Passantin, die mit ihrem Hund spazieren ging, wiederholt mit dem Beil ins Gesicht.

Am 28.07.2017 verübte der palästinensische Flüchtling Ahmad A. einen jihadistischen Anschlag mit einem Messer in einem Hamburger Supermarkt, bei dem ein Mann getötet und sechs weitere Personen verletzt wurden. Am 29.11.2019 tötete der Jihadist Usman K. im Zentrum Londons zwei Menschen und verletzte mehrere Menschen mit einem Messer schwer. Daraufhin sperrten die britischen Sicherheitskräfte die London Bridge großräumig ab. Am 02.02.2020 wurden in London drei Menschen Opfer eines islamistisch-terroristischen Anschlags mit einem Messer und dabei schwer verletzt. Bei einem Messerangriff im Stadtzentrum am 04.04.2020 von Romans-sur-Isère, Frankreich, ermordete ein Jihadist zwei Menschen und verletzte fünf weitere, teilweise schwer. Der syrische Flüchtling und Gefährder Abdullah Al-H. griff am Abend des 04.10.2020 in Dresden ein homosexuelles Paar aus Nordrhein-Westfalen mit Küchenmessern an, ermordete einen Mann und verletzte seinen Partner schwer.

6.2.5 Schusswaffen

Vollautomatische und halbautomatische Schusswaffen, Gewehre, Pistolen stellen terroristische Wirkmittel dar, die schwerer zu beschaffen sind, allerdings auch mehr Tote und Verletzte garantieren. Drive-by-Szenarien (z. B. am 13.11.2015 in der Pariser Innenstadt) stellen ebenso wie ein **Scharfschützenszenario** terroristische Wirkmittel und Modi Operandi dar. Der Rechtsterrorist Anders Breivik ermordete am 22.07.2011 mit einem Gewehr 68 Kinder und Jugendliche).

Ein Beispiel für ein Scharfschützenszenario ist der Anschlag am 1. Oktober 2017 aus dem 32. Stock eines Hotels in **Las Vegas,** bei dem 58 Menschen getötet und 869 verletzt wurden. Solche Szenarien sind quasi ubiquitär einsetzbar und erfordern lediglich ein Gewehr sowie ein Mindestmaß an Schießtechnik.

Eine empirische Analyse der insgesamt bei den verübten und von Sicherheitsbehörden verhinderten terroristischen Anschlägen benutzten Wirkmittel zeigt, dass sowohl Hit-Teams terroristischer Großorganisationen als auch terroristische Einzeltäter Sprengstoff, Schusswaffen und Fahrzeuge als Wirkmittel benutzen, allerdings wurden diese Wirkmittel häufiger von **Hit-Teams** benutzt. Durch die Bürgerkriege in Syrien, im Irak und in Libyen sowie den Krieg in der Ukraine kann für die Zukunft damit gerechnet werden, dass mehr Waffen, potenziell auch militärische Waffen wie Maschinengewehre oder Panzerabwehrwaffen (auch Handgranaten) nach Westeuropa transportiert und dort potenziell auch von Terroristen verwendet werden.

6.2.6 Sprengstoff/USBV

Unkonventionelle Spreng- und Brandvorrichtungen verlangen ein Mindestniveau an technischem Verständnis, um mit Sprengstoff eine solche zu bauen. Hierbei wurden in der Vergangenheit sowohl **Selbstlaborate** (z. B. beim Anschlag eines Selbstmordattentäters in der Manchester Arena) als auch **industrieller Sprengstoff** benutzt (z. B. beim Anschlag auf den Madrider Hauptbahnhof). Ein häufig von islamistischen Terroristen benutzter Sprengstoff ist beispielsweise TATP, dessen Herstellung leicht auf gewissen Websites erlernt werden kann. Ein seit Jahren häufig benutztes Wirkmittel von islamistischen Terroristen sind Sprengstoffwesten/-gürtel. USBV wurden in der Vergangenheit oftmals mit Nägeln, Schrauben, Muttern, Splittern versetzt, um einen möglichst drastischen Personenschaden zu erzielen. Auch Gasflaschen (z. B. am 31.06.2006 in Zügen in Nordrhein-Westfalen) und Schnellkochtöpfe (z. B. beim Anschlag auf den Boston-Marathon am 15. April 2013) wurden in der Vergangenheit als USBV genutzt.

Im Zeitraum März 2004 bis September 2017 wurden allein in Europe zwölf Anschläge mit USBV verübt. Beim ersten großen islamistischen Anschlag in Europa, am 11.03.2004 in Madrid, wurden mit mehreren USBV 191 Menschen getötet und über 2050 Menschen verletzt. In der Londoner U-Bahn wurden am 07.07.2005 56 Menschen getötet und über 700 – Hunderte von ihnen durch die kinetische Energie der Detonationen schwer, u. a. in Form von abgetrennten Gliedmaßen – verletzt (Goertz 2020c, S. 23–24).

Bei den jihadistischen Anschlägen am 13.11.2015 in Paris, durch die 137 Menschen getötet und über 350 verletzt wurden, hatten drei Selbstmordattentäter geplant, kurz nach Spielbeginn des Länderspiels Frankreich gegen Deutschland vor 80.000 Zuschauern in das Stade de France zu gelangen und dort drei USBV zu zünden, vor laufenden Kameras, um die ausbrechende Massenpanik in alle Welt zu schicken. Ein Selbstmordattentäter sollte vor dem Stadion in einem Hinterhalt warten und seine USBV zünden, nachdem Zehntausende Fans in Panik geflohen wären. Aufgrund der gründlichen Sicherheitskontrollen gelang es den islamistischen Selbstmordattentätern jedoch nicht, ins Stadion zu gelangen und die drei Selbstmordattentäter zünden ihre Sprengsätze vor dem Stadion (Goertz 2020c, S. 25).

Die islamistischen Terroranschläge am 22.03.2016 in Brüssel töteten – zeitversetzt durch drei Selbstmordattentate am Flughafen Brüssel-Zaventem sowie in der Brüsseler Innenstadt, im U-Bahnhof Maalbek – 35 Menschen und verletzten mehr als 300 – teilweise schwer. Der Anschlag des britischen *homegrown*-Jihadisten Salman Abedi, ein 22 Jahre alter Student, mit einer USBV auf eine Konzertveranstaltung am 22.05.2017 in Manchester, die vor allem von Jugendlichen besucht wurde, tötete 23 Menschen und verletzte 116 – ca. die Hälfte davon schwer. Das jüngste bei dem Anschlag getötete Kind war acht Jahre alt.

Die am häufigsten auftretenden Verletzungen nach Anschlägen durch USBV sind **blast inuries,** Verletzungen durch Explosionen, so beispielsweise Verletzungen des Trommelfells (bis zu 75 %), der Lunge (40 %) und des Auges (15 %) (Goertz und Friemert 2017, S. 508). *Blast injuries* werden auch als multidimensionale Verletzungen bezeichnet, weil bei ihnen gleichzeitig Verbrennungen, Schädigungen durch extremen Druck, penetrierende Verletzungen, stumpfe Verletzungen und ggfs. noch Schädigungen durch Sekundärstoffe – ABC-Beimengungen – entstehen, was diese Verletzungsmuster so problematisch macht (Goertz und Friemert 2017, S. 508).

USBV wurden in der Vergangenheit häufig mit Nägeln, Schrauben, Muttern, Splittern versetzt, um einen möglichst drastischen Personenschaden zu erzielen. Der islamistische Anschlag auf den Boston-Marathon 2013 zeigt, dass auch Schnellkochtöpfe oder Gasflaschen als USBV benutzt werden können. Auch Drohnen könnten in der Verbindung mit Sprengstoff als USBV benutzt werden. Der Sprengstoff von USBV kann ein Selbstlaborat sein, – zum Beispiel Triacetonperoxid, TATP – oder industrieller Sprengstoff. Bei Sprengstoffexplosionen von USBV in Zügen, in Flughäfen und auf Bahnhöfen muss mit einem *second hit*-Anschlagsszenario durch herrenlose Gepäckstücke gerechnet werden. Ein häufig von islamistischen Terroristen benutzter Sprengstoff ist Triacetonperoxid (TATP), dessen Herstellung leicht auf gewissen Websites zu finden ist.

6.2.7 Steine, schwere Gegenstände aus Gebäuden, von Brücken etc.

(Zeitlich parallele) Würfe mit Steinen oder anderen schweren Gegenständen von Brücken oder von Gebäuden könnten zahlreiche Rettungskräfte zur gleichen Zeit binden und auf Autobahnen oder Bundesstraßen oder Straßen innerhalb großer Städte Massenkarambolagen verursachen.

6.3 Akteure

6.3.1 Hit-Teams

Empirisch betrachtet wurden durch die von Hit-Teams jihadistischer Organisationen verübten Anschläge in Madrid (2004), London (2005), Paris (2015), Brüssel (2016), London (2017) sowie Barcelona und Cambrils (2017) im Verhältnis deutlich mehr Menschen getötet und verletzt als durch die *low-level*-Anschläge von Einzeltätern und Kleinstzellen.

Am 13.11.2015 stürmte ein jihadistisches Hit-Team ein Konzert einer US-Rockband mit ca. 1500 Konzertbesuchern im Bataclan-Theater am Boulevard Voltaire 50 im 11. Arrondissement in Paris. Innerhalb weniger Minuten gab es sehr viele Todesopfer und zahlreiche schwer Verletzte, insgesamt wurden im Bataclan innerhalb von Minuten 89 Menschen ermordet.

Bei den jihadistischen Anschlägen in Mumbai am 26.11.2008 kamen verschiedenen Orten mehrere Hit-Teams zum Einsatz, die Geiseln nahmen, Explosionen herbeiführten, 166 Menschen töteten und 304 verletzten.

6.3.2 Einzeltäter

Einzeltäter operieren organisatorisch und logistisch unabhängig von einer terroristischen Organisation, einem Netzwerk oder einer Gruppe, sind allerdings von deren Ideologie bzw. Idee(n) inspiriert und können somit im Sinne der Strategie einer terroristischen Organisation handeln (Goertz 2020c, S. 30). Die aktuellen Fälle der jihadistischen Einzeltäter der Anschläge am 12.05.2018 in Paris, am 11.12.2018 auf dem Straßburger Weihnachtsmarkt, am 18.03.2019 in Utrecht, am 03.10.2019 in der Pariser Polizeidirektion, am 29.11.2019 auf der London Bridge, am 02.02.2020 in London, am 04.10.2020 in Dresden (homophobe Motivation), am 16.10.2020 bei Paris (Enthauptung des Lehrers Samuel Paty im Kontext von Mohammed-Karikaturen), am 29.10.2020 in einer Kirche in Nizza sowie am 2.11.2020 in Wien verdeutlichen diese offensichtlich bestehende Grauzone zwischen autark operierenden jihadistischen Einzeltätern und ihren Verbindungen zum islamistisch-jihadistischen Milieu und/oder zu internationalen jihadistischen Organisationen wie dem IS und der Al-Qaida. Die beispielsweise beim Wiener

Terroranschlag vorzufindende **Täterkategorie** des „Einzeltäter plus" ist „phänomenologisch die Mischform eines Gelegenheitsattentäters und eines Proponenten einer Terrorzelle, der mit konkretem Auftrag agiert (Stockhammer und Neumann 2021, S. 10; Goertz und Stockhammer 2022, S. 25). Der **„Einzeltäter plus"** ist von terroristischen Organisationen bzw. Netzwerken entkoppelt, plant und führt die Tat alleine aus, steht aber in Kontakt mit islamistischen, salafistischen oder jihadistischen Gruppierungen und Gesinnungsgenossen im In- und Ausland. Neben ideologischer Indoktrination und Inspiration erhält dieser Attentäter-Typ planerische, taktische, sowie logistische Unterstützung ohne Teil einer hierarchischen Organisation zu sein und von dieser einen Befehl zum Verüben eines Anschlags zu erhalten. Der strategische Vorteil dieser Variante liegt aus Sicht der Terroristen in der terroristischen Auftragstaktik, einem aus dem Militärischen abgeleiteten taktischen Prinzip, das dem Ausführenden die **größtmögliche Freiheit** bei der Bestimmung des Angriffsziels und Tatzeitpunkts als auch bei der Mittelwahl gewährt" (Stockhammer und Neumann 2021, S. 10; Goertz und Stockhammer 2022, S. 25). In Hinblick auf den derzeitigen Trend zu terroristischen *low-level*-Formaten ist davon auszugehen, dass der „Einzeltäter plus" vor allem im Phänomenbereich jihadistischer Terrorismus die am häufigsten vorkommende Variante des Einzeltäters bleibt. Denn diese Variante impliziert sowohl ein hohes Maß an taktischer Flexibilität eines sog. „Loners" bei gleichzeitiger unmittelbarer Anleitung, logistischer Unterstützung und inspirativer ideologischer Prägung durch eine lose übergeordnete Struktur wie z. B. eine jihadistische Klein- oder Kleinstzelle, die auch länderübergreifend operieren kann (Goertz und Stockhammer 2022, S. 26).

Rechtsterroristische Einzeltäter – wie Attentäter mit anderer politischer Motivation auch – planen die Tat alleine und agieren alleine, aber die rechtsextremistische Ideologie, verbreitet im rechtsextremistischen Milieu – realweltlich und virtuell – ist ein wichtiger Radikalisierungsfaktor. Rechtsterroristische Einzeltäter waren empirisch betrachtet vor dem Anschlag häufig polizeilich nicht bekannt, oftmals sozial isoliert und gehören keiner Organisation oder Partei an und verbringen ihre Zeit beinahe ausschließlich in virtuellen Räumen. Die Fälle rechtsterroristischer Einzeltäter häufen sich in den letzten Jahren, international mit den rechtsterroristischen Anschlägen in Christchurch und El Paso und in Deutschland mit den rechtsterroristischen Einzeltätern Stephan E., Stephan B. und Tobias R. Im Fall von Stephan B. und Tobias R. kann eine kausale Logik vom virtuellen Hass zum Livestream-Attentat beobachtet werden.

Während vor dem Zeitalter des Internets die **konspirative Gruppe** für einen Terroristen von hoher Relevanz war, wird die persönliche Einbindung des Einzeltäters im 21. Jahrhundert zunehmend durch eine **kommunikative Vernetzung** ersetzt. Das **Internet** ermöglicht allerdings aufgrund der besonderen Kommunikationsweise, dass sich Einzelne ohne persönliche Kontakte politisieren und in Richtung eines ideologisch geprägten Terrorismus, hier: Rechtsterrorismus, radikalisieren. Dabei können sie in einem kommunikativen Austausch mit entsprechenden Extremisten im Internet stehen, sie können aber auch nur deren Propaganda konsumieren.

Der Präsident des Bundeskriminalamtes (BKA), Holger Münch, spricht von rechtsterroristischen Einzeltätern als Individuen „ohne jedwede polizeiliche Vorerkenntnisse – von uns noch unbekannten Personen also, die sich offenbar von den Sicherheitsbehörden unbemerkt im Hintergrund radikalisiert haben, um dann scheinbar aus dem Nichts zum ersten Mal zuzuschlagen" (BKA 2019).

Rechtsterroristische Einzeltäter operieren unabhängig von einem Netzwerk oder einer Gruppe, ohne Teil einer Hierarchie zu sein. Wenn rechtsterroristische Einzeltäter vor einem Anschlag nicht kommunizieren – weder virtuell noch realweltlich –, ist es für die Sicherheitsbehörden sehr schwer, Anschläge von Einzeltätern zu verhindern. Deswegen müssen die Verfassungsschutzbehörden ebenso virtuelle Netzwerke von Rechtsextremisten und Rechtsterroristen als auch realweltliche Zusammenschlüsse beobachten, was die Sicherheitsbehörden vor Probleme stellt. Rechtsextremistischer Einzeltäter-Terrorismus ist verbunden mit der neonazistischen Idee eines „führerlosen Widerstandes" *(leaderless resistance)* des amerikanischen Ku-Klux-Klans, namentlich seines Anführers Louis Beam. Der texanische Ku-Klux-Klan-Führer Beam warb für eine Taktik von Kleinstzellen und Einzeltätern ohne organisatorisch-hierarchische Struktur. Die Erfahrungen rechtsterroristischer Organisationen in den USA lehrten, dass, je größer und zentraler geführt gewaltbereite Neonazigruppen waren, desto schneller und leichter diese von US-Sicherheitsbehörden detektiert und bekämpft werden konnten (Goertz 2021b, S. 157–159).

Für die deutschen Sicherheitsbehörden stellen **rechtsterroristische Einzeltäter** als allein agierende Täter ein großes Problem dar, dies bestätigt auch Holger Münch, der Präsident des BKA: „Wir sehen keine direkte Einwirkung von Strukturen bei diesen Tätern. Das ist ja das Schwierige. Das ist bei anderen anders, die sich gemeinschaftlich verabreden, bestimmte Taten zu begehen oder eben auch interagieren in solchen Vorbereitungen. Und insofern ist unsere Aufgabe, hier zu schauen: Wie kann man diesen Typus besser detektieren? Was enorm schwierig ist, weil sie sehr wenig interagieren. Und das wird ein Thema sein, das wir in den nächsten Jahren sehr stark intensivieren müssen" (zitiert nach: Deutschlandfunk 2020).

Auf taktischer Ebene zeichnet sich in Europa weiterhin eine terroristische Bedrohung im *low-level*-Segment ab und es ist davon auszugehen, dass Szenarien mit einfacher Planung, Logistik und Durchführung auf Sicht die Regel bleiben werden. Zwar gibt es einen rein quantitativen Anstieg an Modi Operandi, die auf dem Einsatz von Hieb-und Stichwaffen beruhen, jedoch ist ebenfalls ein stetiger Zuwachs von terroristischen Gewalttaten, die (halb-)automatische Schusswaffen involvieren, zu registrieren. Ebenfalls relevant ist die kontinuierlich stärker in den Fokus rückende Kategorie des „Einzeltäters plus", die symptomatisch für kommende Anschlagsszenarien werden könnte.

6.3.3 Jihad-Rückkehrer

Mehrere zehntausend internationale Jihadisten, *foreign fighters,* aus vielen verschiedenen Ländern kämpften seit 2011 für die jihadistischen Großorganisationen „Islamischer Staat" und Al-Qaida sowie kleinere jihadistische Milizen in Syrien und im Irak. Diese *foreign fighters* stellen nach Angaben der Vereinten Nationen eine „internationale Bedrohung für den Frieden und die Sicherheit" dar (OSCE 2018, S. 6). Nach Auffassung der Organisation für Sicherheit und Zusammenarbeit in Europa (OSZE) sind *foreign fighters* Individuen, die ihr Heimatland verlassen haben, um sich in Kriegs- und Konfliktgebieten terroristischen Organisationen anzuschließen und für diese aktiv kämpfend oder unterstützend tätig zu werden (Goertz, 2020a, b, S. 20).

Nach Angaben der Vereinten Nationen haben sich allein von 2011 bis 2019 mehr als 40.000 *foreign fighters* aus 110 Ländern jihadistischen Gruppen in Syrien und im Irak angeschlossen (BBC 2019). Unter den 5904 *foreign fighters* aus Westeuropa waren u. a. 850 Briten und über 1070 Deutsche (BfV 2021). Mehr als ein Viertel der deutschen *foreign fighters* ist weiblich, der überwiegende Teil der insgesamt gereisten Personen ist jünger als 30 Jahre. Etwa ein Drittel dieser *foreign fighters* befindet sich nach Angaben der deutschen Verfassungsschutzbehörden Stand 2021 als Jihad-Rückkehrer momentan wieder in Deutschland. Es sind diese Jihad-Rückkehrer, die im Fokus polizeilicher und justizieller Ermittlungen stehen. Die Zahl bisheriger rechtskräftiger Verurteilungen von deutschen Jihad-Rückkehrern aus Syrien bzw. dem Irak bewegt sich im mittleren zweistelligen Bereich (Goertz, 2020b).

Nach Angaben des Präsidenten des Bundeskriminalamtes, Holger Münch, geht von Teilen der deutschen und europäischen Jihad-Rückkehrern eine **langfristige, kaum kalkulierbare Gefahr** aus (Münch 2018). Dabei stellen besonders diejenigen Jihad-Rückkehrer ein besonderes Sicherheitsrisiko dar, die während ihres Aufenthaltes in Syrien und im Irak ideologisch indoktriniert, militärisch im Umgang mit Waffen und Sprengstoffen geschult wurden, Kampferfahrung gesammelt haben und gegebenenfalls mit dem Auftrag, Anschläge zu begehen, nach Europa zurückgeschickt wurden.

Die Erfahrungen der Jihad-Rückkehrer im Orts- und Häuserkampf, das Knowhow zum Bau von sogenannten „Unkonventionellen Spreng- und Brandvorrichtungen" (USBV), im Umgang mit militärischen Waffen sowie in **Handstreich- und Hinterhaltstaktiken** könnten auf ein historisches Niveau gestiegen sein. Sprich: Die terroristische Ausbildung und „Kampfpraxis" stellen erhebliche Herausforderungen für die deutschen und europäischen Sicherheitsbehörden dar. Belege dafür sind die islamistisch-terroristischen Anschläge der Jahre 2015 bis 2017 in Brüssel, Paris, Istanbul und London, die allesamt von Jihad-Rückkehrern verübt wurden.

Neben der terroristischen „**Kampfpraxis**" warnt EUROPOL mit Blick auf Jihad-Rückkehrer auch vor psychischen Veränderungen und einem besonderen Grad an Brutalität (EUROPOL 2018, S. 27). In diesem Kontext verweist das deutsche Bundesamt für Verfassungsschutz auf die Studien einer Forschungsgruppe der Universität Konstanz, die das Verhalten in Bürgerkriegen untersucht und von „appetitiver Aggression" spricht, um extreme Grausamkeiten zu erklären (BfV 2016). So zeigen Forschungsergebnisse, dass mit dem Akt des Tötens emotionale Erregung, das Gefühl der Euphorie und der Schmerzunempfindlichkeit einhergehen können. Dabei kommt es zur Ausschüttung von Testosteron, Serotonin und Endorphinen. Das Gefühl der Macht überlagert das Gefühl der Entbehrung. Bei den Jihad-Rückkehrern könnte das Töten durch Training automatisiert worden sein. Erlernte moralische Standards würden „abtrainiert" und in der Konsequenz könnte die Hemmschwelle für die Anwendung terroristischer Gewalt sinken (BfV 2016).

Zusammengefasst: Jihad-Rückkehrer können aktuell und in der Zukunft besondere qualitative und quantitative Herausforderungen für die Sicherheitsbehörden sowie die Justizvollzugsanstalten darstellen.

Kontrollfragen bzw. Aufgaben

- Entwerfen Sie *worst case*-Anschlagsszenarien mit großer Schadenswirkung.
- Entwerfen Sie *low level*-Anschlagsszenarien mit relativ leicht zu beschaffenden Wirkmitteln.
- Welche Trends sind in Bezug auf die Komplexität von Anschlägen in jüngster Vergangenheit festzustellen?

- Welche besonderen Probleme stellen terroristische Einzeltäter für die Sicherheitsbehörden dar?
- In Bezug auf die potenziellen Anschlagsziele, wo existieren besondere Probleme bzw. Herausforderungen für die Sicherheitsbehörden?

Weiterführende Literatur

- Crenshaw, Martha (1990): The logic of terrorism. Terrorist behavior as a product of strategic choice. In: Reich, Walter (Hrsg.): Origins of Terrorism. Psychologies, Ideologies, Theologies, States of Mind. Washington D.C.: Woodrow Wilson Center Press, S. 7–24. *Dieser Beitrag stellt den Start der jüngeren Terrorismusforschung dar und erklärt die „Logik des Terrorismus".*
- Goertz, Stefan (2020c): Terrorismusabwehr. Zur aktuellen Bedrohung durch den islamistischen Terrorismus in Deutschland und Europa. 3. Aufl., Wiesbaden: Springer VS. *Diese Monographie untersucht einführend ausführlich die Bedrohungen, die vom islamistischen Terrorismus in Europa ausgehen. Danach werden Strategien, Mittel und Akteure der Terrorismusabwehr dargestellt.*
- Libicki et al. (2007): Exploring terrorist target preferences. Santa Monica: RAND. *In dieser ausführlichen Studie wird erstmalig die Zielwahl von Terroristen systematisch analysiert. Verschiedene Hypothesen werden an Fallstudien verübter Anschläge getestet. Auch der Bezug zur Terrorismusbekämpfung wird hergestellt.*

Literaturverzeichnis

BBC (2019): How many IS foreign fighters are left in Iraq and Syria? 20.2.2019. https://www.bbc.com/news/world-middle-east-47286935 (29.1.2023).

BKA (2019): BKA-Herbsttagung 2019 – Programm und Redebeiträge. Innere Sicherheit weiterdenken: Ausgrenzung, Hass und Gewalt – Herausforderungen für den Rechtsstaat und die Sicherheitsbehörden. https://www.bka.de/DE/AktuelleInformationen/Publikationen/BKA-Herbsttagungen/2019/ProgrammUndRedebeitraege/programmUndRedebeitraege_node.html;jsessionid=EDB11902955E7B5DAC91C9F44326A504.live0601 (29.1.2023).

Bannenberg, Britta (2020): Rechtsextremismus und Menschenhass. Terroristische Einzeltäter und die Rolle des Internets. In: Lüttig, Frank/Lehmann, Jens (Hrsg.): Rechtsextremismus und Rechtsterrorismus. Baden-Baden: Nomos, S. 65–84

Literaturverzeichnis

Bannenberg, Britta (2018): Die Amoktat des David (Ali) Sonboly. Kriminologische Betrachtung der Tat in München am 22. Juli 2016. Gutachten im Auftrag des Bayerischen Landeskriminalamtes. www.uni-giessen.de/fbz/fb01/professuren-forschung/professuren/bannenberg/news/Gutachten_Muenchen_Bannenberg_anonymKopieren.pdf (14.01.2022).

Brandt, Patrick/Sandler, Todd (2010): What Do Transnational Terrorists Target? Has It Changed? Are We Safer? In: Journal of Conflict Resolution 54, H. 2, S. 214–236.

Bundesamt für Verfassungsschutz (2021): Themen. Islamismus und islamistischer Terrorismus. Zahlen und Fakten. https://www.verfassungsschutz.de/DE/themen/islamismus-und-islamistischer-terrorismus/zahlen-und-fakten/zahlen-und-fakten_node.html#doc678982bodyText3 (29.1.2023) (BfV 2021).

Bundesamt für Verfassungsschutz (2019): Übersicht ausgewählter islamistischterroristischer Anschläge. www.verfassungsschutz.de/de/arbeitsfelder/af-islamismus-und-islamistischer-terrorismus/zahlen-und-fakten-islamismus/zuf-is-uebersicht-ausgewaehlter-islamistisch-terroristischer-anschlaege (06.03.2021).

Bundesamt für Verfassungsschutz (2016): Psychologische Erklärungsansätze zum brutalen Vorgehen der Jihadisten in Syrien und im Irak. 2016. https://www.verfassungsschutz.de/de/aktuelles/schlaglicht/schlaglicht-2016-05-psychologische-erklaerungsansaetze-jihadisten (9.1.2021).

Breaking Israel News (2016): Two Buses Attacked by Terrorists at Close of Jerusalem Day. 6.6.2016. https://www.breakingisraelnews.com/69200/terrorists-attack-buses-full-school-children/ (29.1.2023).

Calafell, Bernadette M. (2017): Brownness, kissing, and US imperialism: contextualizing the Orlando Massacre. In: Communication and Critical/Cultural Studies 14, H. 2, S. 198–202.

Caplan, David/Hayden, Michael (2016): At Least 50 Dead in Orlando Gay Club Shooting, Suspect Pledged Allegiance to ISIS, Officials Say. ABC News online, 13.06.2016. abcnews.go.com/US/multipleinjuries-shooting-orlando-nightclub-police/story?id=39789552 (29.1.2023).

Deutschlandfunk (2020): Rechtsterroristen. „Einsame Wölfe" in einer digitalen Gesellschaft. 9.3.2020. https://www.deutschlandfunkkultur.de/rechtsterroristen-einsame-woelfe-in-einer-digitalen-100.html (29.1.2023).

Drake, C.J.M. (1998): Terrorists' Target Selection. London: Palgrave Macmillan.

DW (2020): Islamistischer Anschlag. Nizza-Attentäter steht nicht auf Terror-Listen. 29.10.2022. https://www.dw.com/de/nizza-attent%C3%A4ter-steht-nicht-auf-terror-listen/a-55441715 (29.1.2023).

DW (2019): Zahl der Opfer in Christchurch gestiegen. Deutsche Welle, 18.03.2019. www.dw.com/de/christchurch-der-mythos-vom-einsamen-wolf/a-47959256-0 (29.1.2023).

DW (2006): Anschläge auf Moscheen im Irak. 28.2.2006. https://www.dw.com/de/anschl%C3%A4ge-auf-moscheen-im-irak/a-1918380 (29.1.2023).

DW (2004): Trauer in Russland. Deutsche Welle, 06.09.2004. www.dw.com/de/trauer-in-russland/a-1317 563 (29.1.2023).

EUROPOL (2019): European Union Terrorism Situation and Trend Report 2019. Den Haag.

EUROPOL (2018): European Union Terrorism Situation and Trend Report 2018. Den Haag.

EUROPOL (2016): 211 terrorist attacks carried out in EU Member States in 2015, new Europol report reveals. 20.7.2016. https://www.europol.europa.eu/newsroom/news/211-terrorist-attacks-carried-out-in-eu-member-states-in-2015-new-europol-report-reveals

(29.1.2023).

Fischer, Michael/Pelzer, Robert (2016): Die Logik des Anschlags. Zur Zielwahl dschihadistischer Terroristen in Europa. Frankfurt a. M.: Campus Verlag.

Generalbundesanwalt (2018): 14.06.2018 – 30/2018. Haftbefehl wegen Verdachts des Verstoßes gegen das Kriegswaffenkontrollgesetz. https://www.generalbundesanwalt.de/de/showpress.php?newsid=775. (29.1.2023).

Goertz, Stefan (2022): Terroristische Anschlagsszenarien und Wirkmittel: Eine aktuelle Analyse. In: Rothenberger, Liane/Krause, Joachim/Jost, Jannis/Frankenthal, Kira (Hrsg.): Terrorismusforschung. Interdisziplinäres Handbuch für Wissenschaft und Praxis. Baden-Baden: Nomos, S. 107–120.

Goertz, Stefan/Stockhammer, Nicolas (2022): Taktische Erkenntnisse zum Wiener Terroranschlag vom 2. November 2020. Wien: EICTP.

Goertz, Stefan (2021a): Islamistische Copycat-Anschlagsszenarien und das Bedrohungspotenzial von Jihad-Rückkehrern. In: K-ISOM 4/2021, S. 62–65.

Goertz, Stefan (2021b): Rechtsextremismus und Rechtsterrorismus in Deutschland. Eine analytische Einführung für Polizei und Sicherheitsbehörden. Hilden: Verlag Deutsche Polizeiliteratur.

Goertz, Stefan (2021c): Der neue Terrorismus. Neue Akteure, Strategien, Taktiken und Mittel. 2. Aufl., Wiesbaden: Springer VS.

Goertz, Stefan (2020a): Eine Analyse potenzieller Bedrohungen durch den islamistischen Terrorismus und seine Jihad-Rückkehrer. In: Polizei Info Report 4/2020, S. 16–25.

Goertz, Stefan (2020b): Foreign Fighters als internationale sicherheitspolitische Bedrohung. In: Bundeszentrale für politische Bildung 13.1.2020b. https://www.bpb.de/gesellschaft/migration/kurzdossiers/302980/foreign-fighters (29.1.2023)

Goertz, Stefan (2020c), Terrorismusabwehr. Zur aktuellen Bedrohung durch den islamistischen Terrorismus in Deutschland und Europa. 3. Aufl., Wiesbaden: Springer VS.

Goertz, Stefan (2019a). In Europa und Deutschland verübte und verhinderte islamistische Anschläge. In: Kriminalistik 8/9-2019, S. 498–504.

Goertz, Stefan (2019b): Terrorismusabwehr. Zur aktuellen Bedrohung durch den islamistischen Terrorismus in Deutschland und Europa. 2. Aufl., Wiesbaden: Springer VS.

Goertz, Stefan/Friemert, Benedikt (2017): Massenanfall von Verletzten durch jihadistische Anschläge. Eine neue Bedrohung für Rettungskräfte, Polizei und Krankenhäuser, in: Kriminalistik 8-9/2017, S. 504–510.

Haaretz (2017): Teen wounded in Hamas strike on school bus dies. https://www.haaretz.com/teen-wounded-in-hamas-strike-on-school-bus-dies-1.356519 (29.1.2023).

Krause, Joachim (2017): Der Einsatz der Bundeswehr im Innern zur Terrorismusabwehr. In: Hansen, Stefan/Krause, Joachim (Hrsg.): Jahrbuch Terrorismus 2015/2016. Opladen: Barbara Budrich, S. 311–334.

Kydd, Andrew H. / Walter, Barbara F. (2006): 'The Strategies of Terrorism'. In: International Security, Vol. 31, No. 1, pp. 49–80, S. 51 ff.

Mirror (2017): More than half of Manchester terror attack injured remain in hospital – 20 of them in critical care. 27.5.2017. https://www.mirror.co.uk/news/uk-news/more-half-manchester-terror-attack-10512019 (29.1.2023).

Münch, Holger (2018): Rückkehrer und „Homegrown Terrorists": Umgang mit dem Sicherheitsrisiko. In: Bundeszentrale für politische Bildung. 26.3.2018. http://www.bpb.de/politik/extremismus/radikalisierungspraevention/266840/rueckkehrer-und-homegrown-terrorists-umgang-mit-dem-sicherheitsrisiko (29.1.2023).

OSCE (2018): Guidelines for Addressing the Threats and Challenges of „Foreign Terrorist Fighters" within a Human Rights Framework. https://www.osce.org/odihr/393503?download=true (29.1.2023).

Sageman, Marc (2008), Leaderless Jihad: Terror Networks in the Twenty-First Century, Philadelphia: University of Pennsylvania Press, Vorwort S. VII.

Schuurman, Bart (2012), The Madman and the Martyr: Understanding the Radicalization of Terrorism. In: *Journal of Strategic Security*, 5(1), S. 1–18.

Shafiq, Mohammed N. / Akbarzada, Saifullah (2019), Countering Violent Extremism: Evaluating the Effectiveness of CVE Programs. In: *Studies in Conflict & Terrorism*, 42(7), S. 663–681.

Silber, Mitchell D. (2017). Countering Violent Extremism: An Assessment of Approaches to Preventing and Responding to Terrorism. In: *Perspectives on Terrorism*, 11(4), S. 61–71.

Sold, Manjana (2019), Radikalisierung und Deradikalisierung. https://www.bpb.de/lernen/digitale-bildung/bewegtbild-und-politischebildung/reflect-your-past/313952/radikalisierung-und-deradikalisierung [21.03.2023].

Schneckener, Ulrich (Hrsg.) (2007), Chancen und Grenzen multilateraler Terrorismusbekämpfung, *SWP-Studie*, Nr. S 14/2007, Stiftung Wissenschaft und Politik (SWP), Berlin.

Stockhammer, Nicolas (2014), Der transnationale Terrorismus. Europäische Antworten auf die sicherheitspolitische Gretchenfrage des 21. Jahrhunderts, in: Frank, Johann/Matyas, Walter (Hrsg.), Strategie und Sicherheit, Wien-Köln-Weimar: Böhlau, S. 511–528.

Stockhammer, Nicolas (2020): Introduction to Combined Expert Contributions: The Case of Hybrid Terrorism
– Systemic Lessons from Recent European Plots, in: EICTP Vienna Research Papers on Transnational Terrorism and Counter Terrorism:
Current Developments, Volume I.

Stockhammer, Nicolas/Neumann, Peter (2021), Vorläufige Lektionen vom Terror in Wien. EICTP Policy Brief, Wien; https://eictp.eu/wp-content/uploads/2021/01/FINAL_EICTP-Policy-Brief-Terror-and-lessons-learnt-1.pdf [21.03.2023]

Stockhammer, Nicolas (2022): Strukturelle Ursachen für Extremismus, Radikalisierung und Terrorismus. Eine multifaktorielle Ätiologie. In: Europäische Werte. Ihre Bedeutung für Freiheit, Sicherheit und Integration, hg. von Wilhelm Sandrisser und Stefan Karner. Wien, Graz: Leykam Wissenschaft, S. 253–272.

Stockhammer, Nicolas/Neumann, Peter (2021): Vorläufige Lektionen vom Terror in Wien. EICTP Policy Brief, Wien.

Süddeutsche Zeitung (2020): Überlebende berichten von psychischen Folgen des Anschlags. 2.9.2020. www.sueddeutsche.de/politik/extremismus-halle-saale-ueberlebende-berichten-von-psychischen-folgen-des-anschlags-dpa.urn-newsml-dpa-com-20090101-200831-99-37977 0 (29.1.2023).

Tagesspiegel (2018). Sief H. soll Anschlag mit Biobombe geplant haben. 20.6.2018. https://www.tagesspiegel.de/politik/festgenommener-tunesier-sief-h-soll-anschlag-mit-biobombe-geplant-haben/22714404.html (29.1.2023).

Toft, Peter/Duero, Arash/Bieliauskas, Arunas (2010): Terrorist targeting and energy security. In: Energy Policy 38/2010, S. 4411–4421.

University of Maryland (2022): Global Terrorism Database. https://www.start.umd.edu/gtd/ (12.2.2023).

Welt (2019): Köln. Bombenbauer plante islamistischen Anschlag an belebtem Ort. https://www.welt.de/politik/deutschland/article180535218/Koeln-Bombenbauer-plante-islamistischen-Anschlag-an-belebtem-Ort.html (29.1.2023).

Welt (2017): Attentäter zielte mit „kaltem Kalkül" auf Kinder. 23.5.2017. https://www.welt.de/vermischtes/article164827296/Attentaeter-zielte-mit-kaltem-Kalkuel-auf-Kinder.html (29.1.2023).

ZEIT (2020): Polizei nimmt fünf Männer nach Lehrer-Mord fest. ZEIT online, 09.12.2020. www.zeit.de/gesellschaft/zeitgeschehen/2020-12/frankreich-neue-festnahmen-terrorattentat-geschichtslehrer-enthauptet (29.1.2023).

Zeit (2018a): Geiselnahme in Frankreich: Polizei erschießt Geiselnehmer. 23.3.2018. https://www.zeit.de/politik/ausland/2018-03/geiselnahme-in-frankreich-taeter-soll-sich-zu-is-bekannt-haben (29.1.2023).

Zeit (2018b): Wien: Angreifer vor iranischer Botschafterresidenz erschossen. 12.3.2018. https://www.zeit.de/gesellschaft/zeitgeschehen/2018-03/wien-residenz-botschaft-iran-messerattacke-soldat (29.1.2023).

Zeit (2017): Terrorverdacht: Festgenommener hatte russische Botschaft im Visier. https://www.zeit.de/gesellschaft/zeitgeschehen/2017-04/terrorverdacht-borsdorf-leipzig-anschlag-russische-botschaft (29.1.2023).

ZEIT (2012): Kalt, präzise, antisemitisch. ZEIT online, 20.03.2012. www.zeit.de/politik/ausland/2012-03/frankreich-anschlag-toulouse (29.1.2023).

Zick, Andreas et. al. (2019): Individuelle Faktoren der Radikalisierung zu Extremismus, Gewalt und Terror: Zur Forschungslage, in: Daase, Christopher et al. (Hrsg.): Gesellschaft Extrem. Was wir über Radikalisierung wissen, Frankfurt/New York: Campus.

Operative Terrorismusbekämpfung- (Inter-)nationale Zugänge

7.1 Internationale Zugänge

Die **internationalen Zugänge** der Terrorismusbekämpfung variieren nach unterschiedlichen Gesichtspunkten, wie den **spezifischen politischen und rechtlichen Rahmenbedingungen** oder den einschlägigen **Möglichkeiten und Ambitionen des Sicherheitsapparats** sowie nicht zuletzt der **Sicherheitskultur.**

Zudem gibt es in Staaten wie Israel, Großbritannien oder den USA so etwas wie eine **nationale Terrorismusbekämpfungskultur,** was auf einer Vielzahl an Faktoren, insbesondere eigenen historischen Erfahrungen dieser Nationen mit dem Terrorismus und dessen Bekämpfung, beruht. Auch die **öffentliche Meinung spielt eine wesentliche Rolle** bei der Wahl des Zugangs und der Festlegung von nationalen TB-Präferenzen. Denn, wie Hendrik Hegemann betont, spiegeln die *„weitreichenden Maßnahmen vieler demokratischer Regierungen in Reaktion auf terroristische Angriffe […] in Teilen durchaus vorhandene Ängste und Forderungen vieler Bürger*innen wider"* (Hegemann 2021, S. 339). Die **Medien sind hierbei die Katalysatoren dieser Ängste und Forderungen** (ibid, S. 339).

Klar vorausgesetzt werden muss, dass es phänomenologisch praktisch kaum jemals „absolute", d. h. eindeutig lineare Formen gibt und **Terrorismusbekämpfung stets ein Amalgam aus mehreren Ansätzen und Modellen** als auch abhängig von spezifischen Konjunkturen und Konstellationen ist, wenngleich unterschiedliche Präferenzen bzw. Zugänge im Vergleich klar erkennbar sind. So kann Israel, der Anlage nach durchaus ein Prototyp für einen operativen, harten TB-Ansatz mit einem Fokus auf Abschreckung nicht ohne strukturelle Maßnahmen mittelfristig erfolgreich sein, genauso, wie die für ihren entwicklungspolitisch und orientierten Langfristansatz bekannte internationale Organisation der Vereinten Nationen in ihrer Strategie nicht gänzlich ohne harte TB-Maßnahmen auskommen wird.

7.1.1 Die Vereinten Nationen (UN)

Die Vereinten Nationen haben eine umfassende TB-Strategie entwickelt (UN *Global Counterterrorism Strategy* 2006, S. 3–23), die auf vier Säulen fußt:

1. Säule (I): *„Bekämpfung der Bedingungen, die die Ausbreitung des Terrorismus begünstigen"*
2. Säule (II): *„Prävention und Bekämpfung des Terrorismus"*
3. Säule (III) *„Aufbau der Kapazitäten der Staaten zur Prävention und Bekämpfung des Terrorismus und Stärkung der Rolle des UN-Systems in dieser Hinsicht"*
4. Säule (IV) *„Gewährleistung der Achtung der Menschenrechte und der Rechtsstaatlichkeit als grundlegende Basis des Kampfes gegen den Terrorismus"*

Wie bereits aus der angeführten 4-Säulen Kategorisierung ersichtlich, orientiert sich die UN an primär strukturellen Maßnahmen, die stark an **holistischen Präventions- und Langfristmodellen** orientiert sind (Bakker und de Roy van Zuijdewijn 2022, S. 188 ff.). Die **Bekämpfung der begünstigenden Bedingungen des Terrorismus** gemäß Säule (I) stellt eine Adressierung der strukturellen Ursachen *(root causes)* ins Zentrum der Bemühungen und Maßnahmen (Byman 2019a, S. 633, Saul 2020, S. 530–549). Die UN-Mitgliedstaaten verpflichteten sich dementsprechend, *„Maßnahmen zu ergreifen, um gegen die Bedingungen vorzugehen, die die Ausbreitung des Terrorismus begünstigen, einschließlich lang andauernder ungelöster Konflikte, der Entmenschlichung der Opfer des Terrorismus in all seinen Formen und Ausprägungen, des Mangels an Rechtsstaatlichkeit und der Verletzung der Menschenrechte, der ethnischen, nationalen und religiösen Diskriminierung, der politischen Ausgrenzung, der sozioökonomischen Marginalisierung* *und des Mangels an verantwortungsvoller Staatsführung, wobei sie anerkennen, dass keine dieser Bedingungen terroristische Handlungen entschuldigen oder rechtfertigen kann"* (UNRCCA Concept Paper, S. 3).

Die zweite Säule (II) referenziert auf **klassische Prävention** und inkorporiert **punktuell auch Maßnahmen harter Terrorismusbekämpfung**: Die UN-Mitgliedstaaten verpflichteten sich, *„Maßnahmen zur Verhütung und Bekämpfung des Terrorismus zu ergreifen, insbesondere indem sie den Terroristen den Zugang zu den Mitteln und Ressourcen zur Durchführung ihrer Anschläge verwehren und besonders gefährdete Ziele schützen"* (UNRCCA Concept Paper, S. 5).

Der **Kapazitätenaufbau** steht im Fokus der dritten Säule (III): Die UN-Mitgliedstaaten erkannten an, dass der *„Aufbau von Kapazitäten in allen Staaten ein Kernelement der weltweiten Bemühungen zur Terrorismusbekämpfung ist, und beschlossen, Maßnahmen zu ergreifen, um die staatlichen Kapazitäten zur Verhütung und Bekämpfung des Terrorismus auszubauen und die Koordinierung und Kohärenz innerhalb des Systems der Vereinten Nationen bei der Förderung der internationalen Zusammenarbeit bei der Terrorismusbekämpfung zu verbessern"* (UNRCCA Concept Paper, S. 6).

Last but not least, konzentriert sich die vierte Säule (IV) auf **Rechtstaatlichkeit und den Schutz von Menschenrechten**: Die UN-Mitgliedstaaten verpflichteten sich, *„Maßnahmen zu ergreifen, um die Achtung der Menschenrechte für alle und die Rechtsstaatlichkeit als grundlegende Basis der Terrorismusbekämpfung zu gewährleisten. Sie beschlossen ferner, Maßnahmen zu ergreifen, um gegen Menschenrechtsverletzungen vorzugehen und sicherzustellen, dass alle Maßnahmen zur Terrorismusbekämpfung mit ihren Menschenrechtsverpflichtungen in Einklang stehen. Sie erkannten an, dass wirksame Maßnahmen zur Terrorismusbekämpfung und der Schutz der Menschenrechte keine gegensätzlichen, sondern einander ergänzende und verstärkende Ziele sind"* (UNRCCA Concept Paper, S. 4).

Insgesamt beschränken sich die Vereinten Nationen in ihren TB-Ambitionen, wie Hegeman und Kahl (2018) ausführen, nicht mehr bloß auf die *„Legitimierung militärischer Operationen und die Erhöhung der Effektivität ökonomischer und politischer Sanktionen"*, sondern versuchen *„über die **Verbesserung der politischen, ökonomischen und sozialen Lage in den Mitgliedstaaten** so etwas wie eine **Steuerung von Strukturbedingungen** zu erreichen"* (Hegeman und Kahl 2018, S. 134). Durch den *„Aktionsplan zur Verhinderung des gewalttätigen Extremismus"* (2015) verschiebt sich die **Agenda der Vereinten Nationen** im **Kampf gegen den Terrorismus** sukzessive stärker in **Richtung ihrer** *„Kernkompetenzen in den Bereichen Frieden, Entwicklung und Menschenrechte"* (ibid,

S. 134). Insgesamt haben die Vereinten Nationen mit einer Fülle an Restriktionen und Defiziten zu kämpfen, die – direkt oder indirekt- ebenso den Bereich der Terrorismusbekämpfung betreffen. Das **Hauptproblem ist die Durchsetzungsfähigkeit.** Denn die **Verbindlichkeit,** insbesondere was die Umsetzung im Verantwortungsbereich einzelner Staaten betrifft, ist aufgrund der **mangelnden internationalen Durchsetzbarkeit des Völkerrechts** in gewissen Bereichen, vor allem in der unmittelbaren Interessensphäre von Staaten, die Resolutionen im UN-Sicherheitsrat durch ihr Veto verhindern können oftmals nicht gegeben bzw. limitiert. Die militärischen Interventionen der USA im *War on Terror* sind hierfür symptomatisch. Hatte man den Vereinigten Staaten in Afghanistan seitens der UN noch praktisch freie Hand gelassen, rang man sich mit Blick auf die Invasion im Irak dazu durch, dies nicht mit einer Sicherheitsratsresolution zu unterstützen (ibid, S. 135). Mit dem Ergebnis, dass die USA dennoch vorgingen, wie sie dies geplant hatten. Zudem gewährt das **Nichtvorhandensein einer gemeinschaftlichen UN-Definition des Terrorismus** (ibid, S. 135) den **Mitgliedsstaaten einen breiten Ermessens- und Handlungsspielraum,** allein schon, was die **Deutungshoheit** darüber betrifft, wer oder was als Terrorismus und Terroristen zu definieren bzw. zu qualifizieren sind. Eine politische Angelegenheit also. Nicht minder politisch ist das **Dilemma rund um die UN-Sicherheitsrats-Resolution 1624 (2005),** deren Zweck einzig darin liegen würde, dass UN-Mitglieder die *„Anstachelung zu terroristischen Handlungen"* unter Strafe stellen, in der Praxis aber zu einem Missbrauch einzelner Staaten geführt habe (Human Rights Watch 2012, S. 41–46), die sich unter diesem Vorwand offenbar regimekritischer Akteure entledigen wollten (Hegeman und Kahl 2018, S. 134).

7.1.2 Die Europäische Union (EU)

Terrorismusbekämpfung war für die EU bis zum 11. September 2001 **kein wesentlich relevantes Thema** (u. a. Bureš 2016). Strategien und Kapazitäten der EU zur Terrorismusbekämpfung wurden nach dem 11. September 2001 nach und nach aufgebaut, **signifikant** jedoch erst nach den verheerenden Anschlägen der Jahre **2015** und **2016.** So wurde der **Aktionsplan** der EU zur Terrorismusbekämpfung ausgeweitet. Der Schwerpunkt der Terrorismusbekämpfung der EU liegt in den Bereichen der **Innen- und Justizpolitik,** beispielsweise etwa durch den Erlass neuer Rechtsgrundlagen für die Kooperation der Mitgliedsstaaten der EU, durch die Stärkung **gemeinsamer Institutionen** (Eurojust, Europol) und durch den **Auf- und Ausbau** sowie die Vernetzung **nationalstaatlicher Datenbanken.**

Nach einer Reihe von Anschlägen seit 2015 ergriff die Europäische Union (EU) verschiedene Maßnahmen zur Bekämpfung des Terrorismus. Im April 2021 nahm die EU eine Verordnung zur **Bekämpfung der Verbreitung terroristischer Online-Inhalte** an; diese Neuregelung gilt seit dem 07.06.2022. Als Reaktion auf den islamistischen Terrorismus vom 11. September 2001 legte die EU eine „Terrorliste" fest, eine Liste von Personen, Vereinigungen und Organisationen, die an terroristischen Handlungen beteiligt waren und restriktiven Maßnahmen unterliegen sollen. Diese Liste wird regelmäßig, mindestens aber einmal pro Halbjahr überprüft. Daneben verhängt die EU seit 2016 eigene Sanktionen gegen den „IS" und die Al-Qaida sowie andere terroristische Organisationen, Gruppen und Einzelpersonen (Europäischer Rat 2022).

Als Maßnahme gegen die **Finanzierung von Terrorismus** gelten in der EU seit 2018 strengere Rechtsvorschriften zur **Bekämpfung der Geldwäsche**. Durch diese Vorschriften wird es schwieriger, illegale Geldflüsse in und von verschachtelte(n) Scheinfirmen zu verbergen; die Kontrollen gegenüber risikobehafteten Drittländern werden verschärft. Zudem wird den Finanzaufsichtsbehörden eine wichtigere Rolle zugewiesen und es werden sowohl der Zugang zu Informationen als auch der Informationsaustausch verbessert.

Als besonders vital wird innerhalb der EU der **effiziente Informationsaustausch** zwischen Strafverfolgungs- und Justizbehörden und den Nachrichtendiensten der Mitgliedstaaten betrachtet, sodass es in den letzten Jahren mehrere Maßnahmen zur Verbesserung des Informationsaustauschs zwischen den EU-Mitgliedern gab, beispielsweise im Jahr 2019 einen Interoperabilitätsrahmen zwischen den EU-Informationssystemen, die zum Grenzschutz beitragen, im Jahr 2018 die Aktualisierung des Schengener Informationssystems, das von Polizei und Grenzschutzbeamten für den Austausch von Ausschreibungen zu gesuchten oder vermissten Personen und Gegenständen genutzt wird, 2016 die Richtlinie über Fluggastdatensätze, die die Übermittlung und Verarbeitung personenbezogener Daten von Fluggästen regelt sowie die Errichtung eines Europäischen Zentrums zur Terrorismusbekämpfung bei Europol zur Unterstützung des Informationsaustauschs zwischen den nationalen Polizeibehörden (Europäischer Rat 2022).

In den Bereich der **Repression** fallen im Bereich der EU aktuell Datenerfassung und -auswertung, Vereitelung von Reisebewegungen von Terroristen und Aktivitäten, polizeiliche und justizielle Zusammenarbeit sowie die Bekämpfung von Terrorismusfinanzierung (Schmid 2019, S. 157).

Die **vier wesentlichen Akteure** der europäischen Terrorismusabwehr sind:

1. Das *EU Intelligence Analysis Centre* (EU INTCEN)

Die Aufgaben des EU INTCEN entsprechen denen eines nachrichtendienstlichen Knotenpunktes (Jäger 2016, S. 24). So verfügt das Centre nicht über eigene Aufklärungskapazitäten, sondern erhält seine Informationen von den einzelnen Nachrichtendiensten der Mitgliedsstaaten, den rund 140 EU-Delegationen (EU-Auslandsvertretungen) sowie aus weiteren EU-Institutionen, unter anderem den EU-Beobachtermissionen (EUMM), dem *Intelligence Directorate* des EU-Militärstabs und dem Satellitenzentrum der EU (EUSC), was in Zusammenschau durchaus eine breite Informationsbasis für die Erstellung eines Lagebildes darstellt (Jäger 2016, S. 24).

2. Das *European Counter Terrorism Centre* (ECTC)

Entscheidende Aufgaben des ECTC sind der Informationsaustausch sowie die Koordinierung von präventiven und operativen Maßnahmen und dazu sind gemeinsame strategische Einschätzungen durch die Mitgliedsstaaten grundlegend (Jäger 2016, S. 25). Im Einzelnen sind die Arbeitsaufträge des ECTC auf *Foreign Fighter,* terroristische Organisationen, Finanzierung von Terrorgruppen, Terrorpropaganda im Internet sowie den illegalen Waffenhandel fokussiert. Die Analysen des ECTC sollen auch laufende Europol-Ermittlungen unterstützen. Darüber hinaus soll das ECTC den einzelnen EU-Mitgliedsstaaten im Falle von terroristischen Anschlägen helfend zur Seite stehen (Jäger 2016, S. 25; Goertz 2020, S. 154–157).

3. *Koordinator für Terrorismusbekämpfung*

Der Koordinator für Terrorismusbekämpfung soll dem Europäischen Rat Politikempfehlungen geben und diejenigen Handlungsbereiche identifizieren, in denen vorrangig Terrorismusabwehrmaßnahmen umgesetzt werden sollen. Die internationale Zusammenarbeit gehörte in den vergangenen Jahren zu den Tätigkeitsschwerpunkten des Koordinators für Terrorismusbekämpfung, der Fokus lag vor allem auf *Foreign Fighters* (europäische Jihadisten) und sog. Jihad-Rückkehrern (Jäger 2016, S. 25–26).

Auf Initiative des Koordinators für Terrorismusbekämpfung der EU wurden in den letzten Jahren größere Projekte im Bereich der Prävention von Terrorismus finanziert, so u. a. im Bereich Medien und strategische Kommunikation von Großbritannien, im Bereich Schulung von Imamen durch Spanien, im Bereich Zusammenarbeit von Bürgern und Polizei von Belgien, bei der Zusammenarbeit mit Kommunalbehörden von den Niederlanden, im Bereich Deradikalisierung durch Dänemark und im Bereich Terrorismus und Internet von Deutschland (Schmid 2019, S. 152).

4. Die *Police Working Group on Terrorism*

Der „Police Working Group on Terrorism" (PWGT) gehören mit den EU-Mitgliedstaaten sowie Großbritannien, Norwegen, Island, der Schweiz und Kroatien 31 Staaten an. Die PWGT ist keinem übergeordneten Gremium rechenschaftspflichtig. Die deutsche Bundesregierung bewertete die PWGT in einer Antwort auf eine Kleine Anfrage im Jahr 2013 als „wichtiges Gremium zum fachlichen Austausch" sowie als „bedeutendes Instrument der Terrorismusbekämpfung" und bewährten „Kommunikationskanal" (Deutscher Bundestag 2013, S. 5; Goertz 2020, S. 154–157).

> Die Europäische Union fokussiert auf **präventive und reaktive Maßnahmen** gleichermaßen, entsprechend dem **kriminal-justiziellen Paradigma** (Braml 2021, S. 27) unter Beimengung von **Elementen des nachrichtendienstlichen Modells.** Dabei reagiert die Union auf die Herausforderungen des transnationalen Terrorismus *„primär mit den Mitteln der Strafverfolgung durch Polizei und Justiz sowie durch kriminalpräventive Maßnahmen"*, wie Martin Kahl feststellt (Kahl 2021, S. 270). Die Terrorismusbekämpfungsmaßnahmen der EU orientieren sich an der *EU-Strategie zur Terrorismusbekämpfung* (Europäischer Rat 2005), die vom Europäischen Rat angenommen wurde.

Die EU-TB-Strategie verpflichtet die Union, den Terrorismus weltweit zu bekämpfen, dabei die Menschenrechte zu achten und ihren Bürgern ein Leben in einem Raum der Freiheit, der Sicherheit und des Rechts zu ermöglichen.

Die **EU-TB-Strategie** stützt sich vor allem auf folgende **vier Säulen:**

> 1. *PREVENT:* VERHINDERN, dass Menschen sich dem Terrorismus zuwenden und verhindern, dass künftige Generationen von Terroristen entstehen
> 2. *PROTECT:* SCHUTZ der Bürger und kritischer Infrastrukturen durch Verringerung der Anfälligkeit für Anschläge

3. *PURSUE:* VERFOLGUNG und Ausforschung von Terroristen, Unterminieren von terroristischer Planung, Reisen und Kommunikation zu diesem Zweck, Unterbindung des Zugangs zu Finanzmitteln und unterstützendem Material und Strafverfolgung von Terrorverdächtigen
4. *REACTION:* koordinierte REAKTION durch Vorbereitung auf die Bewältigung und Minimierung der Folgen eines Terroranschlags, Verbesserung der Kapazitäten zur Bewältigung der Folgen und Berücksichtigung der Bedürfnisse der Opfer (Europäischer Rat 2005)

Die EU-TB-Strategie wird regelmäßig auf Aktualität und Konsistenz hin überprüft und erweitert. So hat der EU-Rat 2008 eine EU-Strategie zur „*Bekämpfung von Radikalisierung und Anwerbung für den Terrorismus*" als Teil der Säule „Prävention" angenommen. Diese wurde 2014 überarbeitet, um der damals grassierenden Herausforderung durch Foreign Terrorist Fighter zu begegnen, die nach Syrien und in den Irak gereist waren und eine große Sicherheitsbedrohung für die EU und ihre Mitgliedstaaten darstellten (Rat der Europäischen Union, 2014), was zur Annahme der adaptierten „*EU-Strategie zur Bekämpfung von Radikalisierung und Anwerbung für den Terrorismus*" von 2014 führte. Diese Strategie zur Terrorismusbekämpfung wird durch weitere Instrumente ergänzt, wie den 2008 geänderten Rahmenbeschluss 2002/475/JI (Europ. Rat 2008), der eine gemeinsame Definition von terroristischen und damit zusammenhängenden Straftaten enthält, um die internationale Zusammenarbeit zu erleichtern, insbesondere zwischen den EU-Mitgliedstaaten in Ermangelung einer allgemein vereinbarten Definition. Dieser Rahmenbeschluss wurde schließlich 2017 durch eine Richtlinie der EU (Europäisches Parlament und Rat 2017) ersetzt, die eine Anpassung des EU-Rechts zur Terrorismusbekämpfung im Lichte der sich entwickelnden terroristischen Bedrohungen und unter Berücksichtigung des transnationalen Charakters des Terrorismus vorsah. Die Richtlinie 2017/541 des Europäischen Parlaments und Rates legt Mindestvorschriften für die Definition von terroristischen Straftaten und die entsprechenden Sanktionen in diesem Bereich fest. Außerdem werden damit Maßnahmen zum Schutz, zur Unterstützung und zur Hilfe für die Opfer eingeführt.

Auf EU-Ebene wurden in den letzten Jahren diverse nützliche Maßnahmen ergriffen, um den Terrorismus effizient und nachhaltig zu bekämpfen, darunter die Festlegung von Mindeststrafen für terroristische Straftaten, den koordinierten Austausch von Informationen und den Einsatz von Europol zur Koordination

7.1 Internationale Zugänge

der Strafverfolgung. Vieles davon kann als Reaktion auf die zahlreichen jihadistisch motivierten Anschläge in Europa seit 2015 betrachtet werden (Goertz 2019, S. 134). So kann man mit Fug und Recht behaupten, dass die „*EU* […] *seit Jahren bei der Eindämmung des islamistischen Terrorismus eine konstruktive Rolle*" spielt (Goertz 2019, S. 135). Indem sie insbesondere entsprechende Rahmengesetze für die strafrechtliche Verfolgung verabschiedet, kooperative Informationsnetzwerke weiter ausgebaut und Sicherheitsstandards (u. a. im Flugverkehr) erhöht hat, hat die EU durchaus wichtige Akzente in der TB gesetzt (Bossong 2017, S. 1; Goertz 2019, S. 135). Kein ausschließlich europäisches Phänomen, werden bei der Aufarbeitung von Terroranschlägen immer wieder „*unvorhergesehene Schwachstellen sichtbar, die Grenzen der EU-Antiterrorismuspolitik aufzeigen*" (Goertz 2019, S. 135). So offenbarten die Pariser Anschläge des Jahres 2015 „*gravierende Lücken bei der Regulierung von Feuerwaffen, dem grenzüberschreitenden polizeilichen Informationsaustausch und der Verwertung von Warnhinweisen zu sog. ‚foreign fighters' – internationalen Jihadisten*" (Bossong 2017, S. 1, Goertz 2019, S. 135). Einige der benannten Defizite wurden in den vergangenen Jahren auf EU-Ebene angegangen, jedoch hat die Pandemie aufgrund einer politischen Prioritätenverschiebung hier durchaus einige in Gang gesetzte Prozesse wieder verlangsamt. Die zahlreichen jihadistischen Anschläge in Europa seit 2015 (zuletzt Wien am 2. November 2020) und die unverändert hohe extremistische Bedrohung und das damit verbundene Risiko terroristischer Attacken in Europa unterstreichen die „*Relevanz dieser Maßnahmen zur Terrorismusabwehr*" (Goertz 2019, S. 135).

> Für Hegemann & Kahl sind in der „*Terrorismusbekämpfung bis heute die Mitgliedstaaten der EU* [bestimmend, Anm.] *geblieben*" (Hegeman und Kahl 2018, S. 139). Unterschiedliche Interessen und Fähigkeiten sowie variierende Erfahrungen mit dem Terrorismus hätten in den Mitgliedsstaaten zu unterschiedlichen Bedrohungseinschätzungen geführt, was eine Abstimmung der Antiterrorpolitik auf europäischer Ebene stets „schwierig" gestalten würde (ibid, S. 139).

Diese nüchterne Einschätzung ist jedenfalls zutreffend, was sich unter anderem ebenfalls an der permanenten koordinativen Schwierigkeit ablesen lässt, gemeinsame Richtlinien im Bereich der TB zu erlassen und diese dann auf nationalstaatlicher Ebene umzusetzen.

7.2 Nationalstaatliche Zugänge in Europa

7.2.1 Die Terrorismusbekämpfung Deutschlands

Nach Angaben von Grumke verfüge Deutschland **nicht** über eine Strategie einer Terrorismusbekämpfung (Grumke 2022, S. 696). Krieger erklärt in Bezug auf die deutschen Nachrichtendienste: *„In Deutschland sind die staatlichen Geheimdienste **unbeliebt** wie nirgendwo sonst in der westlichen Welt"* (Krieger 2021, S. 7). Was andere Staaten *„im demokratischen Westen als einen selbstverständlichen Teil moderner Politik begreifen, wird hierzulande, jedenfalls in den Medien, Parteien und Parlamenten, als skandalanfälliges, notwendiges Übel erachtet, das möglichst starken Kontrollen zu unterwerfen sei. Defizite bei der Leistungsfähigkeit nimmt man billigend in Kauf"* (Krieger 2021, S. 7). Nach Angaben von Grumke müssten sich die deutschen Nachrichtendienste sowohl bei der Abwehr des islamistischen Terrorismus als auch des Rechtsterrorismus *„zahlreiche Fehl- und Schlechtleistungen vorwerfen lassen"* (Grumke 2022, S. 695).

Für die **deutsche Terrorismusbekämpfung** sind **über 40 deutsche Sicherheitsbehörden** verantwortlich. Diese müssen trotz unterschiedlicher Aufgaben und rechtlicher Befugnisse (Nachrichtendienste, Polizei, Militär) **höchst effektiv** und **eng kooperieren**. Hierzu dienen u. a. die **Gemeinsamen Zentren** der deutschen zivilen Sicherheitsbehörden.

7.2.1.1 Das Trennungsgebot

Durch das **Trennungsgebot** wird in Deutschland eine **organisatorische** und **befugnisrechtliche Trennung** von **Verfassungsschutz** und **Polizei** vorgegeben. Eine solche Trennung verbietet jedoch **nicht generell den Informationsaustausch** zwischen Verfassungsschutz und Polizei. Denn dieser ist nach Angaben der Verfassungsschutzbehörden notwendig, um trotz der Trennung effektiv arbeiten zu können (LfV Bayern 2023). Nur durch eine **Vernetzung** von Nachrichtendiensten und Polizeien ist es möglich, die in der jeweiligen Rechtssphäre gewonnenen Erkenntnisse auszutauschen und zu analysieren. Der Austausch von Daten zwischen dem Verfassungsschutz und der Polizei für ein mögliches operatives Tätigwerden muss grundsätzlich einem herausragenden öffentlichen Interesse dienen (**informationelles Trennungsprinzip**), wenn hierdurch die Polizei an Erkenntnisse gelangt, die sie selbst nicht hätte erheben dürfen (Goertz 2022a, b, S. 428–431).

Der Ursprung des Trennungsgebots der deutschen Nachrichtendienste und Polizeibehörden liegt im sog. **Polizeibrief der Militärgouverneure** der westlichen Besatzungszonen an den Parlamentarischen Rat vom 14.04.**1949**, der die Einrichtung eines eigenständigen Inlandsnachrichtendienstes auf Bundesebene gestattete, ihm jedoch etwaige Exekutivbefugnisse versagte (Haynes 2017, S. 560). Das Ziel lag und liegt in der Verhinderung der Herausbildung einer staatlichen Übermacht oder eines möglicherweise aus ihr resultierenden Machtmissbrauchs, wie er in der Geheimen Staatspolizei (Gestapo) und im Ministerium für Staatssicherheit vorzufinden war (Haynes 2017, S. 560). Nach allgemeiner Auffassung bezeichnet das Trennungsgebot das Verhältnis zwischen Polizei und Nachrichtendiensten, das durch eine **organisatorische und befugnisrechtliche Trennung** geprägt ist und darüber hinaus informationelle Aspekte beinhaltet (Goertz 2020, S. 117).

Das auch als **Angliederungsverbot** bezeichnete Regulativ untersagt eine organisatorische Angliederung von nachrichtendienstlichen Stellen an Polizeibehörden, von Polizeidienststellen an nachrichtendienstliche Behörden sowie die Zusammenfassung beider Institutionen zu einer gemeinsamen Sicherheitsbehörde, zu einer organisatorischen Einheit. Darüber hinaus verbietet es die personelle Verflechtung von Polizei und Nachrichtendiensten, sodass eine Person nicht zugleich Mitarbeiter einer Polizei- und einer Verfassungsschutzbehörde sein darf (Haynes 2017, S. 560). Diese organisatorische Trennung ist einfachgesetzlich in zahlreichen Gesetzen auf Bundes- und Landesebene normiert. Zum Beispiel in § 2 Abs. 1 Satz 3 Bundesverfassungsschutzgesetz, § 1 Abs. 1 Satz 2 BND Gesetz, § 1 Abs. 4 MAD Gesetz, § 2 Abs. 1 Satz 2 Verfassungsschutzgesetz Berlin, § 2 Abs. 2 Landesverfassungsschutzgesetz Mecklenburg-Vorpommern, § 2 Abs. 1 Satz 2 Verfassungsschutzgesetz Nordrhein-Westfalen (Haynes 2017, S. 560).

Der letzte dem Trennungsgebot zuzurechnende Aspekt behandelt die **stark umstrittene informationelle Zusammenarbeit** von Polizei und Nachrichtendiensten. Das auch als „informationelle Trennung" bezeichnete Element behandelt den Informationsaustausch zwischen Polizeibehörden und Nachrichtendiensten. Dem Wortlaut des oben angesprochenen Polizeibriefs lässt sich nicht entnehmen, ob und inwieweit ein Austausch möglich ist. In der wissenschaftlichen Literatur dazu finden sich verschiedene Ansichten. Einerseits wird angenommen, die Wirkung des Trennungsgebots beziehe sich lediglich auf die organisatorische Trennung und treffe keine Regelungen zu Informationsbeschaffung und -austausch. Auf der anderen Seite entfalte das Trennungsgebot eben gerade auf die informationelle Zusammenarbeit Wirkung, denn ein uneingeschränkter Datenaustausch würde dem Sinn der organisatorischen und befugnisrechtlichen Wirkung zuwiderlaufen und das Gebot somit aushebeln.

Aufgrund der organisatorischen Trennung der Behörden, der sich jedoch überschneidenden Aufgaben und partiell identischen Schutzgüter ist eine **Kooperation** der Polizeibehörden und Nachrichtendiensten jedoch **unabdingbar**. Für

Bereiche, in denen eine Zusammenarbeit aus sicherheitspolitischen Gründen erforderlich ist, erließ der Gesetzgeber Vorschriften zur Informationsübermittlung und formulierte gar Übermittlungspflichten. So haben beispielsweise die Verfassungsschutzbehörden gemäß §§ 20, 21 Bundesverfassungsschutzgesetz den Staatsanwaltschaften bzw. Polizeibehörden von sich aus die ihnen bekanntgewordenen Informationen einschließlich personenbezogener Daten zu übermitteln, wenn tatsächliche Anhaltspunkte dafür vorliegen, dass die Übermittlung zur Verhinderung oder Verfolgung von Staatsschutzdelikten erforderlich ist (Haynes 2017, S. 561).

Die rechtliche Qualität des Trennungsgebots, vor allem ein möglicher Verfassungsrang, ist höchst umstritten, im Hinblick auf die sich stetig verändernde Sicherheitsarchitektur für die gesetzgeberische Praxis jedoch von dringender Relevanz. Bei einer Bejahung des Verfassungsrangs müsste der einfache Gesetzgeber bei Änderungen in Sach- und Rechtslage eine Verfassungsänderung unter Beachtung der Voraussetzungen des Art. 79 GG anstrengen. Wird der Verfassungsrang verneint und das Trennungsgebot als einfaches Recht eingeordnet, könnte der Gesetzgeber die Trennung zwischen Polizei und Nachrichtendiensten einschränken (Haynes 2017, S. 561; Goertz 2020, S. 119–120).

Nach gründlicher Untersuchung ist zu konstatieren, dass das Trennungsgebot in der Verfassung keinerlei Erwähnung findet. Die vielfach diskutierte verfassungsrechtliche Manifestation des Trennungsgebots bleibt nach Angaben von Haynes haltlos und unbegründet, sodass der Verfassungsrang abzulehnen ist. Die befugnisrechtliche und organisatorische Trennung findet in einfachgesetzlicher Ausprägung im Recht der Nachrichtendienste auf Bundes- und Länderebene Niederschlag. Daher sind sie innerstaatliches Recht, das zur Disposition der gesetzgebenden Gewalt steht. Andernfalls würde den Sicherheitsbehörden durch unflexible Vorgaben eine effektive Erfüllung ihrer staatlichen Pflichten erschwert, da eine Anpassung an aktuelle sicherheitspolitische Entwicklungen – wie mit Hinweis auf Art. 79 GG bereits angedeutet – nur unter Beachtung der hohen grundgesetzlichen Anforderungen, insbesondere der entsprechenden Quorenregelungen, möglich wäre (Goertz 2022a, b, S. 430).

7.2.1.2 Gemeinsames Extremismus und Terrorismusbekämpfungzentrum (GETZ)

Das Gemeinsame Extremismus und Terrorismusbekämpfungzentrum (GETZ) ist die **Kommunikationsplattform** für Polizei und Nachrichtendienste auf Bundes- und Länderebene zur Bekämpfung des Rechts-, Links- und auslandsbezogenen Extremismus/ -terrorismus sowie der Spionageabwehr einschließlich proliferationsrelevanter Aspekte (BfV 2022).

7.2 Nationalstaatliche Zugänge in Europa

Es ist nach dem Vorbild des Gemeinsamen Terrorismusbekämpfungzentrums (GTAZ) zur Bekämpfung des islamistischen Terrorismus entstanden und hat am 15. November 2012 seine Arbeit aufgenommen. Vorläufer des GETZ war das Gemeinsame Abwehrzentrum gegen Rechtsextremismus/-terrorismus (GAR), welches im GETZ aufgegangen ist.

Das GETZ ist keine eigenständige Behörde, sondern eine Kooperations- und Kommunikationsplattform von folgenden Behörden aus dem Bund und den Bundesländern:

- Bundeskriminalamt
- Bundesamt für Verfassungsschutz
- Bundesnachrichtendienst
- Bundespolizei
- Bundesamt für den Militärischen Abschirmdienst
- Bundesamt für Migration und Flüchtlinge
- Bundesamt für Wirtschaft und Ausfuhrkontrolle
- Generalbundesanwalt
- Generalzolldirektion
- Europäisches Polizeiamt
- 16 Landesbehörden für Verfassungsschutz
- 16 Landeskriminalämter

Die wesentliche Zielstellung des GETZ ist es, die **Fachkompetenz** aller beteiligten Behörden zu bündeln und einen möglichst lückenlosen und **schnellen Informationsfluss sicherzustellen.** Es verfügt weder über eine eigenständige Leitung, noch ein spezielles Gesetz. Vielmehr trifft jede der beteiligten Behörden ihre Maßnahmen in eigener Zuständigkeit und im Rahmen der für sie geltenden Gesetze (BfV 2022).

Das GETZ setzt sich aus der Polizeilichen und der Nachrichtendienstlichen Informations- und Analysestelle (PIAS und NIAS) zusammen. Die Federführung obliegt dem Bundeskriminalamt und dem Bundesamt für Verfassungsschutz.

Für alle behandelten Phänomenbereiche finden regelmäßig in jeweils unterschiedlichen Intervallen gemeinsame Lagebesprechungen im GETZ statt. Neben diesen Lagebesprechungen bestehen weitere Arbeitsgruppen, die sich z. B. zur vertieften Erörterung tagesaktueller Themen treffen oder ein Thema projektorientiert bearbeiten.

Als Vorteile des GETZ nennt das Bundesamt für Verfassungsschutz kürzere **Kommunikationswege,** Verbesserungen in der **behördenübergreifenden Zusammenarbeit,** eine zeitnahe Verdichtung und Bewertung von Informationen, eine **gestärkte Analysefähigkeit** sowie eine erleichterte Abstimmung operativer Maßnahmen (BfV 2022).

7.2.1.3 Gemeinsames Internetzentrum (GIZ)

Das Internet spielt im Bereich des islamistischen Terrorismus eine wichtige Rolle – als Medium islamistischer und terroristischer Propaganda, als Mittel zur Radikalisierung und Rekrutierung sowie als Tat- und Kommunikationsmittel.

Um der wachsenden Bedeutung des Internets und der Sozialen Netzwerke Rechnung zu tragen, erfolgte im Jahr 2007 die Einrichtung des Gemeinsamen Internetzentrums (GIZ). Hier tauschen sich die Sicherheitsbehörden des Bundes unter Beachtung des gesetzlichen Trennungsgebotes zwischen Polizei und Nachrichtendiensten zu Erkenntnissen aus, die sie durch Beobachtung, Auswertung und Analyse islamistischer und jihadistischer Inhalte im Internet gewonnen haben. Nach Vorbild des Gemeinsamen Terrorismusbekämpfungszentrums (GTAZ) wurde so eine Kooperationsplattform geschaffen, die einen effektiven und effizienten Informationsaustausch gewährleistet und die Fachkompetenzen aller beteiligten Behörden zusammenführt (BKA 2022a).

Die Geschäftsführung des Gemeinsamen Internetzentrums erfolgt durch das Bundesamt für Verfassungsschutz. Im GIZ kooperieren folgende Behörden:

- Bundeskriminalamt
- Bundesamt für Verfassungsschutz
- Bundesnachrichtendienst
- Militärischer Abschirmdienst
- Generalbundesanwaltschaft

7.2.1.4 Gemeinsames Terrorismusbekämpfungszentrum (GTAZ)

Ein entscheidender Faktor für die Bekämpfung des internationalen Terrorismus und insbesondere für die Bewertung von **Gefährdungssachverhalten** und die Verhinderung terroristischer Anschläge, ist nach Angaben des BKA die **frühzeitige Zusammenführung, Analyse und Bewertung relevanter Informationen aller Sicherheitsbehörden** auf Ebene des Bundes und der Länder (BKA 2022b). Um einen schnellen und unmittelbaren Informationsaustausch zwischen allen relevanten Akteuren zu gewährleisten, wurde 2004 das Gemeinsame Terrorismusbekämpfungszentrum (GTAZ) in Berlin gegründet. Hier arbeiten insgesamt 40 Behörden aus Polizei und Nachrichtendiensten erfolgreich zusammen und tauschen sich u. a. in täglichen Lagebesprechungen über neueste Entwicklungen im Phänomenbereich islamistischer Terrorismus aus. Folgende Behörden sind im GTAZ vertreten:

- Bundeskriminalamt
- Bundesamt für Verfassungsschutz
- Bundesnachrichtendienst
- Bundespolizei
- Zollkriminalamt
- Bundesamt Militärischer Abschirmdienst
- Bundesamt für Migration und Flüchtlinge
- Vertreter des Generalbundesanwaltes
- 16 Landeskriminalämter
- 16 Landesämter für Verfassungsschutz

Das GTAZ ist keine eigenständige Behörde, sondern eine Kooperationsplattform der beteiligten Behörden aus Bund und Ländern, die die Fachkompetenz aller relevanten Akteure bündelt und eine effektive Zusammenarbeit ohne Schaffung weiterer Schnittstellen und unter Einhaltung des Trennungsgebots zwischen Polizei und Nachrichtendiensten ermöglicht.

Aktuell behandeln die vertretenen Behörden verschiedene Themen im Bereich des islamistischen Terrorismus und gehen relevanten Fragestellungen in den folgenden Arbeitsgruppen nach:

- „Tägliche Lagebesprechung"
- „Risikomanagement"
- „Operativer Informationsaustausch"
- „Fälle/Analysen zum islamistischen Terrorismus"
- „Transnationale Aspekte"
- „Islamistisch-terroristisches Personenpotenzial"
- „Statusrechtliche Begleitmaßnahmen"
- „Deradikalisierung" (BKA 2022b)

7.2.1.5 Polizeiliche Spezialkräfte

Die GSG 9 (kurz GSG 9 BPOL oder einfach GSG 9) ist die Spezialeinheit der Bundespolizei zur Bekämpfung von Schwerst-/Organisierter Kriminalität sowie Terrorismus. Bis dato ist die GSG 9 in Sankt Augustin bei Bonn stationiert, allerdings wird nach Angaben der Bundespolizei gerade ein weiterer Standort in Berlin aufgebaut (Bundespolizei 2022a, b, c). Die Abkürzung **GSG 9** steht für

Grenzschutzgruppe 9. Der Bundesgrenzschutz heißt zwar seit 2005 Bundespolizei, jedoch stellt der Name GSG 9 weltweit einen festen Begriff dar und wurde aus diesem Grund beibehalten und lediglich mit dem Zusatz „der Bundespolizei" ergänzt (Bundespolizei 2022a, b, c).

Die GSG 9 wurde am 26. September 1972 aufgrund der Erfahrungen bei der Geiselnahme in München als Antiterror- und Geiselbefreiungseinheit gegründet. Das palästinensische Terrorkommando „Schwarzer September" hatte elf israelische Teilnehmer der Olympischen Spiele in München als Geiseln genommen und schließlich getötet. Die deutsche Polizei war damals auf Geiselnahmen dieser Art nicht vorbereitet und konnte die Lage nicht erfolgreich lösen. Im April 1973 meldete Gründungskommandeur Ulrich Wegener die Einsatzbereitschaft von zwei Einsatzeinheiten der GSG 9. Bekannt wurde die GSG 9 im Herbst 1977 durch die Operation „Feuerzauber". Palästinensische Terroristen hatten das Lufthansa-Flugzeug „Landshut" entführt. Am 17. Oktober 1977 stürmte die GSG 9 in einer bis dato einzigartigen Operation das Luftfahrzeug und befreite erfolgreich alle Geiseln. Seither hat die GSG 9 nach Angaben der Bundespolizei eine Vielzahl von besonderen Einsätzen im In- und Ausland absolviert (Goertz 2022a, b, S. 190).

Die GSG 9 besteht aus verschiedenen Einheiten, allerdings haben alle Angehörigen der Einsatzeinheiten die gleiche standardisierte 10-monatige GSG 9-Ausbildung durchlaufen. Die Grundfähigkeiten sind gleich und die Einheiten operieren durchaus in verschiedenen Einsätzen auch gemeinsam. Der Unterschied liegt lediglich in der **einheitstypischen Zusatzspezialisierung** (Bundespolizei 2022b). Die 1. Einheit umfasst die Präzisionsschützen. Das bedeutet, dass diese Einheit über verschiedenste Präzisionswaffen und spezielle Aufklärungsmittel verfügt, die nötig sind, um das gesamte Spektrum des polizeilichen Präzisionsschützenwesens abzudecken. Hierzu zählt das Aufklären gegen Zielpersonen und unterschiedliche Zielobjekte aus verschiedensten, getarnten Schützenstellungen im Gelände und im Gebäude, bis hin zur finalen Bekämpfung mehrerer Täter als mögliche Optionen zur Lagelösung (Bundespolizei 2022b).

Die 2. Einheit – Taucher und Bootsführer befasst sich mit der Thematik des taktischen Tauchens und dem Führen von Einsatzbooten. Zielrichtung der Taucher ist es, sich in maritimen Lagen lautlos und ungesehen dem möglichen Szenario zu nähern und den Einsatzerfolg durch den bestmöglichen Überraschungseffekt herbeizuführen. Hierzu sind die Beamten mit speziellen Tauchgeräten ausgestattet, so dass sie von der Wasseroberfläche nicht erkannt werden können (Bundespolizei 2022b).

Die 3. Einheit – Fallschirmspringer praktiziert das taktische Fallschirmspringen. Diese Einheit beherrscht alle Facetten dieser Spezialisierung, „einfache"

7.2 Nationalstaatliche Zugänge in Europa

Sprünge, gezielte Sprünge auf kleine Landeflächen, Angleitverfahren mit Gepäck und Sprünge bei völliger Dunkelheit. Jahrelanges Training wird benötigt, um alle taktischen Variationen zu beherrschen. Zur Ausstattung gehören Spezialfallschirme, die es dem Einsatzbeamten erlauben, auf alle Anforderungen reagieren zu können (Bundespolizei 2022b).

Die 4. Einsatzeinheit soll mittelfristig am Standort Berlin die Reaktionsfähigkeit in der Hauptstadt verbessern. Die Beamten dieser Einheit beherrschen die Grundtaktiken polizeilicher Zugriffe und Einsatzverfahren ebenso wie die Beamten der anderen drei Einsatzeinheiten. Insbesondere die flexible und schnelle Verlegung der Kräfte zur Bewältigung von Einsatzlagen in urbanem Gelände wird ein Schwerpunkt darstellen (Bundespolizei 2022b).

Gemäß § 8 (2) Bundespolizeigesetz kann die Bundespolizei zur Rettung von Personen im Ausland eingesetzt werden. Neben dem KSK (Kommando Spezialkräfte) der Bundeswehr kann somit auch die GSG 9 zur Rettung von Menschenleben im Ausland befugt sein. Die jeweiligen Zuständigkeitsgrenzen sind durch die Ministerien klar definiert (Bundespolizei 2022d). Darüber hinaus hat die GSG 9 über Jahre Personenschutzaufträge an deutschen Auslandsvertretungen durchgeführt. Einsatzländer waren unter anderem Irak, Afghanistan, Libyen und Mali (Bundespolizei 2022d). Ebenso führt die GSG 9 weltweit im Falle von Entführungslagen deutscher Staatsangehöriger im Ausland Beratertätigkeiten durch. Zuletzt war sie im Zuge dessen 2016 auf den Philippinen tätig.

Spezialeinsatzkommandos (SEK) werden unter anderem zur Festnahme bewaffneter Straftäter eingesetzt. Ein SEK greift in höchst gefährlichen Situationen ein, beispielsweise bei terroristischen Lagen, Geiselnahmen, Banküberfällen, Entführungen und Erpressungen. Ein SEK besteht aus verschiedenen Spezialgruppen. Nur in Ausnahmefällen wie etwa bei Großrazzien rückt das gesamte SEK aus. Neben Zugriffen im Bereich des Rauschgift- und Waffenhandels wird ein SEK auch zur Bewältigung von gewalttätigen Demonstrationen oder zur Festnahme von bewaffneten Personen eingesetzt. Es ist bei Geiselnahmen, Entführungen, Erpressungen sowie im Bereich der Terrorismusabwehr im Einsatz. Daneben sind SEK auch präventiv tätig: Sie observieren Verdächtige, schützen hochrangige Staatsbesucher, begleiten Gefangenentransporte und retten gefährdete Menschenleben, etwa bei Suizidversuchen. Die Beamten eines SEK haben Spezialisierungen wie beispielsweise Präzisionsschützen und Rettungssanitäter. Die SEK der 16 deutschen Bundesländer sind jeweils Teil eines Landeskriminalamtes (LKA). Die Landeskriminalämter sind dem jeweiligen Innenministerium nachgeordnet.

7.2.1.6 Die Rolle der Bundeswehr in der Terrorismusbekämpfung Deutschlands

Kaim stellt aktuell fest, dass spätestens nach den jihadistischen Anschlägen des 11. Septembers 2001 Konsens darüber herrscht, dass *„Terrorismusbekämpfung über ein breites Spektrum von Politikfeldern hinweg geplant, koordiniert und durchgeführt werden"* müsse *(whole of government-approach)* (Kaim 2022, S. 710). Die Bundeswehr wurde seit dem 11. September 2001 in insgesamt fünf Einsätzen mit dem Ziel der Terrorismusbekämpfung eingesetzt, *Operation Enduring Freedom* (OEF), *Operation Active Endeavour* (OAE), *Operation Inherent Resolve,* Multidimensionale Integrierte Stabilisierungsmission der Vereinten Nation in Mali (MINUSMA) sowie in der *International Security Assistance Force* (ISAF) und deren Nachfolgerin *Resolute Support Mission.*

In Bezug auf die Beteiligung von Militär, hier: von der Bundeswehr, kann unterschieden werden in direkte und indirekte Terrorismusbekämpfung durch Militär.

Zur direkten Terrorismusbekämpfung gehören folgende Einsätze der Bundeswehr:

- *Operation Enduring Freedom*

Die Operation Enduring Freedom war die erste militärische Mission zur Bekämpfung des internationalen Terrorismus, im Wesentlichen durch militärische Spezialkräfte in Afghanistan (**Kommando Spezialkräfte,** KSK) von 2001 bis 2008 sowie am Horn von Afrika durch Verbände der deutschen Marine als Teil eines multinationalen Einsatzverbands von 2002 bis 2010.

- *Operation Active Endavour/Sea Guardian*

Die Operation *Active Endavour/Sea Guardian* (OAE) dauerte bis 2016 und war eine maritime Operation der NATO im Mittelmeer.

- *Operation Inherent Resolve*

Seit 2015 beteiligt sich die Bundeswehr an der Anti-IS-Mission *Inherent Resolve.* Der Einsatz Counter Daesh/Capacity Building Iraq basiert auf zwei Säulen: Einerseits auf dem Kampf gegen den sogenannten „Islamischen Staat", unterstützt durch die internationale Anti-IS-Koalition und deren Operation Inherent Resolve. Zweitens die Stabilisierung der irakischen Sicherheitsinstitutionen im Rahmen der NATO Mission Iraq und der internationalen Anti-„IS"-Koalition. Das Ziel des deutschen Engagements ist nach Angaben der Bundeswehr, „durch einen vernetzten Ansatz zu einer umfassenden und nachhaltigen Stabilisierung der Region, insbesondere des ehemaligen Kerngebiets des IS beizutragen" (Bundeswehr 2023a, b). Wesentliche Aufgaben der Bundeswehr dort sind die Bereitstellung von Lufttransportkapazitäten für die multinationale Koalition, die Bereitstellung und der Betrieb eines Luftraumüberwachungsradars als wesentlicher Beitrag zur Luftraumüberwachung und Lagebilderstellung für die multinationale Anti-IS-Koalition, die See- und Luftraumüberwachung sowie das Durchführen von spezialisierten militärischen Lehrgängen im Nord- und Zentralirak („Capacity Building") (Bundeswehr 2023a, b).

Zur indirekten Terrorismusbekämpfung gehören folgende Einsätze der Bundeswehr:

- **Afghanistan** (ISAF/Resolute Support Mission):

Die zivil-militärische *counterinsurgency-* und *nation building*-Strategie der USA im Rahmen von ISAF hatte im Zeitraum der beiden Bush-Administrationen hatte drei Schwerpunkte:

- Zieles eines klassischen *nation building*-Prozess durch wirtschaftliche, infrastrukturelle Projekte einerseits und den Aufbau von Regierungs- und Verwaltungsinstitutionen andererseits. Die verantwortlichen U.S.-Institutionen hierfür waren die U.S. Agency for International Development (USAID), das U.S.-Außenministerium und das U.S.-Verteidigungsministerium. Die *provincial reconstruction teams* (PRTs) können dabei als zivil-militärisches *counterinsurgency-* und *nation-building*-Instrument der U.S.-Sicherheits- und Verteidigungsadministration beschrieben werden (USDOD 2011, S.74ff).
- Der Aufbau der Afghan National Army (ANA) und der Afghan National Police (ANP).
- Eine strategisch defensive Truppenpräsenz durch einen *light footprint*-Ansatz der U.S.-Streitkräfte und die damit verbundene Wichtigkeit der einheimischen Streitkräfte und Sicherheitskräfte (Goertz 2022b, S. 16–17).

Im ISAF-Operationsplan hieß es im Jahr 2010, die Ziele der ISAF-Mission seien: „das afghanische Volk zu schützen; Netzwerke von Aufständischen auszuschalten; die Afghan National Security Forces aufzubauen und die Errichtung von legitimen Regierungsstrukturen und nachhaltigen sozio-ökonomischen Institutionen zu unterstützen" (zitiert nach: USDOD 2011, S. 7). Erreicht werden sollte dies „gemeinsam mit der afghanischen Regierung und der internationalen

Gemeinschaft" durch „umfassende, bevölkerungszentrierte *counterinsurgency*-Operationen" (zitiert nach: USDOD 2011, S. 7)). Nach der *counterinsurgency*-Strategie „*clear, hold, build*" sollten Gebiete in Afghanistan zunächst von den Taliban befreit, dann gehalten und zuletzt mit *nation building*-Maßnahmen dauerhaft gesichert werden.

- **Mali** (MINUSMA/EUTM Mali)

Vom Camp Castor in Gao aus setzt die Bundeswehr Aufklärungskräfte am Boden und in der Luft ein, um dem VN-Hauptquartier in Bamako die angeforderten Informationen zu liefern. Regelmäßig werden zusätzlich Patrouillen in der Region um Gao durchgeführt. Das Einsatzgebiet umfasst ganz Mali sowie den Lufttransportstützpunkt in Niamey im benachbarten Niger (Bundeswehr 2023b). Am 28.01.2016 beschloss der Deutsche Bundestag auf Antrag der Bundesregierung eine erste Erweiterung des deutschen Engagements. Zusätzlich zu den bisherigen Kräften wurde daraufhin eine verstärkte gemischte Aufklärungskompanie entsandt, die mit unbemannten und unbewaffneten Aufklärungsdrohnen des Typs Heron und Spähpanzern des Typs Fennek ausgerüstet ist. Hinzu kommen vor allem Sicherungskräfte, Versorgungs- und Sanitätskräfte sowie Fernmelder. Ein Großteil des deutschen Einsatzkontingents ist im Nordosten Malis im Camp Castor in Gao stationiert (Bundeswehr 2023b). Die deutsche Bundesregierung beschloss am 22.11.2022, dass der Einsatz der Bundeswehr bei der MINUSMA-Mission in Mali bis Mai 2024 beendet werden soll.

7.2.1.7 Militärische Spezialkräfte – Das Kommando Spezialkräfte (KSK)

Das **KSK** stellt die militärischen Spezialkräfte, Teil der Division Schnelle Kräfte (DSK), der Bundeswehr dar. Aufgaben sind u. a. Sonderoperationen, **Terrorismusbekämpfung**, Aufklärung, Evakuierung und Militärberatung (Ausbildung anderer Spezialkräfte). Vorbilder des 1996/1997 aufgestellten KSK sind der britische Special Air Service (SAS) und die US Special Operations Forces (SOF). Das KSK wurde u. a. zur Festnahme von Kriegsverbrechern im ehemaligen Jugoslawien sowie in den Missionen OEF und ISAF in Afghanistan eingesetzt.

Im Rahmen von OEF war das KSK von 2001 bis 2002 Teil der Task Force K-Bar. Ebenso waren Teile des KSK an der Operation Anaconda im März 2002 beteiligt. Von Dezember 2001 bis Oktober 2003 waren kontinuierlich ca. 100 KSK-Soldaten in Afghanistan im Einsatz, u. a. im afghanisch-pakistanischen Grenzgebiet. Beim Anschlag der Taliban auf das deutsche Generalkonsulat in Masar-e Scharif am 10.11.2016 spielte das KSK eine entscheidende Rolle dabei, die deutschen Diplomaten und Mitarbeiter zu retten. Auch bei der Evakuierungsmission der Bundeswehr im August 2021 hatte das KSK einen entscheidenden Anteil.

7.2.2 Die Terrorismusbekämpfung Österreichs

Die Geschichte der österreichischen Terrorismusbekämpfung erstreckt sich über mehrere Jahrzehnte (Riegler 2022) und ist von einer Vielzahl von externen wie internen Faktoren beeinflusst worden, wie der geopolitischen Position und Positionierung Österreichs, der stetig anwachsenden Bedrohung durch den internationalen Terrorismus sowie der Entwicklung der nationalen Sicherheits- und Strafverfolgungsbehörden.

Seit den 1990er Jahren richtete sich die Terrorismusbekämpfung in Österreich verstärkt auf die Bekämpfung des Terrorismus durch islamistische Gruppen, schwerpunktmäßig insbesondere nach den Anschlägen von 9/11. Die österreichische Bundesregierung verabschiedete seitdem eine Reihe von Gesetzen, die es den Strafverfolgungsbehörden erleichterten, gegen Verdächtige vorzugehen und terroristische Aktivitäten zu verhindern. Die Zusammenarbeit mit anderen europäischen Ländern und internationalen Organisationen wurde ebenfalls verstärkt, vorwiegend im Rahmen der Europäischen Union, der OSCE und der Vereinten Nationen.

In den letzten Jahren hat sich die Bedrohung v. a. durch den salafi-jihadistischen Terrorismus in Österreich strukturell verändert, insbesondere durch die zunehmende Radikalisierung von Einzeltätern und Kleingruppen sowie durch die Verbreitung extremistischer Propaganda im Internet. Am 2. November 2020 führte ein islamistisch motivierter Anschlag in Wien (Stockhammer und Neumann 2021; Goertz und Stockhammer 2022), bei dem vier Menschen getötet wurden, zu einer erneuten Debatte über die Wirksamkeit der österreichischen Terrorismusbekämpfung und darüber, wie zukünftige Angriffe verhindert werden können.

> Eine wichtige Rolle bei der Terrorismusbekämpfung in Österreich spielen die Strafverfolgungsbehörden, insbesondere die Bundespolizei und der Verfassungsschutz. Der spezifische österreichische Terrorismusbekämpfungsansatz ist ein kriminal-justizieller mit einer traditionellen Fundierung

im Bereich Staatsschutz und einer zusehends ausgeprägten Nachrichtendienstkomponente.

Das **Bundesamt für Verfassungsschutz und Terrorismusbekämpfung** (BVT, bis Anfang Dezember 2021), eine polizeiliche Behörde mit nachrichtendienstlichen Kompetenzen, war seit der Jahrtausendwende für die österreichische Terrorabwehr zuständig. Das BVT war durch eine dramatische Anhäufung an problematischen Konstellationen und negativen Ereignissen (u. a. illegale Razzia beim BVT durch die „Einsatzgruppe zur Bekämpfung der Straßenkriminalität" im Februar 2018, die politisch motivierte Suspendierung des Ex-Direktors Peter Gridling, die Spionage-Causa rund um Jan Marsalek, sowie die Suspendierung aus dem sog. „Berner Club"), spätestens seit 2018 sowohl national als auch international medial in Verruf geraten (u. a. Stockhammer 2020a; „Der Standard" 2019). Bei aller berechtigten Kritik war das BVT bis zuletzt funktional intakt, jedoch die Reputation des Apparats nachhaltig beschädigt, was zu Reibungsverlusten und vereinzelt zu qualitativen Mängeln geführt hat. Der *„genetische Geburtsfehler"* des BVT, als einer *„Superbehörde, [...] die Ermittlungskompetenz, Nachrichtendienst und Verfassungsschutz in sich vereint(e)"* und damit der inhärente Interessenskonflikt (etwa Kooperation mit Partnerdiensten und die Notwendigkeit gegen diese in anderen Belangen eventuell gerichtlich vorgehen zu müssen) wurden erst im Zuge diverser Gerichtsverfahren evident (Stockhammer 2020b). Der Wiener jihadistische Terroranschlag vom 2. November 2020 und die damit verbundenen Fehlleistungen des BVT hätten die bereits bestehende Verfassungsschutzreform nachhaltig beschleunigt und damit das Ende des BVT besiegelt (Zerbes-Untersuchungskommissionsbericht 2021). Das BVT konnte man Zeit seiner Existenz getrost als eine *„Mischform aus Sicherheitsbehörde mit nachrichtendienstlichen Elementen"* (Riegler 2022, S. 19) betrachten. Neben dem Anspruch, nachrichtendienstlich relevante Erkenntnisse zu generieren, war das BVT bestrebt, diese zugleich unmittelbar in die Gefahrenabwehr einfließen zu lassen (ibid, S. 19). Die Kernaufgaben des österreichischen Verfassungsschutzes, sowohl für das BVT als auch die Nachfolgeorganisation **Direktion Staatsschutz und Nachrichtendienst** (DSN) sind der Schutz der verfassungsmäßigen Einrichtungen und deren Handlungsfähigkeit, der Schutz kritischer Infrastrukturen, Vertreter ausländischer Staaten, internationaler Organisationen und anderer Völkerrechtssubjekte (ibid, S. 19). Zudem beinhaltet die Zuständigkeit der österreichischen Verfassungsschutzbehörden *„die Bekämpfung extremistischer und terroristischer Bedrohungen, von Spionage des internationalen*

7.2 Nationalstaatliche Zugänge in Europa

Waffenhandels, des Handels mit Kernmaterial und der organisierten Kriminalität in diesen Bereichen" (ibid, S. 19).

Wesentlicher Akteur der Terrorismusbekämpfung im Inneren in Österreich ist nunmehr die im Nachklang des Wiener Terroranschlags per 1.12.2021 neuaufgestellte, bereits angesprochene DSN.

> Die DSN besteht aus **zwei gleichberechtigten Komponenten**, aus der Komponente **polizeiliche Staatsschutzbehörde** einerseits und aus der Komponente **ziviler Inlandsnachrichtendienst** andererseits. Die DSN verweist hierbei darauf, dass es eine **klare Trennung der Bereiche Staatsschutz und Nachrichtendienst** gibt (BMI–DSN 2023). Der **Staatsschutz** ist hierbei **zuständig für den vorbeugenden Schutz vor verfassungsgefährdenden Angriffen, die sicherheitspolizeiliche Gefahrenabwehr und die Durchführung kriminalpolizeilicher Ermittlungen**. Die Komponente **Nachrichtendienst** für die **Gewinnung und Analyse von Informationen sowie die erweiterte Gefahrenerforschung**.

Neben der DSN ist in jedem österreichischen Bundesland eine für Staatsschutz zuständige Organisationseinheit der Landesämter für Verfassungsschutz und Terrorismusbekämpfung (LVT) bei den jeweiligen Landespolizeidirektionen eingerichtet (BMI–DSN 2023). Im sog. **GILZ (Gemeinsames Informations- und Lagezentrum),** der einzigen **Schnittstelle** unter Vorsitz des DSN-Direktors. Das GILZ hat *„laufend abzuwägen, ob Erkenntnisse des Nachrichtendienstes auf mögliche Straftaten vorliegen, die es notwendig machen, dass der Staatsschutz für die weitere polizeiliche Ermittlungsarbeit eingeschaltet wird"* (Riegler 2022, S. 20).

Zu den Spezialkräften Österreichs zur Terrorismusbekämpfung gehören das Einsatzkommando Cobra, die WEGA sowie das Jagdkommando. Das Einsatzkommando Cobra als die polizeilichen Spezialkräfte Österreichs wurde 1978 gegründet, bei ihrer Aufstellung wurde sie von Spezialkräften aus Deutschland (GSG 9), Frankreich (GIGN) und der Schweiz (ARGUS) beraten. Die Aufgaben des Einsatzkommandos Cobra sind im Wesentlichen die Planung, Vorbereitung und Durchführung von Sondereinsätzen mit „mittlerem und höherem Gefährdungsgrad" (Geiselnahmen, Amokläufe, Flugzeugentführungen, Festnahmen nach Gewaltverbrechen), der Personenschutz des Bundeskanzlers und anderer hochgefährdeter Personen, Sicherungsaufgaben auf dem Flughafen Schwechat, Personenschutz für Staatsgäste, Objektschutz für österreichische Vertretungen im Ausland, Air-Marshals sowie Ausbildung (BMI–Cobra 2023).

Die Einsatzeinheit WEGA (Wiener Einsatzgruppe Alarmabteilung) versammelt Spezialkräfte der österreichischen Polizei in der Bundeshauptstadt Wien, ihre Aufgaben ähneln denen der polizeilichen Spezialkräfte SEK in Deutschland. Die Aufgaben der WEGA liegen u. a. im Bereich Anti-Terror. Während des jihadistischen Terroranschlags in Wien am 02.11.2020 neutralisierten WEGA-Kräfte den Attentäter bereits innerhalb von neun Minuten nach Eingang der ersten Notrufe.

Das Jagdkommando ist die Spezialkräfteeinheit des österreichischen Bundesheeres. Soldaten des Kommandos waren unter anderem im Kosovo, in Albanien, in Afghanistan und im Tschad im Einsatz. Jagdkommandokräfte können sowohl in Österreich (auf Anforderung der Polizei im Rahmen eines sicherheitspolizeilichen Assistenzeinsatzes) als auch im Ausland eingesetzt werden. Ihre Aufgaben sind u. a. Spezialaufklärung zur Gewinnung von wichtigen Informationen, Kommandooperationen, beispielsweise zur Befreiung von Geiseln, Festnahme von Personen wie Kriegsverbrechern sowie die Ausbildung ausländischer Spezialkräfte.

7.2.3 Die Terrorismusbekämpfung Frankreichs

Frankreich ist gegenwärtig wie die meisten europäischen Länder mit einer *endogenen*, also einer von innen heraus wirkenden, terroristischen– derzeit vorwiegend islamistischen– Bedrohung konfrontiert, die primär von radikalisierten Personen ausgeht, die sich bereits auf französischem Boden befinden. Isolierte Einzeltäter oder kleine Zellen, die auf der Grundlage der Ideologie und Propaganda des Islamischen Staates (IS) oder von al-Qaida Terrorakte zumeist in der Nähe ihres Wohnorts zu verüben. Die **französische Terrorismusbekämpfung** ist sehr **stark im nachrichtendienstlich-polizeilichen, aber auch im militärischen Modell verwurzelt** und kann daher durchaus als eine **hybride Mischform** betrachtet werden. Dementsprechend habe sich die französische Strategie zur Terrorismusbekämpfung nach den Terroranschlägen von 2015 weiterentwickelt und biete nun eine „*Mischung aus Präventiv-, Schutz- und Strafmaßnahmen*" (Elnakhala 2021, S. 266).

Die wesentlichen Bausteine einer französischen Anti-Terror-Strategie finden sich im nationalen **„Aktionsplan gegen den Terrorismus"** (APT). Der im Juli 2018 vorgestellte APT besteht aus **32 Maßnahmen,** die sich in *präventive, schützende und strafende Maßnahmen* (Nationaler Plan 2018) einteilen lassen und sieht folgende vier Zugänge/Maßnahmen vor:

1. **„Wissen"**: die terroristische Bedrohung und ihre Entwicklung besser erkennen und verstehen, indem die Koordination zwischen den Nachrichtendiensten verbessert wird.
2. **„Eindämmen"**: Die Verhinderung von Straftaten hängt zum Teil von der Antizipation von zukünftigen Haftentlassungen und von internationalen Initiativen gegen die Finanzierung des Terrorismus ab.
3. **„Schutz"**: Die Verringerung von Risiken erfordert eine Zusammenarbeit von privaten Akteuren, Gemeinden und der Bevölkerung, um eine gemeinsame Sicherheitskultur zu entwickeln.
4. **„Repression"**: Die Schaffung einer nationalen Staatsanwaltschaft zur Bekämpfung des Terrorismus (*parquet national anti-terroriste*, PNAT) zielt darauf ab, die Repression von terroristischen „Straftaten zu verstärken" (Elnakhala 2021, S. 267)

Grumke bezeichnet die Terrorismusbekämpfung Frankreichs als **robust,** jedoch **komplizierter** als die Strukturen in Deutschland (Grumke 2022, S. 701). Neben dem französischen Auslandsnachrichtendienst (*Direction Générale de la Sécurité Extérieure* – DGSE) existierte bis 2008 ein Inlandsnachrichtendienst für die Spionageabwehr und zur Bekämpfung des internationalen Terrorismus, der das französische Territorium von außen bedroht (Grumke 2022, S. 701). Im Jahr 2007 erfolgte die Gründung der *Direction Centrale du Renseignement Intérieur* (DCRI). Kaum ein Jahr später gab es einen Umbau der französischen Sicherheitsarchitektur, bei der die DST in die neue DGSE aufging. 2014 wird die DCRI in DGSI (*Direction Générale de la Sécurité Intérieure*) umbenannt, um das „innere" Pendant zur DGSE zu bilden.

Anders als in Deutschland gibt es in Frankreich zwei **unabhängige Sicherheitsbehörden** für den **Schutz des französischen Staatsgebiets.** Die **Gendarmerie Nationale** ist für **ländliche Regionen** zuständig. Ein Teil der Gendarmerie ist die Eingreiftruppe *Groupe d'intervention de la gendarmerie nationale* (GIGN), die beispielsweise bei Geiselnahmen eingesetzt werden kann, ähnlich der GSG 9 und den SEK in Deutschland. Für die Sicherheit in den **Städten** ist wiederum die **Police Nationale** zuständig. Diese untersteht dem Innenministerium und wird von der Generaldirektion der Nationalpolizei (DGPN) geleitet (Sofia und Roux 2022).

Teil der zivilen Polizei ist die Kriminalpolizei, ***Direction centrale de la police judiciaire*** (DCPJ), die organisierte oder grenzüberschreitende Kriminalität, darunter auch Terrorismus, verhindert und bekämpft. Neben den Spezialeinheiten *„Recherche, Assistance, Intervention, Dissuasion"* (RAID) und *„Brigade de recherche et d'intervention"* (BRI) ist ein weiterer wichtiger Akteur die

Koordinationsstelle für Terrorismusbekämpfung die **UCLAT**. Diese bündelt alle Polizeiabteilungen und verfasst tägliche Lageanalysen. Die UCLAT kooperiert eng mit dem **Inlandsnachrichtendienst DGSI**, dessen Ziel es ist, „alle Aktivitäten zu bekämpfen, die den grundlegenden Interessen der Nation und der nationalen Sicherheit schaden könnten". Der **Auslandsnachrichtendienst DGSE** soll hingegen aus dem Ausland geplante Anschläge verhindern und untersteht dem Verteidigungsministerium. **DGSE und DGSI bilden den „ersten Kreis" der nachrichtendienstlichen Arbeit in Frankreich.** Der Nationale Geheimdienstrat *(Conseil National du Renseignement),* der beim Präsidenten der Republik angesiedelt ist und von einem Geheimdienstkoordinator geleitet wird, legt die strategischen Leitlinien und die Prioritäten im Bereich der Nachrichtendienste fest. Er erstellt die Planung der personellen und technischen Mittel der spezialisierten Nachrichtendienste. Mitglieder des Rates sind das Staatsoberhaupt, der Premierminister, die zuständigen Minister und die Direktoren der Nachrichtendienste.

Auf internationaler Ebene engagiert sich Frankreich unter anderem für die Bekämpfung von Terrorismusfinanzierung und die Löschung von terroristischen Inhalten im Netz, zum Beispiel über Interpol (Sofia und Roux 2022).

Eine **Besonderheit der französischen Terrorismusabwehr** ist, dass sowohl bei der Ermittlungsarbeit als auch bei der Strafverfolgung besondere Maßnahmen angewandt werden, nicht das ‚reguläre'/ ‚normale' Strafrecht. So wurde im Sommer 2019 als Reaktion auf die stark gestiegene Zahl von strafrechtlich relevanten Fällen im Bereich Terrorismus eine eigene Nationale Antiterrorismus-Staatsanwaltschaft (PNAT) mit 26 spezialisierten Untersuchungsrichtern *(magistrats)* geschaffen (Sofia und Roux 2022).

Ein neues Anti-Terrorismus-Gesetz überführte im Jahr 2017 einen Großteil der Ausnahmebefugnisse, die seit den Anschlägen des 13.11.2015 bestanden, in ständiges Recht (Gesetz vom 30.10.2017, Nr. 2017-1510). Weitere Gesetze erweiterten auch die Befugnisse von Richtern/-innen und Staatsanwälten/-innen oder erleichtern die Internetüberwachung.

Die **Verfassung Frankreichs** enthält **keine klaren Regelungen hinsichtlich eines Inlandseinsatzes.** So **entscheidet** der **Staatspräsident als Oberbefehlshaber** über den Einsatz der Streitkräfte im In- und Ausland. Im französischen politischen Diskurs wird die Armee häufig als Teil der „Sicherheitskräfte" dargestellt, zu denen auch die Polizei und die Gendarmerie gehören. Währenddessen die Armee als ein verfassungsmäßig legitimiertes Instrument der Gewaltanwendung zur „Vernichtung eines fremden Feindes" angesehen wird, unterscheiden sich das Aufgabenspektrum und die Zuständigkeiten der Polizei hiervon klar. Artikel L 4125-5 des geänderten Gesetzes vom 24. März 2005, ein in Buch 1 des Verteidigungsgesetzes kodifiziertes Statut, besagt, dass „*die Angehörigen der Streitkräfte zu jeder Zeit und an jedem Ort zum Dienst herangezogen werden können*". Ebenso sieht Artikel D.4122- zum Beispiel im Fall von Terroranschlägen- vor, dass jeder Angehörige der Streitkräfte „*zur Unterstützung von Vollzugsbeamten herangezogen werden kann, wenn diese seine Hilfe regelmäßig anfordern*". Im Inland werden gegebenenfalls Abordnungen der französischen Streitkräfte seit den jihadistischen „Bataclan"-Anschlägen vom 13.11.2015 im Rahmen der *Opération Sentinelle* als Wachposten eingesetzt.

Zwei wichtige Artikel der Verfassung führen zudem ein Ausnahmeregime ein, das einen anlassgebundenen, temporären Einsatz der Streitkräfte im Inneren legitimiert: Artikel 16 (der einmal für den Algerienkrieg verwendet wurde) und Artikel 36 Absatz 1, der in besonderen Ausnahmefällen eine Übertragung der Polizeibefugnisse auf die Militärbehörde vorsieht. In der Verfassung der Fünften Republik gibt es also eine klare Unterscheidung zwischen Militär und Polizei, was Zuständigkeiten und Aufgaben und das Einsatzspektrum betrifft. Die französische Terrorismusbekämpfung basiert auf einer übergreifenden Kooperation der hier beschriebenen Stakeholder, bei der die Akteure der inneren Sicherheit zweifellos den „Lead" innehaben.

Seit Jahren setzt Frankreich seine Streitkräfte auch im Ausland zur Terrorismusbekämpfung ein, bis 2022 u. a. in der Antiterror-Operation Barkhane in der Sahelzone (Burkina Faso, Tschad, Mali, Mauretanien und Niger).

7.2.4 Die Terrorismusbekämpfung Großbritanniens

Großbritannien muss auf eine lange Tradition in der Bekämpfung des Terrorismus, insbesondere durch den jahrzehntewährenden Konflikt mit der (Provisional) *Irish Republican Army* (IRA), zurückblicken (stellvertretend Silke 1998, S. 46–60). Nach den Anschlägen vom 11. September 2001 hat Großbritannien seine Bemühungen verstärkt und Gesetze wie den „*Anti-Terrorism, Crime and Security Act*" erlassen. Das Gesetz war umstritten, da Kritiker (u. a. Ryder 2005; Lee 2004) die Ansicht vertraten, dass es die bürgerlichen Freiheiten und die Menschenrechte untergräbt, insbesondere im Hinblick auf die unbefristete Inhaftierung von Ausländern ohne Gerichtsverfahren. Großbritannien setzt zudem seit längerem auch auf eine umfangreiche Überwachungsinfrastruktur, einschließlich CCTV-Kameras, um Verdächtige zu überwachen (Gil 2017; Silke 2011).

> Der **britische Ansatz zur Terrorismusbekämpfung** lässt sich als eine **Kombination aus nachrichtendienstlich geführter Polizeiarbeit, kommunalem Engagement und internationaler Zusammenarbeit** charakterisieren (Heath-Kelly 2013; Silke 2001).

Der nachrichtendienstliche Ansatz (Bajoria 2010; Regan 2014; Williams 2009) der Briten konzentriert sich auf das Sammeln und Analysieren von Informationen zur Verhinderung von Terroranschlägen, während das sicherheitspolizeiliche Engagement in den Gemeinden (Choudhury 2015) darauf abzielt, Vertrauen und Zusammenarbeit zwischen der Polizei und den örtlichen Gemeinden aufzubauen. Bei der internationalen Zusammenarbeit (Jordan und Taylor 2018; Dodsworth und Koenig-Archibugi 2017) geht es darum, mit anderen Ländern zusammenzuarbeiten, um die grenzüberschreitende Bewegung von Terroristen und deren Finanzmitteln zu verhindern.

1. Die nachrichtendienstlich gestützte Polizeiarbeit ist eine Schlüsselkomponente des britischen Ansatzes zur Terrorismusbekämpfung (u. a. Khan 2019). Die Polizei und die Sicherheitsdienste sammeln nachrichtendienstlich relevante Informationen aus einer Vielzahl von Quellen, darunter Human Intelligence (HUMINT), Signals Intelligence (SIGINT) und Open Source Intelligence (OSINT). Diese Informationen werden dann analysiert, um potenzielle Bedrohungen zu identifizieren und Strategien zu entwickeln, um sie schlussendlich zu stören. Eines der wichtigsten Instrumente der Polizei ist der Einsatz von Überwachungsmaßnahmen und der Rekurs auf verdeckte Operationen, um Informationen über Verdächtige zu sammeln.
2. Der Einsatz von Überwachungsmaßnahmen (besonders augenfällige die umfassende Videoüberwachung des öffentlichen Raumes) ist im Vereinigten Königreich umstritten, da Bedenken hinsichtlich des Gleichgewichts zwischen der Privatsphäre des Einzelnen und der nationalen Sicherheit geäußert wurden (Chouhan und Hammoude 2018). Im Jahr 2016 verabschiedete die britische Regierung den Investigatory Powers Act, der einen rechtlichen Rahmen für die Überwachung und Datenerfassung durch Strafverfolgungsbehörden schafft (kritisch hierzu Grice und Farrell 2018). Das Gesetz wurde von einigen Bürgerrechtsgruppen als zu einschneidend (d. h. grundfreiheitsbeschränkend) kritisiert, doch die Regierung argumentiert, dass es zur Verhinderung von Terroranschlägen notwendig sei.

3. Die Einbeziehung der Bevölkerung ist ein integraler Bestandteil des britischen Ansatzes zur Terrorismusbekämpfung. Ziel ist es, das Vertrauen und die Zusammenarbeit zwischen der Polizei und den lokalen Gemeinschaften, insbesondere denen mit einem hohen muslimischen Bevölkerungsanteil, zu stärken. Dies geschieht durch eine Reihe von Initiativen, darunter *Community Policing,* Zusammenarbeit mit religiösen Führern und Bildungsprogramme. Ein Beispiel für das Engagement in den Gemeinden ist das Prevent-Programm (Thomas 2017, S. 238–259) das verhindern soll, dass Menschen in den Terrorismus hineingezogen werden. Das Programm ist allerdings umstritten, da es sich nach Meinung einiger Analytiker (Thomas 2017, S. 243 f.) in unfairer Weise gegen muslimische Gemeinschaften richte und die Rechte des Einzelnen verletzen würde. Befürworter (graduell etwa O'Hara und Walters 2015) argumentieren jedoch, dass das Prevent-Programm ein wichtiges Instrument sei, um Radikalisierung zu verhindern und gefährdete Personen zu schützen.
4. Die internationale Zusammenarbeit ist ebenfalls grundlegend für den britischen Ansatz zur Terrorismusbekämpfung (Dodsworth und Koenig-Archibugi 2017). Das Vereinigte Königreich arbeitet eng mit anderen Ländern, insbesondere mit den USA, zusammen, um nachrichtendienstliche Erkenntnisse auszutauschen und Maßnahmen gegen terroristische Gruppen zu koordinieren. Das Vereinigte Königreich ist Mitglied des kooperativen Geheimdienstbündnisses *„Five Eyes"* (Andrew 2010), dem ebenfalls die angelsächsischen „Mitstreiter" USA, Kanada, Australien und Neuseeland angehören. Das Vereinigte Königreich arbeitet in Fragen der Terrorismusbekämpfung auch weiterhin eng mit der EU zusammen, obwohl diese Zusammenarbeit durch den BREXIT beeinträchtigt und dies bereits im Vorfeld antizipiert wurde (Inkster 2018).

Die britischen bzw. englischen Nachrichtendienste unterstehen verschiedenen Ministerien. Die größten britischen Nachrichtendienste sind der *Secret Intelligence Service* (SIS oder auch MI6), der *Security Service* (MI5), das *Government Communications Headquarters* (GCHQ) sowie der *Defense Intelligence* (DI). Der SIS bzw. MI6 ist zuständig für die Auslandsaufklärung, für die Äußere Sicherheit. Defense Intelligence ist der militärische Nachrichtendienst. Der Aufgabenbereich des MI5 ist die Innere Sicherheit sowie Spionageabwehr.

In Großbritannien gibt es neben den allgemein gültigen Straftatbeständen auch „terroristische Straftaten", beispielsweise im Zusammenhang mit der Finanzierung und Unterstützung terroristischer Gruppen oder Aktivitäten. Vor dem Hintergrund der Terrorismusbekämpfung in Nordirland wurden diese Rechtsgrundlagen bereits vor dem 11. September 2001 mit dem *Terrorism Act 2000* erlassen (Braml 2021, S. 16–17).

Danach können auch extremistische Gruppen verboten werden, die nach Einschätzung des *Secretary of State* mit Terrorismus zu tun haben *(„concerned in terrorism")*. Im Interesse der nationalen Sicherheit oder zur Verhütung oder Aufdeckung schwerer Straftaten kann der *Secretary of State* mit einem Haftbefehl auch eine „intrusive Überwachung" durch die Sicherheits- und Nachrichtendienste genehmigen. Mit dem *Terrorism Act 2000* wurden auch die Befugnisse der Polizei erweitert, beispielsweise bei der Durchsuchung von Personen und Fahrzeugen (Braml 2021, S. 17).

Die Wirksamkeit des britischen Ansatzes zur Terrorismusbekämpfung ist umstritten. Einerseits gab es eine Reihe erfolgreicher Terrorismusbekämpfungsmaßnahmen im Vereinigten Königreich, darunter die Festnahme und Verurteilung von Personen, die an den Bombenanschlägen in London im Jahr 2005 beteiligt waren. Andererseits gab es in den letzten Jahren eine Reihe aufsehenerregender Terroranschläge in Großbritannien, darunter der Bombenanschlag in der Manchester Arena beim Popkonzert der US-Sängerin Ariana Grande im Jahr 2017 und die Terrorattacke auf der London Bridge im Jahr 2019, die immer wieder Zweifel an der Effektivität und Präemptionsfähigkeit des eigenen TB-Ansatzes aufkommen haben lassen.

Die multidisziplinäre akademische Forschung über die Wirksamkeit des britischen Ansatzes ist in ihrer Beurteilung uneinheitlich bis gespalten. Einige Studien kommen zu dem Ergebnis, dass eine nachrichtendienstlich gestützte Polizeiarbeit und die Einbeziehung der Bevölkerung bei der Verhinderung von Terroranschlägen wirksam sind (siehe z. B. Jackson et al. 2013). Andere haben Bedenken hinsichtlich der Wirksamkeit der Überwachung und der Auswirkungen von Terrorismusbekämpfungsmaßnahmen auf die Rechte des Einzelnen geäußert (siehe z. B. Ball 2010).

Der britische Ansatz zur Terrorismusbekämpfung weist auch einige potenzielle Mängel auf, die von Wissenschaftlern und zivilgesellschaftlichen Gruppen festgestellt bzw. kritisiert wurden. Einer der Hauptkritikpunkte am nachrichtendienstlichen Ansatz etwa ist, dass er zu einem übermäßigen Vertrauen in die Überwachung und Datensammlung führen kann. Kritiker argumentieren, dass dieser Ansatz zu sehr in die Privatsphäre eingreift und die Rechte des Einzelnen beschneidet oder gar verletzt, und dass er bei der Verhinderung von Terroranschlägen nicht immer wirksam ist (Ball 2010). Darüber hinaus kann der Einsatz von audiovisuellen, akustischen und SIGINT Überwachungsmaßnahmen etwa in der Bekämpfung des Jihadismus das Vertrauen zwischen der Polizei und den lokalen Gemeinschaften, insbesondere denjenigen mit einem hohen muslimischen Bevölkerungsanteil, beschädigen und das Gefühl der Stigmatisierung und Ausgrenzung verstärken (Murphy 2018).

Ein weiterer Kritikpunkt ist, dass die Überbetonung von nachrichtendienstlich geführter Polizeiarbeit und Überwachung Ressourcen binden kann, die bei anderen Bereichen erforderlich wären, wie z. B. der Einbindung der Bevölkerung im Sinne einer umfassenden TB und der Bekämpfung der eigentlichen Ursachen des Terrorismus. Einige (etwa Bryden 2018) argumentieren, dass die Einbindung der Bevölkerung, die den Aufbau von Vertrauen und die Zusammenarbeit zwischen der Polizei und den lokalen Gemeinschaften beinhaltet, für die Verhinderung von Radikalisierung und die Verringerung des Terrorismusrisikos entscheidend sei. Es gibt jedoch Bedenken, dass die Mittel für Programme zur Einbindung der Bevölkerung in den letzten Jahren gekürzt wurden und dass ihnen nicht die gleiche Priorität eingeräumt wird wie nachrichtendienstlichen Maßnahmen (Brooks und Paul 2019).

Eine damit verbundene Sorge ist, dass die Konzentration auf die Terrorismusbekämpfung auf Kosten der bürgerlichen Freiheiten und der Rechte des Einzelnen gehen könnte. Kritiker argumentieren, dass einige Maßnahmen zur Terrorismusbekämpfung, wie das Prevent-Programm, ungerechterweise auf muslimische Gemeinschaften abzielen und bestimmte Personen stigmatisieren könnten. Es existieren auch Bedenken hinsichtlich der Auswirkungen von Terrorismusbekämpfungsmaßnahmen auf die Meinungs- und Vereinigungsfreiheit sowie das Recht auf Privatsphäre (Ganor 2016).

Schließlich gibt es Bedenken hinsichtlich der möglichen Auswirkungen des BREXIT auf die Fähigkeit des Vereinigten Königreichs zur Zusammenarbeit mit anderen Ländern bei der Terrorismusbekämpfung. Vor dem Brexit konnte das Vereinigte Königreich in Fragen der Terrorismusbekämpfung eng mit anderen EU-Ländern zusammenarbeiten, einschließlich des Austauschs von Erkenntnissen und der Koordinierung von Operationen. Der BREXIT hat jedoch Fragen über die Zukunft dieser Zusammenarbeit aufgeworfen, und es wird befürchtet, dass es für das Vereinigte Königreich schwieriger werden könnte, den Terrorismus, ohne diese engen, vertrauensvollen Beziehungen zu seinen EU-Partnern zu bekämpfen (Bureš 2020).

> Zusammenfassend lässt sich anmerken, dass der britische Ansatz zur Terrorismusbekämpfung zwar maßgebliche Stärken, aber auch einige potenzielle Mängel aufweist, insbesondere in Bezug auf das auszutarierende Gleichgewicht zwischen nationaler Sicherheit und individuellen (Freiheits-)Rechten, den übermäßigen Rückgriff auf nachrichtendienstlich gestützte Polizeiarbeit und Überwachung sowie die möglichen Auswirkungen des BREXIT

auf die internationale Zusammenarbeit. Diese Themen werden wahrscheinlich auch in den kommenden Jahren bedeutende Diskussions- und Forschungsbereiche bleiben.

7.3 Außereuropäische Zugänge

7.3.1 Die Terrorismusbekämpfung Israels

Israel hat aufgrund seiner langen Geschichte von Konflikten mit Terroristen und Extremisten ein starkes Interesse an einer effizienten Terrorismusbekämpfung. Das Land hat seit seiner Gründung im Jahr 1948 sowohl, was seine nahezu konstante terroristische Bedrohungslage als auch fortwährende Exposition und Beanspruchung durch den islamistischen bzw. ethnoseparatistischen-nationalistischen Terrorismus eine Art Sonderstellung eingenommen. Dementsprechend spielt Terrorismusbekämpfung eine bedeutende Rolle im Sinne der nationalen Sicherheit. Dies hat in gewisser Weise zu einer regelmäßigen Perfektionierung des israelischen TB-Ansatzes auf Basis konkreter Erfahrungen und praktischer Konstellationen beigetragen.

Als einer der wenigen demokratischen Staaten hat Israel regelmäßig und wiederholt militärische Maßnahmen zur Bekämpfung des Terrorismus eingesetzt. Dazu gehören gezielte Luftangriffe auf terroristische Ziele und der Einsatz von Bodentruppen bei Operationen gegen terroristische Organisationen. Israel hat darüber hinaus eine Reihe von imprägnierenden Maßnahmen ergriffen, um seine Grenzen vor terroristischen Infiltrationen zu schützen. Dazu gehören physische Barrieren wie Mauern, Zäune und Sperren entlang der Grenzen sowie technische Lösungen wie Überwachungskameras und biometrische Systeme. Zudem nimmt die Strafverfolgung eine wesentliche Rolle bei der israelischen Strategie zur Terrorismusbekämpfung ein. Dazu gehören der Einsatz von Sondereinsatzkräften für gezielte Razzien gegen terroristische Gruppen und die Anwendung rechtlicher Maßnahmen zur Verfolgung und Verurteilung von Terroristen. Darüber hinaus hat Israel innerhalb seiner Polizeikräfte eine spezielle Antiterroreinheit, die sogenannte Counter–Terrorism–Unit, eingerichtet, die für die Untersuchung und Verhinderung von Terroranschlägen zuständig ist. Auf diplomatischer Ebene ist Israel bestrebt, Bündnisse mit Ländern zu schließen, die seine Ziele bei der Terrorismusbekämpfung teilen und internationale Organisationen zur Bekämpfung terroristischer Organisationen zu nutzen. Dazu gehören finanzielle Sanktionen,

Reiseverbote und andere diplomatische Maßnahmen, um Länder und Organisationen unter Druck zu setzen, ihre Unterstützung des Terrorismus einzustellen. Diese und andere Strategien und Maßnahmen charakterisieren den israelischen Zugang zur Terrorismusbekämpfung.

Die terroristische Bedrohung Israels hat, Boaz Ganor zufolge, *„im Laufe der Jahre unterschiedliche Formen angenommen und sich in verschiedenen Terrorwellen manifestiert, darunter Entführungen und Geiselnahmen, Flugzeugentführungen, Selbstmordattentate, einsame Anschläge mit kalten Waffen und Angriffe auf israelische Ziele im Ausland"* (Ganor 2021, S. 5). Zudem habe es einen kontinuierlichen Wandel die Identität der Täter betreffend gegeben, *„angefangen bei palästinensischen Terroranschlägen im Namen der arabischen Staaten in den Anfängen Israels bis hin zu nationalistischem und islamistischem Terror durch palästinensische terroristische Organisationen"*, wie Ganor (ibid, S. 5) folgert.

Der als vorwiegend präemptiv und hart geltende, operative israelische Ansatz zur Terrorismusbekämpfung setzt sowohl auf militärische als auch auf nicht-militärische Maßnahmen zur Bekämpfung des Terrorismus. Dieser Zugang umfasst ein breites Spektrum an Strategien, darunter die Sammlung nachrichtendienstlicher Erkenntnisse, Grenzsicherung, Strafverfolgung, Diplomatie und militärische Operationen. Aber ebenso kriminal-justizielle Methoden und Aspekte der Terrorismusbekämpfung kommt zum Tragen. Israel hat ein umfassendes Maßnahmenportfolio entlang der Wertschöpfungskette der TB entwickelt- von der Prävention bis zur Reaktion. Nach wie vor das zentrale Element von Israels Terrorbekämpfung bleibt die Abschreckung, *„durch überproportionale Vergeltungsschläge sollen potenzielle Terroristen von Attacken abgehalten werden"* (Serr 2016).

Als symptomatisch gilt die Israel in diesem Bereich nachgesagte absolute Entschlossenheit, manche sprechen sogar von *„Kompromisslosigkeit"* (ähnlich Byman 2011, S. 34–38), Israels im Umgang mit Terroristen- stets unter der Prämisse des „Überlebenskampfes" (u. a. Rosenow 2006). Kaum ein anderer Staat bekennt sich ähnlich offen zu „Targeted Killing"- / – „Leadership Decapitation"-Operationen und gezielten militärischen Interventionen in Drittstaaten unter dem Siegel der Terrorismusbekämpfung (Bergmann 2018). Die Stärke des israelischen TB-Zugangs liegt in der Klarheit der Hierarchien, Entscheidungsstrukturen und Praxisorientierung (Azani 2011; Ganor 2021, S. 335). Boaz Ganor bezeichnet die israelische Terrorismusbekämpfung sogar als *„Kunst"* (Ganor 2021, S. 333 ff.), was den Aspekt der Kunstfertigkeit nahelegt, aber zugleich ein eher strategisches Verständnis (Analyse des Lagebildes, Abwägen von Handlungsoptionen, Kalkulation der Effekte etc.) des Terrorismus und dessen Bekämpfung voraussetzt. Nichtsdestotrotz verfügt der Staat Israel über keine eigens festgeschriebene

TB-Strategie (Ganor 2021, S. 10 ff.). Eher manifestiere sich eine Strategie emergent aus dem bzw. im „operativen" Handeln der jeweiligen Premierminister (ibid, S. 10). „Operativ" wird demgemäß eher als eine Zwischenform, angesiedelt oberhalb der Taktik und unterhalb der strategischen Ebene, verstanden. Immer wieder wird in diesem Kontext auf die resultierende enorme Flexibilität der Terrorismusbekämpfer auf sämtlichen Entscheidungsebenen- bis in die höchste politische-hingewiesen. Ganor (ibid, S. 338 ff.) rekurriert auf **acht Grundsätze,** die den israelischen TB-Zugang im Kern charakterisieren würden:

1. *Die zentrale Rolle der Nachrichtendienste*

Auf der Ebene der Nachrichtendienste ist Israel bestrebt, im Sinne des prototypischen Präemptionsansatzes die Qualität seiner Nachrichtendienste stetig zu verbessern, um terroristische Anschläge vorherzusehen und zu verhindern (Pedahzur 2019). Dazu gehören neben klassischer nachrichtendienstlicher Informationsgewinnung, der Austausch nachrichtendienstlicher Erkenntnisse mit anderen Ländern, die Zusammenarbeit mit internationalen Organisationen wie Interpol und der Einsatz fortschrittlicher Technologien zur Datenerfassung und -analyse. Boaz Ganor sieht zwei wesentliche Rollen des Nachrichtendienstbereichs, erstens, eher auf taktischer Ebene, die standardmäßig inhärenten Präventions- und Sicherheitsaspekte im Vorfeld von Terroranschlägen und zweitens, auf strategischer Ebene, die Möglichkeit, durch relevante Informationen das „Rationale" des Feindes (ihre Kosten-Nutzen-Rechnung, rote Linien, die jeweiligen Organisationen und deren Aufbau- und Entscheidungsstrukturen sowie zu die diese unterstützenden Prozesse) verstehen (Ganor 2021, S. 338). Er hebt den Aspekt der nachrichtendienstlichen Infiltration und Durchdringung *(„penetration")* terroristischer Organisationen durch israelische Kräfte als positives Merkmal, insbesondere in den Domänen HUMINT, COMINT und OSINT hervor, die in Summe ein wesentlicher Baustein des Erfolges einschlägiger Bemühungen und Initiativen Israels ist (ibid, S. 338).

2. *Innerstaatliche Kooperation der Behörden*

In diesem Bereich spricht Boaz Ganor die zu erlangende oder sicherzustellende Fähigkeit eines TB-Apparates an, die nachrichtendienstlich generierten Erkenntnisse in eine operative Maßnahmenumsetzung zu konvertieren (ibid, S. 338). Innerstaatliche, interorganisationelle Kooperation in der Welt der TB beruhe auf Altruismus (Reduktion des „Egos" der Behörden), Vertrauen und einer klaren Aufgabenzuteilung (ibid, S338 f.). Ein probater Weg, dies zu erreichen seien

„*inter-agency information-sharing centers*", also übergeordnete Strukturen, denen die Koordination (organisatorisch meistens unmittelbar bei der Regierungsspitze angesiedelt) obliegt und die gleichermaßen die interoperative bzw. interministerielle Kommunikation regeln. An der Spitze eines solchen Gremiums muss jemand stehen, der/die direkt an den Regierungschef berichtet. In den Worten Ganors: „*Die Kunst der Terrorismusbekämpfung bedarf einer harmonischen, synergetischen und koordinierten Handlungsweise eines einzigen Entscheiders („leader")*" (ibid, S. 339). Dies wird vor allem dann essenzielle Bedeutung gewinnen, wenn sowohl Behörden der inneren Sicherheit, des Militärs, der Justiz und der zivilen bzw. militärischen Nachrichtendienste koordiniert und geführt werden müssen, wie dies in Israel der Fall ist.

3. *Internationale Kooperation*

Kooperation ist der Schlüssel zu einer erfolgreichen Terrorismusbekämpfung- hierüber besteht unzweifelhaft und überall Einigkeit. Die Schwierigkeiten einer gelingenden nationalen Kooperation zwischen verschiedenen Stakeholdern sind hinlänglich bekannt und betreffen die meisten Staaten, auch Israel. Zumal der moderne Terrorismus, gleich welcher ideologischen Facette, sich transnationalisiert hat, kann eine effektive Bekämpfung ebenso nur transnational, d. h. länderübergreifend erfolgen. Terroristische Grenzmigration, internationale Finanzierungsströme zur Unterstützung terroristischer Strukturen, grenzüberschreitende Propaganda, Rekrutierung und Planung von Terroranschlägen sind nur einige der Faktoren, die eine weitreichende, das Nationale transzendierende Kooperation unabdingbar werden lassen. Israel habe deshalb Boaz Ganor zufolge ein weitreichendes bilaterales und multilaterales Netzwerk an TB-Kooperationen (insbesondere im nachrichtendienstlichen Bereich) mit Drittstaaten aufgebaut, das über eng gefasste politische Interessen hinaus gedacht und sogar tagtäglich gelebt wird (Ganor 2021, S. 339). So ist es denkbar, dass in der Terrorismusbekämpfung Staaten mit Israel zusammenarbeiten, die ansonsten keine anderweitigen bilateralen Kooperationsformate anstreben oder abgesehen davon, keinerlei freundschaftliche Beziehung mit Israel pflegen (wollen).

4. *Das Prinzip der Proaktivität*

Proaktivität ist die essenzielle Grundlage einer multifaktoriellen Präventivstrategie entsprechend der Maxime Friedrichs des Großen: „*besser praevenire als praeveniri*"- also besser (dem Terrorismus, Anm.) zuvorkommen als Opfer zu werden. Kaum jemand auf dem internationalen Parkett hat dies in den letzten

Jahrzehnten ähnlich ernstgenommen und perfektioniert wie Israel. Gerade im operativen Bereich in Konfrontation mit Selbstmordattentätern oder taktischen Szenarien mit improvisierten Sprengstoffen, sog. IEDs *(improvised explosive devices)* hat sich in Israel eine proaktive Vorgehensweise der TB als nachhaltig effektiv herausgestellt. In diesem Bereich hätten sich aus der Perspektive Israels sog. *„Targeted Killings"*, also gezielte Exekutionen von Terrorpaten *(„terrorist masterminds")*, prospektiven Attentätern und sog. terroristischen Dispatchern (menschlichen „Drehscheiben" und Logistikern) als zielführende Methode der Präemption bewährt (Ganor 2021, S. 339). Boaz Ganor mahnt jedoch dringend Augenmaß und Verhältnismäßigkeit bei der Wahl dieses Mittels, das bloß eine mögliche letzte Option darstelle, ein und warnt explizit vor einem Bumerang-Effekt (ibid, S. 339). Dennoch gehört dies in die Toolbox der israelischen Terrorismusbekämpfung und fällt unter die Kategorie „Abschreckung". Die richtige Dosierung in der Anwendung der skizzierten Methode(n) bleibt jedoch eine Kunst des Terrorismusbekämpfers, d. h. des jeweiligen Entscheidungsträgers.

5. *Öffentliche Wachsamkeit und Resilienz*

Resilienz als primär kognitives Prinzip ist eine Grundzutat für eine erfolgreiche Terrorismusbekämpfung. Was bei den Briten die *„stiff-upper-lip"*- Mentalität, eine Art „Augen zu und durch"- Haltung ist, ist bei den Israelis ihre geradezu stoische Attitüde dem Terrorismus zu trotzen und zum Alltag überzugehen. Das israelische Robustheitskonzept ist am ehesten mit Nassim Talebs Antifragilität (Taleb 2013) zu vergleichen, der grundsätzlichen Fähigkeit eines Systems aus Krisen gestärkt hervorzugehen. An diesem hochgesteckten Anspruch scheint man sich in Israel zu orientieren, zumal das öffentliche Bewusstsein, die Moral und der Geist der Bevölkerung *(„public spirit")* darauf angelegt sind, der permanenten Bedrohung durch den Terrorismus zu trotzen (Ganor 2021, S. 340). In der tief verankerten Selbstvergewisserung, dass man dem Terror nicht klein beigeben und ohne Umschweife zur Alltagsroutine zurückkehren werde, liegt eine enorme Stärke, die zugleich eine Waffe in der Terrorismusbekämpfung sein kann. Mit den Worten Boaz Ganors: *„Die Resilienz der israelischen Öffentlichkeit ist eine der Ursachen für den Erfolg seiner Terrorismusbekämpfungspolitik"* (ibid, S. 340). Denn diese innere Überzeugung ist gleichbedeutend mit einem Rückhalt und reduziert gleichzeitig den Druck auf die Politik, wenn es darum geht, schnell mit Entschiedenheit bzw. Härte gegen Terroristen vorzugehen, selbst wenn dies mit Kosten (z. B. einer allfälligen Gegenreaktion der Terroristen) verbunden ist. Der zweite in diesem Kontext relevante Aspekt ist jener der Mobilisierung einer breiten Öffentlichkeit zur freiwilligen und uneingeschränkten Kooperation mit den Sicherheitsbehörden, gegebenenfalls auch als „*first responder*" vor Ort. Das jeweils unterschiedlich ausfallende Engagement von Zivilisten, im Vorfeld, während und im Nachklang von Terrorattacken (von der Meldung verdächtiger Vorgänge über das Treffen von Schutzvorkehrungen bis zum beherzten unmittelbaren Einschreiten gegen Terroristen und die Versorgung von Verletzten) kann den Unterschied über Leben und Tod ausmachen. Gerade jene Resilienz der Israelis im Umgang mit Terrorismus bezeichnet Ganor ebenfalls als eine „*Kunst*" und als „*Leitprinzip*" für Europa und den Westen (ibid, S. 340).

6. *Die „Rabin-Doktrin" bei Geiselnahmen*

Die nach dem ehemaligen Premierminister Yitzchak Rabin benannte Doktrin bei Geiselnahme-Verhandlungen ist denkbar einfach: Zur Befreiung von Geiseln ist die Option der militärischen Intervention stets die erste und anzustrebende und in erst in zweiter Linie soll mittels Verhandlungen eine Freilassung erwirkt werden. Sollte es jedoch unmöglich sein, die Freilassung der Geiseln durch eine militärische Rettungsaktion zu erreichen, wäre Israel bereit, zu verhandeln und zumindest auf einige der Forderungen der Terroristen einzugehen, um die Freilassung der Geiseln zu erreichen (Ganor 2017, S. 5). Auch dieses israelische Modell der Abschreckung und Härte bei Geiselnahmen bzw. der Verhandlung nach oder anstatt einer militärischen Befreiungsoperation sei ein geeignetes Studienobjekt für westliche Staaten, wenn sie mit ähnlichen Lagen konfrontiert sein sollten (Ganor 2021, S. 341).

7. *Die Lösung des Terrorismusbekämpfung-Demokratie-Dilemmas*

Liberale Demokratien stehen in der Terrorismusbekämpfung permanent vor der Herausforderung, dass Sie eine Balance zwischen den Notwendigkeiten der Sicherheit (bspw. Überwachung) und jenen der Bewahrung der verfassungsmäßig garantierten Freiheitsrechte finden und einhalten müssen. Dem demokratischen Rechtsstaat als Hüter der Verfassung (in Israel der Grundgesetze) kommt die Aufgabe zu, diese Aufrechterhaltung von Grundrechten im Angesicht terroristischer Bedrohungen sicherzustellen und die Sicherheitsapparate zu kontrollieren und deren Handeln mit den Kompetenzen der juridischen Gewalt nötigenfalls in die Schranken zu weisen. In Israel kommt diese Kontrollfunktion in letzter, aber entscheidender Instanz dem Höchsten Gerichtshof zu, der den Schutz von Grund- und Freiheitsrechten garantiert und das allfällige Zuwiderhandeln staatlicher Institutionen und Behörden mit den Mitteln des Gesetzes ahndet (Ganor 2021, S. 341). Der israelische Supreme Court hat in der Vergangenheit immer wieder exzessive Vorgehensweisen der Terrorismusbekämpfungsinstanzen aufgezeigt und hart bestraft, wenn es zu Verletzungen von grundgesetzlich garantierten Rechten gekommen war.

8. Die Auseinandersetzung mit den Motiven der Terroristen

Der achte und letzte Grundsatz der israelischen Terrorismusbekämpfung betrifft den Versuch, die intrinsische Motivation von Terroristen nachvollziehen zu können, um adäquate Gegenstrategien zu entwerfen. Währenddessen man in Israel bei der TB einen starken Fokus auf das Vereiteln von Terrorszenarien und das Limitieren von terroristischen Fähigkeiten legen würde, käme eine ätiologische Auseinandersetzung mit der terroristischen Motivebene häufig zu kurz, Ganor spricht sogar von einem „*Versagen, terroristische Motivationen zu neutralisieren*" (Ganor 2021, S. 342). Ebenso verortet er graduelle Versäumnisse seines Landes (ibid, S. 342), wenn es darum geht, politische Initiativen und wirtschaftliche Reformen in den Palästinensergebieten anzustoßen, denn „weiche" Zugänge seien letztlich gleichermaßen erfolgversprechend wie traditionell orientierte TB-Maßnahmen, vor allem in Kombination.

Conclusio

Zusammenfassend lässt sich festhalten, dass Israels – von der Veranlagung her – harter Ansatz zur Terrorismusbekämpfung regelrecht eine „*Kunst*" (Boaz Ganor) darstellen muss. Einerseits eine Kunst der permanenten Abwägung im Spannungsfeld zwischen den Notwendigkeiten von Sicherheit und Schutz gegenüber jener der Wahrung von verbrieften Grundrechten, andererseits eine Kunst des Möglichen im Kampf gegen einen asymmetrischen Feind, der sich permanent den Anti-Terrormaßnahmen anpasst und seine Taktiken adaptiert. Und nicht zuletzt die Kunst der Resilienz und der Proaktivität.

Der israelische TB-Ansatz umfasst Reihe von klassischen Strategien, die von der Sammlung nachrichtendienstlicher Erkenntnisse, der militärischen Abschreckung und der Grenzsicherung bis hin zu Strafverfolgung und Diplomatie reichen und situationsadäquat zum Einsatz gebracht werden. Dieser umfassende TB-Zugang war bei der Dezimierung der von Terrorgruppen ausgehenden Bedrohung weitgehend erfolgreich und wurde von zahlreichen internationalen Organisationen und (vorwiegend westlichen) Staaten hinsichtlich seiner Effektivität und Effizienz gelobt. Immer wieder wurde Israels Terrorismusbekämpfung aber ebenfalls wegen mitunter harscher Vorgehensweisen kritisiert.

7.3.2 Die US-amerikanische Terrorismusbekämpfung

Die USA waren spätestens seit den Anschlägen vom 11. September 2001 eine treibende Kraft in der internationalen Terrorismusbekämpfung. Die USA haben eine Vielzahl von einschlägigen Gesetzen erlassen, darunter den *Patriot Act* (Hegemann und Kahl 2018, S. 154) und den *Foreign Intelligence Surveillance Act*, um die nachrichtendienstliche Überwachung von Verdächtigen zu erleichtern. Die USA haben unter dem Siegel des *„War on Terror"* intervenierende Militäraktionen in Afghanistan und dem Irak durchgeführt, mit dem erklärten Ziel, Terroristen und deren Unterstützer zu bekämpfen (Braml 2021, S. 25 f.). Der nachrichtendienstlich-militärisch fundierten Terrorismusbekämpfungsansatz der Vereinigten Staaten im Sinne eines *„Kriegs gegen den Terror*(ismus)" wurde bereits in Kap. 2 ausführlich analysiert und diskutiert.

Die Terrorismusbekämpfungspolitik der Vereinigten Staaten wird von einer Reihe von Regierungsbehörden umgesetzt, darunter dem Ministerium für Innere Sicherheit, dem Verteidigungsministerium und dem Justizministerium. Diese Behörden kooperieren, um sicherzustellen, dass die verschiedenen Elemente der Strategie zur Terrorismusbekämpfung wirksam koordiniert und umgesetzt werden. Eines der bedeutendsten und zugleich umstrittensten Instrumente des operativen US-Ansatzes ist seit geraumer Zeit jenes der gezielten Tötung *(targeted killing)* terroristischer Anführer und relevanter Akteure, mit dem Ziel Terrororganisationen zu schwächen und deren Führungsstrukturen zu zerschlagen (Price 2012; Hegemann und Kahl 2018, S. 153). Dabei handelt es sich vorwiegend um den Einsatz von Drohnenangriffen und anderen spezialkräfteorientierten Militäroperationen zur Ausschaltung hochrangiger Terroristen, die nach Bekunden der USA eine erhebliche Bedrohung für die unmittelbaren Sicherheitsinteressen der USA darstellen würden (ibid, S. 153). Ein weiterer wichtiger Aspekt der US-Terrorismusbekämpfungspolitik ist das Sammeln von Informationen. Seit den Anschlägen vom 11. September haben die Vereinigten Staaten stark in nachrichtendienstliche Fähigkeiten investiert und Behörden wie die *National Security Agency* (NSA) und die *Central Intelligence Agency* (CIA) spielen eine entscheidende Rolle bei der Identifizierung und Eliminierung terroristischer Bedrohungen (Hayden 2016). Die Vereinigten Staaten haben punktuell ihre Bemühungen verstärkt, die Kapazitäten von Partnerländern zur Terrorismusbekämpfung aufzubauen. Dazu gehört die Bereitstellung von Schulungen, Ausrüstung und anderen Ressourcen, um den betroffenen Staaten dabei Unterstützung zu leisten, Ressourcen zu generieren und wirksame Fähigkeiten zur Terrorismusbekämpfung zu entwickeln (Romaniuk 2017; DeRouen und Bellamy 2019).

Im Nachklang an die Terroranschläge vom 11. September 2001 haben die Vereinigten Staaten eine Reihe von umfassenden Strategien und Politikkonzepten zur Terrorismusbekämpfung entwickelt, die darauf abzielen, terroristischen Bedrohungen vorzubeugen, sie zu unterbinden und auf sie zu reagieren. In den beiden Jahrzehnten seit 2001 hat sich die terroristische Bedrohungslage als auch Perzeption für die vor allem im Inneren der USA gewandelt und die Behörden sehen sich eher von *„neuen Prototypen einheimischer („home-grown") Terroristen bedroht: legal in den USA lebenden Personen, die radikalisiert und motiviert bzw. in der Lage sind, Terroranschläge zu verüben"* (Sinai 2019, S. 644). Bei den meisten Terrorszenarien seit 9/11 handelte es sich primär *„um Einzelgänger […] und keine große Organisation dahinter, die bei der Ausbildung, der Befehlsgebung und der Bereitstellung von Ressourcen helfen konnte"* (ibid, S. 644).

Die US-Strategie zur Terrorismusbekämpfung *(National Strategy for Combating Terrorism)* stützt sich weitgehend auf die Nationale Strategie zur Bekämpfung des Terrorismus, die das Weiße Haus im Februar 2003 veröffentlicht, 2006 sowie 2011 einer eher moderaten Revision unterzogen und 2018 unter Präsident Donald Trump ergänzt bzw. adaptiert hat. Zuletzt hat Präsident Joe Biden 2021 mit der *„National Strategy for Countering Domestic Terrorism"* (NSCT 2021) eine wiederum modifizierte, partikulare TB-Strategie vorgestellt, die den *„domestic terrorism"* also den inländischen (vorrangig rechtsextremistischen) Homegrown-Terrorismus als die relevanteste Bedrohung der inneren Sicherheit in den Vereinigten Staaten betrachtet (Ali et al. 2021). Demnach seien es vor allem die *„domestic violent extremists"* (DVE), also radikalisierte Einzeltäter und Kleingruppen, von denen die größte Gefahr im Inneren der USA ausgehe. Die US-Strategie zur Terrorismusbekämpfung von 2018 (National Strategy for Counterterrorism, kurz NSCT 2018) bleibt jedoch, was ihre generelle strategische Aussagekraft und Wirkung betrifft, das maßgebliche Dokument. Sie baut auf den vorherigen Strategien (vor allem jener aus 2003) auf und konzentriert sich darauf, Terroristen und ihre Organisationen durch einen umfassenden und integrierten Ansatz zu besiegen, der die Ursachen des Terrorismus adressiert, Partnerschaften mit anderen Staaten aufbaut und sämtliche nationalen Machtinstrumente (Nachrichtendienste, Militär, Polizei etc.) kumulativ bzw. komplementär einsetzt.

Die NSCT 2018 hat es sich zum Ziel gesetzt, bis dahin bestehende TB-Ansätze zu „modernisieren" und zu „integrieren" (NSCT 2018, S. 2). Darüber hinaus legt die Strategie den Schwerpunkt auf ein *„breiteres Spektrum nicht-militärischer Fähigkeiten, wie z. B. die Fähigkeit, die Rekrutierung von Terroristen zu verhindern und einzugreifen, die Anziehungskraft terroristischer Online-Propaganda zu minimieren und die Widerstandsfähigkeit der Gesellschaft gegenüber dem Terrorismus zu stärken. Dazu gehört auch die Nutzung der Fähigkeiten und Ressourcen der*

7.3 Außereuropäische Zugänge

Zivilgesellschaft und nicht-traditioneller Partner, um die Bemühungen von Terroristen, Menschen in den Vereinigten Staaten zu radikalisieren und zu rekrutieren, zu verringern" (ibid, S. 2).

Die **strategischen Ziele und (Gegen-)Maßnahmen** der **US-Terrorismusbekämpfung** werden in der *Nationalen Strategie für Terrorismusbekämpfung* aus 2018 wie folgt umrissen (NSCT 2018, S. 5):

ZIELE	(GEGEN-)MAßNAHMEN
„Die Fähigkeit von Terroristen, Anschläge im eigenen Land und gegen lebenswichtige Interessen der Vereinigten Staaten im Ausland zu verüben, wird stark eingeschränkt"	*„Verfolgung der terroristischen Bedrohungen bis zu ihrer Quelle"*
„Die Quellen der Stärke und Unterstützung (hier vor allem finanziell, Anm.), *auf die sich Terroristen stützen, sind abgeschnitten"*	*„Isolierung von Terroristen von finanziellen, materiellen und logistischen Quellen der Unterstützung"*
„Die Fähigkeit der Terroristen, sich zu radikalisieren, zu rekrutieren und zur Gewalt im Heimatland zu mobilisieren, wird vermindert"	*„Bekämpfung der Radikalisierung und Rekrutierung von Terroristen"*
„Die Amerikaner sind auf terroristische Angriffe im Heimatland vorbereitet und geschützt, unter anderem durch strengere Grenzsicherungs- und Strafverfolgungsmaßnahmen"	*„Schutz der Infrastruktur der Vereinigten Staaten und Verbesserung der Abwehrbereitschaft"*
„Terroristen nicht in der Lage sind, Massenvernichtungswaffen, einschließlich chemischer, biologischer, radiologischer und nuklearer Waffen und anderer fortschrittlicher Waffensysteme, zu erwerben oder einzusetzen"	*„Modernisierung und Integration eines breiteren Spektrums von Instrumenten und Befugnissen der Vereinigten Staaten zur Terrorismusbekämpfung und zum Schutz des Heimatlandes"*
„Partner des öffentlichen Sektors, des privaten Sektors und ausländische Partner übernehmen eine größere Rolle bei der Verhütung und Bekämpfung des Terrorismus"	*„Stärkung der Fähigkeiten internationaler Partner bei der Terrorismusbekämpfung"*

Der Umstand, dass die Vereinigten Staaten und ihre Verbündeten mit einer *„zunehmend komplexen terroristischen Landschaft konfrontiert"* (Stigall et al. 2019, S. 8) sind, die von einer *„Vielzahl von Akteuren"* bewirtschaftet wird, die *„neue Technologien und Taktiken einsetzen, um ihre Ziele"* zu erreichen, ließe einen neuen, angepassten, multidimensionalen und flexibleren Zugang der Terrorismusbekämpfung notwendig erscheinen (NSCT 2018, S. 7). Die terroristische Bedrohung für die Vereinigten Staaten werde gleichzeitig immer *„dynamischer und diffuser"*, da immer mehr Gruppen, Netzwerke und Einzelpersonen globale terroristische Trends ausnutzen würden, darunter die *„zunehmende Verfügbarkeit sicherer Kommunikationsmittel"*, die *„Ausbreitung sozialer Medien und Massenmedien"* sowie die *„anhaltende Instabilität in mehreren Regionen"* (NSCT 2018, S. 7). Dennoch scheinen die Grundkonstanten (oder Säulen) der US-Terrorismusbekämpfungsstrategie *in nuce* unverändert geblieben zu sein.

> Die TB-Strategie der Vereinigten Staaten beruht im Kern seit 2003 auf vier Grundpfeilern: 1) *Zerschlagung und Zerstörung terroristischer Netzwerke (*„*disrupt and destroy terrorist networks"),* 2) *Verhinderung der Verbreitung von Massenvernichtungswaffen (*„*prevent the proliferation of weapons of mass destruction"),* 3) *Verhinderung des Zugangs von Terroristen zu Finanzmitteln und Materialien (*„*deny terrorists access to funding and materials")* und 4) *Stärkung der inneren Sicherheit (*„*bolster homeland security").*

1. *Terroristische Netzwerke stören und zerstören*

Die erste Säule der US-Terrorismusbekämpfungsstrategie besteht darin, terroristische Netzwerke zu stören und zu zerstören. Dies wird durch eine Reihe von militärischen, nachrichtendienstlichen und Strafverfolgungsmaßnahmen erreicht. Militärische Maßnahmen der Vereinigten Staaten zielen häufig auf hochrangige Terroristen wie Anführer und logistische bzw. taktische Planer *(„facilitators"* oder *„entrepreneurs")* ab, während nachrichtendienstliche und Strafverfolgungsmaßnahmen sich auf die Zerschlagung der Logistik- und Unterstützungsnetze konzentrieren, die Terroristen die Durchführung von Anschlägen ermöglichen.

2. *Verhinderung der Verbreitung von Massenvernichtungswaffen*

Die zweite Säule der US-Strategie zur Terrorismusbekämpfung hegt den Anspruch, die Verbreitung von Massenvernichtungswaffen zu verhindern. Dazu gehört die Unterbindung des Handels mit Massenvernichtungswaffen, die Sicherung und Vernichtung vorhandener Bestände und die Zusammenarbeit mit anderen Ländern zur Stärkung internationaler Nichtverbreitungsregelungen.

3. *Terroristen den Zugang zu Finanzmitteln und Material verwehren*

Die dritte Säule der US-Strategie zur Terrorismusbekämpfung verfolgt die Zielsetzung, Terroristen den Zugang zu den Ressourcen zu verwehren, die sie zur Durchführung von Anschlägen benötigen. Dazu werden die Finanznetze ins Visier genommen, die es terroristischen Gruppen ermöglichen, Geld zu beschaffen und zu verschieben, ebenso wie Materialien und Ausrüstungen, die sie zum Bau von Bomben und anderen Waffen benötigen, beschlagnahmt werden.

4. *Stärkung der inneren Sicherheit*

Die vierte und letzte Säule der US-Terrorismusbekämpfungsstrategie ist auf die *„Stärkung der inneren Sicherheit"* ausgerichtet. Dazu gehören die Verbesserung der Grenzsicherheit, die Stärkung der Widerstandsfähigkeit kritischer Infrastrukturen und der Ausbau der Kapazitäten lokaler und staatlicher Behörden zur Verhinderung von und Reaktion auf Terroranschläge. Mit der Adaptierung 2018 fokussierte man sich auf die *„Stärkung der Widerstandsfähigkeit von Gemeinschaften und Institutionen"* (Sageman 2017), um Terroranschlägen und anderen Bedrohungen zu widerstehen, indem Toleranz gefördert, extremistischen Narrativen entgegengewirkt und die Reaktionsfähigkeit in Notfällen verbessert wird. Grundlage hierfür ist die wiederum 2018 betonte *„Verhinderung von Radikalisierung und Rekrutierung für den Terrorismus"*. Die US-TB-Strategie zielt darauf ab, die Radikalisierung von Einzelpersonen und die Rekrutierung für terroristische Gruppen zu präventiv zu unterbinden, indem die dem Terrorismus zugrunde liegenden *„Faktoren wie Armut, politische Unterdrückung und soziale Entfremdung"* angegangen werden.

Zusätzlich zu diesen vier Säulen betont die US-Terrorismusbekämpfungsstrategie auch die Bedeutung der internationalen Zusammenarbeit bei der Terrorismusbekämpfung. Die Vereinigten Staaten arbeiten eng mit Partnerländern auf der ganzen Welt zusammen (Dalton 2007; Hurd 2006), um Informationen auszutauschen und terroristische Netzwerke bzw. Strukturen zu zerschlagen. Die einschlägige Strategie der Vereinigten Staaten zielt in erster Linie darauf ab, Anschläge auf amerikanischem Boden und auf im Eigeninteresse liegende Ziele im Ausland zu verhindern, indem die Sicherheitsmaßnahmen, einschließlich der Grenzsicherung, der Sammlung nachrichtendienstlicher Erkenntnisse und der Terrorismusbekämpfung, verbessert werden.

Im Jahr 2019 zog Daniel Byman eine Bilanz der US-TB-Bemühungen im *War on Terror* vor allem mit Blick auf die islamistische Terrorismusbedrohung seit 9/11 und kommt zum Schluss, dass drei sich „*gegenseitig verstärkende Maßnahmen – die Verweigerung von Zufluchtsorten („safe havens"), die nachrichtendienstliche Zusammenarbeit und die Verteidigung des Heimatlandes („homeland defense")"* – eine wichtige Rolle bei der Reduktion der Zahl der terroristischen Angriffe im Inneren der USA gespielt hätten, und gerade die ersten beiden Maßnahmen hätten Byman zufolge auch jihadistisch motivierte Angriffe in anderen Ländern verhindert (Byman 2019b, S. 2). Brian M. Jenkins stößt in eine ähnliche Kerbe und argumentiert, die Vereinigten Staaten könnten zwar „*nicht jeden Terroranschlag verhindern*", aber sie seien heute „*viel besser gerüstet*", um „*künftigen terroristischen Bedrohungen*" zu begegnen (Jenkins 2014, S. 4). Die US-Geheimdienste hätten zu dem „*ihre Prioritäten von den Nationalstaaten auf transnationale Akteure verlagert und sich neu aufgestellt, um den neuen Bedrohungen zu begegnen*" (ibid, S. 4).

Insgesamt spiegeln die US-Strategie und -Politik zur Terrorismusbekämpfung einen umfassenden und vielschichtigen Ansatz zur Bekämpfung des Terrorismus wider. Obwohl bei der Zerschlagung von Terrornetzwerken und der Verhinderung von Anschlägen erhebliche Fortschritte erzielt wurden, bleibt die Bedrohung durch den Terrorismus eine anhaltende und sich ständig weiterentwickelnde Herausforderung insbesondere für die Vereinigten Staaten.

Kontrollfragen bzw. Aufgaben

- Welche Rolle nehmen die Vereinten Nationen im Bereich der Terrorismusbekämpfung ein?
- Was sind die strategischen Leitlinien/Grundprinzipien der EU-Terrorismusbekämpfung?
- Stellen Sie die wesentlichen Akteure der EU für den Bereich der Terrorismusbekämpfung dar.
- Erklären Sie das bundesdeutsche „Trennungsgebot" vor dem Hintergrund der Befugnisse der Polizeien und Nachrichtendienste in Deutschland.
- Erläutern Sie die Rolle der deutschen Polizeibehörden in der Terrorismusbekämpfung.

- Wie beurteilen Sie die Rolle der deutschen Nachrichtendienste in der Terrorismusbekämpfung?
- Klassifizieren Sie den österreichischen Terrorismusbekämpfungszugang anhand der Trennung von Staatsschutz und Nachrichtendienst in der DSN und skizzieren Sie die Vorteile dieser dualen Konstruktion.
- Vergleichen Sie die unterschiedlichen Terrorismusbekämpfungansätze zweier Staaten Ihrer Wahl mit jenem Israels.

Weiterführende Literatur

- Silke, Andrew [Hrsg.] (2019), Routledge Handbook of Terrorism and Counterterrorism. London: Routledge. *Ein englischsprachiges Standardwerk zu den Bereichen Terrorismusbekämpfung unter Einbeziehung militärischer Akteure und Mittel.*
- Hegemann, Hendrik und Kahl, Martin (2018), Terrorismus und Terrorismusbekämpfung. Eine Einführung, Wiesbaden: Springer VS. *Leicht lesbare Einführung mit ergänzenden Anmerkungen und nützlichem Anmerkungsapparat.*
- Grumke, Thomas und van Hüllen, Rudolf (2019): Der Verfassungsschutz. Grundlagen, Gegenwart. Zukunft. 2. Auflage. Opladen: Verlag Barbara Budrich. *Die wesentliche politikwissenschaftliche Publikation zu den deutschen Verfassungsschutzbehörden, ihren Befugnissen und ihrer Arbeitsweise.*

Literaturverzeichnis

Ali, Javed/Byman, Daniel/Hughes, Seamus (2021), Countering Domestic Terrorism: Assessing the Current Threat Landscape and U.S. Government Response. In: *Lawfare*. <https://www.lawfareblog.com/countering-domestic-terrorism-assessing-current-threat-landscape-and-us-government-response> [Zugriff:12.3.2023] .

Andrew, Christopher (2010). The Five Eyes: Intelligence Cooperation in a Dangerous World. In: *Australian Journal of International Affairs*, 64(6), S. 665–680.

Azani, Eitan (2011), Terrorism and Counterterrorism in Israel: The Israeli Response to Palestinian Terrorism. Sussex Academic Press.

Bajoria, Jayshree (2010), The UK's new approach to counterterrorism. Council on Foreign Relations.

Ball, Kevin (2010), The surveillance of terrorism: a critique of the new technological model of governance, in: *Journal of Sociology*, 46(1), S. 21–37.

Bakker, Edwin/de Roy van Zuijdewijn (2022), Terrorism and Counterterrorism Studies. Comparing Theory and Practice. 2nd revised edition, Leiden: Leiden University Press.
Bergmann, Ronen (2018), Der Schattenkrieg. Israel und die geheimen Tötungskommandos des Mossad, 3. Auflage, München: DVA.
Biersteker, Thomas J./Eckert, Sue (2012). Countering Global Terrorism: An institutional approach. London: Routledge.
Bossong, Raphael (2017). Die EU-Zusammenarbeit beim Kampf gegen den internationalen Terrorismus. Fortschritte seit 2015 und künftige Prioritäten. SWP-Aktuell 8/Februar 2017, S. 1–8.
Bossong, Raphael (2019), The EU's Fight against Terrorism since the 2015 Paris Attacks: Strategic Trends and Persistent Limitations. – in: Bossong, Raphael (Hrsg.), Terrorismus als Herausforderung für die Europäische Union. Nomos Verlagsgesellschaft Baden-Baden, S. 11–37.
Bowring, Bill (2017), Countering terrorism, maintaining human rights: Challenges for the OSCE in Central Asia. In: *Journal of International Peacekeeping*, 21(3), 139–162.
Byron, Christine (2011), International humanitarian law and bombing campaigns: legitimate military objectives and excessive collateral damage. In: *Yearbook of International Humanitarian Law* - New York: Springer, S. 175–211.
Braml, Josef (2021), Anti-Terrorismusgesetzte und Machtbefugnisse. Eine Bestandsaufnahme der G20-Staaten 20 Jahre nach 9/11. https://library.fes.de/pdf-files/iez/18273.pdf> [Zugriff: 12.3.2023]
Bremer, L. Paul (1993), 'The West's Counter-terrorism Strategy'. In: Alex P. Schmid and Ronald D. Crelinsten (Hrsg.), Western Responses to Terrorism. London: Frank Cass.
Brooks, Robin/Paul, Christopher (2019), Community engagement in countering terrorism: the UK experience. In: *Community Engagement in Counterterrorism*, Basingstoke: Palgrave Macmillan, S. 95–111,
Bryden, Alan (2018), Community policing and counter-terrorism: assessing the evidence. In: *Police Practice and Research*, 19(2), S. 115–127.
Bundesamt für Verfassungsschutz (2022): Gemeinsames Extremismus- und Terrorismusabwehr-zentrum (GETZ). <https://www.verfassungsschutz.de/DE/verfassungsschutz/auftrag/zusammenarbeit-im-in-und-ausland/getz/getz_node.html> [Zugriff: 12.3.2023] (BfV 2022).
Bundeskriminalamt (2022a): Unsere Aufgaben. Kooperationen. Gemeinsames Internetzentrum. <https://www.bka.de/DE/UnsereAufgaben/Kooperationen/GIZ/giz_node.html> [Zugriff: 12.3.2023]
Bundeskriminalamt (2022b): Unsere Aufgaben. Kooperationen. Gemeinsames Terrorismusabwehrzentrum (GTAZ). <https://www.bka.de/DE/UnsereAufgaben/Kooperationen/GTAZ/gtaz_node.html> [Zugriff: 12.3.2023]
Bundesministerium für Inneres Direktion Staatsschutz und Nachrichtendienst (2023): Die DSN. <https://www.dsn.gv.at/101> [Zugriff: 12.3.2023] (BMI–DSN 2023).
Bundesministerium für Inneres Einsatzkommando Cobra (2023): Einsatzkommando Cobra (EKO Cobra) <https://www.bmi.gv.at/207/EKO_Cobra/start.aspx (4.3.2023) (BMI–Cobra 2023).
Bundespolizei (2022a): GSG 9. Entstehung. <https://www.bundespolizei.de/Web/DE/05Die-Bundespolizei/04Einsatzkraefte/GSG9-neu/01-Die-GSG9/Dreispaltig/Entstehung/entstehung_node.html;jsessionid=76D8ECC47997266F3133FF4DDD87E75C.1_cid297>

[Zugriff: 12.3.2023]

Bundespolizei (2022b): GSG 9. Die Einheiten. <https://www.bundespolizei.de/Web/DE/ 05Die-Bundespolizei/04Einsatzkraefte/GSG9-neu/01-Die-GSG9/Dreispaltig/Einheiten/ die-einheiten_node.html;jsessionid=76D8ECC47997266F3133FF4DDD87E75C.1_c id297> [Zugriff: 12.3.2023]

Bundespolizei (2022c): GSG 9. Aufgaben im Inland. <https://www.bundespolizei.de/Web/ DE/05Die-Bundespolizei/04Einsatzkraefte/GSG9-neu/01-Die-GSG9/Dreispaltig/Auf gaben-im-Inland/aufgaben-im-inland_node.html;jsessionid=76D8ECC47997266F31 33FF4DDD87E75C.1_cid297> [Zugriff: 12.3.2023]

Bundespolizei (2022d): GSG 9. Aufgaben im Ausland. <https://www.bundespolizei.de/ Web/DE/05Die-Bundespolizei/04Einsatzkraefte/GSG9-neu/01-Die-GSG9/Dreispaltig/ Aufgaben-im-Ausland/aufgaben-im-ausland_node.html;jsessionid=76D8ECC47997266 F3133FF4DDD87E75C.1_cid297> [Zugriff: 12.3.2023]

Bundeswehr (2023a): Counter Daesh/Capacity Building Iraq. Jordanien und Irak – CDCounter Daesh/CBI. <https://www.bundeswehr.de/de/einsaetze-bundeswehr/die-bundeswehrin-jordanien-und-im-irak> [Zugriff: 12.3.2023]

Bundeswehr (2023b): Mali – MINUSMA. <https://www.bundeswehr.de/de/einsaetze-bun deswehr/mali-einsaetze/minusma-bundeswehr-un-einsatz-mali> [Zugriff: 12.3.2023]

Bureš, Oldrich (2016), EU Counterterrorism Policy. A Paper Tiger? London: Routledge.

Bureš, Oldrich (2020), Brexit and the European Union's Common Security and Defence Policy. In: *Journal of Common Market Studies*, 58(S1), S. 123–138

Byman, Daniel (2011), A High Price. The Triumphs and Failures of Israeli Counterterrorism, Oxford: OUP.

Byman, Daniel (2019a), Cunterterrorism Strategies, in: Chenoweth et al., The Oxford Handbook of Terrorism. Oxford: OUP, S. 623–640.

Byman, Daniel (2019b), Eighteen Years On: The War on Terror Comes of Age, in: CTC Sentinel (Combating Terrorism Center at West Point), September 2019, vol. 12, (8), S. 1–8.

Carafano, James Jay (2013). Border security: Understanding threats and strengthening protection, in: *Homeland Security Affairs*, 9(1), S. 1–18.

Chai, Nicholas/Rauhut, Christoph (2007), The Impact of Social Programs on Terrorism, in: *Journal of Conflict Resolution*, 51(2), S. 211–237.

Chenoweth, Erica/English, Richard/Gofas, Andreas/Kalyvas, Stathis N. (2019), The Oxford Handbook of Terrorism. Oxford: OUP.

Choudhury, Tuyfal (2015), Preventing violent extremism through community policing and engagement: understanding the UK's counter-terrorism strategy. In: *Police Practice and Research*, 16(2), S. 146–160.

Chouhan, Preeti/Hammoude, Mohammad (2018), "The Investigatory Powers Act 2016: What Does It Mean for Communication Privacy and Data Protection in the United Kingdom?." In: *Journal of Information Privacy and Security* 14.4 (2018): S. 209–224.

Cooley, John K., & Ron, James (2002), The NGO scramble: Organizational insecurity and the political economy of transnational action. In: *International Security*, 27(1), S. 5–39.

Daase, Christopher (2002), Terrorismus und Krieg: Zukunftsszenarien politischer Gewalt nach dem 11. September 2001. In: Voigt, Rüdiger (Hrsg.): Krieg – Instrument der Politik? Bewaffnete Konflikte im Übergang vom 20. zum 21. Jahrhundert. Baden-Baden: Nomos.

Dalton, Melanie C. (2007), "International Cooperation and the Fight against Terrorism: Lessons from the African Experience", in: *International Studies Perspectives*, vol. 8, no. 3, S. 245–260.

DeRouen, Karl Jr./Bellamy, Christopher (2019), The impact of US counterterrorism aid on political violence in developing countries. In: *Journal of Peace Research*, 56(1), S. 53–67.

Der Standard (01.04.2019), BVT noch immer nur eingeschränkt beim Berner Club. Direktor Gridling sorgt vor Gericht für eine Überraschung; https://www.derstandard.at/story/200 0100583933/bvt-noch-immer-nur-eingeschraenkt-beim-berner-club

Deutscher Bundestag (2013): Antwort der Bundesregierung auf die Kleine Anfrage der Fraktion Die Linke (Europäische Zusammenarbeit in der Police Working Group on Terrorism), 10.5.2013, Bundestagsdrucksache 17/13440.

Dodsworth, Emily/Koenig-Archibugi, Mathias (2017), The UK's approach to counter-terrorism in the 21st century: Security policy and governance challenges. In: *European Security*, 26(1), S. 1–20.

Elnakhala, Doaa' (2021), National counter-terrorism responses: France. In: Burke, Paul et al. [Hrsg.] Global Jihadist Terrorism. Cheltenham: Edward Elgar Publishers, S. 253–276.

Europäische Kommission (2005), Aktionsplan zur Terrorismusbekämpfung, <http://register.consilium.europa.eu/pdf/en/05/st10/st10694.en05.pdf> [Zugriff: 12.3.2023]

Europäischer Rat (2022): Die Reaktion der EU auf den Terrorismus. 15.12.2022. <https://www.consilium.europa.eu/de/policies/fight-against-terrorism> [Zugriff: 12.3.2023]

Europäische Union (2005), Europäischer Rat, *The European Union Counter-Terrorism Strategy*, 30 November 2005, 14469/4/05REV4, <https://www.refworld.org/docid/47fdfb28d.html> [Zugriff: 12.3.2023]

Europäische Union (2008), Europäischer Rat, Rahmenbeschluss 2008/919/JI des Rates vom 28. November 2008 zur Änderung des Rahmenbeschlusses 2002/475/JI zur Terrorismusbekämpfung, <https://eur-lex.europa.eu/legal-content/DE/TXT/PDF/?uri=CELEX: 32008F0919&from=EN> [Zugriff: 12.3.2023]

Europäische Union (2017), Europäisches Parlament und Rat, Richtlinie (EU) 2017/541 des Europäischen Parlaments und des Rates vom 15. März 2017, <https://eur-lex.europa.eu/legal-content/DE/TXT/PDF/?uri=CELEX:32017L0541&from=en> [Zugriff: 12.3.2023]

Figl, Alexander/Müller, Markus (2022), Verfassungsschutz neu: Ist der Nachrichtendienst (weiterhin) Kriminalpolizei? In: *Journal für Strafrecht*. Heft 2, S. 135–144.

Ganor, Boaz (2016), Countering terrorism: The Israeli response to the threat of Palestinian terror. In: Andrew Silke (Hrsg.), Routledge Handbook of Terrorism and Counterterrorism. London: Routledge, S. 78–90.

Ganor, Boaz (2017), Israel's Policy in Extortionist Terror Attacks (Abduction and Hostage Barricade Situations). In: *Perspectives on Terrorism*, 11(4), 2–15. <http://www.jstor.org/stable/26297891> [Zugriff: 12.3.2023]

Ganor, Boaz (2021), Israel's Counterterrorism Strategy: Origins to the Present. Columbia University Press.

Gill, Martin (2017), The panoptic gaze of CCTV: Watching and being watched in the war on terror. In: *The Handbook of Criminology and War* (S. 191–204). Basingstoke: Palgrave Macmillan.

Goertz, Stefan (2020), Terrorismusabwehr. Zur aktuellen Bedrohung durch den islamistischen Terrorismus in Deutschland und Europa. 3. Auflage. Wiesbaden: Springer VS.

Goertz, Stefan (2022a), Innere Sicherheit von A bis Z. Die wichtigsten Begriffe für Studium und Ausbildung. Stuttgart: Boorberg Verlag.
Goertz, Stefan (2022b), Afghanistan und die Taliban. Ein Überblick. Essentials. Wiesbaden: Springer VS.
Goertz, Stefan/Nicolas Stockhammer (2022), Taktische Erkenntnisse zum Wiener Terroranschlag vom 2. November 2020, *EICTP Expert Paper*, März 2022., <https://www.eictp.eu/wp-content/uploads/2022/03/FINAL_Expert-Paper_Taktischer-Erkenntnisse.pdf> [Zugriff: 12.3.2023].
Goertz, Stefan (2019). Islamistischer Terrorismus: Analyse – Defitionen – Taktik. Ebook, Heidelberg: Kriminalistik-Verlag.
Gompert, David/Gordon, John (2008), War by Other Means: Building Complete and Balanced Capabilities for Counterinsurgency. Santa Monica, CA: RAND.
Grice, Steven/Farrell, Stephen (2018), "A rights-based analysis of the Investigatory Powers Act 2016." In: *International Data Privacy Law* 8.1 (2018): S. 56–75.
Grumke, Thomas (2022): Die Rolle der Nachrichtendienste in der Terrorismusabwehr. – in: Rothenberger, Liane/Krause, Joachim/Jost, Jannis/Frankenthal [Hrsg.] (2022): *Terrorismusforschung. Interdisziplinäres Handbuch für Wissenschaft und Praxis*. Baden-Baden: Nomos Handbuch (ISPK-Studien zur Terrorismusforschung Bd. 3), S. 695–707.
Hayden, Michael V. (2016), Playing to the edge: American intelligence in the age of terror. New York: Penguin Press.
Haynes, Patrizia (2017), Das Trennungsgebot als zeitgemäßes Prinzip der Sicherheitspolitik des 21. Jahrhunderts? Herausforderung für die Zusammenarbeit von Polizei und Nachrichtendiensten. In: *Kriminalistik* 8–9/2017, S. 559–564.
Heath-Kelly, Charlotte (2013), Counter-terrorism and the counterfactual: Producing the 'radicalization' discourse and the UK PREVENT Strategy. In: *British Journal of Politics and International Relations*, 15(3), S. 394–415.
Hegemann, Hendrik/Kahl, Martin (2018), Terrorismus und Terrorismusbekämpfung. Eine Einführung, Wiesbaden: Springer VS.
Hegemann, Hendrik (2021), Haben die Terrorist*innen gewonnen? Sicherheit, Freiheit und Demokratie zwanzig Jahre nach 9/11. In: Kärgel, Jana (Hrsg.): *Terrorismus im 21. Jahrhundert. Perspektiven, Kontroversen, blinde Flecken* (Reihe "Zeitbilder"). Bonn: Bundeszentrale für politische Bildung, S. 333–347.
Human Rights Watch (2012), In the Name of Security: Counterterrorism Laws Worldwide since September 11. <https://www.hrw.org/sites/default/.../global0612ForUpload_1.pdf.> [Zugriff: 12.3.2023]
Hurd, Ian (2006), "Counter-Terrorism and International Cooperation", in: *International Affairs*, vol. 82, no. 5, S. 901–914.
Inkster, Nigel (2018), Brexit and Security, in: *Survival*, 60:6, S. 27 34, https://doi.org/10.1080/00396338.2018.1542797
Jäger, Thomas (2016), Europäische Sicherheitskooperation. Bestandsaufnahme und Handlungsfelder. In: *Aus Politik und Zeitgeschichte* (APuZ) 43–45/2016, 24.10.2016, S. 21–28. <https://www.bpb.de/apuz/235536/europaeische-sicherheitskooperation-bestandsaufnahme-und-handlungsfelder?p=all> [Zugriff: 12.3.2023]
Jenkins, Brian M. [Hrsg.] (2014). The long shadow of 9/11: America's response to terrorism. RAND Corporation.

Jones, Seth G./Libicki, M. C. (2008), How Terrorist Groups End. In: How Terrorist Groups End: Lessons for Countering al Qa'ida (S. 9–44). RAND Corporation. <http://www.jstor.org/stable/10.7249/mg741rc.11> [Zugriff: 12.3.2023]

Jordan, Justin/Taylor, Michael (2018), International cooperation in counter-terrorism: Historical and contemporary perspectives. London: Routledge.

Kahl, Martin (2021), Der weltweite Kampf gegen den Terrorismus. Prioritäten und Maßnahmen. In: Kärgel, Jana (Hrsg.): *Terrorismus im 21. Jahrhundert. Perspektiven, Kontroversen, blinde Flecken* (Reihe „Zeitbilder"). Bonn: Bundeszentrale für politische Bildung, S. 260–75.

Khan, Amina (2019), Counterterrorism cooperation in the United Kingdom: from prevention to intervention. *Journal of Policing, Intelligence and Counter Terrorism*, 14(2), S. 178–192.

Kaim, Markus (2022), Militärische Maßnahmen. In: Rothenberger, Liane/Krause, Joachim/Jost, Jannis/Frankenthal, Kira (Hrsg.): Terrorismusforschung. Interdisziplinäres Handbuch für Wissenschaft und Forschung. Baden-Baden: Nomos, S. 709–721.

Koller, Sofia/Roux, Marie-Christine (2022), Frankreich. Terrorismus und innere Sicherheit. 11.3.2022. <https://www.bpb.de/themen/europa/frankreich/506104/terrorismus-und-innere-sicherheit> [Zugriff: 12.3.2023] (Sofia/Roux 2022).

Krieger, Wolfgang (2021), Die deutschen Geheimdienste: Vom Wiener Kongress bis zum Cyber War. München: C.H. Beck.

Landesamt für Verfassungsschutz Bayern (2023): Trennungsgebot. <https://www.verfassungsschutz.bayern.de/ueberuns/service/glossar/trennungsgebot/index.html> [Zugriff: 12.3.2023] (LfV Bayern 2023).

Lee, Robert (2004), The Anti-Terrorism, Crime and Security Act 2001: A threat to civil liberties? In: *Parliamentary Affairs*, 57(2), S. 345–361.

Lum, Cynthia/Kennedy Leslie W./ Sherley, Allison J. (2006), The effectiveness of counter-terrorism strategies. In: *Campbell Systematic Reviews* 2006:2, https://doi.org/10.4073/csr.2006.2

Murphy, Christopher (2018), Policing Muslim communities: Comparative international context. Routledge.

National Plan (2018), *National Plan to Prevent Radicalisation*. Interministerial Committee for the Prevention of Crime and Radicalisation, 23 February <https://www.cipdr.gouv.fr/wp-content/uploads/2018/08/PNPR_English_final_sansmediakit.pdf.> [Zugriff: 12.3.2023]

O'Hara, Ryan/Walters, Reece (2015), Community policing and counter-terrorism: A critical analysis of the relationship between community engagement and countering violent extremism. In: *Policing*, 9(3), S. 305–315.

Pedahzur, Ami (2019), The Israeli Secret Services and the Struggle Against Terrorism. Basingstoke: Palgrave Macmillan.

Price, Bryan C. (2012), Targeting Top Terrorists: How Leadership Decapitation Contributes to Counterterrorism, in: *International Security* 36, no. 4 (Spring 2012): S. 9–46.

Ramanathan, Uma/Singh, Priyanka (2019), Balancing national security and human rights in counter-terrorism: A global perspective. In: *Journal of Human Rights*, 18(3), S. 261–282.

Regan, Patrick M. (2014), Intelligence-led policing and the problems of turning intelligence into effective counter-terrorism action. In: *Crime, Law and Social Change*, 62(2), S. 145–158.

Riegler, Thomas (2022), Österreichs geheime Dienste. Eine neue Geschichte. Wien: Klever Verlag.
Romaniuk, Scott N. (2017), US Counterterrorism Assistance and Its Effects on US Foreign Policy Objectives in Africa. In: *Terrorism and Political Violence*, 29(3), S. 493–515.
Rosenow, P. (2006), Der israelische Weg der Terrorismusbekämpfung. In: *Jahrbuch Terrorismus, 1*, Krause Joachim/Kristina Eichhorst (Hrsg.) Kapitel 16, Opladen: Barbara Budrich Verlag, S. 217–228.
Ryder, Nicholas (2005), The Anti-terrorism, Crime and Security Act 2001: An attack on liberty. In: *Critical Social Policy*, 25(1), S. 99–118.
Sageman, Marc (2017), The role of resilience in counterterrorism. In: Gary LaFree/Joshua D. Freilich (Hrsg.), Terrorism and Counterterrorism: An International Perspective. Cham: Springer, S. 63–80.
Saul, Ben (2020), United Nations measures to address the root causes and conditions conducive to terrorism, and to prevent violent extremism (PVE): 1972–2019, in: Ben Saul (Hrsg.): Research Handbook on International Law and Terrorism, Cheltenham: Edward Elgar Publishers.
Schmid, Falko (2019), Terrorismusbekämpfung in der Europäischen Union – Chancen und Risiken. In: Böcker, Martin/Morhart-Klute, Veronika/Schmid, Falko/Schreyer, Bernhard (Hrsg.): Herausforderungen durch das Irreguläre. Zum Verhältnis von Staat und Terrorismus. Wiesbaden: Springer VS, S. 141–170.
Serr, Marcel (2016), Shoot their hearts and blow their minds. Terrorismusbekämpfung in Israel: Vorbild für Europa? In: Aus Politik und Zeitgeschichte (APuZ), 66. Jg., 43–45, S. 41–46.
Silke, Andrew (1998), Terrorism, counter-terrorism and the IRA. In: H. Ingram/M. Wood (Hrsg.), Terrorism and Justice: Moral Argument in a Threatened World (S. 46–60). Montreal: McGill-Queen's University Press.
Silke, Andrew (2001), Counter-terrorism strategies and tactics. London: Frank Cass Publishers.
Silke, Andrew (2011), The Devil You Know: Continuing problems with research on terrorism. In: *Terrorism and Political Violence*, 23(5), S. 748–767.
Sinai, Joshua (2019), The United States of America. Domestic counterterrorism since 9/11, in: Silke, Andrew [Hrsg.], Routledge Handbook of Terrorism and Counterterrorism. London: Routledge, S. 635–649.
Stigall, Dan et al. (2019), The 2018 U.S. National Strategy for Counterterrorism: A Synoptic Overview, In: Am. U. Nat'l Sec. L. Brief (Oct. 7, 2019), <https://ssrn.com/abstract=346 6967> [Zugriff: 12.3.2023]
Stockhammer, Nicolas (2014), Der transnationale Terrorismus. Europäische Antworten auf die sicherheitspolitische Gretchenfrage des 21. Jahrhunderts, in: Frank, Johann/Matyas, Walter (Hrsg.), Strategie und Sicherheit, Wien-Köln-Weimar: Böhlau, S. 511–528.
Stockhammer, Nicolas (2020a), AustroLeaks – das BVT im Strudel dubioser Machenschaften, in: NEWS (14.07.2020); <https://www.news.at/a/austroleaks-bvt-strudel-machensch aften-11556764> [Zugriff: 12.3.2023]
Stockhammer, Nicolas (2020b), Erste strukturelle Lektionen vom Terror in Wien, in: NEWS (12.11.2020); <https://www.news.at/a/bvt-erste-lektionen-terror-wien-117 41640> [Zugriff: 12.3.2023]

Stockhammer, Nicolas/Peter R. Neumann (2021), Vorläufige Lektionen vom Terror in Wien, in: *EICTP Policy Brief*, Vol. 1/February 2021, <https://www.eictp.eu/wp-content/uploads/2021/01/FINAL_EICTP-Policy-Brief-Terror-and-lessons-learnt.pdf> [Zugriff: 12.3.2023]

Taleb, Nassim Nicholas (2013), Antifragilität: Anleitung für eine Welt, die wir nicht verstehen, München: Albrecht Knaus Verlag.

Thomas, Paul (2017), Im Wandel begriffen und doch umstritten: »Prevent«, die Anti-Terrorismus-Strategie Großbritanniens, in: Jana Kärgel (Hrsg.),»Sie haben keinen Plan B«: Radikalisierung, Ausreise, Rückkehr – zwischen Prävention und Intervention, Bonn: Bundeszentrale für Politische Bildung, S. 238–259.

UN Global Counter-Terrorism Strategy (2006), https://www.un.org/counterterrorism/un-global-counter-terrorism-strategy [Zugriff: 12.3.2023]

United Nations Regional Centre for Preventive Diplomacy for Central Asia (UNRCCA) Concept Paper "Implementing the United Nations Global Counter-Terrorism Strategy in Central Asia" <https://unrcca.unmissions.org/sites/default/files/concept_note_eng_0.pdf> [Zugriff: 12.3.2023].

U.S. Department of Defence (2011): Report on Progress toward Security and Stability in Afghanistan and United States Plan for Sustaining the Afghanistan National Security Forces. <https://www.esd.whs.mil/Portals/54/Documents/FOID/Reading%20Room/Joint_Staff/10-F-0018_Report_on_Progress_Toward_Security_and_Stability_in_Aghanistan.pdf> [Zugriff: 12.3.2023] (US–DOD 2011).

US Department of Homeland Security (2019), Framework for Countering Terrorism and Targeted Violence, <https://www.dhs.gov/sites/default/files/publications/19_0920_plcy_strategic-framework-countering-terrorism-targeted-violence.pdf> [Zugriff: 12.3.2023]

US Exec. Office of the President of the United States (2018), National Strategy for Counterterrorism of the United States of America 18, <https://www.dni.gov/index.php/features/national-strategy-for-counterterrorism> [Zugriff: 12.3.2023] (NSCT 2018).

US Department of Defense (2008), Report on Progress toward security and stability in Afghanistan Juni 2008 report to congress (USDOD 2008).

Untersuchungskommission zum Terroranschlag vom 02.11.2020, Abschlussbericht vom 10.02.2021; <https://www.bmi.gv.at/downloads/Endbericht.pdf> [Zugriff: 12.3.2023] (Zerbes- Kommissionsbericht 2021).

Williams, Michael J. (2009), Counterterrorism intelligence in the UK: the evolution of the Joint Terrorism Analysis Centre (JTAC). In: *Intelligence and National Security*, 24(2), S. 235–255.

Wright, Joanne (2006), The Importance of Europe in the Global Campaign Against Terrorism, in: *Terrorism and Political Violence*, 18(2): S. 281–299.

Fazit 8

Extremismus und Terrorismus – in sämtlichen Phänomenbereichen, vornehmlich aber in den Bereichen **Islamismus und Jihadismus** sowie **Rechtsextremismus und Rechtsterrorismus** haben sich insbesondere seit dem 11. September 2001 zu einer weltweiten Herausforderung der Inneren Sicherheit entwickelt. Verstärkt wird diese globale Bedrohung auf historischem Niveau einerseits durch die Vielzahl sowie ebenso durch die Heterogenität der Akteure in den jeweiligen Extremismusphänomenbereichen. Andererseits stellt das **Internet** einen **Katalysator** für Extremismus und Terrorismus dar, da quasi alle Akteure von Extremismus und Terrorismus verschiedene Plattformen und Funktionen des Internets nutzen. Hinzu kam 2020 die Corona-Pandemie, in der neue „**Widerstandsnarrative**" entstanden **(Delegitimierung des Staates)** und 2022 der Ukrainekrieg mit signifikanten wirtschaftlichen Folgen für Europa und die Welt. Bildlich gesprochen, die „**Schwarzen Schwäne**" der **Corona-Pandemie,** des **Ukrainekrieges** und vor allem ihrer wirtschaftlichen Folgen für Europa und die Welt, wurden und werden von Extremisten und Terroristen genutzt. Gleichzeitig stellen diese großen Krisen Radikalisierungsfaktoren dar. Ein Blick auf die jüngere Geschichte Europas und der Welt zeigt, dass in großen Krisen tendenziell mehr Menschen anfällig für Radikalisierungsverläufe sind. Die Menschen sind auch durch verschiedene Internetplattformen und -Inhalte stärker als je zuvor Verschwörungserzählungen ausgesetzt. Daher ist das Hinwenden zu radikalen oder extremistischen Ideologieelementen auch Ausdruck ihres Begehrens nach Eindeutigkeit, Berechenbarkeit und Stabilität bewährter Gewissheiten (vgl. Botzenhardt 2021). Banale Muster von „gut" und „böse", „früher" und „jetzt" stellen simple Reduktionen in Form eines Dualismus dar, um die immer komplexer werdende Welt „verstehen" zu können. Frühere Gewissheiten, generationenübergreifende

Prosperitätsversprechen und nachhaltige sozioökonomische Planungssicherheit sind seit Beginn der Corona-Pandemie 2020 und dem Ukrainekrieg 2022 dramatisch ins Wanken geraten. Damit einher geht ein gravierender Vertrauensverlust in das demokratische und ökonomische System sowie ein hohes Ausmaß an Politikverdrossenheit (vgl. Edelman Trust Barometer 2021).

Mögliche Profiteure von Krisen sind Radikalisierung, Extremismus und Terrorismus. Aktuell hat die Bedrohungslage, die von den unterschiedlichen Phänomenen von Extremismus und Terrorismus in Europa und weltweit ausgehen, ein historisch hohes Niveau erreicht.

Dieses Lehrbuch gliedert sich in die Hauptkapitel zwei bis sieben und bietet einen umfassenden Überblick über den Stand der Forschung in den Bereichen Terrorismusbekämpfung und Extremismusprävention.

Extremismusprävention (Kap. 2) **zielt** im Gegensatz zur prinzipiell „harten", im Jargon „operativen" (meist nachrichtendienstlichen oder verfassungsschutzspezifischen) Terrorismusbekämpfung grundsätzlich **auf „weiche"** also **„strukturelle" (antizipativ-präventive) Maßnahmen** und **deren Effekte ab**.

Die **strukturelle Extremismusprävention** legt den Fokus hierbei auf die „**Entstehungs**- bzw. Existenzbedingungen", die „**zugrunde liegenden Ursachen**" und das „begünstigende **Umfeld**" der ideologisch, d. h. politisch- und religiös motivierten Gewalt (Schneckener 2007, S. 9).

„Preventing Violent Extremism" (kurz PVE) meint übergreifende, in der Regel **primärpräventive Maßnahmen,** welche die strukturellen Ursachen von gewalttätigem Extremismus in den Blick nehmen und nachhaltig bekämpfen sollen, *„darunter Intoleranz, Regierungsversagen und politische, wirtschaftliche und soziale Marginalisierung"* (Fraser und Nünlist 2015).

Die **primäre Prävention** zielt auf die **Stärkung der Resilienz von Radikalisierungsempfänglichen** ab. Primärpräventive Maßnahmen sind dahingehend angelegt, lineare **Radikalisierungsprozesse bereits antizipativ zu unterminieren** (vgl. el Difraoui 2021, S. 203). Eine kontinuierliche Reduktion der psychosozial bedingten Anfälligkeit für extremistische Ideologieelemente und Narrative steht daher im Vordergrund der primären Prävention. Grundsätzlich beinhaltet Primärprävention **Aufklärungs-/ Sensibilisierungskampagnen, soziales** bzw. **integrationsförderndes Engagement in der Gemeinde** und **Programme,** die grundlegende **sozioökonomische Probleme wie Armut und Diskriminierung** in Angriff nehmen.

Aufbauend auf einem möglichst **frühen, niederschwelligen Interventionszugang,** setzt die **sekundäre (oder selektive) Prävention** (auch spezifische Prophylaxe) an, wenn bereits **erste Anzeichen** einer **Radikalisierung bzw. Ansätze von devianten/delinquenten Verhaltensmustern** zu erkennen sind.

Die **tertiäre (indizierte) Prävention** (auch Eskalations- oder Rückfallprophylaxe), greift bei konkreten Radikalisierungsverläufen. Die tertiäre Prävention ist an der Grenze zur **Deradikalisierung** verortet, wobei die Übergänge durchaus fließend sind.

Deradikalisierung ist der „verhaltensbezogene und identitäre Prozess der Abkehr von extremistischen Handlungen und Weltbildern" (Sold 2019).

Als Reaktion auf die jihadistischen Anschläge des 11. September 2001 haben vor allem westliche Staaten wie die USA sowie europäische Staaten zahlreiche Maßnahmen in **unterschiedlichen Politikfeldern** getroffen, **Gesetzesinitiativen** und **Maßnahmenpakete** verabschiedet, neue **Institutionen aufgebaut** bzw. vorhandene Institutionen **adaptiert**. **Terrorismusbekämpfung** ist dabei sehr heterogen. Hegemann und Kahl unterscheiden Maßnahmen und Mittel der Terrorismusbekämpfung u. a. in **kurzfristig vs. langfristig, reaktiv vs. präventiv, operativ vs. strukturell, repressiv vs. kooperativ, defensiv vs. offensiv,** sowie **national vs. international** (Kahl und Hegemann 2018, S. 114).

Das dritte Kapitel widmet sich der **Terrorismusbekämpfung** (englisch „counter-terrorism", kurz CT). Diese bezieht sich auf ein Bündel von **Maßnahmen und Bemühungen von Regierungen, Strafverfolgungsbehörden** und anderen einschlägig befassten **Organisationen,** um terroristische Bedrohungen und Angriffe zu verhindern, zu bekämpfen und aufzulösen (Bakker und de Roy van Zuijdewijn 2022, S. 145 f.). Dies kann durch eine Verbindung aus **politischen, diplomatischen, militärischen, rechtlichen, wirtschaftlichen und sozialen Mitteln** erreicht werden (u. a. Byman in Chenoweth et al. 2019, S. 623–635).

Operative Terrorismusbekämpfung bezieht sich auf direkte Maßnahmen, die unmittelbar auf die Bekämpfung „manifester, bestehender" terroristischer Aktivitäten und Strukturen abzielen (Stockhammer 2013, S. 522 f.; Schneckener 2007, S. 9). Hierzu gehören anlassbezogene Handlungen wie die **Festnahme** von Verdächtigen, die **Überwachung** von verdächtigen Personen oder die **Bekämpfung** von terroristischen Infrastrukturen. Ausführende Akteure der operativen Maßnahmen sind „Polizei und Geheimdienste, spezielle Anti-Terror- Einheiten, das Militär, Strafverfolgungsbehörden und Gerichte, Zivil- und Katastrophenschutz, Zoll und Grenzschutz sowie Finanz- und Wirtschaftsbehörden" (Schneckener 2007, S. 9).

Die **strukturelle Terrorismusbekämpfung** wiederum bezieht sich auf indirekte **„diplomatische, sicherheits-, entwicklungs-, wirtschafts- und finanz- sowie kulturpolitische"** Maßnahmen, welche die Entstehungs- und Existenzbedingungen des Terrorismus und dessen begünstigendes Umfeld bekämpfen. Hiervon umfasst sind Maßnahmen zur Verbesserung der sozioökonomischen

Bedingungen oder Stärkung der Demokratie und des Rechtsstaats (Stockhammer 2013, S. 522 f.; Schneckener 2007, S. 9). Terroristischen Gruppierungen und Netzwerken, aber auch Einzelakteuren soll dadurch der „**soziale und ideologische Nähr- und Resonanzboden**" entzogen werden (Schneckener 2007, S. 9).

Die **Terrorismusbekämpfung** zieht Aufgaben nach sich, die national wie international von verschiedenen **Polizeibehörden** sowie von **Nachrichtendiensten** wahrgenommen werden. Deswegen ist eine **intensive Kooperation** auf der Grundlage bestehender **Gesetze** und Vereinbarungen erforderlich. Wesentliche Plattformen für die internationale Kooperation in der Terrorismusbekämpfung in Europa sind das Europäische Polizeiamt **Europol**, die **Internationale Kriminalpolizeiliche Organisation** (IKPO-Interpol) und die **Police Working Group on Terrorism** (PWGT).

Die Analyse der **Mittel der Terrorismusbekämpfung** von **polizeilichen, nachrichtendienstlichen,** über den weit gefassten **technischen** Bereich stand im Fokus des vierten Kapitels. Neben den vielfältigen Einsatzweisen und Zugängen werden zudem neueste Trends und Entwicklungen skizziert. Kommt bei konventionellen polizeilichen und nachrichtendienstlichen Mitteln (Investigation, Infiltration, Auswertung etc.) dem Faktor Mensch nach wie vor eine hohe Relevanz zu, so ist die gleichzeitig zunehmende Intensität des Vormarschs technischer Werkzeuge und Applikationen in sämtliche Bereiche der Terrorismusbekämpfung nicht mehr zu kontestieren. Der BND etwa betreibt „**All-Source-Intelligence**", also einen Ansatz, bei dem alle zur Verfügung stehenden Mittel zur Informationsgewinnung in Kombination herangezogen werden. Digitale Technik hat mittlerweile eine bestimmende Rolle im Instrumentarium der TB eingenommen. Nicht nur der stets bedeutender werdende Bereich der Überwachung, sondern ebenso der mechanische Schutzaspekt etwa durch bauliche Maßnahmen werden referenziert und eingeordnet.

Das Kap. 5, „*Aktuelle Bedrohungsanalyse – Akteure und Trends des Extremismus und Terrorismus*", hat die aktuellen **Akteure** aller Extremismusphänomenbereiche dargestellt, sowie das **Bedrohungspotenzial** untersucht, das von diesen Extremismusphänomenen ausgeht. Verwiesen wurde dort auf die mitunter fließenden Übergänge vom Islamismus und Salafismus zum islamistischen Terrorismus einerseits sowie vom Rechtsextremismus zum Rechtsterrorismus andererseits. Sowohl im Jihadismus als auch im Rechtsterrorismus ist der aktuelle Trend zu beobachten, dass die Attentäter vermehrt **Einzeltäter** sind.

Die Analyse **terroristischer Anschlagsszenarien, Modi Operandi, Wirkmittel sowie Akteure** gründete auf verübten sowie geplanten, aber von den Sicherheitsbehörden verhinderten terroristischen Anschläge. Die terroristische

8 Fazit

Auswahl von Anschlagszielen, Anschlagsszenarien und Wirkmittel stand in Kap. 6 im Mittelpunkt der Betrachtung.

Die im 7. Kapitel vorgestellten **internationalen Zugänge der Terrorismusbekämpfung variieren nach** unterschiedlichen Gesichtspunkten, wie den **spezifischen politischen und rechtlichen Rahmenbedingungen** oder den einschlägigen **Möglichkeiten und Ambitionen des Sicherheitsapparats** sowie nicht zuletzt der **Sicherheitskultur.**

Zudem gibt es in Staaten wie Israel, Großbritannien oder den USA so etwas wie eine **nationale Terrorismusbekämpfungskultur,** was auf einer Vielzahl an Faktoren, insbesondere eigenen historischen Erfahrungen dieser Nationen mit dem Terrorismus und dessen Bekämpfung, beruht. Auch die **öffentliche Meinung spielt eine wesentliche Rolle** bei der Wahl des Zugangs und der Festlegung von nationalen TB-Präferenzen.

Terrorismusbekämpfung war für die EU bis zum 11. September 2001 **kein wesentlich relevantes Thema** (u. a. Bureš 2016). Strategien und Kapazitäten der EU zur Terrorismusbekämpfung wurden nach dem 11. September 2001 nach und nach aufgebaut, **signifikant** jedoch erst nach den verheerenden Anschlägen der Jahre **2015** und **2016.** So wurde der **Aktionsplan** der EU zur Terrorismusbekämpfung ausgeweitet. Der Schwerpunkt der Terrorismusbekämpfung der EU liegt in den Bereichen der **Innen- und Justizpolitik,** beispielsweise etwa durch den Erlass neuer Rechtsgrundlagen für die Kooperation der Mitgliedsstaaten der EU, durch die Stärkung **gemeinsamer Institutionen** (Eurojust, Europol) und durch den **Auf- und Ausbau** sowie die Vernetzung **nationalstaatlicher Datenbanken** (Bauer 2023).

Für die **deutsche Terrorismusbekämpfung** sind **über 40 deutsche Sicherheitsbehörden** verantwortlich. Diese müssen trotz unterschiedlicher Aufgaben und rechtlicher Befugnisse (Nachrichtendienste, Polizei, Militär) **höchst effektiv** und **eng kooperieren.** Hierzu dienen u. a. die **Gemeinsamen Zentren** der deutschen zivilen Sicherheitsbehörden (GTAZ, GETZ und GIZ).

Der **österreichische Terrorismusbekämpfungsansatz** ist ein **kriminaljustizieller** mit traditioneller Fundierung im Bereich Staatsschutz und einer zusehends ausgeprägten Nachrichtendienstkomponente. Die zuständige Behörde ist die **Direktion Staatsschutz und Nachrichtendienst** (DSN).

Die **französische Terrorismusbekämpfung** ist sehr **stark im nachrichtendienstlich-polizeilichen, aber auch im militärischen Modell verwurzelt** und kann daher durchaus als eine **hybride Mischform** betrachtet werden.

Der **britische Ansatz zur Terrorismusbekämpfung** lässt sich als eine **Kombination aus nachrichtendienstlich geführter Polizeiarbeit, kommunalem Engagement und internationaler Zusammenarbeit** charakterisieren (Heath-Kelly 2013).

In **Israel** spielt Terrorismusbekämpfung eine bedeutende Rolle für die nationale Sicherheit (Ganor 2021). Als eines der wenigen demokratischen Länder hat Israel regelmäßig und wiederholt **militärische Maßnahmen** zur Bekämpfung des Terrorismus eingesetzt. Dazu gehören **gezielte Luftangriffe** auf terroristische Ziele sowie der Einsatz von Bodentruppen bei Operationen gegen **terroristische Organisationen**.

Die **Terrorismusbekämpfung der Vereinigten Staa**ten beruht im Kern auf der Prämisse eines **„harten" operativen Ansatzes**. Für fast zwei Jahrzehnte war der sog. *„War on Terror"* der präferierte TB-Zugang der USA, einer den Einsatz militärischer Mittel vorsah, aber spätestens seit der Adaptierung der amerikanischen **TB-Strategie 2018** ist jedoch das **Element struktureller Maßnahmen** (Ursachenbekämpfung, Prävention und Kooperation) **stärker betont** worden.

Die wissenschaftliche Befassung mit sowohl der Extremismusprävention als auch mit der Terrorismusbekämpfung gehen von einigen eingeschliffenen Prämissen oder lange gehegten Prädispositionen aus, die in regelmäßigen Abständen mit den Erkenntnissen aus der Praxis rückzukoppeln und immer wieder auf ein Neues kritisch zu hinterfragen sind.

Ein „Fazit" für ein einschlägig befasstes Lehrbuch darf daher als Denkanstoß getrost den Versuch anstellen, einige dieser **populären „Mythen"** (u. a. Hudson und Perliger et al. 2020) zu rekapitulieren und gegebenenfalls zu entlarven. Nach wie vor halten sich derartige verkürzte Vorstellungen über das Phänomen in einem allgemeinen Verständnis beständig oder sind nicht eindeutig als solche zu widerlegen.

Mythos 1: *„Radikalisierung ist immer ein linearer Prozess"*

Einer der hartnäckigsten Legenden im Zusammenhang mit P/CVE ist, dass Radikalisierung immer ein linearer Prozess sei, der sich transparent abbilden und daher auch zu einem gewissen Grad vorhersagen lasse. Diese Vorstellung korrespondiert u. a. mit dem sog. „Fließband"-Modell der Radikalisierung (Baran 2005, S. 68), das besagt, dass Personen eine Reihe von Stufen durchlaufen, während sie sich zunehmend radikalisieren. Die neuere Forschung hat jedoch nachgewiesen, dass der Radikalisierungsprozess sehr individuell veranlagt ist (McCauley und Moskalenko 2017) und von einer Vielzahl von Faktoren beeinflusst werden kann, darunter persönliche Erfahrungen, soziale Netzwerke sowie politische und wirtschaftliche Bedingungen (Gill et al. 2018, S. 21). Linearität ist möglich, aber nicht die Regel.

Mythos Nr. 2: *„P/CVE-Programme sind stets ein wirksames Mittel zur Terrorismusprävention"*
Die meisten (insbesondere westlichen) Regierungen und Organisationen haben in P/CVE-Programme investiert, um Terrorismus präventiv zu verhindern. Es gibt jedoch nur wenige Belege für die Wirksamkeit dieser Programme (Shafiq und Akbarzada 2019), und einige Untersuchungen (etwa Boucek 2017) deuten darauf hin, dass sie mitunter sogar kontraproduktiv sein können, da sie potenziell Gemeinschaften entfremden und das Gefühl der Stigmatisierung und Marginalisierung verstärken könnten. Derartige Programme können im Einzelfall auf fragwürdigen Annahmen hinsichtlich Religion, Ethnien und der Integration beruhen und als zwanghaft oder aufdringlich empfunden werden, was zu weiteren Ressentiments und Misstrauen führt. Darüber hinaus haben Kritiker (z. B. Silber 2017) die Befürchtung geäußert, dass P/CVE-Programme zur Rechtfertigung der Überwachung und Kontrolle bestimmter ethnischer oder religiöser Gemeinschaften, genutzt werden könnten, wodurch bestehende diskriminierende Praktiken möglicherweise verschärft würden.

Zwar haben einige P/CVE-Programme vielversprechende Ergebnisse bei der Terrorismusprävention geliefert, doch das Fehlen strenger, evaluativer Lessons-learnt-Prozesse und evidenzbasierter Forschung hinsichtlich dieser Evaluierungen schränkt unser Verständnis ihrer Wirksamkeit ein. Insgesamt bleibt es von entscheidender strategischer Bedeutung, einen differenzierteren, multidimensionalen Ansatz zu verfolgen, der mehr auf die Einbeziehung der Gemeinschaften, die Förderung des Dialogs und die Integration fokussiert. P/CVE ist zweifellos ein wirksames Tool im Instrumentarium der Terrorismusbekämpfung-dennoch erweist sich ein holistischer Ansatz, der auch Elemente einer harten TB inkorporiert als.

Mythos Nr. 3: *„Es besteht immer ein direkter kausaler Zusammenhang zwischen Armut, Arbeitslosigkeit und Terrorismus"*
Diese These suggeriert, dass Einzelpersonen oder Gruppen, denen es an wirtschaftlichen Möglichkeiten mangelt, mit höherer Wahrscheinlichkeit in terroristische Aktivitäten verwickelt seien. Die einschlägige Forschung, die hier zu unterschiedlichen Resultaten kommt, hat jedoch mehrheitlich gezeigt, dass dies nicht unbedingt der Fall sein muss. Eine Studie von Krueger und Maleckova (2003) legt nahe, dass es keinen signifikanten Zusammenhang zwischen Armut oder Arbeitslosigkeit und der Unterstützung des Terrorismus gebe. Gleichermaßen haben Hudson et al. (2020) anhand unterschiedlicher Faktoren wie

Haushaltseinkommen, Schulbildung aber auch der Nachfrage terroristischer Organisationen (u. a. Hisbollah und Hamas) nach Terroristen untersucht, ob der Kontext Armut/mangelnde Bildung und eine allfällig resultierende Neigung zu extremistischem Gedankengut für terroristische Gewalt relevant ist (Hudson et al. 2020, S. 47–63). Eher nein, wie die Schlussfolgerung lautet. In ähnlicher Weise suggeriert Piazza (2008), dass wirtschaftliche Faktoren wenig, bis gar keinen Einfluss auf die Wahrscheinlichkeit hätten, dass eine Person zum Terroristen/zur Terroristin wird. Nichtsdestotrotz können die genannten Faktoren in Summe jedoch einen Beitrag zu einer extremistischen Gesinnung leisten, die wiederum Grundlage Terrorismus sein kann.

Mythos Nr. 4: *„Terroristen sind ausschließlich ideologisch motiviert"*

Einige Theorieansätze wie der ideologisch-individualistische (Horgan 2008; McCauley und Moskalenko 2011) gehen davon aus, dass Terroristen nur oder in erster Linie ideologisch motiviert seien und ihre Handlungen ausschließlich durch tiefsitzende, psychologische Prozesse in Verarbeitung dieser weltanschaulich begründeten Missstände angetrieben würden. Ideologie und die Perzeption von Missständen können zwar eine tragende Rolle bei der Motivation von Terroristen spielen, sind aber meist nicht die einzigen oder gar die wichtigsten Ursachen. Andere bedingende Faktoren, wie persönliche Kränkungen, Gruppendynamik und psychologische Dispositionen, können ebenfalls eine Rolle im Radikalisierungsprozess spielen. Für Andreas Zick ist es auf der Mikroebene der Radikalisierung eine permanente *„Unsicherheit über eigene Wahrnehmungen, Einstellungen, Wertesysteme, soziale Beziehungen, die eigene Identität und gesellschaftliche Rolle"* (Zick et al. 2019, S. 57), die symptomatisch für eine extremistische Zuspitzung und schließlich womöglich auch eine Hinwendung zu terroristischer Gewalt sein können. Nicht minder relevant ist die *„Mesoebene der sozialen Umwelt, ein radikales Milieu, das eminent als bedingender Faktor für die Hinwendung zum Extremismus betrachtet werden muss. Die soziale Interaktion im Umfeld von und mit generischen Gruppen Gleichgesinnter ist spektrenübergreifend eine wesentliche Triebfeder dieses Prozesses und „komplettiert" die psychische Prädisposition potenzieller Extremisten"* (Stockhammer 2022, S. 258). Die Makroebene des Politischen (geopolitische Konflikte, soziale Verwerfungen, die die Mesoebene transzendieren etc.) bleibt gleichfalls eine relevante Größe auf Motivationsebene. Jedoch sind die Einflussnahmen auf Mikro- und Mesoebene graduell einfacher ätiologisch einzuordnen, wenn die Kausalitätskette die Motivdimension terroristischer Gewalt betreffend im Brennpunkt der Betrachtung steht.

Mythos Nr. 5: *„Terroristen agieren prinzipiell rational"*
Wessen Rationalität steht als Richtmaß auf dem Prüfstand dieser Behauptung-unsere oder deren? Basierend auf dem häufig referenzierten Rational-Choice-Ansatz von Martha Crenshaw (Crenshaw 1987 bzw. 1992) geht man in der „Theorie" der Terrorismusbekämpfung gerne davon aus, dass Terroristen immerzu „rationale Akteure" seien, die Kosten und Nutzen ihrer Handlungen sorgfältig nach Selbsterhaltungsprämissen abwägen würden. Dies trifft unter „Laborbedingungen" für Gruppen und unter der Annahme des uneingeschränkten Zugangs zu entscheidungsrelevanten Informationen sicherlich zu. Terroristen verfügen jedoch oft nur über begrenzte Erkenntnisse über die Lage und die Entscheidungsstrukturen bzw. -grundsätze ihrer Gegner. Sie sind daher mit erheblichen Unsicherheiten konfrontiert, was es ihnen in manchen Konstellationen erschwert, rationale- d. h. faktenbasierte und konsistente- Entscheidungen zu treffen. Außerdem werden Terroristen in Stresssituationen von Affekten und Impulsen motiviert, die rationale Überlegungen außer Kraft setzen können. Nicht zuletzt ist im Sinne eines „Mad-Man"-Zugangs auch davon auszugehen, dass sie gelegentlich bewusst „irrational" aussehen möchten bzw. mit dem Image als „unberechenbare, verrückte Selbstmordattentäter" spielen könnten (Schuurman 2012, S. 1–18). Abgesehen von diesen Einschränkungen ist jedoch ganz klar festzuhalten, dass Terrororganisationen dennoch eine gewisse gruppenspezifische Rationalität entwickeln und ebenso Einzelakteure nicht intentional selbstschädigend agieren.

Mythos Nr. 6: *„Die hierarchisch strukturierte, terroristische Organisation":*
Die weithin geläufige Annahme, dass Terroristen klassisch in hierarchischen und zentralisierten Organisationen agieren würden, die durch gezielte Aktionen gestört werden können, ist weit verbreitet. Bis um die Jahrtausendwende hatte diese Sichtweise durchaus eine Berechtigung und war durch Evidenz untermauert. Etwa seit dem Terroranschlag von Madrid 2004 hat es bedingt durch die verstärkten Terrorismusbekämpfungsmaßnahmen in ganz Europa Entwicklungen gegeben, die ein Abrücken von klassischen Organisationsstrukturen bei den relevanten Gruppierungen wie etwa al-Qaida oder dem IS im Nachklang nahelegen.

Terroristische Gruppen haben ihre Strukturen demzufolge nach und nach dezentralisiert bzw. vernetzt, was sie widerstandsfähiger gegen Versuche seitens der Sicherheitsbehörden macht, ihr Handeln zu konterkarieren oder zu vereiteln. Gerade im jihadistischen Segment. Marc Sageman bezeichnet diese lose Struktur ohne hierarchische Führung als *„Leaderless Jihad"* (Sageman 2008, S. VII). Korrespondierend entsteht ein entkoppeltes transnationales Franchisenetzwerk von einsamen Wölfen, Mitläufern und Nachahmern, das für die Sicherheitsbehörden nur sehr schwierig zu identifizieren und ggfs. zu penetrieren ist (Stockhammer 2020, S. 13 ff.).

Mythos Nr. 7: *„Technologisierung als primäre taktische Ressource des Terrorismus"*

Diese weitgehend simplifizierende These geht davon aus, dass Terroristen ständig neue und hochentwickelte, im Grunde aber konventionelle, Technologien für ihre Zwecke angepasst zur Anwendung bringen, die eine existenzielle Bedrohung für die Gesellschaft darstellen.

Ein Beispiel für derlei Modi Operandi wäre die Verwendung von Drohnen, die etwa mit Sprengstoff oder chemischen Agenzien, biologischen Kampfstoffen oder nuklearen Partikeln bestückt zu einer neuartigen Waffe im terroristischen Kontext werden könnte. Ebenso könnte das Hacken von Navigationssystemen oder Steuerungschips in Fahr- oder Flugzeugen eine neue Dimension von Terrorszenarien mit sich bringen. Terroristen verlassen sich jedoch häufiger auf einfache und leicht verfügbare Technologien, wie z. B. improvisierte Sprengsätze, zweckentfremdete Fahrzeuge oder Hieb-und Stichwaffen. Der terroristische Trend zumal bei jihadistisch motivierten Anschlägen geht derzeit eindeutig in Richtung Low-Level-Szenarien, also solchen, die auf taktischer Simplizität in Planung, Logistik und bei der operativen Durchführung beruhen (Nesser 2021, S. 151). Hiervon unbenommen ist jedoch ideologiespektrenübergreifend eine zunehmende „Virtualisierung des Terrorismus" (Stockhammer und Neumann 2021) zu registrieren: *„…vom Erstkontakt mit extremistischer Propaganda, hin zu Radikalisierung und Rekrutierung über die Planung bis zur logistischen Unterstützung inklusive dem Austausch über die effektive Durchführung eines Terroraktes- nahezu alles findet online statt"* (Stockhammer und Neumann 2021, S. 11). Terroristen beuten den Cyberraum und dessen Möglichkeiten zusehends entlang einer gesamten Wertschöpfungskette für ihre Zwecke aus. Daher könnte man vielleicht eher argumentieren, dass die Virtualisierung eine Ressource von Terroristen geworden ist.

Man sieht, dass alle sieben „Mythen" nicht *per se* falsch sind oder insgesamt auf unrichtigen faktischen Grundlagen aufbauen. Ihre Schwäche liegt vor allem in der vermeintlichen Allgemeingültigkeit der zugespitzten Aussagen, die Spielraum für Interpretationen lässt. Bei genauerer Betrachtung ließen sich ebenfalls evidenzbasierte Argumente für die Richtigkeit jeder einzelnen der vorgebrachten Thesen finden.

Dieses Lehrbuch wird hoffentlich einen Beitrag zu einem besseren Verständnis der komplexen Materie „Terrorismusbekämpfung und Extremismusprävention" leisten und soll zudem ebenfalls ein Anstoß zum permanenten Weiterforschen als auch zu einer kontinuierlichen kritischen Reflexion althergebrachter Thesen und etablierter Ansätze in dem weitgefassten Forschungsbereich TB bzw. P-CVE sein. Das entsprechende Forschungsfeld erweist sich zunehmend als hochgradig dynamisch und interdisziplinär. Eine Besonderheit besteht in der engen Theorie-Praxis-Relation respektive Interdependenz, die beiderseits inspirierend wirkt. Auf kaum einem anderen, artverwandten sozialwissenschaftlichen Gebiet ist diese reziproke Verstrickung derart ausgeprägt und lebendig. Hinzu kommt der Aspekt des Geheimen, der gerade die nachrichtendienstliche Komponente der TB betrifft, wo es ungleich schwieriger ist, den notwendigen Know-How-Transfer aus der Praxis in die Wissenschaft zu gewährleisten. Trägt man diesen Umständen insgesamt Rechnung, gilt es den aufmerksamen Blick für Trends und systemische Entwicklungen des Extremismus und Terrorismus nachhaltig zu schärfen und diese Prozesse mit Akribie mitzuverfolgen. Insbesondere sei daher die regelmäßige Lektüre von forschungsrelevanten Fachzeitschriften- und Journalen empfohlen, die aufgrund graduell schnellerer Publikationszyklen kurzfristiger auf aktuelle Aspekte der Forschung bzw. der Praxis eingehen können.

Einige besonders bedeutende Quellen seien exemplarisch hierunter aufgeführt:

- *„Terrorism and Political Violence"* (https://www.tandfonline.com/loi/ftpv20)
- *„Studies in Conflict and Terrorism"* (https://www.tandfonline.com/loi/uter20)
- *„Critical Studies on Terrorism"* (https://www.tandfonline.com/journals/rter20)
- *„Perspectives on Terrorism"* (https://www.universiteitleiden.nl/perspectives-on-terrorism)
- *„Journal of Terrorism Research"* (https://research-repository.st-andrews.ac.uk/handle/10023/3886)
- *„CTC Sentinel"* (https://ctc.westpoint.edu)
- *„Journal for Deradicalization"* (https://journals.sfu.ca/jd/index.php/jd)
- *„Journal EXIT-Deutschland. Zeitschrift für Deradikalisierung und demokratische Kultur"* (https://journal-exit.de/tag/p-cve)
- https://www.bpb.de/themen/infodienst/337803/fachzeitschriften/

Literaturverzeichnis

Abadie, Alberto (2006), Poverty, political freedom, and the roots of terrorism. In: *American Economic Review*, 96(2), S. 50–56.

Bakker, Edwin/de Roy van Zuijdewijn (2022), Terrorism and Counterterrorism Studies. Comparing Theory and Practice. 2nd revised edition, Leiden: Leiden University Press.

Baran, Zeyno (2005), Fighting the War of Ideas, in: *Foreign Affairs*, 84 (6), S. 68.

Boucek, Christopher (2017), Countering Violent Extremism from the Ground Up. Carnegie Endowment for International Peace.

Botzenhardt, Ulrike (2021), Die Folgen der Pandemie: Experte spricht von ‚toxischer Mischung'. Die Folgen der Pandemie drohen zur Zerreißprobe für unsere Gesellschaft zu werden. Wo stehen wir? Experte Nicolas Stockhammer im Interview. Kurier, 1. Februar 2021. https://kurier.at/chronik/oesterreich/die-folgen-der-pandemie-experte-spricht-von-toxischer-mischung/401174563 [21.03.2023].

Chenoweth, Erica/English, Richard/Gofas, Andreas/Kalyvas, Stathis N. (2019), The Oxford Handbook of Terrorism. Oxford: OUP.

Crenshaw, Martha (1987), Theories of terrorism: Instrumental and organizational approaches, Journal of Strategic Studies, 10 (4), S. 13–31.

Crenshaw, Martha (1992): How terrorists think: what psychology can contribute to understanding terrorism. In: L. Howard (Ed.), Terrorism: Roots, Impact, Responses London: Praeger, S. 71–80.

Edelman Trust Barometer (2021), Global Report. https://www.edelman.com/sites/g/files/aatuss191/files/2021-03/2021%20Edelman%20Trust%20Barometer.pdf [21.03.2023].

El Difraoui, Asiem (2021), Die Hydra des Dschihadismus. Entstehung, Ausbreitung und Abwehr einer globalen Gefahr, Berlin: Suhrkamp.

Fraser, Owen/Nünlist, Christian (2015), Countering Violent Extremism in der Terrorismusbekämpfung. *CSS-Analysen zur Sicherheitspolitik*.

Ganor, Boaz (2021), Israel's Counterterrorism Strategy: Origins to the Present. Columbia University Press.

Gill, Paul/Horgan, John/Deckert, Paige (2018), The terrorist's dilemma: Managing violent covert organizations. London: Routledge.

Hegemann, Hendrik/Kahl, Martin (2018), Terrorismus und Terrorismusbekämpfung. Eine Einführung, Wiesbaden: Springer VS.

© Der/die Herausgeber bzw. der/die Autor(en), exklusiv lizenziert an Springer Fachmedien Wiesbaden GmbH, ein Teil von Springer Nature 2023
S. Goertz und N. Stockhammer, *Terrorismusbekämpfung und Extremismusprävention*, https://doi.org/10.1007/978-3-658-41954-7

Heath-Kelly, Charlotte (2013), Counter-terrorism and the counterfactual: Producing the 'radicalization' discourse and the UK PREVENT Strategy. In: *British Journal of Politics and International Relations*, 15(3), S. 394–415.

Horgan, John (2008), From Profiles to Pathways and Roots to Routes: Perspectives from Psychology on Radicalization into Terrorism. The Annals of the American Academy of Political and Social Science, 618(1), S. 80–94.

Hudson, Darren/Perliger, Arie/Post, Riley/Hohman, Zachary (2020), The Irrational Terrorist & Other Persistent Terrorism Myths, Boulder/Col.: Lynne Rienner Publishers.

Krueger, Alan B./Malečková, Jitka (2003), Education, poverty and terrorism: Is there a causal connection? In: *Journal of economic perspectives*, 17(4), S. 119–144.

McCauley, Clark/Moskalenko, Sophia (2011), Friction: How Radicalization Happens to Them and Us. Oxford University Press.

McCauley, Clark/Moskalenko, Sophia (2017), Understanding political radicalization: The two-pyramids model. In: *American Psychologist*, 72(3), S. 205–216.

Nesser, Petter (2021): Foiled Versus Launched Terror Plots: Some Lessons Learned, in: EICTP Vienna Research Papers on Transnational Terrorism and Counter Terrorism: Key Determinants of Transnational Terrorism in The Era of Covid-19 and beyond. Trajectory, Disruption and the Way Forward. Vol. II, March 2021.

Piazza, James A. (2008). Incubators of terror: Do failed and failing states promote transnational terrorism? In: *International Studies Quarterly*, 52(3), S. 469–488.

Sageman, Marc (2008), Leaderless Jihad: Terror Networks in the Twenty-First Century, Philadelphia: University of Pennsylvania Press, Vorwort S. VII.

Schuurman, Bart (2012), The Madman and the Martyr: Understanding the Radicalization of Terrorism. In: *Journal of Strategic Security*, 5(1), S. 1–18.

Shafiq, Mohammed N./Akbarzada, Saifullah (2019), Countering Violent Extremism: Evaluating the Effectiveness of CVE Programs. In: *Studies in Conflict & Terrorism*, 42(7), S. 663–681.

Silber, Mitchell D. (2017). Countering Violent Extremism: An Assessment of Approaches to Preventing and Responding to Terrorism. In: *Perspectives on Terrorism*, 11(4), S. 61–71.

Sold, Manjana (2019), Radikalisierung und Deradikalisierung. https://www.bpb.de/lernen/digitale-bildung/bewegtbild-und-politischebildung/reflect-your-past/313952/radikalisierung-und-deradikalisierung [21.03.2023].

Schneckener, Ulrich (Hrsg.) (2007), Chancen und Grenzen multilateraler Terrorismusbekämpfung, *SWP-Studie*, Nr. S 14/2007, Stiftung Wissenschaft und Politik (SWP), Berlin.

Stockhammer, Nicolas (2014), Der transnationale Terrorismus. Europäische Antworten auf die sicherheitspolitische Gretchenfrage des 21. Jahrhunderts, in: Frank, Johann/Matyas, Walter (Hrsg.), Strategie und Sicherheit, Wien-Köln-Weimar: Böhlau, S. 511–528.

Stockhammer, Nicolas (2020): Introduction to Combined Expert Contributions: The Case of Hybrid Terrorism
– Systemic Lessons from Recent European Plots, in: EICTP Vienna Research Papers on Transnational Terrorism and Counter Terrorism:
Current Developments, Volume I.

Stockhammer, Nicolas/Neumann, Peter (2021), Vorläufige Lektionen vom Terror in Wien. EICTP Policy Brief, Wien; https://eictp.eu/wp-content/uploads/2021/01/FINAL_EICTP-Policy-Brief-Terror-and-lessons-learnt-1.pdf [21.03.2023]

Stockhammer, Nicolas (2022): Strukturelle Ursachen für Extremismus, Radikalisierung und Terrorismus. Eine multifaktorielle Ätiologie. In: Europäische Werte. Ihre Bedeutung für Freiheit, Sicherheit und Integration, hg. von Wilhelm Sandrisser und Stefan Karner. Wien, Graz: Leykam Wissenschaft, S. 253–272.

Zick, Andreas et. al. (2019): Individuelle Faktoren der Radikalisierung zu Extremismus, Gewalt und Terror: Zur Forschungslage, in: Daase, Christopher et al. (Hrsg.): Gesellschaft Extrem. Was wir über Radikalisierung wissen, Frankfurt/New York: Campus.

The manufacturer's authorised representative in the EU is Springer Nature Customer Service Centre GmbH, Europaplatz 3, 69115 Heidelberg, Germany. If you have any concerns regarding our products, please contact ProductSafety@springernature.com

Printed and bound by CPI Group (UK) Ltd, Croydon, CR0 4YY

24/03/2026

02077366-0001